SUEÑOS

WORLD SPANISH 2

Juan Kattán-Ibarra
Aurora Longo
Almudena Sánchez

and
Raquel Mardomingo

Developed by BBC Languages
Edited by Sarah Boas
New edition edited by Michèle Roche
Project Editor for new edition Joanna Kirby
Glossary compiled by Valerie Elliston
Special thanks to María Elena Placencia for her comments on the manuscript
Audio producer Sue Skinner
Audio producer for new edition
Martin Williamson, Prolingua Productions
Radio series producer Mick Webb
Designed by Simon Bell and Beatriz Custodio for Book Creation Services Ltd, London
Production Controller for new edition
Man Fai Lau
Typeset by Gene Ferber for Book Creation Services Ltd, London
Illustrations and artwork by Andy Brown, Beatriz Custodio, Antonia Enthoven and Sylvie Rabbe
Cover artwork by Sue Climpson

© BBC Worldwide Ltd 2004

ISBN 0 563 51912 6

Published by BBC Languages
BBC Worldwide Ltd
New edition 2004

Printed and bound by Belmont Press Ltd, Northampton

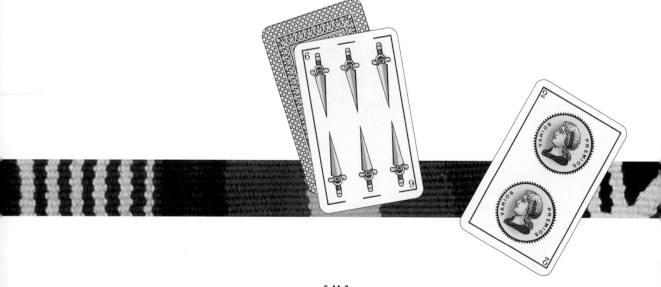

Contents

ACKNOWLEDGMENTS

The authors and publisher would like to acknowledge the use of the following material.
Every effort has been made to trace all copyright holders, but the publishers will be pleased to make the necessary arrangements at the earliest opportunity if there are any omissions.

Diario La Tercera (p.12); *Diario La Epoca* (p.28-9, 92); *El País* (p.16, 30, 94); *BBCMundo.com* (p.30); *Diario La Segunda* (p. 31); *Diario El Mercurio* (p. 36); *Revista Tiempo* (p. 41); *Carta de España* (p.48); *Cambio 16* (p.64, 80, 84, 125, 142, 144, 157); *Diario 16* (p. 87); *Cambio 16 America* (p. 110, 112); *La Vanguardia Mujer* (p. 80); *La Revista de El Mundo* (p.95, 159); *Bilbao* (p.128); *Noticias Latin America* (p. 158); extracts from *Mafalda* (©) Quino published by Ediciones de la Flor (p. 20, 95); *Don Artemio* by Pepe Huinca published by *Revista Ya* magazine (p. 25, 85); cover illustration by Rubi Aranguiz and extract from *Eva Luna* by Isabelle Allende published by Editorial La Oreja Negra Ltd (p. 46); 'Balada del que nunca fue a Granada' by Rafael Alberti from *Obras Competas, Tomo II* published by Aguilar, Madrid (p. 48); 'Nuevos Cantares' from *Poesías Completas* by Antonio Machado published by Espasa Calpe (p. 79); cartoon by Tom from *Revista El Jueves* (p. 96); extract from *Como Agua para Chocolate* by Laura Esquivel published by Mondadori (p. 126); 'Andaluces de Jaén' by Miguel Hernandez from *Poemas sociales de guerra y de muerte* published by Alianza Editorial (p. 127); 'Historias de Miguelito' published by *El País Semanal* (p. 143)

Picture Credits

BBC Languages would like to thank the following for providing photographs and for permission to reproduce copyright material. Every effort has been made to trace and acknowledge all copyright holders but if there are any omissions, the publishers will be pleased to make the necessary arrangements at the earliest opportunity.

© Alamy page 34; Andalucia Slide Library 1, 3 (l, c & r), 18 (t & b), 20(t & b), 33, 51, 58, 80, 86, 89, 98, 129, 134, 139, 151(l & r), 154 (Michelle Chaplow); 37, 118, 124 (Alfa Omega); 49 (J M Zapico); Andes Press Agency / Carlos Reyes-Manzo 17, 81, 145; John Birdsall Photography 4, 20(r); 'Man with Guitar' © Fernando Botero, courtesy Marlborough Gallery / Bridgeman Art Library 35(br); © Royalty-Free / CORBIS 88; Chris Dennis 50(b); Terry Doyle ii, iii, 39, 43, 155; Getty Images 41 (AFP); 79 (Jon Bradley); 142 (Mike Powell); Robert Harding Picture Library 107, 127; 111, 114 (Robert Frerck); 158 (R McLeod); ICAIC / IMCINE / TELEMADRID / The Kobal Collection 63; Idoia Larrañaga 50(c); Martin Moore 15; PhotoDisc 65; South American Pictures 38 (Hilary Bradt); 20(l), 47, 67, 70, 97, 113 (Tony Morrison); 77 (Peter Ryley); Still Pictures 146(l) (David Drain); 146(r) (David Hoffman); Tony Stone Images 11 (Miguel Raurich); 50(t) (Liana Trujillo); Simon Wheeler / The Sunday Times 126; eMac 82, iMac 87 courtesy of Apple; photocopier 82, camera 99 courtesy of Canon; DVD player, printer, fax, mobile phone 82 and VCR 101 courtesy of Samsung; Dyson 83 courtesy of Dyson.

Thanks also to: Mike Bedward, Carmen Cobos,
Patrick Collins, Mike Gonzalez, Marisol Gower, Luz Kettle, Hugh O'Shaughnessy, Lucy Rodriguez,
Celine Sinclair, Claire Thacker

Introduction

Sueños – World Spanish 2 is a course for intermediate learners of Spanish. It follows on directly from *Sueños – World Spanish 1*. However, it can equally well be used to follow other first-level courses, since it covers standard language and topics, and provides thorough revision of all key points from level 1.

Like the first level of *Sueños*, this course treats Spanish as world language. One of the great things about Spanish is that the people throughout the richly diverse range of countries where Spanish is spoken can communicate directly with each other through their shared language. By presenting a wide range of speakers and extracts from magazines and newspapers from many countries, the course opens up the Spanish-speaking world and will enable the learner to communicate with people in all Spanish-speaking countries.

Language is not just about the practicalities of ordering food or making a complaint; it is also about talking about your life, interests and the world around you. *Sueños* enables you to do both, and also sets Spanish in its cultural context which brings the language to life and gives it meaning.

THE STRUCTURE OF THE COURSE

On a practical level, the course presents new language (and revises first-level language) in a carefully-structured, step-by-step approach. The Coursebook and the four Audio Cassettes or CDs work in tandem to provide the necessary resources.

Each unit has four main sections:
Así se habla 1
Así se habla 2
Un paso más
Temas

Así se habla: This is where new language is presented and practised. At this second level, it is vital to build on what you know already; so in the early units the course provides revision of more basic structures, while at the

same time presenting new patterns of language to extend your knowledge. The emphasis is on real language in real situations, so that you hear or see Spanish in a natural context and then have a chance to practise it for yourself in other contexts and situations. At the end of each **Así se habla** section, there is a summary of the grammar points (**Gramática**), and exercises to consolidate what you have learnt (**Consolidación**).

Un paso más: This is an opportunity to develop your skills in understanding spoken and written Spanish. It is a chance to get to grips with slightly longer extracts of Spanish and put together different elements from the unit.

Temas: As the name suggests, this is an exploration of some of the key cultural aspects of Spain and Latin America. Through magazine articles, poems and songs, we take a look at people's lives, changes in society, films, literature and history.

Following the ten units is a **Reference Section** which includes the following elements:

Self-Tests: As a follow-up to each unit there is a one-page test to check your knowledge.

Reference grammar: A summary of the key grammar points of Spanish, including verb tables.

Answer key: Answers to all activities where the questions ask for a specific answer.

Transcripts: Full scripts of all items of audio material which do not appear in the main body of the units.

Spanish-English glossary: Contains the key words used in the main part of the course. However, you will find that not all the words in the newspaper and magazine articles in the Temas sections have been included. Our aim was to include enough to understand the gist and answer the questions. In addition to the glossary, the use of a good bilingual dictionary is strongly recommended, particularly for this more extended reading section.

Course menu

Functions	**Themes**	**Grammar**
UNIT 1 *¿Qué tal tu español?* 1 Talking about what you are doing 2 Asking for information	*El español: un idioma en expansión*	Present tense and present continuous **¿por qué? porque** **hace ... que, desde hace and llevo ...** **me resulta, me parece, me cuesta** Times, dates, prices **¿dónde es?**
UNIT 2 *¿Cómo te ganas la vida?* 1 Talking about jobs and careers 2 Dealing with money matters	*La mujer, la sociedad y el dinero*	Radical-changing, irregular & Reflexive verbs Impersonal **se** Conditional tense Making comparisons **¿a cuánto está?**
UNIT 3 *Me impresionó muchísimo* 1 Recounting events in your life 2 Remembering the past	*Imágenes del pasado*	Preterite tense (1) Imperfect tense (1) Pluperfect tense Possessive adjectives & pronouns Verbs + prepositions **acabo de ...**
UNIT 4 *Tiempo libre* 1 Talking about likes and preferences 2 Making plans and arrangements	*Tiempo libre para todos*	**me gusta, me encanta, me interesa** Saying what you like best **soler** + infinitive **pensar/voy a** + infinitive Perfect tense (1) + direct object pronouns **estuve** + gerund
UNIT 5 *Vacaciones y anécdotas* 1 Making holiday arrangements 2 Telling stories and anecdotes	*"Se hace camino al andar"*	Present subjunctive forms **te aconsejo, recomiendo que** + subjunctive Use of preterite with imperfect

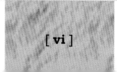

Course menu

Functions	Themes	Grammar
UNIT 6 *Cómo cambia la vida* 1 Contrasting the present with the past 2 Predictions and probabilities	*La vorágine de los cambios*	Perfect tense (2) Imperfect tense (2) Future tense for predictions **es posible que/quizá** + subjunctive
UNIT 7 *¿Qué desea?* 1 Buying goods and services 2 Making complaints and reporting problems	*Se compra y se vende*	Direct and indirect object pronouns Present tense in requests **quiero/busco ... que** + subjunctive **espero que** + subjunctive Reported speech
UNIT 8 *Gastronomía y cultura* 1 Meals and food preparation 2 Restaurants and entertaining	*¡Buen provecho!*	Imperatives: instructions and advice Pronouns with imperatives **¿quieres que?** + subjunctive Further uses of **ser** and **estar**
UNIT 9 *El arte de vivir bien* 1 Talking about health 2 Relationships and feelings	*Deporte y vida sana*	**es necesario/imprescindible que** + subjunctive Negative imperatives **hay que** + infinitive **me molesta/irrita que** + subjunctive **volverse, hacerse, quedarse, llegar a ser**
UNIT 10 *Nuestro medio ambiente* 1 Talking about problems 2 Giving your reactions and opinions	*La tierra herida*	**me preocupa que** + subjunctive Conditional clauses: **si** + imperfect subjunctive **es lógico/injusto que** + subjunctive Conditional clauses (2): **si** + pluperfect subjunctive

Numbers

(a) Cardinal numbers

1	uno/un; una	60	sesenta
2	dos	65	sesenta y cinco
3	tres		
4	cuatro	70	setenta
5	cinco		
6	seis	80	ochenta
7	siete		
8	ocho	90	noventa
9	nueve		
10	diez		
11	once		
12	doce		
13	trece		
14	catorce		
15	quince		
16	dieciséis		
17	diecisiete		
18	dieciocho		
19	diecinueve		

100	cien
102	ciento dos
110	ciento diez
125	ciento veinticinco

700	setecientos/as
800	ochocientos/as
900	novecientos/as
1.000	mil
1997	mil novecientos noventa y siete

20	veinte	200	doscientos/as
21	veintiuno/veintiún/veintiuna	232	doscientos treinta y dos
22	veintidós	300	trescientos/as
23	veintitrés	400	cuatrocientos/as
24	veinticuatro	500	quinientos/as
25	veinticinco	600	seiscientos/as
26	veintiséis		
27	veintisiete		
28	veintiocho		
29	veintinueve		

1.044	mil cuarenta y cuatro
2.000	dos mil
2004	dos mil cuatro
10.000	diez mil
100.000	cien mil
1.000.000	un millón

30	treinta
33	treinta y tres
40	cuarenta
42	cuarenta y dos
50	cincuenta
56	cincuenta y seis

Notes:

a) There is a feminine form for these numbers:
   1 (**uno/a**), 200–900 (**doscientos/as**, etc.).
b) The 'o' in '**uno**' is dropped when followed by a masculine noun.

(b) Ordinal numbers

first	**primero/a**	sixth	**sexto/a**
second	**segundo/a**	seventh	**séptimo/a**
third	**tercero/a**	eighth	**octavo/a**
fourth	**cuarto/a**	ninth	**noveno/a**
fifth	**quinto/a**	tenth	**décimo/a**

Unidad
1

¿Qué tal tu español?

Así se habla
Talking about what you're doing

Asking for information

Temas
Un idioma en expansión

1

¿Qué estás haciendo?

Talking about what you are doing

1 *¿Por qué estudias español?* ((•)) ¹

Here are some reasons people often give for learning Spanish. Do any of them apply to you?

...PORQUE ME GUSTA

...PORQUE ES UN IDIOMA IMPORTANTE

...PORQUE MI NOVIA ES MEXICANA

...PORQUE VOY A ESPAÑA DE VACACIONES

Now listen to María from Mexico and Laura from Madrid, who are talking about their reasons for learning English. Which of the following reasons do they give? Tick them in the order in which you hear them. The first conversation is printed for you.

a Porque el inglés es un idioma internacional.

b Porque voy a Inglaterra de vacaciones.

c Es importante para el trabajo y cuando sales fuera de España.

d Por mi trabajo. El inglés me resulta muy útil.

e Porque me gustaría trabajar en los Estados Unidos.

María

– ¿Cómo te llamas?

– Me llamo María.

– María, ¿De dónde eres?

– Soy de León, pero vivo en Guadalajara desde hace ocho años.

– ¿Y por qué estás estudiando inglés?

– Bueno, en primer lugar, porque hoy en día el inglés es prácticamente un idioma internacional. Y también por mi trabajo. Soy directora del departamento de ventas de una empresa y a menudo tengo que viajar fuera de México, y el inglés me resulta muy útil en esos casos. Por eso lo estudio.

V

hoy en día
nowadays
departamento de ventas
sales department
a menudo
often

G

estoy estudiando/ aprendiendo/ escribiendo
see p. 5.
me resulta útil/fácil
see p. 6.

☽ ✳ Así se dice

To ask someone why they are studying something, say:

¿Por qué estás estudiando ... ... inglés/administración/ciencias económicas?
Why are you studying ...
... English/management/economics?

To answer, say:

Porque me resulta muy útil/Porque creo que es importante
Because I find it very useful/Because I think it's important

You could add:

Por eso lo estudio/lo estoy estudiando
That is why I'm studying it

Soledad

José

Raúl

2 ((·)) 2

Here are three more people being asked
their reasons for learning English. Listen
and match each person with the reason
he or she gives.

1 Voy a menudo a Inglaterra de vacaciones.
2 La mayor parte de los libros en el campo
de la informática están en inglés.
3 Me gustaría ir a la universidad en los
Estados Unidos.

3 *Y ahora tú*

The reasons given for learning English
are often very similar to those given for
learning Spanish. Can you now say why
you are learning Spanish? Give as many
reasons as you can.

¿Por qué estás estudiando español?

4 *Desde hace un año* ((·)) 3

Now listen to María and Laura talking
about how long they have been learning
English. As you listen, can you complete
the two phrases used to ask how long
each person has been studying the
language? Choose from these words:

llevas   que   hace

M: – ¿Cuánto tiempo .... estudias inglés?
   – Tres años.
L: – ¿..... muchos años aprendiendo inglés?
   – Sí, unos cuantos.

V

**ingeniero en
informática**
computer engineer
**el campo de la
informática**
the computer field

G

**hace ... que,
desde hace
llevo cuatro años**
see p. 5–6.

☽ Así se dice

*To ask someone how long they have
been doing something, say:*

**¿Cuánto (tiempo) hace que ... estudias
español/vives aquí/juegas al fútbol?**
   How long have you been ... studying
   Spanish/living here/playing football?

To answer, say:

**Estudio español/vivo aquí/juego al
fútbol ... desde hace cuatro años/dos
meses**
**(Hace) cuatro años/dos meses ... (que lo
estudio/vivo aquí/lo juego)**
   I've been studying it/living here/
   playing it ... for four years/two
   months

Or you can ask a different way:

**¿Cuánto tiempo llevas ... tocando
guitarra/enseñando física?**
   How long have you been ... playing
   the guitar/teaching physics?

to which the reply might be:

**(Llevo) unos cuantos años/tres
meses/veinticinco años**
   Several years/three months/twenty-
   five years

Así se acostumbra

El inglés es hoy el principal idioma
extranjero en España y en Latinoamérica
y es obligatorio en muchos países en la
enseñanza básica y la secundaria.
Muchos adultos lo estudian, junto a otras
asignaturas, por ejemplo la informática,
para mejorar sus posibilidades de acceso
a un puesto de trabajo.
   El número de personas que aprende
español como lengua extranjera también
ha aumentado considerablemente. Las
razones son variadas. Muchos lo hacen
por motivos comerciales, otros por
turismo o simplemente como
pasatiempo.

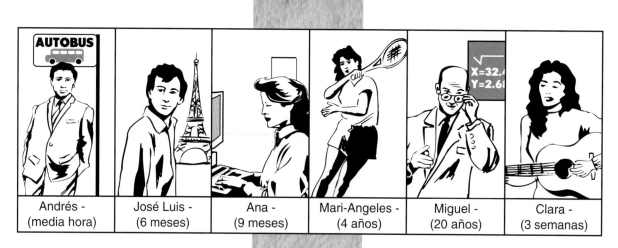

Andrés - (media hora)	José Luis - (6 meses)	Ana - (9 meses)	Mari-Angeles - (4 años)	Miguel - (20 años)	Clara - (3 semanas)

5

How would you ask the people in the pictures above how long they have been doing certain things? Try using both forms:

¿Cuánto tiempo hace que esperas el autobús?
¿Cuánto tiempo llevas esperando el autobús?

How would each one reply?

e.g. **Espero desde hace media hora.**

6 *Y ahora tú*

- **¿Cuánto tiempo hace que estudias español/estás en este colegio/instituto?**
- **¿Practicas algún deporte? ¿Cuánto tiempo hace que lo practicas?**
- **¿Cuánto tiempo llevas viviendo en esta ciudad/en la misma casa?**
- **¿Trabajas? ¿Cuánto tiempo llevas trabajando?**

7 *¿Qué te parece?* ((•)) 4

Ignacio, an art student, is being asked what he thinks of his course. What are the two expressions he uses to say what he finds easy or difficult?

- **¿Qué te parece el curso?**
- **Me parece muy interesante, aunque me resulta un poco difícil. Dibujar, sobre todo, me cuesta mucho. Tú sabes que yo no tengo mucha facilidad para el dibujo. En cambio la cerámica no me cuesta nada.**

☽❋ Así se dice

To ask what somebody thinks of something, say:

¿Qué te parece/Qué tal el curso/ tu nuevo trabajo?
What do you think of the course/ your new job?

to which you might reply:

Me parece interesante/bueno
It seems interesting/good

To ask if someone finds something easy/difficult/useful, say:

¿El español/El dibujo te resulta fácil/ difícil/útil?
Do you find Spanish/drawing easy/ difficult/useful?

to which the reply might be:

(Entenderlo/hacerlo) me resulta muy fácil/muy útil
I find understanding/doing it very easy/very useful

or you could ask:

¿Te cuesta mucho dibujar?
Do you find drawing hard?

to which you might reply:

Sí. Me cuesta/me está costando mucho
Yes. I find/I'm finding it very hard
No. No me cuesta mucho/nada
No. I don't find it difficult (at all)

8 ((•)) ⁵

Now listen to three other students, Pedro, Laura and Aurora, who are also discussing their studies. On the chart below, can you make a note of what they find easy or difficult?

		fácil	difícil
Pedro:	la pronunciación la gramática		
Laura:	hablar entender		
Aurora:	las matemáticas la física		

Now can you report your findings to a friend?

e.g. **A Pedro le resulta difícil la pronunciación.**
A Aurora la física le cuesta mucho.

9 Y ahora tú

¿Qué cosas te resultan fáciles? ¿Y cuáles te resultan difíciles? Y el español, ¿te cuesta mucho? ¿Te resulta fácil o difícil entender? ¿Y hablar? Y la pronunciación y la gramática, ¿te resultan fáciles o difíciles?

10 ((•)) ⁶

María Jesús, from Spain, is studying English in order to further her career. How good is her English? Listen and then say whether the following statements are true or false.

a María Jesús lleva doce años viviendo en Madrid.
b Está trabajando en el departamento médico de una industria farmacéutica.
c A María Jesús le gusta el inglés, pero le resulta difícil la pronunciación.
d Le cuesta leer y entender el inglés.

V

pronunciación
pronunciation
ciertas palabras
certain words
¿qué tal?
how well ...?
**regular,
ni bien ni mal**
OK, neither well nor badly
hacerse entender
to make oneself understood
quizá, quizás
perhaps
la vergüenza
shame
el ridículo
ridicule

R

For present tense forms, see para 9.1, p. 175; and for the present continuous, paras 9.6 and 9.7, p. 176.

V

investigación y desarrollo
research and development

---

11 Role play

You are letting a room to a Spanish-speaker who has come to your country to study English. Her English is not very good, so you'll have to use your Spanish. You want to know where she comes from, why she is learning English, how long she has been studying it, how well she speaks it, whether she finds it difficult. What questions would you ask?

Gramática 1

1 Present and present continuous

To talk about actions which are happening in the present and which may have been going on over a period of time, you can use either the present tense or the present continuous:

Estudio español/estoy estudiando español
I am studying Spanish

2 ¿Por qué? Porque

To ask 'why' is **¿por qué?** To answer 'because' is **porque**. Both expressions must be followed by a phrase containing a verb.

¿Por qué estás aprendiendo español?
Why are you learning Spanish?
Porque me gusta
Because I like it
Porque es importante
Because it's important

3 How long for

There are two ways of asking how long someone has been doing something:

1 **¿Cuánto tiempo + llevar + present participle?**
¿Cuánto tiempo llevas trabajando allí?
How long have you been working there?

2 **¿Cuánto tiempo + hace que +** present tense?

¿Cuánto tiempo hace que vives aquí?
How long have you been living here?

In informal language, the word **tiempo** is often omitted from these phrases.

There are three common ways of saying how long you or others have been doing something:

1 **Llevar** + time phrase + present participle
Llevo un año estudiando aquí.
I have been studying here for a year

2 **Hace** + time phrase **+ que** + present tense
Hace un año que estudio aquí.

or + present continuous to stress continuity:
Hace un año que estoy estudiando aquí.

3 Present tense + **desde hace** + time phrase
Estudio aquí desde hace un año

4 *Me resulta, me parece, me cuesta*

To say that you find something easy, difficult, useful, etc., you can use a part of the verb resultar – **resulta** (if the thing is singular) or **resultan** (if they are plural) – followed by an appropriate adjective. The verb is often preceded by an indirect object pronoun (**me**, **te**, **le**, **nos**, **os**, or **les**).

Me resulta difícil
I find it difficult, it's difficult for me
¿Te resulta fácil?
Do you find it easy?
Nos resultan útiles
They are useful to us

The verb **parecer** (to seem) is used in the same way:

Me parece útil
I think it's useful, it seems useful to me
¿Te parece difícil?
Do you think it's difficult?

Another way of saying whether or not you find something difficult is to use the expression **cuesta** (**costar** – to cost – a radical-changing verb), usually followed by an adverb or a verb (but not an adjective). It is used in sentences in a similar way to the verb **gustar**.

El inglés me cuesta mucho
I find English difficult
Le cuesta hablar
He/she finds it difficult to talk
No nos cuesta nada
We don't find it difficult at all

Consolidación 1 ❀

A *El por qué*

Match each of the questions with two suitable answers.

1 **¿Por qué estudias medicina?**
2 **¿Por qué estás aprendiendo a conducir?**
3 **¿Por qué no lo haces?**
4 **¿Por qué estás trabajando a esta hora?**
5 **¿Por qué estás llamando a Pilar?**

a **Porque vivo muy lejos de la oficina.**
b **Porque necesito decirle algo.**
c **Porque es una profesión que me gusta.**
d **Porque quiero terminar pronto.**
e **Porque me cuesta mucho.**
f **Porque ya no hay autobuses.**
g **Porque me gustaría trabajar en un hospital.**
h **Porque soy muy perezoso.**
i **Porque quiero invitarle a la fiesta.**
j **Porque el jefe quiere esto para mañana.**

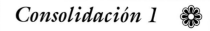

R

For indirect object pronouns, see para 4.4, pp. 172–173.

R

For radical-changing verbs, see para 9.2, p. 175.

B ¿Desde cuándo?

Study the time chart below and say how long Victoria, a teacher, has been doing certain things. For each of the activities mentioned, try to use at least two ways of expressing the same thing.

e.g. **Hace mucho tiempo que espera.**
Espera desde hace mucho tiempo.
Lleva mucho tiempo esperando.

7 años	6 años	6 años	2 años	1 año	2 meses
vivir en Jaén	trabajar en un colegio	enseñar español	estudiar pintura	hacer gimnasia	aprender a conducir

C Un buen estudiante

Jorge is very good at sport but finds maths very hard. Look at his school report and say what subjects (on a scale of A to F) he finds easy or difficult.

e.g. **La historia le resulta muy fácil pero los idiomas le cuestan mucho.**

Alumno:

Jorge Medina

Historia . . . . *A*
Idiomas . . . . *E*
Geografía . . . . . *B*
Biología. . . . . . . *D*
Física. . . . . *E*
Dibujo . . . . *B*
Matemáticas . . . *F*
Deportes . . . . . . *A*

V
disponibilidad availability

2
¿Podría darme información?
Asking for information

1 ¿Cuándo? (((•)))⁷

Listen to Isabel Soto asking for information about language courses. How would she fill in the enrolment form (**ficha de inscripción**) on page 8?

– Hola.
– Hola.
– Quería información sobre cursos de inglés. Mi nivel es un nivel intermedio. Necesito sobre todo clases de conversación, porque entiendo bastante bien pero no hablo muy bien.
– ¿Y cuál es la disponibilidad de tiempo que usted tiene?
– Bueno, yo trabajo por las mañanas, con lo cual me gustaría inscribirme en una clase de inglés por la tarde.
– Eh ... bueno. En este momento tenemos un grupo de nivel intermedio, y hay solamente cuatro estudiantes. Son de tres horas a la semana en la tarde.
– Eh ... ¿A qué hora es la clase? ¿Qué horario tiene por la tarde?
– Es de cinco a seis y media.
– Espere que me lo voy a apuntar. ¿Me lo puede repetir, por favor?
– Sí. Lunes, miércoles y viernes, de cinco a seis y media.
– Lunes, miércoles y viernes de cinco a seis y media. ¿Cuándo empiezan las clases?
– Podría empezar las clases el próximo lunes.

FICHA DE INSCRIPCIÓN

Nombre y apellidos: ....

Curso: ....

Nivel: avanzado ...... intermedio .... principiante ....

Disponibilidad: mañana .... tarde ....

Días: ....

Horario: ....

☽✴ Así se dice

To ask for information about something, say:

¿Podría darme información sobre ...?
Could you give me information about ...?

Quería/Me gustaría recibir información sobre ...
I'd like information about ...

... los cursos, el horario, los precios
... the courses, the timetable, the prices

To indicate what you'd like to do, say:

Me interesa ... /Me gustaría hacer/ inscribirme en ...
I'm interested in ... / I'd like to do/to enrol for ...

... un curso de informática/jardinería/ poesía
... a computer/gardening/poetry course

To ask about details of a course, say:

¿Cuántas horas semanales?
How many hours a week?

¿A qué hora es la clase?
What time are the classes?

¿Qué horario tiene?/¿Cuál es el horario?
What's the timetable?

¿Cuándo empiezan las clases/las actividades?
When do the classes/the activities begin?

V
semanal
weekly

R
For question words, see para 5, pp. 173–174.

---

2 🔊 8

Now listen to Tomás who is asking for information about guitar courses at a school in Mexico. Are these statements true (**verdadero**) or false (**falso**)?

1 Le interesa el nivel intermedio.
2 Lleva tres años estudiando guitarra.
3 Hay dos cursos regulares y un curso intensivo.
4 Los cursos regulares son de quince horas semanales.
5 Prefiere el curso intensivo.

3 🔊 9

Here is a list of courses being offered by a summer school. Can you match the pictures with the captions?

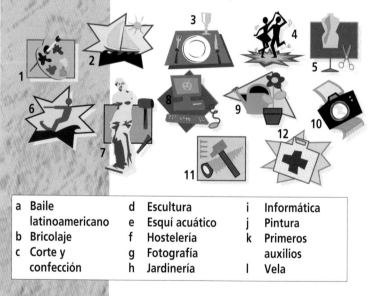

a **Baile latinoamericano**	d **Escultura**	i **Informática**
b **Bricolaje**	e **Esquí acuático**	j **Pintura**
c **Corte y confección**	f **Hostelería**	k **Primeros auxilios**
	g **Fotografía**	l **Vela**
	h **Jardinería**	

Now listen to three potential students asking for information about summer courses. Can you match each to the course or courses you think would suit them best?

1 Teresa ....
2 Ana María ....
3 Alfredo ....

4 Y ahora tú

Choose from the list on page 8, or from these advertisements, a course you might like to do. Be ready to introduce yourself and prepare questions to ask about the course: i.e. number of hours per week, days of the week, time of the day and the starting date for the course.

5 ¿Cuánto y dónde? ((•)) ¹⁰

Clara and Tomás are finding out more about their courses. Clara's conversation is printed for you. As you listen and read, can you fill in the cost of each course?

(1) Clara's course

– ¿Y dónde es la clase?
– La clase es en este mismo lugar, en esta academia. Si usted desea le puedo enseñar las aulas.
– ¡Estupendo! Sí, sí que me gustaría. ¿Qué duración tienen los cursos?
– Son trimestrales. El trimestre le costará ____ euros.
– Muy bien.
– Más la matrícula, ____ euros.
– No está mal. O sea, ____ euros más ____ de matrícula.
– Eso es.
– ¡Estupendo! Pues, ¿vamos a ver las aulas?

(2) Tomás's course: ____ **pesos.**

G
¿Dónde es?
see p. 11.

V
el trimestre
term
más
plus, as well as
la matrícula
matriculation fee
ahora mismo
right now
la aula
classroom

Now try to tell a Spanish friend the cost of each course.

¿Cuánto cuesta el curso? ¿Y la matrícula?

6 ((•)) ¹⁰

Listen again to both conversations.

a How does Clara ask where the classes take place?
b How does Tomás ask how long the courses last?

☽✲ Así se dice

To ask where an event is taking place, say:

¿Dónde es la clase/el partido/la reunión?
Where does the course/match/meeting take place?

To answer, you can say:

En este mismo lugar/aquí mismo/en el estadio, etc.
It's right here/in the stadium, etc.

To ask how long something will last, say

¿Cuánto dura el curso/la película/la obra?
How long does (the course/film/play) last?

¿Qué duración tiene?
How long is it?

To answer, say:

Dura diez semanas/dos horas
It lasts ten weeks/two hours

7

A friend who speaks no Spanish wants to learn the language and has found this brochure advertising courses for foreigners in Valencia. Can you help by translating the details for her?

CURSOS DE ESPAÑOL

Para extranjeros en Valencia (España)

- Curso de verano: julio y agosto.
- Estancia mínima: 2 semanas.
- 15–20 horas de clase por semana.
- Los alumnos pueden incorporarse cualquier lunes.
- Grupos de 10–13 alumnos por clase.
- Niveles: debutante, elemental, medio y superior.
- Alojamiento: en Residencia Universitaria. Pueden solicitar también el alojamiento en familia.

8

She'd like you to find out for her what date the courses start on, where they are being held and how long they last. If you phone the language school, what questions would you ask on her behalf?

V

ofrecer
to offer
estar interesado en
to be interested in

V

estancia
stay, visit
incorporarse
to join
debutante
complete beginner
solicitar
to ask for
alojamiento
lodging

9

Luis, a student from Granada, wants to apply to do an English course in England, and has written this letter. What information does he want?

Muy señor mío:
Hace seis meses que estudio inglés en la Escuela Oficial de Lenguas de Granada y estoy interesado en hacer un curso en Londres durante el próximo verano.
Me gustaría recibir información sobre los cursos que ofrece su instituto, incluyendo precios, duración, fechas y forma de inscripción.
También deseo recibir información sobre alojamiento. Me gustaría vivir, si es posible, con una familia inglesa.
Atentamente

Luis Yañez

10 *Y ahora tú*

You'd like to ask for details of Spanish courses at the University of Málaga. Can you write a similar letter to the one above, introducing yourself, giving information about your present level of Spanish, saying what kind of course you are interested in and asking relevant questions about times and dates?

Gramática 2

1 Times, dates and prices

The following phrases should help to remind you of their use:

<u>Times</u>
¿A qué hora es la clase?
What time is the class?
Es de cinco a seis y media
It's from five to half past six

Es a las cinco de la tarde
It is at five in the afternoon
Es por la tarde
It is in the afternoon

Dates
¿Cuándo empiezan las clases?
When do the classes begin?
Empiezan el (próximo) lunes/el 1 de julio
They start next Monday/on July 1st
El curso es desde el 15 hasta el 30 de mayo
The course is from 15th to 30th May

Prices
¿Cuánto cuesta/vale el curso?
How much is the course?
Mil quinientos/setecientos/novecientos pesos
One thousand five/seven/nine hundred pesos
Doscientos treinta y cinco/novecientos cincuenta euros
Two hundred and thirty-five/nine hundred and fifty euros

2 ¿Dónde es?

To ask or say where something is taking place, you use **ser**. But to ask where a place is you need to use **estar**.

¿Dónde es la reunión?
Where is the meeting?
Es en el segundo piso
It's on the second floor
¿Dónde es la fiesta?
Where is the party?
Es en casa de Manuel
It's in Manuel's house

But:
¿Dónde está la casa de Manuel?
Está en la calle Mayor.

V
no faltes
make sure you come
olvidarse de
to forget

R
For the main uses of
ser and **estar**, see
para 9.5, p. 176

Valencia

Consolidación 2 ✸

A ¿Cuánto es el total? (◖) 11

Mercedes, a student from Mexico, will be spending some time in Madrid where she hopes to do a bilingual secretarial course. Can you work out how much money she will need in all, including course fees, transport and accommodation?
Listen and fill in the figures as you hear them.

Curso de secretariado bilingüe:
Valor del curso: _____
Matrícula: _____
Materiales: _____
Total: _____
Transporte: _____

Alojamiento en casa de familia:
Habitación con desayuno: _____
Habitación con pensión completa: _____
Total: _____

B ¡No faltes!

Pepe left a handwritten note for his colleague Cristóbal. Find out exactly what it says by filling in the blank spaces with the correct present tense forms of the missing verbs, **ser** or **estar**.

Cristóbal:
La cena de esta noche ..... en el restaurante Sibaritas que ..... en la calle Escorial esquina a Velázquez. ..... un sitio nuevo y dicen que ..... muy bien. ..... a las 9.30, después de la asamblea, que ..... en el salón de convenciones del Hotel Emperador, el que ..... enfrente de Correos. ¡No faltes! Y no te olvides de que la fiesta de Adriana ..... este sábado. ..... en su casa.
Pepe

Un paso más

1 *Cartas a la directora*

Two readers, one from Spain and the other from Chile, wrote to magazines to seek help with their problems.

SER HABLADORA ME CAUSA PROBLEMAS

Luz, 30 años. Es informática y trabaja en un banco.

❝Me encanta experimentar sensaciones nuevas. Soy una persona muy apasionada y la vida me resulta emocionante. El problema es que me gusta comunicar todo lo que estoy pensando o sintiendo y creo que, sin darme cuenta, me pongo un poco pesada a veces. Aunque soy hija única nunca he tenido problemas de comunicación. Más bien me sucede lo contrario, que no puedo reprimirme y hablo por los codos. Sé que a mis amigos les divierte escuchar mis aventuras pero no ocurre lo mismo con mis colegas del banco …

Últimamente he notado las miradas de algunos de mis compañeros cuando hablo y he comprobado que otros me evitan del todo. Lo peor es que me han llegado rumores de que no dejo hablar a los demás, y que cuando lo hacen, interrumpo todo el tiempo. Además una compañera me ha confesado que le molesta que le cuente mis viajes y aventuras ya que, como ella tiene hijos pequeños, no pueden darse el lujo de hacer viajes a lugares exóticos como yo. Debo aprender a controlarme porque no quiero tener problemas en el trabajo, ni que la gente piense que soy una egocéntrica. Tengo que actuar pronto porque no quiero causar mal ambiente y resentimiento entre mis compañeros.❞

V

brindar atención
to pay attention
como si eso fuera poco
as if this weren't enough

A Read the first letter sent by Luz from Spain, to find out what her problem is. Can you say whether the following statements are true or false?

1 Luz es una persona llena de vida.
2 Los amigos de Luz se aburren con sus aventuras.
3 A Luz le cuesta mucho trabajo estar callada.
4 Su compañera de trabajo disfruta escuchando sus aventuras de viaje.

Read the text again and find the words or phrases which express the following ideas:

a siento pasión por las cosas
b una niña que no tiene hermanos
c mis amigos disfrutan escuchándome
d las personas que trabajan conmigo (two different words)
e hablo muchísimo
f centrada en mí misma

Y tú, ¿conoces a una persona como Luz? ¿Puedes describir su caso?

B Read the letter written by Mariana, from Chile, and find out what her problem is.

Estrés

Soy una mujer profesional, casada y con dos hijos. Desde hace algunos meses siento que ya no funciono con la misma energía de antes. Me cuesta iniciar las actividades cotidianas, siento que con mi trabajo ya no me concentro y estoy cometiendo varios errores, lo cual me angustia mucho. En mi casa, mi marido y mis hijos se quejan porque dicen que ando muy enojada con ellos y ya no les brindo la misma atención. Como si esto fuera poco, sufro frecuentemente de fuertes dolores de cabeza y ataques de colon. **Mariana, La Serena**
(Revista de Mujer a Mujer Nº 649, Diario La Tercera, Chile)

Now answer these questions:

a Can you identify the words and phrases which mean the following:

las actividades de todos los días, protestan, enfadada, me duele mucho la cabeza.

b ¿Cuánto tiempo hace que Mariana se siente estresada?

c ¿Por qué está angustiada?

d ¿Por qué protestan su marido y sus hijos?

2 Se necesita 🔊 12

An international hotel chain advertised for a job requiring a Spanish speaker with knowledge of English and other languages. Which of the three people being interviewed do you think would be the most suitable for the job?

1 Inma
2 Esteban
3 Gloria

Hoteles UNIDOS S.A.

precisa

ENCARGADO/A DE RECEPCIÓN

para su nuevo hotel en Londres

OFRECEMOS:
☛ **Sueldo a negociar**
☛ **Promoción según aptitudes**
☛ **Incorporación inmediata**

REQUISITOS:
☛ **Experiencia previa**
☛ **Conocimientos de inglés y otros idiomas**
☛ **Edad entre 25–38 años**

Interesados contactar con
Señor García
Tel. 540 23 76 Sevilla

V

sonreír
to smile
cartearse
to correspond
en adelante
onwards
ánimo
come on!

V

sueldo
salary
perfeccionar
to improve
aunque
although
tantos
as many

Unidad 1

3 Hacer amigos

Desean correspondencia
Emilio Sobarzo
Deseo mantener correspondencia con personas de ambos sexos y de cualquier edad para intercambiar todo tipo de cosas. Escríbanme a Correo Central, Santiago.

Hacer Amigos

♥ Tengo 27 años y quisiera recibir correspondencia de todas las partes del mundo, especialmente de España y, sobre todo, de Madrid. Contestaré a todas las cartas que reciba. Adriana de León Martínez. Agraciada, 4129, 901. 11900 Montevideo, Uruguay.

♥ Si estás triste ... ¡sonríe!, es contagioso... y escríbeme: si no lo estás tienes mejor motivo para hacerlo. Tengo 18 años y me gustaría contar con el calor de tu amistad. Manuel Crespo Presas. Amor Ruibal, 22. 1.º. 15702 Santiago, La Coruña.

♥ Soy soltero, tengo 36 años y me gustaría tener correspondencia con chicas de todas las edades y de todos los países del mundo. José Luis Suanzes, Dr. Bautista Marín, 3. 23360 La Puerta de Segura, Jaén.

♥ Desearía cartearme con chicos y chicas de 18 años en adelante. Prometo contestar. Ánimo, te espero. Cristina Salas, Aragón 513, 08013, Barcelona.

While browsing through a Spanish magazine, you spot these letters from people who wish to correspond with pen friends in other countries. Read them to find out which person you might like to write to, then write a letter giving information about yourself, your family, what you do, how long you have been doing it, and asking your correspondent about himself or herself.

NOW GO TO SELF-TEST 1, P. 160. ↝

Temas

*El español:
un idioma
en expansión*

Spanish is seeing an unprecedented expansion. Not only is there a rapid increase in the numbers of Spanish speakers, but also international interest in the culture of the Spanish-speaking world is much greater than it used to be.

Look at the map below. In which countries is Spanish spoken? Do you remember the names of all of them? As a pronunciation exercise, try saying the names of all the countries and their capital cities!

V

alcanzar
to reach
**tasa de
crecimiento**
growth rate
**narrativa
hispano-
americana**
Latin American
fiction
experimentar
to experience
por citar
to mention

El español mundial

LOS NUMEROS hablan por sí solos. El español cada día se habla más. Es, en la actualidad, la lengua materna de unos 400 millones de personas en el mundo. Se habla en más de 20 países, incluyendo España, y en Nueva York se la llama la 'segunda lengua' de la ciudad.

La expansión del español como lengua de comunicación internacional no sólo se debe a una explosión demográfica (los países latinoamericanos poseen una alta tasa de crecimiento). Hace ya algunos años que la comunidad internacional empezó a interesarse por conocer la lengua y culturas hispánicas. El éxito mundial de la narrativa hispanoamericana – que experimentó una edad de oro sin precedentes – ha influido favorablemente en el número de personas que hoy quieren aprender español. Los lectores de todo el mundo quedaron fascinados por las historias extrañamente 'mágicas' de **Gabriel García Márquez**, **Isabel Allende** o **Mario Vargas Llosa**, por citar sólo a algunos.

Las lenguas de la Península Ibérica

The Spanish Constitution ensures that Spanish is the official language. However, the diversity of cultures in a relatively small territory is reflected in the vitality of the regional languages.

LICEU

HORARI D'AQUEST ACCÉS:

LABORABLES   de 6 a 22 h.
DISSABTES   de 7 a 22 h.
DIUMENGES I FESTIUS TANCAT
ENTRADA PER RAMBLES/MERCAT BOQUERIA

HORARIO DE ESTE ACCESO:

LABORABLES   de 6 a 22 h.
SÁBADOS   de 7 a 22 h.
DOMINGOS Y FESTIVOS CERRADO
ENTRADA POR RAMBLES/MERCAT BOQUERIA

*L*a situación lingüística dentro de la Península es compleja. Junto al castellano, lengua española oficial del Estado, otras tres lenguas tienen carácter oficial en sus respectivas regiones: **el catalán, el gallego y el vascuence o euskera.**

*E*xisten importantes razones históricas que explican esta situación. La invasión de los árabes (principios del siglo VIII) fue la causa principal de la fragmentación del latín que se hablaba en la Hispania romana (el latín nunca llegó al territorio que ocupa el País Vasco, donde se continuó hablando euskera). Los cristianos se refugiaron en el norte y comenzaron la Reconquista. Poco a poco se fue ganando terreno a los invasores, y surgieron los distintos reinos. En esas regiones, con difíciles comunicaciones entre sí, el latín evolucionó de distinta manera, y así se formaron las distintas lenguas españolas.

*D*urante la dictadura franquista (1939–76), el español era la única lengua oficial, las restas fueron prohibidas. La España democrática acabó con la discriminación, aceptando la diversidad de pueblos y culturas que constituyen el Estado. Hoy día se fomenta el aprendizaje de las distintas lenguas y se protege el patrimonio cultural de cada región.

V

refugiarse
to take refuge
ganar terreno
to win back land
surgir
to emerge
distinto
different
reino
kingdom
acabar con
to end
fomentar
to encourage
el aprendizaje
learning
patrimonio
heritage

Un 95% de la población de Cataluña entiende catalán, un 79% lo habla

source: *1996 census*

España y América Latina

Although the Spanish language has its origins in a relatively small geographical area, the vastness of the Spanish empire allowed it to travel far afield. Just how universal is Spanish?

Un poco de historia

*E*L CASTELLANO nació en el norte de España y se extendió hacia el sur en forma de abanico invertido. Este período de formación del idioma culmina en 1492 (año de la conquista de Granada y el descubrimiento de América) con la elaboración por parte de Nebrija de la primera Gramática castellana. Desde finales del siglo XV, el castellano llega a las Islas Canarias y a América. En el siglo XVI se consolida como lengua de relación entre todos los pueblos de España, por lo que desde entonces se llama español.

Las dos influencias más importantes que recibe son: el vocabulario de origen árabe (muchas palabras que empiezan con al-, como **alhaja**, **almohada** y nombres propios como **Guadalquivir** y **Madrid**) y palabras de lenguas indígenas americanas (**patata**, **chocolate**, **maíz**).

¿Una misma lengua?

Entre el español de la Península y el de América apenas hay diferencias gramaticales. La pronunciación, sin embargo, varía de unas regiones a otras. Hoy día hay dos formas de pronunciación 'correctas': la norma castellana (forma de pronunciar de las personas cultas de Castilla) y la norma atlántica (la pronunciación de las personas cultas de Andalucía, Canarias y los países hispanoamericanos). La característica principal es la diferente pronunciación de la z como c o s: cerveza o servesa.

Estas diferencias no dificultan la comunicación, y disminuyen entre los hablantes cultos. Cualquier persona que hable español podrá viajar por un extenso territorio sin temor a no entender o a no ser comprendido.

Vocabulario:

En América se conservaron muchas palabras arcaicas que en España desaparecieron como **pollera** (falda), **durazno** (melocotón). Además, desde el principio, se utilizaba un gran número de palabras de las distintas lenguas precolombinas como **el maya**, **el quechua**, **el aymará**, **el guaraní** y **el mapuche**. Estas lenguas indígenas tuvieron distintas zonas de influencia. Esto explica las diferencias entre el español de México, Argentina, Perú o Chile.

Veamos algunos ejemplos:

España	México	Antillas	Argentina	Chile
autobús	camión	guagua	colectivo	micro
¡dígame!	¡bueno!	¡aló!	¡hola!	¡aló!

V

abanico invertido
inverted fan
lenguas precolombinas
languages existing before the arrival of Columbus
personas cultas
educated people
disminuir
decrease
temor
fear

Lenguas en contacto

In the American continent, Spanish lives alongside many other languages. In Central and South America, it is in contact with various indigenous languages like Quechua or Guaraní, while in the United States, owing to the large Spanish-speaking population, it has an intimate relationship with English. The result? Spanglish. Some see this process as a positive evolution of two languages developing together. Others, however, regard it as a corruption of the language of Cervantes. What do you think?

El cóctel de español e inglés invade las calles de Nueva York por boca de su población hispana

En este barrio de Washington Heights, y en todos los de Nueva York con presencia hispana, se ha impuesto el spanglish, un castellano salpicado de palabras inglesas – ticket (multa), okey (de acuerdo), nice (simpático) y traducciones literales de palabras y frases inglesas, taipear (to type, escribir a máquina), parquear el carro (parking the car, aparcar el coche), te llamo para atrás (I call you back, te vuelvo a llamar).

Un artículo reciente de *The New York Times* calificaba el spanglish como la tercera lengua de Nueva York después del inglés y el español. Es cierto. Con 1,8 millones de hispanos – un 25% de la población – y varios diarios, semanarios, emisoras de radio y canales de televisión en castellano, Nueva York permite al visitante pasarse el día escuchando a gente que habla la lengua de Cervantes con múltiples acentos latinoamericanos o en su versión spanglish. El pasado martes, al inaugurar el centro universitario que lleva su nombre, el rey Juan Carlos pudo decir con toda razón:

❝*Nueva York ya es hoy una de las grandes capitales del mundo hispánico*❞.

Adapted from an article in *El País*

Unidad 2

¿Cómo te ganas la vida?

Así se habla

Talking about
jobs and careers

Dealing with
money matters

Temas

La mujer, la sociedad
y el dinero

¿En qué consiste tu trabajo?

Unidad 2

1 ¿En qué consiste tu trabajo?

Talking about jobs and careers

1 ¿En qué consiste tu trabajo? 1

Here are some common office activities.

a	contestar el teléfono	e	escribir informes
b	repartir cartas y paquetes	f	preparar facturas
c	atender al público	g	clasificar correspondencia
d	enviar faxes	h	concertar citas

Mónica and Ricardo from Spain are talking about their respective jobs. Which activities from the above list does Mónica say she does and which does Ricardo do? How would each of them describe exactly what they do?

Mónica

Ricardo

V

funcionario
civil servant
grandes almacenes
department store

2 2

Álvaro and Ana were also asked to talk about their work. What kind of job does each one have?

Álvaro

– ¿En qué trabajas, Álvaro?
– Soy funcionario. Trabajo en una oficina de turismo.
– Álvaro, ¿en qué consiste tu trabajo?
– Bueno, yo me encargo fundamentalmente de atender al público y del contacto con hoteles y empresas de turismo.

Ana

– Ana, ¿a qué se dedica usted?
– Pues, yo trabajo desde hace muchos años en unos grandes almacenes.
– ¿Y qué hace exactamente?
– Tengo a mi cargo la sección de personal. Soy responsable de la selección de nuevos empleados de la empresa.

What phrases does Álvaro use to say what his responsibilities are? How does Ana say she's in charge of something?

Así se dice

To ask what kind of work someone does, say:

¿Qué haces exactamente?/¿En qué consiste tu trabajo?
What do you do exactly?/What does your work consist of?

To which you might reply:

Contesto/envío cartas/faxes
I answer/send letters/faxes
Tengo a mi cargo la sección de personal/ventas
I'm in charge of the personnel/sales department
Me encargo de atender al público
My job is to look after the public
Soy responsable de la selección de nuevos empleados
I'm responsible for the selection of new employees

1 2 3 4 5 6 7 8

4 ¿Cuál es tu horario de trabajo? (◉) ³

María Victoria and Arturo work at a Latin American craft shop in London, while Idoia works in an office in Madrid. Listen and make a note of their working hours and which days of the week they work:

	horario	días
M. Victoria		
Arturo		
Idoia		

Now tell a friend about the working week of these three people (i.e. how many hours per day and days per week).

e.g. **María Victoria trabaja ..... horas diarias ..... días a la semana.**

5 ¿Eres feliz?

In Chile a survey was conducted to find out how people's happiness is related to satisfaction with their work. Which of the following statements is true?

1 **La mayor parte de las personas que no están satisfechas con su trabajo se consideran felices.**
2 **La mayor parte de las personas que están satisfechas con su trabajo son felices.**

3 ¿Cuáles son tus responsabilidades?

V
descanso
rest

How would each of the people above say what job they do and what their responsibilities are? Use your dictionary to look up any jobs or professions you don't know and choose from the list of job descriptions below.

e.g. **1 Soy arquitecto. Me encargo de diseñar edificios.**

encargarse de diseñar edificios
conducir camiones
encargarse de vigilar un banco
atender a los pasajeros
cuidar y regar jardines
encargarse de la limpieza en un hotel
ser responsable de un informativo
construir casas

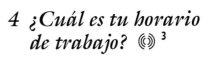

FELICIDAD, EN RELACION AL TRABAJO

Un alto porcentaje de las personas que se declaran "felices" o "bastante felices" está satisfecha con su trabajo (y viceversa).

Feliz   No feliz

36,7%
Insatisfecho con su trabajo, en distintos grados.

61,6%
Insatisfecho con su trabajo en distintos grados.

63,3%
Satisfecho con el trabajo.

38,4%
Satisfecho con el trabajo.

Ilustración: E. Gallegos.

6 ¿Te gusta tu trabajo?

Gonzalo:
Yo me dedicaría
al tenis.

(((•))) 4

María Victoria and two other people,
Inma and Cristóbal, are asked if they are
happy with their jobs. Can you give two
reasons why each of them likes or dislikes
their jobs?

e.g. **A** María Victoria le gusta su trabajo
porque …

Delia:
Me gustaría
ser piloto
de avión.

Mario:
Yo estudiaría
medicina.

7 Y ahora tú

Si trabajas, ¿en qué consiste tu trabajo? Si
estudias, ¿qué estudias exactamente? ¿Cuál
es tu horario de trabajo? ¿Cuántos días a la
semana trabajas/estudias? ¿Te gusta tu
trabajo? ¿Te gustan tus estudios? ¿Por qué?

Isabel:
Me encantaría
ser paisajista.

8 ¿Harías algo diferente?

The four people opposite were asked to
imagine what they would do if they could
choose a new career. How do you think
they will answer? What two reasons from
the list below might you expect each of
them to give?

a Trabajaría al aire libre.
b Participaría en muchas competiciones.
c Podría viajar constantemente.
d Estaría en contacto con la naturaleza.
e Conocería muchos países.
f Tendría oportunidad de conocer a
   muchas personas.
g Me gustaría llegar a ser jugador
   profesional.
h Ayudaría a la gente enferma.

V

por el estatus
for the status
como médico
as a doctor

(((•))) 5   Now listen to what each of them
actually said. Were their reasons as you
expected?

R

For **gustar**, see
para 21, p. 182.

☽✳ Así se dice

*To ask someone what they would do if
they could change their job, say:*

¿Qué harías?/¿Qué elegirías?
   What would you do?/ What would
   you choose?
¿En qué trabajarías?/¿Qué estudiarías?
   What work would you do?/What
   would you study?

To which the reply might be:

Trabajaría al aire libre/en un hospital
   I'd work in the open air/in a hospital
Estudiaría medicina/arquitectura
   I'd study medicine/architecture
Me dedicaría a la música/al tenis
   I'd go in for music/for tennis

LUEGO DE PENSARLO MUCHO
LLEGUÉ A LA CONCLUSIÓN DE
QUE CUANDO SEA GRANDE
VOY A SER ESPECIALISTA

¿ESPECIALISTA
EN QUÉ, MIGUELITO?

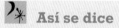

9 ¿Qué trabajo elegirías? 🔊 6

Listen to María Victoria saying what she would do if she changed her job.

a How does she say what she'd do?
b What phrase does she use to say what she'd have more for?
c Would she do it on her own?

10 Y ahora tú

Imagínate que tienes la posibilidad de cambiar de trabajo o profesión o hacer algo diferente de lo que haces ahora, ¿qué harías? ¿Por qué?

11 Trabajaría

Which advertisements would you reply to if you wanted the following services:

a a typist   c a cleaner
b a child-minder   d an English teacher

V

disfrutar
to enjoy
por supuesto
of course

G

trabajaría, elegiría, etc haría, podría, tendría,
For conditional tense, see p. 22.

V

gerente
manager
dar hora
to give an appointment
dejar recado
to leave a message
le conviene más
is most convenient (for you)

⟩✳ Así se dice

To state politely what you'd like to do, or to make a polite offer, say:

Me gustaría enseñar inglés
    I'd like to teach English
Cuidaría niños/limpiaría/daría clases/viajaría
    I'd look after children/clean/teach/travel
Podría venir mañana
    I could come tomorrow

To ask someone politely to do something, say:

¿Sería tan amable de ... / Podría ...
    Would you be so kind as to ... /
    Could you ...
... enviarme una solicitud/decirme su dirección?
    ... send me a form/let me know your address?

---

13 🔊 8

Agustín Anciani and Adela Román are making different requests by telephone. What do they each want and how do they ask for it?

14 Role play

In today's *El País* newspaper, you spot an advertisement for a job which interests you. You phone to say that you are interested, and ask for an application form.

---

12 🔊 7

Now listen to Carmen who is applying for a job as a shop assistant. How does she ask for an application form?

Gramática 1

1 Different types of verbs

As we have seen, the present tense is used to describe what you do regularly.

Radical-changing verbs

In some verbs the vowel in the verb stem undergoes a change (but this change does not affect the first and second person plural). Such verbs are known as radical-changing verbs.

Examples in this unit include **almorzar** (to have lunch) and **atender a** (to attend to):

Almuerzo en la oficina
Atiendo a los clientes

Irregular verbs

A few verbs are irregular in the first person singular of the present tense (e.g. **doy**, **estoy**, **hago**, **salgo**), or completely irregular, e.g. **ir**, **ser**, etc.

Reflexive verbs

Some verbs, called reflexive, are accompanied by a reflexive pronoun. Examples in this unit include: **encargarse** (to be responsible for):

Yo me encargo de atender al público
My job is to serve the public

and **sentirse** (**e>ie**) (to feel):
Me siento a gusto/bien aquí
I feel at ease/happy here

2 Impersonal se

Se is often used with the third person of the verb, when no specific speaker is mentioned.

Se trabaja mucho
You work/one works hard
Se empieza a las nueve
We/You start at nine
¿Cómo se dice/escribe/pronuncia?
How does one say/spell/pronounce it?

R
For radical-changing verbs, see paras 9.2 p.175 and 22, p. 182.

R
For irregular verbs, see para 24, p. 183–4.

R
For reflexive verbs, see para 9.3, p. 175–6.

R
For other uses of **se**, see para 20, p. 182.

3 Conditional tense

In this unit you have seen several examples of the use of the conditional tense, which is generally used to express the English 'would'. Like the future, the conditional is formed with the complete infinitive, to which the endings – the same for **-ar**, **-er** and **-ir** verbs – are added:

trabajar	*volver*	*vivir*
trabajaría	volvería	viviría
trabajarías	volverías	vivirías
trabajaría	volvería	viviría
trabajaríamos	volveríamos	viviríamos
trabajaríais	volveríais	viviríais
trabajarían	volverían	vivirían

Some verbs are irregular in the stem of the conditional, but not in the endings. Here are some of the most common:

decir/diría	poner/pondría
haber/habría	salir/saldría
hacer/haría	tener/tendría
poder/podría	venir/vendría

Uses of the conditional include the following:

1. To talk about a hypothetical situation

Estudiaría medicina/trabajaría mucho
I'd study medicine/I'd work hard
Me dedicaría al tenis
I'd go in for tennis
Me gustaría ser piloto
I'd like to be a pilot
Podría venir mañana
I could come tomorrow

2. To make a request more polite

¿Podría hablar con el gerente?
Could I speak to the manager?
¿Sería tan amable de enviarme una solicitud?
Would you be kind enough to send me an application form?
¿Cuándo podría venir?
When could you come?

3. To express obligation (milder than tiene que)

Tendría que venir por la tarde
You would have to come in the afternoon

Consolidación 1 ❀

A *Me llamo Sofía Herrera*

Sofía Herrera, a journalist, writes about her work. Can you complete the passage with the verbs from the list?

almorzar	hacer	conducir	soler	traducir	entenderse
atender	salir	tener a cargo	encargarse	volver	

Me llamo Sofía Herrera, soy periodista y trabajo para la revista *Nuevos Tiempos*, una publicación dedicada a la juventud. .... mi ..... la sección salud de la revista.
Normalmente ..... para la oficina a las 9.00 y ..... a casa sobre las 7.00. Aunque tengo coche, ... ir en autobús, porque todavía no ..... muy bien.
Generalmente ..... con unos colegas en una cafetería cerca de la oficina. En mi trabajo tengo distintas obligaciones: ..... de escribir artículos sobre el tema de la salud, ... entrevistas a jóvenes y profesionales de la salud, ... las consultas de los lectores, a veces ..... artículos del inglés y otros idiomas al español, y muchas cosas más. El ambiente de trabajo es muy agradable y ..... muy bien con todo el mundo.

Now tell a friend about Sofía's work. Begin like this:

Sofía Herrera es periodista y trabaja ...

B *¿Cómo se dice?*

Can you match the questions on the left with the appropriate answers on the right?

1	¿Qué tal los sueldos?	a	Sí, así se escribe.
2	¿Qué tal las ventas?	b	Sí, se entiende perfectamente.
3	¿Tu apellido es con k?	c	Sí, así se dice.
4	¿Está claro?	d	Aquí no se puede.
5	La palabra española es 'pequeño', ¿verdad?	e	Se vende muy bien.
6	¿Puedo fumar?	f	Se gana muy poco.

V
entrevista
interview
entenderse bien/mal
to get on well/badly

V
montar
to set up
propio
own
negocio
business
dar la vuelta
to go round

C1 *¿Qué haría Pepe?*

If Pepe could choose, what kind of a job would he do? Change the verbs in brackets into the conditional form.

1	..... mi propio jefe.	(ser)
2	..... al trabajo en un gran coche con chófer.	(venir)
3	..... sólo tres días a la semana.	(trabajar)
4	..... dos meses de vacaciones por año.	(tomar)

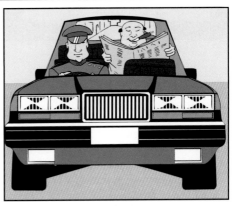

C2 *¿Qué harían Fernando y Marisa, su mujer?*

If Fernando and Marisa had more money, what would they do?

1	..... nuestro propio negocio.	(montar)
2	..... dedicar más tiempo a nuestros hijos.	(poder)
3	..... mucho dinero.	(hacer)
4	..... la vuelta al mundo.	(dar)

2
No es tan caro
Dealing with money matters

1 *¿A cuánto está el cambio?* 9

Mari Carmen, Elena and José are at the bank, changing money. Mari Carmen and Elena are in Spain and José is in Mexico. As you listen, can you fill in the table below with details of the transactions? The first has been done for you.

Mari Carmen
- **¿Dígame?**
- **Por favor, ¿a cuánto está la libra?**
- **¿Quiere cambiar libras a euros?**
- **Sí, sí, tengo libras.**
- **¿Cheques o billetes?**
- **Tengo cheques.**
- **Pues, un momento ... la libra está a un euro cuarenta. ¿Cuánto desea cambiar?**
- **Doscientas sesenta libras.**
- **Bien, su pasaporte, por favor.**

	monedas currencies	cambio rate of exchange	cantidad a cambiar amount to be changed
Mari Carmen	libra>euro	1.40€	260 libras
Elena			
José			

How many **euros** or **pesos** does each customer end up with?

Así se dice

To say what money you want to change and how much:

Quiero/quisiera/quería cambiar ...
... doscientos dólares/doscientas libras a euros
I want/would like to change ...
... 200 dollars/pounds into euros

To ask what the rate of exchange is, say:

(¿Podría decirme) a cuánto está el cambio?
(Could you tell me) what the exchange rate is?
¿A cuánto está la libra/el dólar hoy?
What is the rate for the pound/dollar today?

In reply you might be told:

Está a un euro cuarenta/ochenta y cinco céntimos
It is at 1.40/0.85 euros

2 10

Here are three more people wanting to change their money into **euros**. Can you fill in the missing exchange rates in the table below?

DIVISAS	EUROS
1 dólar EE UU	0,85
1 dólar australiano	0,58
1 dólar canadiense	0,63
1 libra esterlina	1,40
100 coronas noruegas	12,1
1 dinar jordano	1,19
1 franco suizo	.....
100 libras egipcias	13,9
100 pesos argentinos	30
100 pesos mexicanos	7,50
100 rands surafricanos	12,27
100 reales brasileños	30,2
100 rublos rusos	......
100 rupias indias	1,88
100 yenes japoneses	......

3 *Role play*

You are travelling in Mexico and you need to change some money for the last three days of your stay. Say you want to change dollars into pesos and ask what the rate of exchange is, then say how much you want to change.

4 *No es tan caro* 11

Isabel is thinking of going on holiday to Latin America. She asks Arturo (Chilean) and María Victoria (Bolivian) about the cost of certain things in their countries in comparison with London, where they live at present. Listen and say whether the sentences below are true or false. Make corrections where necessary.

Arturo

1 **La vida en Santiago no es tan cara como en Londres.**
2 **La comida es mucho más cara.**
3 **El transporte no es tan barato como en Londres.**
4 **La ropa es tan cara como en Londres.**
5 **Salir y divertirse es más barato en Santiago.**
6 **Una noche en una discoteca o ir a un restaurante es tan barato en Santiago como en Londres.**

María Victoria

1 **El alojamiento en Bolivia es tan barato como en Inglaterra.**
2 **Una comida fuera de casa sale entre seis y veinte (pesos) bolivianos.**
3 **El transporte no es tan barato.**

V

acá
here (esp. LA)
tanto
as much
salir
to cost, to work out

G

más/menos ... que
more/less ... than
tan ... como
as ... as
For comparisons, see p. 27.

V

(peso) boliviano
unit of currency in Bolivia

Así se dice

To indicate that something is or is not as expensive/cheap/large, etc., as something else, say:

(Santiago) (no) es tan caro/barato/ grande ... ... como (Bogotá)
(Santiago) is (not) as expensive/ cheap/large ... ... as (Bogotá)
(La ropa) (no) es tan cara como aquí
(Clothing) is (not) as expensive as here

To ask colloquially how much something costs, say:

¿A cuánto sale una comida/comer fuera/ir a una discoteca?
How much does a meal/eating out/going to a disco cost?

To which you might reply:

Sale muy barato/caro
It is/works out very cheap/expensive
Sale a unos veinte bolivianos
It costs about twenty bolivianos

5 12

Isabel talks about the cost of living in Madrid and Spain, and mentions the cost of several items. Which items would complete the sentences below?

el vino la vivienda la cesta de la compra
el teléfono la ropa el transporte público

1 **..... sigue siendo más barato en España que en Gran Bretaña.**
2 **..... es uno de los más caros de Europa.**
3 **..... sigue siendo relativamente económico en comparación con Londres, con París, con Nueva York.**

Now listen again. What expressions were used by Isabel to say the following:

a **Es caro vivir en Madrid.**
b **Llamar por teléfono a otro país.**
c **Vale tres veces más.**

6 ((•)) 13

Listen to Clara comparing other items
and complete the sentences below with
the appropriate word.

el teatro   una comida barata   el pan
ir de tapas   el transporte   el cine

1 ..... yo creo que es muy barato.
2 ..... sigue siendo relativamente económico.
3 ..... puede costar menos de nueve euros.

7 *Y ahora tú*

La cesta de la compra

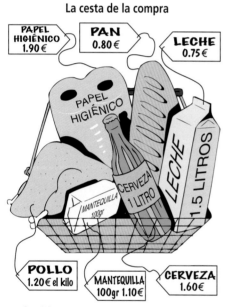

PAPEL HIGIÉNICO 1.90 €

PAN 0.80 €

LECHE 0.75 €

POLLO 1.20 € el kilo

MANTEQUILLA 100gr 1.10 €

CERVEZA 1.60 €

¿Es la vida más cara en tu país que en
España? ¿Qué es más caro/más económico?
¿Cuánto puede costar una comida fuera de
casa? ¿A cuánto sale ir a una discoteca?
¿Crees que es más barato o más caro comer
fuera en tu país? La vida en los pueblos y
ciudades pequeñas, ¿es tan cara como en la
capital o en las grandes ciudades?

8 *No es tan grande*

Before going off on holiday with a friend
to Ecuador and Bolivia, you check a few
facts in your guide-book so that you can
tell him something about the geography
of the two countries and their relative
costs of living.

ECUADOR

Colombia
•Quito
ECUADOR
Perú

Superficie:	283.560 km^2
Población:	12.8 m habitantes

Quito

Temperatura media:	23–25° C
Población:	1.487.000 habitantes
Una habitación doble:	US$ 50
Una comida:	US$ 10
Un boleto de autobús	US$ 0.50

BOLIVIA

Brasil
BOLIVIA
● La Paz

Superficie:	1.098.580 km^2
Población:	8.3 m habitantes

La Paz

Temperatura media:	10° C
Población:	1.600.000 habitantes
Una habitación doble:	US$ 50
Una comida:	US$ 8
Un boleto de autobús	US$ 0.30

Choose from this list of adjectives:

grande/pequeño   caluroso   caro/barato

e.g. **Bolivia es más grande que Ecuador
pero ...
la población de Bolivia no es tan grande
como la de Ecuador.**

9 Role play

You'll be spending some time travelling in a Spanish-speaking country. Before you go, you decide to talk to someone from there to find out more about the country. Prepare questions to ask how the prices of certain things (e.g. transport, hotels) compare with those in your country, and find out about the cost of other items which may be relevant to you.

Gramática 2 ✪

1 ¿A cuánto está?

To ask and answer questions about the cost of items whose price may fluctuate, for example currency, you can use **estar**:

¿A cuánto está la libra/el dólar hoy?
What is the rate for the pound/dollar today?

Está a un euro cuarenta/ochenta y cinco céntimos
It is at 1.40/0.85 €

This expression is often used as an alternative to **¿cuánto cuesta/vale...?** **cuesta/vale ...**, when finding out and saying the price of things such as fruit and vegetables, whose price may vary from day to day.

¿A cuánto están los tomates?
How much are the tomatoes?

Note also:
La vida está muy cara en Madrid
Life is very expensive in Madrid (now)

Note also the idiomatic use in this context of **salir** (to cost, to work out):

¿A cuánto (te) sale el viaje?
How much is the trip?/How much will the trip cost you?
(Me) sale a quinientos dólares
It costs (me) five hundred dollars
Sale muy barato comer fuera
Eating out is very cheap

Ⓡ
For irregular comparisons, see para 3.5 b) and c), p. 172.

Ⓡ
For superlatives, see para 3.5, p. 171.

Ⓡ
For other uses of **estar**, see para 9.5, p. 176.

2 Making comparisons

To compare two people or things, use **más** (more), **menos** (less, fewer). **Más** and **menos** can be used with:

a. a noun
Ricardo sabe más inglés que Cristina
Ricardo knows more English than Cristina
Bolivia tiene menos habitantes que Ecuador
Bolivia has fewer inhabitants than Ecuador

b. an adjective
Ana es más delgada que Antonio
Ana is slimmer than Antonio
Londres es mucho menos caluroso que Madrid
London is much less hot than Madrid

c. a verb
Ignacio entiende menos que Isabel
Ignacio understands less than Isabel

To indicate that something is the largest, cheapest, etc., say:

México es el más grande de los países de habla española
Mexico is the largest Spanish-speaking country
El Aconcagua es la montaña más alta de las Américas
Aconcagua is the highest mountain in the Americas

Tan (as or so) can be used with:

a. an adjective (with **ser**)
Laura es tan alta como su madre
Laura is as tall as her mother
Santiago no es tan grande como Buenos Aires
Santiago is not as large as Buenos Aires

b. an adverb
Yo hablo tan bien como él
I speak as well as him
Mi casa no está tan lejos como la de Carmen
My house is not as far as Carmen's

Note that **tan** is not used with nouns.

Tan also translates as 'so' in:

No es tan económico
It is not so cheap

| *Consolidación 2* ❀ |

A Ask about cost

What questions would you ask to get the
following replies? More than one
question is possible in some cases.

a Pues, tenemos dos euros de los tomates,
   más uno cuarenta de la uva ..., tres euros
   cuarenta en total.
b ¿El peso argentino...? A tres pesos por
   dólar.
c Una habitación individual en un buen
   hotel sale a unos ochenta dólares.
d Pues, un billete de primera clase ... treinta
   pesos solamente.
e ¿Las manzanas ...? A un euro cincuenta el
   kilo.

B ¿Cuál es mejor?

Your friend Soledad fancies buying a fast
car. You happen to read an article in a
motoring magazine which has a report on
two coupés currently on the market, and
you phone to tell her how some of the
features compare.

e.g. **Parece que el Alfa es más estable que el
     Fiat.**
or   **Parece que el Fiat no es tan estable
     como el Alfa.**
1 (económico) Parece que ...
2 (cómodo)
3 (seguro)
4 (bueno)
5 (barato)

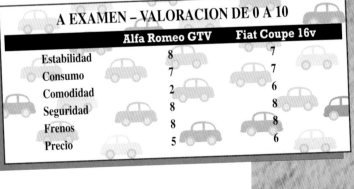

A EXAMEN – VALORACION DE 0 A 10

	Alfa Romeo GTV	Fiat Coupe 16v
Estabilidad	8	7
Consumo	7	7
Comodidad	2	6
Seguridad	8	8
Frenos	8	8
Precio	5	6

V
invertir
to invest
hacer la fila
to queue
conformarse con
to be satisfied with
consultorio
surgery
premio
prize

V
estabilidad
road holding
consumo
fuel consumption
comodidad
comfort
seguridad
safety
freno
brake

Un paso más

1 En caso de ganar

Would you do any of the following
things if you won the lottery?

	sí	no
comprar una casa de verano		
pagar las deudas de mi familia		
seguir en el mismo trabajo		
donar la mitad a una asociación benéfica		
invertir todo en la Bolsa		

¿Qué haría usted en caso de ganar el Loto?

This question was put to two people
queuing to buy lottery tickets in Chile.
Find out what each of them would do.

"Yo ayudaría a muchas personas", dice la
señora Ana mientras hace la fila en una
agencia, y luego agrega que se conforma
"con una casita aquí y una en la playa". Ella,
como muchas otras personas, sabe que una
cantidad tan grande de dinero puede hacer
cambiar fácilmente a una persona, por eso
ella tiene muy claro lo que haría en caso de
ganar: "le pediría a Dios que no me cambiara
en nada y que siguiera siendo la misma".

Una hija y una hermana muy solidaria
resultó ser la señora Fernanda, quien en esa
misma agencia dijo que en caso de resultar
ganadora, luego de pagar todas sus deudas,
le compraría una casa a su mamá, le

terminaría de pagar la casa a sus dos hermanos y le compraría una casa a su hermana. Dijo además que como ella es doctora y trabaja en el consultorio San Rafael, también donaría parte de su premio ahí, porque, según señaló "es un consultorio muy pobre y que tiene muchas necesidades".
(*Diario La Época*, Santiago, Chile)

1 ¿Qué haría con el dinero la señora Ana?
2 ¿Qué compraría la señora Fernanda?
3 ¿A qué institución daría parte de su premio? ¿Por qué?
4 What Spanish phrases are used to express the following?

a she knows very well; **b** such a large sum of money; **c** if she were to come out the winner; **d** after paying all her debts.

2 *¿Qué harías?* (((14

Jorge, from Argentina, and María Victoria, from Bolivia, were asked what they would do if they won the lottery. Are these statements true or false?

Jorge	María Victoria
a Continuaría trabajando.	a Viajaría.
b Seguiría viviendo en su país.	b Continuaría trabajando.
c Se compraría un gran piso.	c Seguiría viviendo en la misma casa.
d Pondría dinero en un banco.	d No se iría de Londres.
e Daría dinero a su familia.	

3 *Odd one out*

A Which job in each set is the odd one out? Use your dictionary to check any you don't know.

1 odontólogo médico abogado enfermero fisioterapeuta
2 contable sastre vendedor director de banco asesor financiero
3 albañil carpintero fontanero traductor electricista
4 profesor maestro juez catedrático entrenador

B Can you say in Spanish which category each set falls into?

V

traductor
translator
conductor
driver
dominio del inglés
mastery of English
dotes comerciales y administrativas
commercial and management skills
buena presencia
smart appearance

4 *¿El requisito más importante?*

A survey carried out by a Spanish magazine of job advertisements from four major Madrid newspapers one Sunday shows the kinds of requirements demanded by employers.

Requisitos	No de anuncios
1 Tener experiencia	48
2 Edad:	
25 a 30	30
20 a 25	11
más de 30	5
16 a 20	0
3 Dominio de idiomas:	
inglés	19
francés	9
alemán	1
italiano	1
4 Tener dotes comerciales y administrativas	10
5 Tener carnet de conducir	4
6 Tener buena presencia	3
7 Tener vehículo propio	1

Look at the table and complete these sentences:

a El requisito más importante es .....
b El idioma más solicitado es .....
c El alemán es tan poco solicitado como .....
d La mayoría de los anunciadores prefiere personas de ..... a ..... años.
e Los jóvenes de ..... a ..... años no tienen ninguna posibilidad de trabajo.

Now can you give your opinion:

1 Para ti, ¿qué requisito es más importante? ¿Por qué?
2 ¿Por qué crees que es tan importante el inglés?
3 ¿Cuál consideras menos importante?
4 ¿Qué otros requisitos consideras esenciales?
5 ¿Consideras importante la buena presencia? ¿En qué tipos de trabajos?

NOW GO TO SELF-TEST 2, P. 161.

Temas

*La mujer,
la sociedad
y el dinero*

Hacia la igualdad ...

In Hispanic society, women have traditionally been the key figures in the family but the public sphere has always been dominated by men. The following articles seem to suggest that things are changing. Judging from these pieces, do you think women have a fair deal in Spain or Latin America? How do you think the situation compares with your country?

Tomasa,
ministra indígena (Bolivia)

En 2002, Tomasa Yarhui Jacome fue nombrada ministra de Asuntos Campesinos de Bolivia. Esta es la primera vez en la historia del país, que una mujer indígena ocupa una cartera de Estado. BBC Mundo conversó con la ministra:

❝Estoy muy feliz porque ha sido una sorpresa no solamente para mi persona sino para el país. Hemos aceptado la invitación con compromiso de trabajar para el país, pero fundamentalmente por el movimiento campesino y las mujeres.❞

-Usted ha dicho que lamentablemente hay más machismo en el movimiento campesino que en la sociedad en general. ¿Por qué ha hecho esa afirmación?

❝Lamentablemente en mi país existe el machismo, pero fundamentalmente en el campo. En algunos espacios la mujer está valorada pero en los espacios por ejemplo para dirigir las organizaciones, todavía no existe la participación activa de la mujer, una participación con poder de decisión. Entiendo que esto es un proceso también que tenemos que ir trabajando y a partir de este ministerio vamos a hacerlo para que hombres y mujeres podamos tener los mismos derechos sobre todo en el campo indígena.❞

(Adapted from an article in BBC Mundo.com)

Las Políticas de Igualdad Cumplen Veinte Años

En las dos últimas décadas, la situación de las mujeres ha evolucionado notablemente, sobre todo en las áreas de educación y la entrada al mercado laboral. Sin embargo, continúan pendientes problemas. Así lo refleja esta selección de datos.

Trabajo y paro
Hace veinte años, de cada 100 mujeres activas, 80 tenían trabajo y 20 estaban en paro. Ahora trabaja el 84% y un 15% están desempleadas. El paro femenino es mayor que el masculino. Además, las mujeres tienen un 80% de los contratos a tiempo parcial (pero la mayoría de las mujeres prefieren trabajar a jornada completa).

Salarios
El nivel salarial femenino se mantiene por debajo del masculino. Las mujeres ganan 30% menos, según datos del Instituto Nacional de Empleo en el año 2000. En 1988, un estudio del Ministerio de Economía aseguraba que las trabajadoras cobraban de media un 22,6 menos que los hombres.

Directivas
El 30% de los puestos directivos de la Administración y la empresa privada están en manos femeninas. Sin embargo, en las compañías con 10 o más trabajadores, la proporción de directivas desciende al 15%.

Gobierno y Justicia
En 1982, con el Gobierno de UCD (Unión de Centro Democrático), llegó a ministra la primera mujer tras la Guerra Civil. Desde finales de este año hasta 1988 no hubo ninguna. De los 15 ministerios actuales, cinco están ocupados por mujeres. Ninguna ha llegado a la presidencia ni a la vicepresidencia del Gobierno. La justicia es uno de los sectores con una feminización más rápida. Mujeres son el 65% de los jueces y el 35% de los magistrados en activo. En el Tribunal Supremo sólo hay una magistrada.

Nacimientos
En las últimas dos décadas, el promedio de hijos por mujer en edad fértil ha descendido de 1,80 a 1,26 y se ha situado entre los más bajos de la Unión Europea. La edad de la maternidad se ha retrasado.

Estructura familiar
En estos veinte años la cifra de matrimonios se ha mantenido estable y han aumentado las uniones de hecho. Esto se refleja en el alza de los nacimientos fuera del matrimonio: en 1983 apenas superaban el 5%. En 2001 eran ya del 19%. En 1983, cuando el divorcio llevaba dos años legalizado, se presentó casi el mismo número de demandas de separación que de disolución de matrimonio (alrededor de 19.500). El aumento ha sido sostenido hasta las 73.032 demandas de separación y las 42.017 de divorcio presentadas en 2002.

Charo Nogueira
El País, Domingo 2 de Noviembre de 2003

El presupuesto familiar

In Chile, the month of March has a bad name. It is the end of the holidays, and it is the time when families need to think carefully about their budget. There are many expenses to face as children go back to school ... . Three different families tell us how they cope with those additional expenses. Which family do you think manages the situation best? What seems to be the key to their success?

'Gano 150.000 pesos y este mes me quedé con sólo 5.000, ya que tuvimos que hacer muchos gastos con mi marido'. Isabel Sura, enfermera de un consultorio de atención gratuita de Puente Alto, comenzó el año sacando todo su sueldo del bolsillo. 'Hemos tenido varios problemas con mi marido por culpa de la plata, pero salimos adelante'.

La entrada al colegio es un saco sin fondo para la familia. Tuvieron que pedir otro crédito para comprar los útiles. La madre de Isabel, doña María Elisa, aportó los 40.000 pesos que recibe de pensión.

Tienen una casa que están pagando desde hace siete años. Por eso no han podido abrir una cuenta de ahorro. 'Pagamos todos los meses, a veces nos atrasamos, pero igual cumplimos con los dividendos. Hay veces que han venido los cobradores a la casa y lo hemos pasado muy mal'.

V

pasear
to rest, have time off (LA)
mis suegros
my in-laws
matrículas
enrolment fees
endeudarse
to get into debt
de antemano
beforehand

V

presupuesto
budget
gastos
expenses
por culpa de
because of
plata
money (LA)
útiles
school equipment
cuenta de ahorro
savings account
dividendos
payments
atrasar
to be late
cobrador
collector

'Trabajar, trabajar y trabajar, sólo para ganar dinero, no es nuestra mentalidad', afirma el marido. 'No somos como todos, el consumismo no nos presiona', señala la señora. Por eso, marzo no es una pesadilla para esta pareja de profesores, que viven, hace dos años, en una pequeña casa de la villa El Mirador de Tobala.

'Lo que ganamos nos alcanza para vivir bien, pero no nos damos muchos gustos, porque no queremos depender de los créditos', cuenta Carlos. Por ejemplo, 'este verano, fuimos por 10 días a pasear a Concepción a la casa de mis suegros, así no nos salimos del presupuesto'.

Una organización minuciosa es la fórmula que tiene este matrimonio para enfrentar los gastos de marzo. 'Sin mi señora sería muy difícil cubrir todo, ella es una verdadera ministra de economía', afirma orgulloso Carlos.

Diez minutos antes de las seis de la mañana, suena el despertador. Comienza un nuevo día, y Víctor Pérez entra al trabajo a las 9. Patricia, aunque es profesora de francés, trabaja de secretaria en un liceo.

Las matrículas del colegio quedaron pagadas en diciembre, y sólo tuvieron que comprar zapatos a sus hijas en marzo. 'Utilizando una tarjeta de crédito no se nota. Eso sí que ahora terminé con el vicio de endeudarme, ya que compraba cualquier cosa y terminaba pagando todo el año. Ahora usamos crédito, pero para las cosas más grandes', dice Víctor.

Para este matrimonio, 'marzo no tiene gastos extra porque los conocemos de antemano. Planificándolos, no alteran tanto el presupuesto'.

(Edited from an article in *Diario La Segunda*, Chile).

Unidad 2

Poderoso caballero es don Dinero

Both the Arcipreste de Hita (1283?–1353) and Francisco de Quevedo (1580–1645) wrote ironically about the role that money plays in our society. Written centuries ago, their words still have an echo in our modern world:

Madre, yo al oro me humillo,
Él es mi amante y mi amado,
pues de puro enamorado
Anda continuo amarillo.
Que pues doblón o sencillo
Hace todo cuanto quiero,
Poderoso caballero
Es don Dinero.

(Francisco de Quevedo: *Poderoso Caballero es don Dinero*)

Hace mucho el dinero, mucho se le ha de amar;
al torpe hace discreto, hombre de respetar;
hace correr al cojo, al mudo le hace hablar;
el que no tiene manos bien lo quiere tomar.

(Arcipreste de Hita: *Libro de buen amor*)

V

doblón
doubloon
sencillo
small coin
tesoros escondidos
hidden treasures
selvas y bosques
jungles and forests
polvo de oro
gold dust
codiciado
coveted
riquezas
riches

Y seguimos soñando con Eldorado ...

In Spain, it is common to hear people say **'el dinero no da la felicidad, pero ayuda'**. The attitude reflected in this popular saying explains the fascination with all kinds of **'juegos de azar'** (games of chance). For Spaniards today, winning **'el gordo'** (the biggest prize in the National Lottery) might be considered the equivalent of what finding Eldorado would have been for their sixteenth-century ancestors: the fulfilment of a dream – a dream of abundance, success and happiness. What was Eldorado and what were the consequences of the search for it? Do you think the events around the search for Eldorado point to different attitudes towards the value of 'gold' in the two cultures?

Muy desde el principio de la Conquista de América, empezaron a circular entre los españoles toda clase de leyendas sobre la existencia tanto de seres fantásticos, como de tesoros fabulosos escondidos en los más remotos lugares de las selvas y bosques tropicales.

Entre todas ellas, quizás la más conocida sea la leyenda de Eldorado.

Eldorado era un hombre cubierto de polvo de oro cuyo reino, a orillas de un lago, poseía inmensas cantidades de este metal tan codiciado por los españoles. Movidos por la ambición y la posibilidad de conseguir enormes riquezas, fueron muchos los que salieron en su busca.

En 1528, esa fue la intención de Francisco Pizarro y un pequeño grupo de hombres que dieron comienzo en esa fecha a una de las aventuras más peligrosas de la Conquista. El resultado fue la destrucción de una de las civilizaciones precolombinas más importantes.

Una lotería con sabor mediterráneo

El niño de San Ildefonso más aplaudido

L'Hospitalet recupera más la mitad de todo lo que invirtió Cataluña en lotería

La suerte vuelve a rondar mercados, tiendas y bares

Unidad
3

Me impresionó muchísimo

Así se habla
Recounting events in your life
Remembering the past

Temas
Imágenes del pasado

1

Nací en Burgos

Recounting events in your life

V

diseño gráfico
graphic design
licenciarse
to graduate

G

**nací, me fui,
volví,** etc.
For preterite, see
para 10, p. 176.
acabar de
to have just, see p. 36.

V

bachillerato
secondary school
carrera
course, subject
acabo de conseguir
I have just got

Así se dice

*To ask and give biographical
information, you can say:*

¿Dónde/cuándo naciste/nació Vd?
Where/when were you born?
Nací en Burgos/en 1957
I was born in Burgos/in 1957
Me fui/volví a Madrid
I went/came back to Madrid
Estudié/hice diseño gráfico
I studied/did graphic design

*To talk about when something
happened, say:*

A la edad de/a los dieciocho años ...
At the age of eighteen ...
**... terminé mis estudios/me licencié/
me recibí (LA)**
... I finished my studies/graduated
En 1988/El 6 de diciembre de 1995 ...
In 1988/On 6th December 1995 ...
... empecé a trabajar/me casé
... I started working/I got married

*To indicate that you have just done
something, say:*

Acabo de volver/conseguir un trabajo
I have just come back/got a job

1

Can you match the two sides of each
sentence to make sense of the main
events in Emilia's life?

a	Nací	diseño gráfico
b	Empecé	en Madrid hasta finales del año pasado
c	Me fui	a los veintidós años
d	Hice	el 4 de abril de 1957
e	Me licencié	a estudiar a Madrid
f	Estuve	el colegio a la edad de seis años

2 ◉ ¹

Now listen as Emilia herself talks about
her life. What questions was she asked to
get the replies in Activity 1?

Emilia

3 ◉ ²

Three people – Roberto from Spain,
Tamy from Mexico, and Jorge from
Argentina – talk about events in their
lives. Before you listen to them, can you
think of some questions <u>you</u> would ask
them? Then listen and complete the grid
with the year or age where appropriate.

		Roberto	Tamy	Jorge
a	Nacer			
b	Ir al colegio			
c	Dejar el colegio			
d	Entrar a la universidad			
e	Terminar los estudios			
f	Empezar a trabajar			
g	Casarse			

Were the questions those you expected? What answers does Roberto give?

e.g. **Nací el 2 de noviembre de 1960.**

4 *Y ahora tú*

¿Qué puedes decir sobre tu vida? Por ejemplo: el lugar donde naciste y la fecha de tu nacimiento; la edad o el año en que fuiste al colegio y cuándo terminaste tus estudios primarios/secundarios. ¿Y qué hiciste después? ¿Continuaste estudiando? ¿Qué estudiaste? ¿Trabajaste? ¿Cuándo empezaste a trabajar? ¿Te casaste?

5

1. 1956

2. 1962

3. 1973

4. 1974

5. 1975

6. 1976

Consiguió su primer trabajo	Nació
Se casaron	Dejó el colegio
Conoció a Nicolás	Fue al colegio

Your mother has found these photos of herself taken at various times in her life. Can you tell a friend something about her by matching photos and captions?

V

periodismo
journalism
pareja
partner
mesera
waitress
facultad
university, faculty
empresa
constructora
construction company

6 ((•)) ³

Two Chileans, Pablo and Valentina, talked to a journalist about their early lives. Here are some notes he made at the time. However, when you listen to the interviews you'll find his notes were not completely accurate. Can you correct them where necessary?

> Pablo Corvalán   Nace en Santiago de Chile (1966) - va a Alemania con su familia (1978) - permanece 9 años - vuelve a Chile (1987) y estudia filología - se recibe de profesor de alemán - no está casado
>
> Valentina Montiel   Nace en el norte de Chile - a los 6 años va al colegio en Alemania - recibe su educación en alemán - entonces va al liceo de niñas de Valdivia donde completa sus estudios

Can you describe the main events in Pablo's life to a friend?

e.g. **Pablo nació ...**

7

Read about Fernando Botero, a painter and sculptor from Colombia, then answer the questions which follow.

Man with a Guitar

Nacido el 19 de abril de 1932, en Medellín, Botero pudo terminar sus estudios secundarios gracias a un préstamo que consiguió su madre para inscribirlo en el colegio de los jesuitas. Su padre había fallecido cuando tenía cuatro años.

Al cumplir los doce, un tío suyo, fanático de las corridas de toros, lo envió a una escuela para matadores, pero embestido por el animal, dejó de asistir a la plaza. Sin embargo, esta afición continuó siendo la temática de sus primeras acuarelas.

A los 16 años decidió que lo único que haría por el resto de su vida sería pintar. Pero para eso necesitaba dinero, así es que comenzó a hacer ilustraciones para un suplemento literario. Posteriormente, viajó a Bogotá y se relacionó con poetas e intelectuales, quienes lo apoyaron en el montaje de su primera exposición. Con el dinero que ganó se fue a un pequeño pueblo costero llamado Tolú, para vivir su experiencia "a lo Gauguin".

Gracias a su segunda exposición logró reunir suficiente dinero para concretar un gran anhelo: conocer Europa. En 1952 ingresó en la Academia San Fernando en Madrid. Utilizó como modelos a los grandes maestros del Prado: Velázquez y Goya. Más tarde se trasladó a Francia.

(Revista de Vivienda y Decoración, *Diario El Mercurio*, Santiago, Chile)

1 ¿Cuándo nació Fernando Botero?
2 ¿Dónde terminó sus estudios secundarios?
3 ¿Cuál fue el tema de sus primeras acuarelas?
4 ¿Cómo reunió dinero para empezar a pintar?
5 ¿Qué hizo con el dinero que ganó en Bogotá?
6 ¿Adónde viajó después de su segunda exposición?
7 Read the text again and find the words which mean the following:

a cuando cumplió doce años; b una persona a quien le gusta mucho algo; c gusto por algo; d después; e que está en la costa; f un fuerte deseo

Unidad 3

V

préstamo
loan
fallecer
to die
embestido
charged
dejar de
asistir a
to stop going to
plaza
bullring
acuarelas
watercolours
apoyar
to support
montaje
setting up
lograr
to manage
trasladarse
to move

R

For regular forms of the preterite, see para 10, p.176; for irregular forms, see para 24, pp. 183–4.

R

*Conocer a alguien
(to know or meet someone) see use of personal a, para 7.1e, p. 174.

Gramática 1 ✹

1 *Preterite tense*

To talk about events which took place at a specific point in the past, you use the preterite tense.

Nací el 24 de junio de 1975
I was born on 24th June 1975
A la edad de cinco años empecé el colegio
At the age of five I went to school

The preterite tense is also used to refer to events which lasted over a period of time but ended in the past:

Viví nueve años en Chile
I lived in Chile for nine years
Estuve allí durante mucho tiempo
I was there for a long time

2 *I have just ...*

To say that you have just done something, use the expression **acabo de** followed by an infinitive:

Acabo de terminar
I have just finished
Acabamos de comer
We have just had dinner

3 *Verbs + prepositions*

Although many Spanish prepositions – **a, de, con, en, hasta**, etc. – have direct English equivalents, their use in a particular context or idiom does not always coincide in the two languages.

1. Some verbs are followed by a preposition in Spanish but not in English:

Me casé con una mujer maravillosa
I married a wonderful woman
Entré a la universidad
I started university
Conocí a Carmen en 1978*
I met Carmen in 1978

2. Some verbs take a preposition in English but not in Spanish:

Pedí una habitación
I asked for a room

3. As in English, with certain verbs it is the preposition which dictates the meaning:

Me fui a Madrid/Me fui de Madrid
I left for Madrid/I left Madrid
Llegué a Santiago/Llegué de Santiago
I arrived in Santiago/I arrived from Santiago

4. Certain verbs always take a particular preposition, and this may be different in the two languages:

¿En qué consiste tu trabajo?
What does your work consist of?
Depende de él
It depends on him

Consolidación 1 ❀

A *Camilo José Cela*

You have been asked to write a brief biography of the Spanish writer Camilo José Cela. Use the time-chart in the next column.

e.g. **Camilo José Cela nació en Iria–Flavia, en La Coruña, en 1916. A la edad de ...**

V

contraer matrimonio con
to marry
por designación real
by royal appointment

V

cortar la luz
to cut off the electricity
regar
to water
sacar la basura
to take out the rubbish
dar de comer a
to feed
el vecino
neighbour

1916	Nace en Iria–Flavia, en La Coruña.
1921	Inicia los estudios primarios en Vigo.
1925	Se va a Madrid donde cursa el bachillerato.
1940	Ingresa en la universidad donde hace estudios de Derecho.
1942	Publica su primera novela, *La familia de Pascual Duarte*, que tiene un gran éxito.
1944	Contrae matrimonio con Rosario Conde Picavea.
1946	Tienen su primer hijo.
1954	Es invitado a Inglaterra donde da un ciclo de conferencias.
1977	Es nombrado senador por designación real.
1989	Obtiene el Premio Nobel de Literatura.
2002	Muere el día 17 de enero, a la edad de 85 años.

B *Acabo de hacerlo*

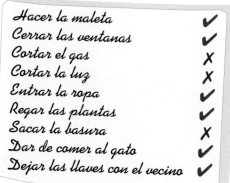

Hacer la maleta	✔
Cerrar las ventanas	✔
Cortar el gas	✗
Cortar la luz	✗
Entrar la ropa	✔
Regar las plantas	✔
Sacar la basura	✗
Dar de comer al gato	✔
Dejar las llaves con el vecino	✔

You are going away with a Spanish-speaking friend and have prepared a list of things each has to do before leaving. Your travelling companion is checking your list with you to make sure you haven't forgotten anything. Reply saying you have just done it or will do it right now.

e.g. **¿Cerraste las ventanas? – Sí, acabo de cerrarlas.**
¿Cortaste el gas? – No, lo cortaré ahora mismo.

Unidad 3

C Volví a Santa Clara

Can you complete the passage below with the preterite form of the verbs in brackets and a preposition where appropriate?

Después de quince años volví a Santa Clara. *(Llegar)* ... la estación un día quince de septiembre. *(Bajarse)* del tren y *(salir)* ... la puerta principal, donde un guardia me *(pedir)* ... mi billete. *(Preguntar)* ... un transeúnte la dirección del hotel La Posada. *(Seguir)* ... la calle principal a paso lento y *(buscar)* ... alguna cara conocida entre la gente que pasaba. No *(reconocer)* ... nadie. Eran ya las tres y media cuando *(entrar)* ... el hotel, *(hablar)* ... la mujer que estaba en la recepción y *(pedir)* ... una habitación.

Islas Galápagos

V

lobos marinos
seals
fragatas
frigate birds
guía
guide

2
Recuerdos del pasado
Remembering the past

1 Había estado allí ((·)) ⁴

Pancho, a tourist guide in the Galápagos, remembers his first visit to the islands. Had he read about the islands? How does he describe his delight on arriving there and his subsequent fascination with them?

– ¿Qué impresión te causaron las Galápagos?
– En esos días yo había leído bastante sobre Galápagos, entonces yo estaba muy contento y emocionado de venir acá. El momento que llegué a las islas fue como el sueño hecho realidad. Y me impresionó muchísimo mi primera visita a una isla que tenía, pues lobos marinos, iguanas marinas, fragatas, y me quedé desde ese entonces fascinado con Galápagos. Y luego seguí estudiando en la universidad, y decidí ser guía como una muy buena opción.

> ⁕ **Así se dice**
>
> *To say how you felt about something, you can say:*
>
> **Estaba muy contento(a)/ emocionado(a)/nervioso(a)**
>   I was very happy/excited/nervous
> **Me impresionó/impresionaron mucho**
>   It/they impressed me very much

Así se dice

To ask someone if they remember something, you can say:

¿Recuerdas el día que llegaste/tu primer viaje?
Do you remember the day you arrived/your first trip?

To which the reply might be:

Lo recuerdo muy bien/perfectamente
I remember it very well/perfectly

To ask someone if they had done something, say:

¿Habías estado en Galápagos/salido del país?
Had you been to Galapagos/left the country?

To which the reply might be:

Había estado allí una vez/No había salido nunca
I had been there once/I had never gone before

V

alquilar
to rent
acostumbrarse
to get used to
sentirse
to feel
ni síquiera
not even
nervioso
nervous
inolvidable
unforgettable

Rodolfo
a ¿Cuántos años tenía Rodolfo cuando fue a París?
b ¿Había estado en otro país?
c ¿Cómo viajó a París?
d ¿Cómo era el viaje en aquel tiempo?
e ¿Qué impresión le causó la visita?

3 ¿Qué habían hecho?

Below are some of the things Pancho, and a married couple called Rafael and Eloísa, did before they did other things. Can you join the two sentences together?

e.g. **Leí sobre las islas. Visité Galápagos.**
Antes de visitar Galápagos yo había leído sobre las islas.

Pancho
a Leí sobre las islas. Visité Galápagos.
b Estudié en la universidad. Decidí ser guía.
c Tuve una moto. Compré el coche.

Rafael y Eloísa
d Estuvimos en el Amazonas. Vinimos a México.
e Terminé mis estudios. Nos casamos.
f Hicimos un curso de inglés. Fuimos a los Estados Unidos.

2 ((•)) ⁵

Listen to Celia remembering the time she left her parents' home and Rodolfo remembering his first trip abroad. The conversation with Celia is printed for you but you'll need to fill in some of the verbs. Then listen to Rodolfo and answer the questions.

Celia
– Celia, ¿recuerdas el día que llegaste a vivir aquí?
– Sí, lo recuerdo muy bien, porque hasta entonces yo .... con mis padres. Su casa ..... grande, bonita y ..... un gran jardín, pero ..... que salir de allí por mi trabajo. Con un par de amigas ..... este apartamento. ..... barato y ..... cerca de la oficina, pero me ..... mucho acostumbrarme. No .... nunca en un lugar pequeño. No me sentía bien aquí.

Ciudad de México

4 *Y ahora tú*

¿Recuerdas algún momento importante de tu vida? ¿Algo que te causó gran impresión o que recuerdes con nostalgia? Por ejemplo, tu primera visita a otra ciudad o a otro país, el día que te mudaste de casa, el momento en que empezaste a trabajar, el día de tu boda. Trata de describirlo.

5 *¿Cómo os conocisteis?*
((�)) 6

Rafael remembers how he met Eloísa. Are the following statements true or false? Make any necessary corrections.

a Rafael conoció a Eloísa en un café.
b Alba había ido a la misma universidad que Rafael.
c Rafael invitó a Alba a su casa.
d Eloísa era estudiante cuando Rafael la conoció.

> ☽✴ **Así se dice**
>
> *To ask a person how they met someone, say:*
>
> **¿Cómo os conocisteis/conociste a Eloísa?**
>   How did you meet/meet Eloísa?
>
> *To which the reply might be:*
>
> **Nos conocimos/la conocí ...**
> **... en casa de una hermana suya/en una fiesta**
>   We met/I met her at her sister's house/at a party
>
> *To ask a person how long ago they met someone, say:*
>
> **¿Cuánto tiempo hace que conociste a Bernardo?**
>   How long ago did you meet Bernardo?
>
> *To which the reply might be:*
>
> **Le/lo conocí hace dos años**
>   I met him two years ago

V

mudarse de casa
to move house
boda
wedding

G

mío, suyo, etc. For possessives, see p. 42.

V

curso de profesorado
teacher's course
a última hora
at the last minute
amor a primera vista
love at first sight
apostarse
to bet
perder
to lose
enamorarse
to fall in love
Medio Oriente
Middle East
señas
sign language
buena voluntad
goodwill

---

6 ((�)) 7

Tamy from Mexico, Idoia from Spain, and Jorge from Argentina each remember how they met someone special. As you listen, can you put the correct names into the sentences below?

a _____ conoció a su novio en un curso de inglés.
b _____ y su eposo se conocieron en un curso para profesores.
c _____ no hablaba inglés cuando conoció a su mujer.
d _____ y su marido tenían una asignatura en común.
e _____ había perdido una apuesta en clase.
f _____ conoció a su mujer en un viaje.

7 *Y ahora tú*

¿Qué persona importante hay o hubo en tu vida? ¿Cómo os conocisteis?

8 *¿Cómo era?* ((�)) 8

The following words and phrases were used by Roberto, Tamy and Liana to describe people they knew. Would you identify with any of them? What other characteristics might you add to the list?

Era ...
nervioso/a	extrovertido/a
trabajador/a	cariñoso/a
responsable	un desastre
alegre	serio/a
el alma de todas las fiestas	

Tenía ...
  una personalidad voluble
  sentido del humor
  una personalidad bohemia
  un espíritu aventurero

Now listen to each description and make a note of at least three characteristics attributed to each person. Roberto's description of Manuel has been printed for you.

– ¿Cómo era Manuel?

– Bueno, Manuel era muy extrovertido y alegre. Con los amigos era muy cariñoso y tenía mucho sentido del humor. Había hecho teatro y tenía una especial habilidad cuando contaba chistes y hacía gracias, pero en sus estudios era muy serio. Había tenido una niñez muy difícil y era una persona muy responsable y trabajadora.

	Era ...	Tenía ...
1 Manuel:		
2 La chica polaca:		
3 Karen:		

Roberto and Tamy also mention some special skills their friends had. What were they?

✷ Así se dice

To ask what someone was like, say:

¿Cómo era?
What was he/she like?

To which the reply might be:

Era extrovertido(a)/alegre/ocurrente
He/she was extrovert/happy/witty
Tenía sentido del humor/un espíritu aventurero
He/she had sense of humour/an adventurous spirit

To say what special skill someone had, you can say:

Tenía una voz preciosa/habilidad para contar chistes
He/she had a beautiful voice/was very good at telling jokes

To describe the background of someone you knew, you can say:

Había hecho teatro/estudiado guitarra
He/she had done theatre/studied guitar

V

contar chistes
to tell jokes
hacer gracias
to be funny, amuse people

V

¡qué va!
not at all
ocurrente
witty
chispa
wit
dispuesto a
willing to
risa
laugh
broma
joke
más bien
rather
picardía
craftiness

R

For the formation and uses of the imperfect tense, see p. 42 and para 11, p. 177.

---

9 ¿Cómo era?

Doña Pilar, sister of King Juan Carlos of Spain, was asked to describe her brother when he was a child.

– ¿No era Juan Carlos en aquella época un niño melancólico, triste, callado, introvertido, frágil?... Parece dar esa sensación en las fotografías.

– ¡Pero qué va! Ni era melancólico entonces ni lo ha sido nunca. Mi hermano era, antes como ahora y siempre, muy ocurrente y lo más extrovertido y alegre que nadie pueda imaginar. Tiene verdadera "chispa". Estaba dispuesto a toda hora para la risa y la broma. Su expresión era más bien como de picardía, de optimismo, de vitalidad. Nada de niño frágil. En realidad, ya era casi hercúleo para su edad.

(Revista *Tiempo*, 'El Rey cuenta su vida', Ediciones Tiempo S.A, Madrid)

What words does she use to describe him?

Juan Carlos era ...
Tenía una expresión de ...

Now read the text again and find words which mean the opposite of these ones:

a fuerte   d extrovertido
b alegre   e pasividad
c hablador   f pesimismo

10 Y ahora tú

¿Puedes describir a una persona que conociste hace unos años? ¿Qué tipo de persona era? ¿Qué aficiones tenía? ¿Qué habilidades tenía?

Gramática 2

1 Imperfect tense (revision)

The imperfect is used
<u>a. To describe people, places or things in the past</u>:

Era extrovertido(a)/sociable
He/she was extrovert/sociable
Tenía lobos marinos/iguanas
It had seals/iguanas

<u>b. To refer to habitual actions in the past</u>:

Vivían en Madrid
They used to live in Madrid
Trabajábamos de lunes a sábado
We used to work from Monday to Saturday

Unlike the preterite, the imperfect is not used to refer to completed actions which happened at a particular moment in the past.

2 Pluperfect tense

The pluperfect is used to refer to events, actions or states that took place at a point in the past, before another action.

Yo no había estado nunca allí
I had never been there
Habíamos leído sobre las islas
We had read about the islands

The pluperfect is formed with the imperfect of **haber** – **había**, followed by a past participle of the verb, (-**ado** for -**ar** verbs and -**ido** for -**er** and -**ir** verbs):

estar	leer	vivir
había estado	había leído	había vivido
habías estado	habías leído	habías vivido
había estado	había leído	había vivido
habíamos estado	habíamos leído	habíamos vivido
habíais estado	habíais leído	habíais vivido
habían estado	habían leído	habían vivido

<u>Reminder</u>: The **vosotros** form **habíais** is not used in Latin America.

3 Possessives

There are various ways of expressing possession or belonging in Spanish.

<u>a. **mi** (my), **tu** (your), etc. in front of the noun.</u>

R
For possessives,
see para 3.3, p. 171.

¿Cuál fue <u>tu</u> impresión de las islas?
What was your impression of the islands?
<u>Mi</u> primera visita me impresionó mucho
I was very impressed by my first visit
Pudo terminar <u>sus</u> estudios gracias a un préstamo
He/she was able to finish his/her studies thanks to a loan

Mi, **tu**, **su**, agree in number with the noun (sing./pl.) they refer to. **Nuestro** and **vuestro** agree in gender (masc./fem.) and number.

<u>b. **mío/a** (mine), **tuyo/a** (yours), etc. after the noun or on their own</u>:

Alba había sido compañera <u>mía</u>
Alba had been a classmate of mine
Nos conocimos en casa de una hermana <u>suya</u>
We met at the house of a sister of hers

mío(a)	míos(as)	mine
tuyo(a)	tuyos(as)	yours (fam.)
suyo(a)	suyos(as)	yours; his, hers, its
nuestro(a)	nuestros(as)	ours
vuestro(a)	vuestros(as)	yours (fam.)
suyo(a)	suyos(as)	yours; theirs

<u>Note</u>: The form **vuestro** is not used in Latin America.

These possessive adjectives, which agree in gender and number with the noun they refer to, can also be used as possessive pronouns, replacing a noun:

¿Esta maleta es <u>tuya</u>?
Is this suitcase yours?
Sí, es <u>mía</u>
Yes, it is mine
La <u>tuya</u> es la marrón
Yours is the brown one

c. Using the preposition **de**

Possession is often expressed with the preposition **de**

Ella es hermana de Alba
She is a sister of Alba's
La familia de Eloísa vive en Madrid
Eloísa's family lives in Madrid

De is also used to avoid ambiguity with third person forms **su** and **suyo**, which can refer to more than one person:

¿Es ésa su casa?
Is that his/her/your/their house?
Este coche es suyo
This car is yours/his/hers/theirs

If the context does not make it clear who the possessor is, you can use **de**:

¿Es ésa la casa de ella?
Is that her house?
Este coche es de ella
This is her car

4 How long ago?

To ask people how long ago something happened, you use the expression
¿Cuánto tiempo hace que …? followed by a verb in the preterite tense. In the reply, use **hace** with a time phrase.

¿Cuánto tiempo hace que os conocisteis?
(Nos conocimos) hace tres años
¿Cuánto tiempo hace que te casaste?
(Me casé) hace cinco años

V
asiento
seat
vacío
empty
tocar
to happen to be
lentamente
slowly

V
echar del trabajo
to sack someone

Consolidación 2	❋

A Me mudé de casa

Someone tells you about his experience of moving to a new town. Can you fill in the blank spaces with the correct form of the preterite or the imperfect? Choose from the following verbs:

recordar	haber	volver	preguntar
ser	venir	hacer	costar
sentarse	conocer	tener	gustar

Llegué a Los Alamos cuando yo ..... nueve años. Hasta entonces había vivido en la capital y me ..... adaptarme a la vida de pueblo. Todo ..... nuevo para mí, no ..... a nadie y ..... con nostalgia a mis amigos y mi vieja casa. Recuerdo mi primer día de colegio. ..... en el único asiento vacío que ..... Ya había comenzado la primera hora de clase y tocaba matemáticas, la asignatura que menos me ..... El maestro me ..... mi nombre y de dónde .... El día pasó lentamente. Por la tarde ..... a casa, ... mis deberes y le hablé a mi madre de mi experiencia de aquel día.

B La historia de mi vida

Here are some important events in someone's life. Rewrite the sentences below, following the example.

e.g. Terminé mis estudios en 1983. En 1984 conocí a Laura
   Yo ya había terminado mis estudios cuando conocí a Laura

1 **Mi padre murió en 1979. Me casé en 1985.**
2 **Tuvimos nuestro primer hijo en 1987. Compramos la casa en 1988.**
3 **Nos fuimos al sur hace cinco años. Nuestro segundo hijo nació hace tres años.**
4 **En enero me ascendieron a gerente. Laura empezó a trabajar en abril.**
5 **Nos mudamos de casa en diciembre. Dos meses después ganamos la lotería.**
6 **Gastamos todo el dinero. Un mes después me echaron del trabajo.**

C *Querida amiga mía*

Read this letter to a friend and fill in the blank spaces with the most appropriate possessive.

V

alegrarse
to be glad
tanto (tú) como ...
(you) as well as ...

Querida Marta:

Me alegré mucho de recibir carta _____ otra vez y de saber que tanto tú como _____ familia estáis bien. Nosotros estamos bien y acabamos de regresar de unas estupendas vacaciones en casa de unos amigos _____ que viven en la costa. Gonzalo volvió a _____ trabajo hace unos días y yo al _____ Los chicos comenzaron _____ clases el lunes pasado. Supongo que los _____ ya volvieron al colegio también.

¿Te acuerdas de Francisca, aquella amiga _____ que te presenté? Ayer la vi y me dijo que viajará a Cuba a visitar a unos parientes _____ que viven allí desde hace muchos años. Gonzalo y yo queremos ir allí en _____ próximas vacaciones.

¿Qué te parece?

Abrazos   *Nicolás*

Un paso más

1 *La vida del emigrante*

Moving from one part of the country to another can present problems. What is your experience of this? Did you ever have any of the following difficulties?

¿Dejaste amigos en la ciudad donde vivías?
¿Te fue difícil hacer nuevos amigos?
¿Te costó adaptarte a tu nueva casa?
¿Te costó adaptarte a tu nuevo colegio o trabajo?
¿Te costó encontrar lugares para hacer la compra?
¿Te costó encontrar lugares para divertirte?

Moving from one country to another can be even more difficult. Antonio Orejuela, a Spanish football player, remembers his childhood in Germany with his family. Read the article on the next page and then answer these questions:

a ¿En qué año se fue Orejuela a Alemania?
b ¿Qué dificultades tuvo su familia en Alemania?
c ¿Qué dificultades tuvo Orejuela al regresar a España?
d ¿Le resulta fácil hablar español a Orejuela?

If you were telling a Spanish-speaking friend about Orejuela's experiences, what would you say?

D *¿Hace cuánto tiempo?*

Here are some important events in the recent history of Spain. Can you say how long ago each took place?

e.g. La guerra civil española terminó hace ... años.

1939	Termina la guerra civil española
1955	España es admitida en la Organización de las Naciones Unidas
1969	El príncipe Juan Carlos de Borbón es nombrado sucesor
1975	Muere el general Francisco Franco
1975	Juan Carlos de Borbón es proclamado rey de España
1977	Se legalizan los partidos políticos
1978	Es aprobada la nueva Constitución

– Mi padre se fue solo a Alemania en el año 62 y dos años más tarde nos llevó a todos, a toda la familia. Estábamos en un pueblecito que se llama Langenselbold, a unos veintiocho kilómetros de Frankfurt. Mi padre trabajaba en una fábrica de química.

– ¿Cómo es la vida del emigrante?
– Dura, muy dura. Yo me di cuenta de que era muy dura cuando tenía once años. Eramos seis hermanos y tenía que ~~a~~mentarnos a todos y pagar una casa. Y era un ~~poc~~o sueldo. La casa estaba bien, pero éramos muchos y ~~mi~~ padre tenía que trabajar intensamente para que todos ~~estu~~diáramos y tuviéramos un futuro.

Has tenido dificultades con el idioma?
~~M~~is estudios los hice en alemán y ~~cua~~ndo vine a España me costó un ~~m~~ontón hablar español. Vamos ... y ~~au~~n me cuesta. En Alemania mis ~~pa~~dres me decían que tenía que ~~ha~~blar en español y la verdad es que ~~ah~~ora se lo agradezco.

(Revista Carta de España, Nº 422)

---

2 *Mi sueño fue volver*
((•)) 9

Ana remembers the difficulties of moving from Barcelona back to a small town in her native Andalucía. Listen and then say whether these statements are true or false:

1 Ana volvió a Montejaque porque allí estaban sus raíces.
2 Ella había ido allí de vacaciones.
3 No le costó adaptarse a Montejaque.
4 En Montejaque había sólo un cine.

What phrases were used in the conversation to express the following?

a Siempre quise volver.
b No pude adaptarme muy bien.
c Yo venía de vacaciones.
d Es muy difícil.

V
fábrica de química
chemical factory
darse cuenta de que
to realise that
alimentar
to feed
un montón
a lot

V
desinformada
misinformed
agradecido
grateful
agradecer
to thank
quejarse
to complain

V
faltar
to miss, lack
raíces
roots
duro
hard
llevadero
bearable
al alcance de la mano
within easy reach

3

Which adjectives correspond to these nouns?

a simpatía   e tristeza   i timidez
b antipatía   f debilidad   j fuerza
c amabilidad   g generosidad   k osadía
d romance   h cortesía   l arrogancia

Now look at the following letter from someone looking for a partner:

> **Correo de parejas**
> Soy un joven de 20 años. Mido 1.71 metros, soy moreno, ni muy gordo ni muy flaco. Soy locutor de radio y estudio ingeniería.
> Soy de buenos sentimientos, honesto, humilde sobre todo, me considero de clase media. No tengo ningún vicio, practico deporte un poco, tengo pocas amistades, pero quisiera conocer a alguien con quien llegar a algo formal de noviazgo.
> Busco una persona sincera, respetuosa, de buenos sentimientos, intelectual y agradable, de 19 a 23 años, que le guste la música en español, ni alta ni baja, cariñosa.
> A las personas interesadas en conocerme, por favor mandar fotografía. Yo prometo mandar la mía.
>
> Kontiki

Imagine that you, too, are looking for a partner. Can you write a letter describing yourself?

4 *¿Crees en los estereotipos?* ((•)) 10

Inma, a receptionist in Andalucía, gives her view of English manners and attitudes. Before you listen to her, how would you describe them? Now listen to her and compare your views with hers.

a ¿Qué dice Inma de los ingleses?
b ¿Qué piensas de sus opiniones?
c ¿Crees que los ingleses son como ella dice?

NOW GO TO SELF-TEST 3, P. 162 ➡

Temas

*Imágenes
del pasado*

El arte de contar historias

Telling stories and reading or listening to
them is a universal pleasure. Whether in
the form of autobiography or fiction,
verse or prose; whether told orally, or in
the form of print or pictures, stories
capture our imagination and help us
make sense of who we are. The Chilean
writer Isabel Allende and the Mexican
artists Diego Rivera and J.G. Posada have
shown just how varied are the ways in
which we can talk about someone's past
life, or describe historical events or
extraordinary happenings in the past.

1. Historias mágicas

After the publication in 1967 of **Cien
años de soledad** (*One Hundred Years of
Solitude*) by Gabriel García Márquez,
there was talk of a new literary movement
called 'magic realism' – and the term
'magic realist' has since been used to
describe the stories of other well-known
writers such as Jorge Luis Borges and
Carlos Fuentes. All 'magic realist' stories
share the characteristic of depicting
reality and fantasy as one and the same
thing.

The novel **Eva Luna**, by Isabel
Allende, tells the story of the protagonist
in a 'magic realist' fashion. Read the

V

momias
mummies
soplo
breath
asomarse a
to look out of
huella
imprint, mark

extract carefully and pay attention to the
underlined words. What kind of
atmosphere do you think they help to
create? Do you know of any other stories
told in a similar style?

ISABEL ALLENDE

eva luna

'Me llamo Eva, que quiere decir vida, según
un libro que mi madre consultó para
escoger mi nombre. Nací en el último cuarto de
una casa sombría y crecí entre muebles antiguos,
libros en latín y momias humanas, pero eso no
logró hacerme melancólica, porque vine al
mundo <u>con un soplo de selva en la memoria</u>. Mi
padre, un indio <u>de ojos amarillos</u>, provenía del
<u>lugar donde se juntan cien ríos</u>, <u>olía a bosque</u>,
nunca miraba al cielo de frente, porque se había
criado bajo la cúpula de los árboles y la luz le
parecía indecente. Consuelo, mi madre, pasó la
infancia en <u>una región encantada</u>, donde por
siglos los aventureros han buscado <u>la ciudad de
oro</u> puro que vieron los conquistadores cuando se
asomaron a los abismos de su propia ambición.
Quedó marcada por el paisaje y de algún modo se
las arregló para traspasarme esa huella.'

(*Isabel Allende: Eva Luna*)

2. Historias visuales

The Mexican muralists, among whom Diego Rivera was one of the best-known exponents, produced the greatest public art of this century, and their influence throughout Latin America has been far-reaching. Why did they use murals to tell their stories? How did they form a link with pre-Colombian culture?

El arte de las pinturas murales es una forma de 'arte de la calle'. Fueron pintados por todo México en edificios públicos: iglesias y palacios coloniales, patios de ministerios, escuelas, ayuntamientos, etc. Estaban pensados para que llegaran al mayor número de personas, que podían contemplarlos mientras realizaban sus quehaceres diarios.

Existe una conexión muy importante entre los murales realizados en los años 20 y el arte de las culturas pre-colombinas. Algo común en las ciudades de esta civilización era cubrir los muros con pinturas (por ejemplo, el Templo de los Jaguares de la ciudad de Chichen-Itza). Además, los Códices donde los distintos pueblos que habitaban México antes de la conquista grababan su historia y rituales, estaban redactados en un tipo de escritura pictórica compartida por Toltecas, Mixtecas y Aztecas.

Diego Rivera (1886–1957) trabajó como muralista durante más de 35 años. En ese período, Rivera creó cientos de pinturas tanto en México como en Estados Unidos. Al final de su vida había cubierto más espacio que cualquier otro muralista de la historia. El mural que se encuentra en el Palacio Nacional de la ciudad de México, titulado 'Historia de México', es un magnífico ejemplo de este tipo de pintura narrativa, en el que Diego Rivera quiso reflejar, como sus antepasados, algunos de los acontecimientos más importantes de la historia de su país.

Los grabados de J.G. Posada (1852–1913) se publicaban en la prensa barata y fueron muy populares. Son historias ilustradas de todo tipo de acontecimientos extraños. Sus principales características son la fuerza imaginativa y el humor negro.

V

quehaceres
chores
acontecimiento
event
grabado
(here) etching

LA TERRIBLE GRANIZADA

DEL 9 DE ABRIL DE 1904.

¡Furibunda tempestad, Desplomes, Muertos y Heridos!

El 9 de Abril de este año,
En la Capital de México,
Como á las tres de la tarde
Dió principio el gran siniestro.
  Fué oscureciendo por grados
Hasta haber necesidad
De encender el alumbrado
En tiendas de la ciudad,
  Poco después comenzaron
Gruesas gotas á llover.
Y dentro pocos momentos,
Granizo empezó á caer.
  Desde hace nueve años no hubo
Granizada como esta
Provino del lado Sur,
Y fué de lo más horrenda
  En las calles se miraba
Lo mismo que en azoteas,
Cubierto por todas partes
De aquellas heladas piedras.
  Pedazos muchos se hicieron
Tragaluces y vidrieras
Y también aparadores
Del granizo con la fuerza.
  Obstruyéronse los caños
Del desagüe de azoteas,
Y el líquido se filtró
En las casas y las tiendas
  Se perdieron ricas telas,
Muebles y también tapices;
Se inundaron las bodegas
Y hubo conflictos á miles.

  Muchos jardines públicos
Y macetas de las casas
Se arruinaron por completo
Con aquella granizada.
  Entre muchos accidentes,
Que el granizo ocasionó,
El más importante fué,
El que está á continuación.
  Fué el Mercado conocido,
De «Martínez de la Torre,»
El techo se vino abajo
Causando serios temores.
  Cuando el siniestro se hallaba
En su completo apogeo,
Dos eléctricas descargas
Se oyeron con gran estrépito.
  Un rayo cayó veloz
Por una calle de Zarco,
Y el otro por Occidente
En la calle de Doblado.
  Por fortuna en esto no hubo
Desgracias que lamentar,
Sólo sustos, muchos sustos,
Como es fácil de pensar.
  Donde si hubo fué á la caída
Del Mercado de "La Torre"
Dos muertos allí quedaron
Con el terrible desplome.
  Fué uno Ascensión Rodríguez
Velador de aquella Plaza,
Y el niñito Luis Jiménez
Que á Ascensión acompañaba.

Buscan familiares

'Esta es la segunda vez que les escribo y les envío mis datos de mis familiares en España. Desde hace años he tratado por muchos medios y formas por comunicarme o encontrarme con mi familia en España; hasta ahora todo ha sido en vano.....'

(from a letter in Carta de España)

El exilio español. ¿Una historia olvidada?

After the end of the Spanish Civil War in 1939, about 400,000 Spaniards left Spain to seek refuge in various European countries, in the Soviet Union, the United States and in Latin America. They were politicians, intellectuals, artists, writers and scientists. What were the consequences of this exodus, both for those who emigrated and for the countries that took them in and gave them refuge?

V

países de acogida
host countries
'gallegos' (LA) all
Spaniards
'gachupines' (LA)
Spaniards living in LA
destacado
prominent
compartido
shared
rechazo
rejection

La llegada masiva de españoles a países latinoamericanos tuvo sus efectos. A diferencia de otras migraciones anteriores y posteriores, los republicanos exiliados eran principalmente miembros de una élite intelectual y científica, y contribuyeron beneficiosamente a los países de acogida. Los 'gallegos' y 'gachupines' son hoy en día miembros destacados de muchas de estas naciones.

Pero el reencuentro, la facilidad ante un idioma compartido, no fueron suficientes para facilitar el camino. Había que empezar una vida nueva, en muchos casos realizando trabajos de baja cualificación, y enfrentarse con el rechazo de algunos nacionales, e incluso de otros emigrantes españoles. Nicolás Sánchez Albornoz recuerda que 'en la avenida de Mayo, en Buenos Aires, había dos cafés, El Ibérico y El español, separados por una calle llamada El Ebro y en la que había frecuentes peleas'.

(Carlos Ortega: from an article in the magazine *Carta de España*)

V

hallar
to find
borrado
obliterated

'Nunca vi Granada'

The poet Rafael Alberti was an exile for many years. When we read his poem 'Balada del que nunca fue a Granada', we can share some of the intense feelings brought about by the experience of exile:

Qué lejos por mares, campos y montañas
ya otros soles miran mi cabeza cana.
Nunca vi Granada,
nunca vi Granada.

Mi cabeza cana, los años perdidos,
quiero hallar los viejos, borrados caminos.
Nunca fui a Granada,
nunca fui a Granada.

Venid, los que nunca fuisteis a Granada;
hay sangre caída, sangre que me llama.
Nunca vi Granada,
nunca vi Granada.

Hay sangre caída del mejor hermano;
sangre por los mirtos y agua de los patios.
Nunca entré en Granada,
nunca entré en Granada.

Si altas son las torres, el valor es alto;
venid por las montañas, por mares y campos.
Entraré en Granada,
entraré en Granada,
entraré en Granada.

(Rafael Alberti: in *Obras Completas,*
Tomo II, Aguilar, Madrid)

Unidad
4

Tiempo libre

Así se habla
*Talking about likes
and preferences*

*Making plans and
arrangements*

Temas
Tiempo libre para todos

1
¿Qué te gusta hacer?
Talking about likes and preferences

Liana

Idoia

1 ¿Qué haces en tu tiempo libre? 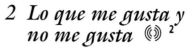 ¹

Here are some of the things people like doing in their spare time. Which do <u>you</u> like doing? Look up any you don't know in the Glossary.

a ver televisión	f jugar al tenis/fútbol
b dedicarse al bricolaje	g esquiar/nadar
c ver películas de vídeo	h descansar o dormir
d ir al cine/teatro/a conciertos	i dedicarse a la jardinería
e leer libros o revistas	j ir a tomar una copa o cenar

Now listen to Idoia, Jorge and Liana talking about what they like doing.

1 Can you choose from the list at least two things each one likes?
2 Listen again to Idoia. What phrases does she use to say what she likes doing? And how does she say what she likes doing best?

2 Lo que me gusta y no me gusta 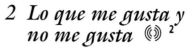 ²

Do you know the Spanish names for types of TV programmes? Most of them appear in the listings below. Look up any you don't know.

documentales	informativos/noticiarios
concursos	comedias
dibujos animados	programas deportivos
películas	telenovelas/series

Martes, 28

09,10 Entrevistas.
❑ Los desayunos de Radio 1.　TVE 2
14,30 Serie.
❑ Cosas de casa.　A3
15,30 Película.
❑ "El precio del triunfo", Casey en la Bolsa de Chicago. Una chica negra le asegura que la ayudará a triunfar en su vida porque es una ayudante del diablo. Casey hipoteca su alma a cambio de conseguir todo lo que quiere.　TELE 5
18,10 Magazine.
❑ Sin fronteras.　TV 1
18,20 Serie.
❑ Tarzan.　TELE 5

19,30 Serie.
❑ Los Simpson.　A3
19,45 Informativo.
❑ A toda página.　A3
21,05 Concurso.
❑ Karaoke.　TELE 5
21,30 Concurso.
❑ El trampolín.　TELE 5
23,30 Serie.
❑ Casa para dos.　TELE 6
23,30 Informativo.
❑ Testigo directo.　TVE 1
00,30 Documental.
❑ Metropolis.　TVE 2

Miércoles, 1

09,30 Telenovela.
❑ Emperatriz.　TVE 1
11,00 Magazine.
❑ Pasa la vida　TVE 1

11,10 Película
❑ "Los manios de América" (1e parte). El joven Rory Manion promete a su madre, al morir, que se va a hacer cargo de su hermano recién nacido. Son una familia de irlandeses que perdieron sus tierras siglos atrás con la conquista inglesa.　T
13,00 Serie.
❑ Bonanza.
15,00 Justicia.
❑ Veredicto.　T
15,00 Concurso.
❑ Cifras y letras.
18,10 Magazine.
❑ Sin fronteras.
19,30 Serie.
❑ Los Simpson.

V
de actualidad
present-day
agradar
to appeal to
mil y un capítulos
a thousand and one episodes

Idoia talks about what she likes and dislikes on television. As you listen, can you fill in the types of programme she mentions?

– ¿Te gusta la televisión?
– Sí, sí, me gusta la televisión, pero lo que me gusta en la televisión son los ....., sobre todo históricos, y también aquellos de actualidad.
– ¿Hay tipos de programas que no te gustan, que no te agradan en la televisión?
– Hombre, no me gustan ....., y la verdad es que detesto esas ..... .

a A Idoia ¿qué es lo que le gusta en la televisión?
b ¿Qué es lo que no le gusta?

3 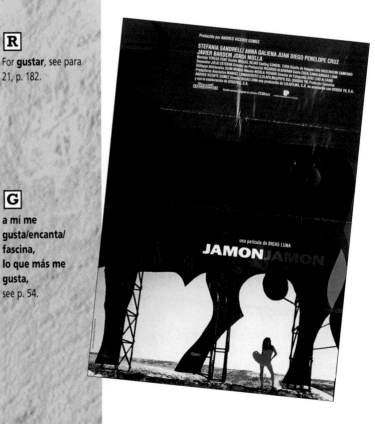 ³

Here are Idoia and Liana talking about their tastes in music. Can you mark on the grid what types of music each likes listening to?

	Idoia	Liana
pop		
brasilera		
salsa		
jazz		
clásica		
canciones de amor		

1 How would you tell a friend what kind of music Liana likes?
2 Listen again to Idoia and answer:
 a ¿Qué música escucha cuando está triste?
 b ¿Qué música escucha cuando se siente romántica?

✳ Así se dice

To ask people about their leisure interests, say:

¿Qué tipo de música te gusta/te interesa?
 What kind of music do you like/interests you?

Replies might include:

(A mí) me gusta/me encanta la música clásica
 I like/love classical music
Lo que más me gusta son los documentales
 What I like best are documentaries
Detesto/odio/no soporto los concursos/las series
 I hate/I can't stand competitions/serials
Me da igual cualquier tipo de música
 All types of music are the same to me

Unidad
4

V
brasileño (Sp)
brasilero (LA)
Brazilian

4 ¿Qué tipo de películas te interesan? 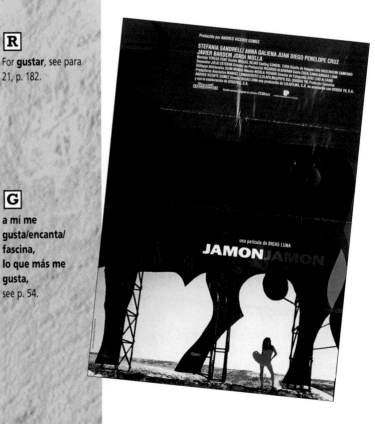 ⁴

Below are the Spanish titles of some famous films. Can you classify them correctly?

1	El bueno, el malo y el feo	a	de terror
2	La odisea del espacio	b	de intriga/suspenso(e)
3	El color púrpura	c	de ciencia ficción
4	El cartero llama dos veces	d	histórica
5	Los enredos de Wanda	e	de aventuras
6	El exorcista	f	comedia
7	El silencio de los inocentes	g	drama
8	El imperio del sol	h	de vaqueros

Idoia and her friend Jaime both like going to the cinema, but they seem to have different tastes in films. Can you say in Spanish what types of films they each like?

a A Idoia ...
b A Jaime ...

R
For **gustar**, see para 21, p. 182.

G
a mí me
gusta/encanta/
fascina,
lo que más me
gusta,
see p. 54.

5

Which of these films do you think might appeal to Idoia, and which to Jaime? Would any of them appeal to them both?

Doble dragón

Dirección: Jim Yukich. Intérpretes: Robert Patrick, Mark Dacascos, Scott Wolf.

En el año 2007 el destino de California está en manos de los hermanos Lee. Ellos tienen que rescatar un medallón con poderes mágicos que ha caído en manos de unos criminales.

Entre Rojas

Dirección: Azucena Rodríguez. Intérpretes: Penélope Cruz, Cristina Marcos, María Pujalte.

Cárcel de mujeres de Yesería, 1974. Lucía, que procede de buena familia, está condenada a 10 años de cárcel por su relación con un jóven militante

político contra al régimen. Durante su estancia en prisión convive con mujeres de toda condición con un denominador común: la lucha contra la desesperación y la tristeza.

Fresa y chocolate

Dirección: Tomás Gutiérrez Alea y Juan Carlos Tabío. Intérpretes: Jorge Perugorría, Vladimir Cruz, Mirta Ibarra y Francisco Gatorno.

Historia de dos seres humanos en busca de un ámbito en el cual ser ellos mismos. David y Vivian son novios. Acuden a una mugrienta pensión para estar a solas. Allí ella se siente incómoda y le recrimina

al muchacho su obsesión por el sexo. El promete no ponerle una mano encima hasta que estén casados. Diego, es un artista homosexual que vive para exaltar la cultura cubana y lucha por la no discriminación por sus tendencias sexuales.

Tierra y libertad

Dirección: Ken Loach. Intérpretes: Ian Hart, Iciar Bollain. Marc Martínez.

Un joven británico en paro se traslada a España para defender la democracia, en peligro por el ataque de las tropas fascistas de Franco. Se unirá a las milicias donde combaten hombres y mujeres de diferente procedencia.

6 ¿Cuáles son tus preferencias? ((◦)) 5

Liana and Jorge and teenagers Rosa and Manuel were asked what they liked reading. Fill in their preferences as you listen.

a A Liana le gusta mucho la ...., los cuentos cortos y la ficción.

b A Jorge le gusta la .... y algunos autores españoles.

c A Rosa le encantan las .... y le gustan también las historietas.

d Lo que más le gusta a Manuel es el ....

7 Y ahora tú

¿Qué te gusta hacer en tu tiempo libre? ¿Qué tipo de música, programas de televisión, películas y libros te gustan más? ¿Cuáles no te gustan o detestas?

V

rescatar
to rescue
poderes
powers
cárcel
prison
lucha
struggle
acudir a
to turn to
mugriento
dirty
en paro
unemployed

V

moda
fashion
historietas
comics

V

preferido
favourite
ruidoso
noisy
divertidos
fun

G

He/has/ha
visto/leído etc.
See p. 59.

---

8 ¿Has ido a algún concierto? ((◦)) 6

Cristóbal went to a pop concert. Listen as he tells you what it was like and fill in the grid.

Grupo musical preferido	....
Tipo de música que prefiere	....
Último concierto al que fue	....
Su opinión del grupo	....
Tipo de música	....

– ¿Cuál es tu grupo musical preferido?
– Bueno, ninguno en especial. Creo que me gusta toda la música, absolutamente toda.
– ¿Has ido a algún concierto últimamente?
– El último fue el viernes pasado. Fui a ver a Mano Negra.
– ¿Y qué te pareció?
– No está mal. Es una música quizás a veces demasiado multirracial y demasiado ruidosa, pero son muy divertidos, uno puede estar horas bailando con ellos.

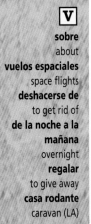

✳ Así se dice

To ask someone if they have seen something recently, say:

¿Has ido a algún concierto/visto alguna película últimamente?
  Have you been to a concert/seen a film recently?

To which the reply might be:

He visto/vi/fui a ver a Mano Negra/*Drácula*
  I've seen/saw/went to see *Black Hand/Dracula*
La última ha sido/fue *Cien años de soledad*
  The last one was *A Hundred Years of Solitude*

To ask what it was like, say:

¿Qué te pareció la película/la música?
  What did you think of the film/music?

Replies might include:

(Me pareció) magnífica/fabulosa/ excelente/bárbara
  I thought it was magnificent/ fabulous/excellent/great
No está mal Not bad
(La encontré) regular/fatal/malísima
  I found it OK/dreadful/very bad

9 *¿Qué te pareció?* ◉) 7

Idoia talks about a film she's seen, Jorge talks about a book he's read, and Belén about the films of her favourite film star. Listen and then answer the questions.

a ¿Cuál fue la última película que vio Idoia?
b ¿Qué le pareció?
c ¿Cuál es el escritor preferido de Jorge?
d ¿Ha leído muchos de sus libros?
e ¿Qué le pareció *Cien años de soledad*?
f ¿Cuál es el actor que más le gusta a Belén?
g ¿Ha visto muchas películas suyas?

R
For object pronouns, see paras 4.3, 4.4, p. 172.

V
sobre
about
vuelos espaciales
space flights
deshacerse de
to get rid of
de la noche a la mañana
overnight
regalar
to give away
casa rodante
caravan (LA)

10 *¿Qué programa viste?* ◉) 8

Roberto, Idoia and Juan each watched different programmes last night. Can you guess what they were about?

Now listen and say who watched what, and what the programmes were like. The first one has been done for you.

e.g. **Roberto ha visto/vio un programa sobre vuelos espaciales y le pareció muy interesante**

Idoia ...
Juan ...

11 *Y ahora tú*

¿Cuál es tu director de cine/actor/autor preferido? ¿Cuál fue la última película/obra suya que viste/leíste? ¿Has ido al cine/al teatro/a algún concierto u otro espectáculo últimamente? ¿Qué viste/escuchaste? ¿Qué te pareció? ¿Has leído algún libro/visto algún programa interesante en la televisión últimamente? ¿Qué leíste/viste? ¿Qué te pareció?

Gramática 1 ✦

1 A mí me gusta/me encanta, etc.

To say you like or are interested in something, you can use the verbs **gustar**, **encantar**, **interesar**, **fascinar**, depending on the degree of enthusiasm you want to express. All these verbs behave in a similar way: they only occur in two forms – third person singular or plural, and they are always preceded by a pronoun that refers to the subject (the person who is doing the liking, etc.) – **me**, **te**, **le**, **nos**, **os**, **les**. They are followed by a noun or an infinitive.

Me interesa la poesía
I'm interested in poetry
¿Te gusta el baloncesto?
Do you like basketball?
Le encanta esquiar
He/she adores/you adore skiing

Le can refer to he, she or you (**usted**) and **les** can refer to they or you (**ustedes**), thus leading to possible ambiguity. To avoid ambiguity, or simply to emphasise who you are referring to, you can add an additional pronoun preceded by the preposition **a**. For the first and second persons singular, these are **mí** and **ti**, for all other persons you need to use subject pronouns, e.g. **él**, **ella**, **usted**.

A él/ella le encanta esquiar
He/she adores skiing
A mí me gusta hacer footing. ¿Y a ti?
I like jogging. And you?
A ella le interesa la poesía, pero a él no
She is interested in poetry, but he isn't

Instead of using an additional pronoun, you can of course use the person's name, again preceded by the preposition **a**:

A Enrique no le gustaron nada los actores
Enrique didn't like the actors at all
A los mexicanos les gusta mucho la música
Mexicans love music

2 Saying what you like best

To say which thing or person you like best, you can say, for example:

El (actor) que más me gusta es Antonio Banderas
The actor I like most is Antonio Banderas
La (película) que más me gustó fue *Drácula*
The film I liked best was *Dracula*
Los (programas) que más me gustan son las telenovelas
The programmes I like best are soap operas

If it is clear from the context that you are talking about actors, films or programmes, you can avoid repeating the noun. Make sure that the pronoun agrees in gender and number with the noun it refers to:

El que más me gusta es Antonio Banderas
The one I like most is ...
La que más me gustó fue *Drácula*
The one I liked best ...
Los que más me gustan son las telenovelas
The ones I like best are ...

If you are referring not to a specific noun, but to an idea or a fact, use **lo que** (what):

¿Qué es lo que más te gusta?
What is it you like most?
Lo que más nos gusta es ir a esquiar
What we like doing best is going skiing

3 Saying what you usually do

To say what you usually do, use part of **soler** (**o>ue**) followed by an infinitive.

Suelo hacer gimnasia todos los días
I do exercises every day
En el verano solemos ir a pescar
In summer we usually go fishing

To say what you used to do, you can use the imperfect of **soler**:

Los domingos solíamos jugar a las cartas
On Sundays we used to play cards
Cuando hacía bueno, solían andar por el parque
When the weather was good, they used to walk in the park

1 Julián	equipo	Real Madrid
2 Enrique y Teresa	directores	Almodóvar, Woody Allen
3 Lola	jugador	Ballesteros
4 Ricardo	escritora	Isabel Allende

Consolidación 1 ❋

A *Le fascina ir al cine*

In a recent survey, some of your friends were asked to select five activities and to rate them as follows: 5 = **fascinar**, 4= **encantar**, 3 = **gustar**, 2 = **no interesar**, 1 = **detestar**. Look at the chart and see how they rated their chosen activities.

	Sofía	Julián	Teresa/Enrique	Lola	Ricardo
leer novelas					4
escuchar música rock	5	2		4	
ir a museos	1	3		1	5
ir de copas con amigos	3	4		3	
jugar al golf	2		3	5	2
ir al estadio		5	1		
hacer bricolaje		1	2		3
ir al cine	4		5		
hacer camping			4	2	1

How would you tell someone else what your friends like and dislike doing?

e.g. **A Sofía le fascina escuchar música rock, le encanta ir al cine, le gusta ir de copas con amigos, no le interesa jugar al golf y detesta ir a museos**

1 A Julián .....
2 A Teresa y Enrique .....
3 A Lola .....
4 A Ricardo .....
5 What would <u>you</u> say, if you were taking part in the survey?

B *El que más me gusta*

Look at the list opposite. How would you ask your friends who they liked most? How might they reply?

e.g. **Sofía ¿cuál es el cantante que más te gusta?**
    El que más me gusta es Julio Iglesias

C *Lo que más le gusta*

Imagine a friend asks you what these people enjoy doing most. How would she ask and how would you answer?

e.g. **¿Qué es lo que más le gusta a Sofía?**
    Lo que más le gusta a Sofía es escuchar música rock

1 .....
2 .....
3 .....
4 .....
5 How would he or she ask what <u>you</u> like doing best? What would you say?

D *¿Qué sueles hacer?*

How would the people below say what they usually do on Sundays?

e.g. **Los domingos me levanto muy tarde**
    Los domingos suelo levantarme muy tarde

a **Hago mis deberes y después salgo con mis amigas.**
b **Riego el jardín y veo el fútbol en la televisión.**
c **Vamos con los chicos a visitar a nuestros padres.**
d **Limpio el piso y después echo una siesta.**

Can you now tell someone else what these people usually do?

e.g. **Los domingos Pepe suele levantarse muy tarde**

2
¿Qué planes tienes?
Making plans and arrangements

1 *¿Qué piensas hacer?* ((•)) [9]

Gonzalo, Mercedes and Julio talk about their plans for a special occasion. What occasions are mentioned? What do they intend to do?

	Ocasión	Plan
Gonzalo		
Mercedes		
Julio		

V

anochecer
to get dark
cansado
tired
cañas
drinks

To ask someone about their plans, say:

¿Qué vas a/piensas hacer?
What are you going to do/thinking of doing?
¿Qué planes tienes?
What plans have you got?

Replies might include:

Pienso/pensaba/había pensado descansar
I am/was thinking/had thought of resting
Voy a descansar/salir con amigos
I'm going to rest/go out with friends

2 *Pienso ir a algún bar* ((•)) [10]

Rafael was asked about his plans for the weekend. Can you say when he intends to do everything?

descansar	ir a Segovia
ver a sus amigos	ir a algún bar
salir a bailar	comer en Segovia
comer con sus padres	tomar unas cañas
ver a sus padres	quedarse en Segovia

e.g. **El viernes por la tarde piensa descansar y por la noche ... .**

3 Role play

Your Spanish friends are planning to give a party and you ask them about it.

You	Them
Ask them when it is going to be	– **Pues, dentro de un par de semanas, el viernes o el sábado. Supongo que vendrás, ¿no?**
Certainly. Ask if they are thinking of inviting many people.	– **Bueno, seremos unos veinte en total.**
Say you would like to invite them for a drink. Ask if they have any plans for this evening.	– **No, estamos libres. Gracias.**

	Idoia/Roberto	Isabel/Rafael
Actividad		
Horario		
Punto de encuentro		
Hora de encuentro		

4 *Y ahora tú*

¿Qué planes tienes para tu cumpleaños, para tu aniversario de boda, para tu graduación u otra ocasión especial? ¿Piensas celebrarlo(la)? ¿Qué vas a hacer?

5 *¿Te apetece ir?* (()) 11

Miguel asks Raquel to go out, and Gloria makes arrangements to go out with Carmen. Listen and find out where they each propose to go, whether their friends accept the invitation, and what arrangements are made. The first conversation is printed for you.

Miguel y Raquel
– ¿Te apetece ir a un concierto de Paco de Lucía mañana por la noche? Es en el Palacio de los Deportes. Tengo dos entradas.
– ¡Hombre! ¡Qué pena! He quedado con Pepe para cenar y no le puedo decir que no ahora. Sería feo. Es una pena, porque no he ido nunca a un concierto suyo. Gracias.
– ¡Vaya, qué lástima! Bueno, otra vez será.

Now listen to the first conversation again. How is the following expressed?

a ¿Te gustaría ir a un concierto?
b Voy a cenar con Pepe.
c No estaría bien.

In the second conversation, how are the following ideas expressed? Listen again.

d ¿Qué te parece si nos vemos mañana?
e He estado muy ocupada.
f Podemos quedar en la entrada principal.

6 *¿La has visto?* (()) 12

Idoia makes arrangements to go out with Roberto, and Isabel agrees to go out with Rafael. Where are they going and what arrangements do they make? Listen and fill in the information in Spanish.
Listen again to the first conversation. How does Idoia ask Roberto if he has seen the film, and what does he reply?

V

¿te apetece?
do you fancy?
¡qué pena/lástima!
what a pity!

G

he/has/ha visto/leido, etc.,
see p. 59.

V

tener ganas de
to want to
acabar
to finish
echar
to put on (of a film)
obra
play
en cartel
on, running
cartelera
listings
reponer
to put on again
tablao flamenco
place where flamenco is performed

)* Así se dice

To suggest a plan to someone, say:

¿Te gustaría/apetece ir al cine?
Would you like to go to the cinema?
¿Qué tal si nos vemos mañana?
How about meeting up tomorrow?
¿Qué te parece si vamos/¿Por qué no vamos al teatro?
What about going/Why don't we go to the theatre?

To accept a proposal or invitation, say:

Me encantaría/gustaría mucho/ Encantado(a)
I'd love/like to very much/I'll be delighted

To excuse yourself, say:

No puedo/Tengo que hacer
I can't/I've got something to do
He quedado con Pepe para cenar
I've agreed to meet Pepe for dinner

To ask someone if they've seen a particular film etc., say:

¿Has visto esta película?
Have you seen this film?

Replies might include:

Todavía no la he visto/Nunca la he visto
No, I haven't seen it yet/ I've never seen it
Ya la he visto/La vi hace dos días
I've already seen it/I saw it two days ago

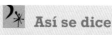

7 Role play

You decide to invite a Spanish friend out. Can you suggest a plan?

Tú	Tu amigo/a
Ask your friend if he/she feels like going to the cinema.	– Sí, me encantaría. ¿Qué te gustaría ver?
Suggest a film and ask if he/she has seen it.	– No, no la he visto todavía. Dicen que es estupenda. Me gustaría verla.
Say where it is on and suggest a place and time to meet. Ask if that is all right.	– De acuerdo.

8 ¿Cómo celebraste? ((•)) 13

Not everything went as planned for Clara on her graduation day. What went wrong? Listen and read, then answer the questions which follow.

– Clara, ¿cómo celebraste tu graduación?
– Pues, el comienzo fue un desastre. Había invitado a un grupo de compañeros a casa a cenar. Pusimos la mesa en el jardín, todo se veía muy bonito, y cuando ya nos habíamos sentado a la mesa se puso a llover a cántaros. Tuvimos que entrarnos y cenar en la sala. Pero fue divertido. Después de cenar nos fuimos a una discoteca y estuvimos bailando hasta la madrugada. Lo pasamos estupendamente.

a ¿Dónde pensaban cenar Clara y sus compañeros?
b ¿Qué pasó después de que se sentaron a la mesa?
c ¿Qué hicieron después de la cena?
d ¿Qué expresiones usa Clara para decir: comenzó a llover torrencialmente/muy fuerte, las primeras horas de la mañana, nos divertimos mucho.

> **✳ Así se dice**
>
> *To talk about what you were doing over a period of time, say:*
>
> **Estuve/Estuvimos bailando/hablando hasta la madrugada**
>   We were dancing/talking until dawn

9 ¿Qué hiciste? ((•)) 14

Roberto and Juan have different stories to tell about their birthdays. How did they celebrate them? Listen and say whether the statements which follow are true or false, and make any necessary corrections.

Roberto

a Roberto iba con su mujer a comer en un restaurante.
b Al volver a casa tuvieron un problema con el coche.
c Roberto estuvo casi dos horas intentando repararlo.

Juan

d Juan invitó a unos amigos al teatro.
e Por la tarde comieron una paella en su casa.
f Estuvieron todo el día trabajando.

10 Y ahora tú

¿Celebraste alguna fecha en especial este año? ¿Qué celebraste? ¿Qué hiciste en aquella ocasión?

> **V**
>
> aprovechar
> to take advantage of

Gramática 2

1 Pensar + infinitive

To say what you are thinking of doing, or what you were or had been thinking of doing, you use the verb pensar (**e>ie**) followed by an infinitive.

Pienso quedarme en casa
I'm thinking of staying at home
Pensábamos ir a tomar una copa
We were thinking of going to have a drink
Habían pensado salir, pero luego desistieron
They had thought of going out, but then they changed their minds

A very common way of talking about plans, when these are more definite, is by using **ir a** + infinitive.

Voy a estudiar para mi examen
I'm going to study for my exam

2 Perfect tense

To talk about recent events, particularly those which bear some relationship with the present, you use the perfect tense. Time expressions like **ya** (already), **todavía** or **aún** (still, yet) are often used with this tense.

¿Has visto la última película de Almodóvar?
Have you seen Almodovar's latest film?
Todavía no la he visto
I haven't seen it yet
¿Qué habéis hecho hoy?
What have you done today?
Hemos estado en la playa
We have been at the beach

The perfect tense is not normally used when talking about events which took place in the more distant past. For this you need the preterite tense.

La semana pasada estuvimos en la playa
Last week we were at the beach

R
For **ir a** + infinitive, see para. 14.4, p. 178.

R
For the perfect tense, see para 12, p. 177.

<u>Note</u>: There are some regional differences in the use of the perfect tense. In Latin America and in parts of northern Spain people tend to use the preterite instead of the perfect for most past events.

3 Estuve + gerund

To talk about an action which occurred over a prolonged and definite period of time in the past, you can use the preterite of **estar** followed by a gerund.

Estuve trabajando hasta muy tarde
I was working until very late
Estuvimos bailando toda la noche
We were dancing all night

An alternative is to use the preterite tense, e.g. **trabajé toda la noche** (I worked all night), but this does not stress the continuity of the action, as the construction above does.

Consolidación 2 ✿

A Han cambiado de idea

Isabel and Tomás made their holiday plans some time ago, but since then they have completely changed their minds. On the left are their original plans and on the right are what they are now thinking of doing. Can you tell someone about their past and present plans? Choose from the following verbs:

quedarse   salir   viajar   tomar

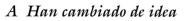

	Plan A	*Plan B*
Destino:	*Paraguay*	*Brasil*
1 Estancia:	*8 días*	*15 días*
2 Salida:	*16 de septiembre*	*30 de septiembre*
3 Transporte:	*autobús*	*avión*
4 Hotel:	*4 estrellas*	*3 estrellas*
5 Régimen:	*pensión completa*	*media pensión*

e.g. **Habían pensado ir a Paraguay, pero ahora piensan ir a Brasil**

B ¿Lo has hecho?

Some friends are organizing a surprise birthday party for Julián. They have divided up their tasks, with Ignacio in charge of the food and Gabriela and Ricardo doing other things. A while ago they made lists of what they had to do, and you are checking up on their progress.

1 What questions would you ask Ignacio and how would Ignacio answer?

e.g. **¿Has pelado las patatas?**
Sí, ya las he pelado

2 What questions would you ask Gabriela and Ricardo and how would they answer?

e.g. **¿Habéis comprado la cerveza?**
No, todavía no la hemos comprado

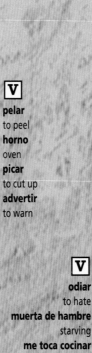

Ignacio
– pelar las patatas ✔
– hacer la tortilla
– poner la carne en el horno
– picar la fruta ✔
– preparar la sangría

Gabriela y Ricardo
– comprar la cerveza
– envolver el regalo
– escribir la tarjeta ✔
– poner la mesa
– advertir a los vecinos ✔

C Estuvieron bailando toda la noche

What were the following people doing?

e.g. **Carmen y Javier ..... toda la noche**
(*bailar*)
Carmen y Javier estuvieron bailando toda la noche

1 **Pablo y José ..... hasta la madrugada.**
(*bailar*)
2 **Julia ..... hasta las 2.00.**
(*beber*)
3 **Carlos ..... hasta muy tarde.**
(*trabajar*)
4 **Dolores y Rosario ..... más de dos horas.**
(*hablar*)

V

pelar
to peel
horno
oven
picar
to cut up
advertir
to warn

V

odiar
to hate
muerta de hambre
starving
me toca cocinar
I have to cook
seca
dry

Un paso más

1 Las actividades de la casa

Do you have to do household chores when you get home from work or college?

¿Cocinas? ¿Preparas la comida?
¿Friegas/lavas los platos?
¿Limpias la cocina/el baño?
¿Quitas el polvo? ¿Pasas la aspiradora?
¿Lavas la ropa? ¿La cuelgas/extiendes en el jardín?
¿Metes la ropa en la secadora? ¿Planchas?
¿Trabajas en el jardín?

((⬤)) 15 Now listen to Idoia, Jorge and Liana as they talk about their attitudes to housework and make a note of them. Listen in particular, for the different expressions they use to say what they don't like doing.

e.g. **A Idoia le encanta cocinar, pero odia planchar**

Idoia	....
Jorge	....
Liana	....

How do their attitudes compare with yours? Can you tell a Spanish friend what you really don't enjoy doing?

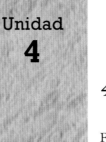

2 *Nos gusta ir de tapeo* 16

What do people of different nationalites like to do in their spare time or at weekends? Idoia, Jorge and Tamy talk about popular ways of passing the time in their countries. Make a note of some of them as you listen.

e.g. **A los españoles les gusta ir de tapeo. Son muy aficionados a comer fuera.**

1 **los españoles**
2 **los argentinos**
3 **los mexicanos**

How do the activities they describe compare with those which are popular in your country? If a Spanish speaker asked you what kind of things people in your country enjoyed doing in their spare time, what would you say?

e.g. **A los ingleses/americanos nos gusta ...**

3 *¿En qué emplean su tiempo libre?* 17

Rafael from Spain gives a more personal and critical view of his fellow compatriots' interests, particularly in television and in sport.

1 As you listen, try to work out how the following phrases were expressed:
a more than two hours on average daily per person
b I think it's too much
c it depends on people's age
d there exists a great fondness for certain types of programme
e a large audience loyal to sports programmes
2 Which sports does he mention?

V

ir de tapeo
to go out for tapas
alternar
to socialise
vinito
diminutive of *vino*
amanecer
dawn
ser aficionado a
to be fond of
platicar
to talk
reunirse
to get together
dar una vuelta
to go for a walk

V

media diaria
on average daily
afición
fondness, liking
fiel a
loyal to
lamentar
to regret

4 *Tengo muchas ganas de verte*

Francisco wrote this postcard to his friend Cristina:

> Querida Cristina:
> Me alegré mucho de recibir carta tuya y de saber que piensas venir a México otra vez. Yo no tengo ningún plan para el mes de octubre, así que si quieres puedes venir a pasar unos días conmigo en Guanajuato. Tengo muchas ganas de verte. Nunca has estado aquí y estoy seguro de que te va a gustar. Podríamos ir juntos a San Miguel de Allende y a Guadalajara. ¿Qué te parece? Puedes llamarme a casa. Mi teléfono es el 542 6790.
> Un saludo cariñoso   Francisco
>
> Cristina Vásquez
> Orense, 68,5° dcha
> 27004 Lugo
> España

Now imagine that a Spanish friend has written to you to say that she will be visiting your country this summer. Write a postcard inviting her to visit you at home, suggest places you can visit and tell her how to get in touch with you.

5 *Desgraciadamente no puedo*

Cristina wrote back as follows:

> Querido Francisco:
> Muchas gracias por tu invitación a Guanajuato. Me gustaría mucho ir, pero desgraciadamente no puedo ya que voy a estar sólo una semana en México y no tendría suficiente tiempo. Es una pena. ¿Por qué no vienes tú a la Ciudad de México? Me encantaría verte también y así podrías mostrarme un poco de la ciudad. Hay muchos lugares que quiero conocer. Te llamaré después de mi llegada.   Un abrazo   Cristina
>
> Francisco Alsina
> Almagro 1118
> Edificio Almagro
> Apto. 2A
> Guanajuato   México

Now imagine that a Spanish-speaking friend has invited you to spend a few days with him during your visit to his country. Write thanking him for his invitation, apologise and say that unfortunately you cannot accept, and give a reason.

NOW GO TO SELF-TEST 4, P. 163. ➥

Temas

Tiempo libre para todos

V
reventar
to explode
resaca
hangover
burbujas
bubbles

Hoy no me puedo levantar,
el fin de semana me dejó fatal.
Toda la noche sin dormir,
bebiendo, fumando y sin parar de reír.

Hoy no me puedo levantar,
nada me puede hacer andar.
Me duelen las piernas, me duelen los brazos,
me duelen los ojos, me duelen las manos.

Hoy no me puedo concentrar,
tengo la cabeza para reventar.
Es la resaca del champán,
burbujas que suben y después se van.

(Mecano)

La tertulia

The café is an important meeting place in Spain. In small towns and villages it is the custom for men to go to the local bar after lunch to play cards (**echar la partida**), favourite card games being **el mus** or **el tute**. These are occasions to talk with friends about everything from major national events to local happenings. This Spanish habit of discussing issues round a table in a light-hearted manner is almost an institution and has a name: **la tertulia**. The young, however, like to spend their free time differently ... Judging from the words of the song (above right), what kind of places do you think young people go to at weekends?

El fuego y las fiestas populares

It is said that Spanish people spend more time in the streets than at home. It is certainly true that the streets are a favourite place to have a party, with cultural traditions dating back many centuries. Numerous colourful **fiestas** take place throughout the year and the whole family joins in the celebrations. One common element is the passion for fireworks (**fuegos artificiales**) and bonfires (**hogueras**). Midsummer's Eve (**la noche de San Juan**), marking the summer solstice, is widely celebrated in Spain, with fire as the main protagonist. What makes this night so magical? What rituals are associated with the bonfire?

NOCHE DE HOGUERAS: el solsticio de verano, la noche más corta del año. Es una noche llena de magia: las hierbas recogidas a medianoche – albahaca, helecho, verbena – adoptan propiedades especiales. El agua de las fuentes adquiere poderes curativos. Noche de duendes, de hadas y espíritus de la naturaleza.

En Cataluña, la costumbre popular tradicional de la Noche de San Juan está llena de ritos y supersticiones. En las plazas y encrucijadas así como en los barrios de las ciudades, la chiquillería apila montones de muebles viejos que luego prenden, y formando un corro alrededor del fuego, saltan por encima de las hogueras siete veces. Petardos, tracas y cohetes se disparan sin cesar toda la noche. Hay bailes y verbenas en todos los lugares públicos que duran hasta la mañana siguiente. Se come cocas de fruta confitada, y se brinda con cava.

En Barcelona la gran verbena y los castillos de fuegos artificiales tienen lugar en Montjuic. En Isil, un pueblo pirenaico, en la noche de San Juan unos 50 'fallaires' (portadores de antorchas) bajan de la montaña y, cuando llegan al pueblo, las antorchas encendidas se depositan en la plaza de la iglesia de San Juan formando una gran hoguera.

The celebrations of **la noche de San Juan** are deeply rooted in Spanish popular culture as these traditional songs testify:

Vamos a coger verbena, poleo con hierbabuena.	Ya no me pondré guirnalda la mañana de San Juan, pues mis amores se van.
Vamos juntos como estamos a coger mirtos y ramos, y de las damas hagamos una amorosa cadena. Vamos a coger verbena, poleo con hierbabuena.	Ya no me pondré jazmines, ni guirnalda de azucena; pondréme crecida pena por los bosques y jardines.

(From 'Lírica tradicional' in *Antología de la poesía española*, Dámaso Alonso y José Manuel Blecua)

V

albahaca
basil

helecho
ferns

verbena
verbena (bot.); open-air festival

duendes
goblins

hadas
fairies

encrucijadas
crossroads

chiquillería
crowd of youngsters

apilar montones
to pile up heaps

prender (fuego)
to set fire to

corro
ring

petardos
bangers

tracas
firecrackers

cohetes
rockets

coca
traditional cake eaten for the occasion

brindar con
to toast with

¡Arriba el cine en español!

The Colombian director Sergio Cabrera (*La estrategia del Caracol*) has talked about the revival of Spanish-language films, especially after the success of films like *Women on the Verge of a Nervous Breakdown* (Almodóvar), *Belle Époque* (Fernando Trueba), *Fresa y Chocolate* (Gutierrez Aléa) and *Como agua para chocolate* (Alfonso Arau).

Fresa y Chocolate
(Gutierrez Aléa)

La flor de mi secreto
(1995)
Director:
Pedro Almodóvar

Leo es una escritora famosa de novela rosa, pero, su vida está en crisis: su matrimonio se hunde; su mejor amiga la traiciona; está rodeada por una madre y una hermana que se pelean continuamente; sus novelas cada vez son más 'negras'... Pedro Almodóvar utiliza estas relaciones para construir una historia intrigante, misteriosa y sentimental, llena de sus toques característicos. Divertida, conmovedora y entretenida.

LAS PELICULAS más taquilleras han sido *Como agua para chocolate* (*Like Water for Chocolate*) de Alfonso Arau o *Sólo con tu pareja* (*Tale of Love and Hysteria*, 1991) de Alfonso Cuarón. Entre tanto, la película *Danzón* de María Novaro, *La Tarea* (*Homework*) de Jaime Humberto Hermosillo o *Cronos* de Guillermo del Toro se han podido ver en salas tanto estadounidenses como europeas.

LOS NUEVOS directores mexicanos (casi todos están entre los 20 y 30 años) se han criado a base de una mezcla de películas de Hollywood, música rock, libros de comic, MTV y Walt Disney, combinados con características nacionales procedentes de la mitología del cine mexicano, como el cantante e ídolo Pedro Infante o el héroe de lucha libre El Santo. Sus primeras películas muestran una gran maestría técnica desarrollada gracias al haber asistido a la escuela de cine y a una experiencia profesional adquirida al trabajar como ayudantes de dirección tanto en el cine como en la televisión mexicana. Parece como si este nuevo grupo de cineastas se encontrara preparado para garantizar la supervivencia del cine mexicano en el siglo XXI. Siempre y cuando siga existiendo una política de apoyo por parte del gobierno y los directores sean capaces de resistirse al canto de la sirena de Hollywood.

What are the main reasons given in the article above for the current success of Mexican films?

A bailar y a gozar

It is perhaps the common love for music, singing and dance that brings different Hispanic cultures together. It is also the richness and variety of the different rhythms and dances which makes music and dancing such a popular pastime. In Spain **salsa** and **merengue** have become as popular for the younger generation as the **paso doble** and **rumba** have always been; in Colombia they dance **salsa** as well as the more traditional **cumbia**, in Venezuela they dance **merengue**, and in Cuba **salsa**, of course – at least that is what everybody thought … In the following interview, a famous Cuban musician talks about authentic Cuban music and clears up a few 'misconceptions'. What definition of the word **salsa** does he give?

V

homenaje
homage
elaborar
to make
denominar
to call

E*l trompetista cubano Arturo Sandoval, profesor de la Universidad de Florida, acaba de publicar un disco dedicado a la música cubana de los años 40 y 50, en el que han participado cantantes como Celia Cruz. Es un homenaje a todos los ritmos cubanos como el danzón, el son montuno, la guajira, la guaracha, el songo, el chachachá y el bolero.*

P. ¿Qué razones le han llevado a elaborar este disco?

R. Sobre todo la riqueza de la música cubana. Una música que ha traspasado fronteras, pero que ha llevado a muchas confusiones con los nombres y origen de los ritmos. Este disco pretende aclarar y enseñar a la gente esos errores. En resumen, evitar que vuelvan a denominar salsa a la música cubana. Porque la salsa es un condimento de la comida.

P. ¿Qué recuerdos le trae esta música cubana de los 40 y 50?

R. Fue lo primero que oí cuando era niño. Nací en 1949 y en los 50 y 60 sólo se escuchaban a estos grupos basados en las raíces, en el son, el origen de todas las variantes que vinieron después.

Pilar Romero

(From an article in *Cambio 16*)

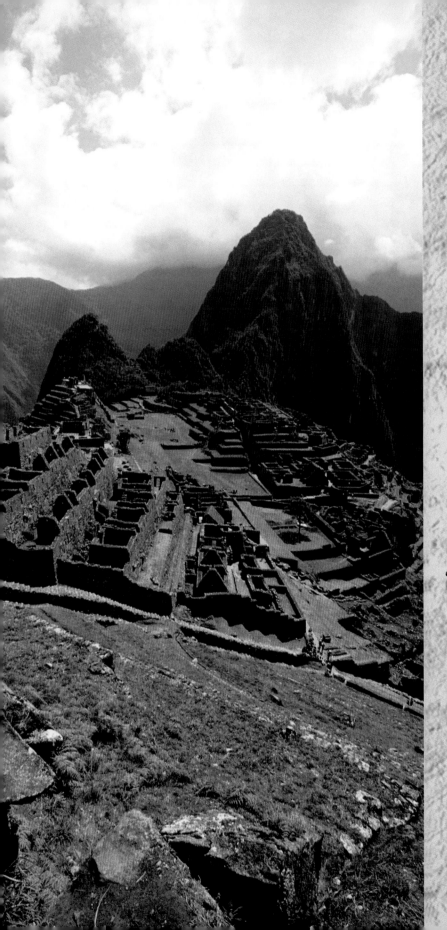

Unidad
5

Vacaciones y anécdotas

Así se habla
Making holiday arrangements

Telling stories and anecdotes

Temas
"Se hace camino al andar"

1
¿Qué me aconseja?
Making holiday arrangements

1 *¿Qué vuelos tienen?* 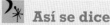 ¹

Alicia is planning to fly to Sevilla and she needs to book her flight. Listen and read as she makes enquiries on the phone. Find out how long she is going for, the kind of flight and the price of the ticket.

– Buenos días. Quisiera reservar un billete para Sevilla. ¿Podría decirme qué vuelos tienen?
– ¿Para qué fecha?
– Para la última semana de abril.
– ¿Y el regreso?
– Una semana después.
– Tengo un vuelo regular con Iberia, que sale todos los días. El precio es de 219 euros.
– ¿Tiene algo más barato?
– Sí, hay unos vuelos charter que cuestan 169 euros.
– ¿Y qué días son los charter?
– Salen los lunes y los jueves, es decir, el 23 y el 26 de abril.
– Pues, en ese caso, prefiero el vuelo charter, saliendo el 26. ¿Puedo hacer la reserva ahora?
– Por supuesto. ¿Va a pagar con cheque o con tarjeta de crédito?

044;4461'307'006 2

Billete de pasaje y control de equipaje
Passenger ticket and baggage check
Emitido por / issued by Aerolíneas Argentinas - Miembro de IATA - Sede Central: Bouchard 547 - Buenos Aires - Argentina
Internacional

AEROLINEAS ARGENTINAS

V
la salida
departure
el regreso
return
vuelo regular
scheduled flight
con tarjeta de crédito/con cheque
by credit card/
by cheque
en metálico
(in) cash

V
hacia finales/ principios de
at the end/
beginning of
temporada baja
low season
impuesto de aeropuerto
airport tax
una plaza
seat

Así se dice

To book a flight, say:

Quisiera un vuelo/reservar un vuelo para Sevilla
I'd like a flight/to book a flight to Sevilla
¿Qué vuelos tienen?
What flights have you got?

To specify the required date, say:

Para la próxima semana/la última semana de abril
For next week/the last week of April
Para el día 8/ para finales de octubre
The 8th/the end of October

To find out the date and time of the flight, say:

¿Qué día es el vuelo? ¿A qué hora es el vuelo?
What day is the flight? What time is the flight?

To make a booking, you can say:

¿Puedo/podría hacer la reserva ahora mismo?
Can I book right now?

2 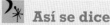 ²

Juan went to a travel agency and enquired about flights to La Paz. Here are some notes he took. Listen and check whether they are correct.

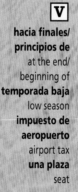

– Aerolíneas Argentinas
– 740 libras
– salida miércoles y viernes a las 19.55
– llegada a La Paz al mediodía del día siguiente
– regreso jueves y domingos

3 (·)) ³

Juan decides to book the flight and enquires about how to pay for it. Which method is recommended?

4 *Role play*

You want to book a flight to Cartagena, Colombia, for the end of January. Can you tell the travel agent what you want and ask for the information you require?

You	Travel agent
....	– Sí, ¿para qué fecha?
....	– Vamos a ver. Sí, tengo un vuelo directo con Viasa para esas fechas.
¿..................................?	– Pues son 595 euros.
Es muy caro. ¿.................?	– Tengo un vuelo que hace escala en Caracas. Ése cuesta 489 euros.
¿..................................?	– Los lunes y los miércoles.
¿..................................?	– Sale a las 15.45.
¿..................................?	– Ahora mismo se lo reservo.
	– ¿Cómo va a pagar?
....	

5 *¿Qué me aconseja?* (·)) ⁴

Bolivia's capital La Paz is situated at a very high altitude and visitors often suffer from **mal de altura** – altitude sickness. Alejandro from the travel agency is giving advice to Juan about how to cope with it. What advice does he give and how does he phrase it?

V

aconsejar
to advise
apenas
as soon as
de prisa
quickly
tener a mano
to have ready

– Tengo entendido que La Paz está a mucha altura y que alguna gente puede tener problemas. ¿Qué me aconseja?

– Sí, normalmente todas las personas que van por primera vez a La Paz sufren de la altura. Yo le aconsejaría que apenas llegue a La Paz no coma mucho, no camine muy de prisa y pida mate de coca en el hotel en que usted se hospede, que siempre tienen a mano para todos sus clientes. Porque saben que a todos les afecta la altura, a unos más que a otros. Pero el mate de coca normalmente les va a ayudar muchísimo.

✱ Así se dice

To ask and give advice, you can say:

¿Qué me aconseja/aconsejaría (usted)?
What would you advise?
Le aconsejo/aconsejaría ...
I would advise you ...
... que no coma mucho/que camine despacio/que pida mate de coca
... not to eat much/to walk slowly/ to ask for some mate de coca

Less formally you might say:

¿Qué me aconsejas/aconsejarías?
Te aconsejo que camines ... /pidas ...

G

camines/ camine comas/coma pidas/pida
For the subjunctive, see p. 70.

6 (·)) ⁵

Listen to Lidia giving advice to her friend who is about to visit Spain for the first time. Can you fill in the missing verbs?

– Te aconsejo que ..... ropa ligera, de verano, porque en esa época hace mucho calor.

– Y si quieres ir a Toledo, te aconsejo que ..... el viaje en autocar porque es mucho más barato.

– En cuanto al sur de España, te aconsejo que ..... en primavera porque el tiempo es mucho más agradable y menos caluroso.

– Y por supuesto te sugiero que ..... la catedral de la Sagrada Familia en Barcelona. Es una maravilla, una verdadera obra de arte.

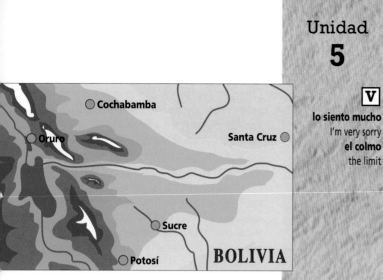

Cochabamba
Oruro
Santa Cruz
Sucre
Potosí
BOLIVIA

7 ((•)) 6

Alejandro from the travel agency is giving Juan some detailed suggestions about various aspects of Bolivia. What advice does he give?

a Ciudades que puede visitar en Bolivia: Le aconsejo que .....
b Forma de transporte: Le aconsejo que .....
c Mejor época para visitar La Paz: Le aconsejo que .....
d Tipo de ropa necesaria en esa época: Le aconsejo que .....

Could you now make some suggestions in Spanish to a friend who wants to visit Bolivia?

8 Role play

You are giving advice to a Peruvian tourist about what to do and where to go when she visits your country. What advice can you give her about the best way to travel; places to visit; sights to see; where to eat; what to wear, etc.? Are there any precautions your tourist should take?

9 ¡Esto no puede ser! ((•)) 7

Even the best-planned holidays occasionally go wrong. Carlos arrives at a hotel and is faced with an unpleasant surprise. Find out what the problem is and how Carlos expresses his annoyance.

V
lo siento mucho
I'm very sorry
el colmo
the limit

– Buenos días.
– Tengo una habitación reservada a nombre de Carlos Pérez.
– Un momentito, por favor. Perdone, pero no hay ninguna reserva a su nombre. ¿Cuándo ha hecho la reserva?
– Bueno, la reservé hace una semana. Llamé por teléfono yo mismo y dije que estaría aquí diez días.
– Lo siento mucho, pero el hotel en este momento está completo, no tenemos ninguna habitación disponible.
– Pero, pero esto no puede ser. Tiene usted que solucionarme el problema.
– Lamentablemente, yo no puedo hacer nada.
– Pero, ¡esto es el colmo!

10 Un error de cálculo
((•)) 8

Julia has spotted a mistake in her bill. Which of these calculations is the right one? How does Julia say that there's been a mistake?

billete: 135 €
alquiler: 400 €
          535 €

a

billete: 135 €
alquiler: 275 €
          410 €

b

11 Una reclamación formal ((•)) 9

Ángela was very disappointed with a hotel recommended by a travel agency and she went back to the agency to complain. Listen to the conversation and answer these questions:

a ¿Dónde dijo la agencia que estaba el hotel?
b ¿Dónde estaba en realidad?
c ¿Qué quiere hacer Ángela?

Así se dice

If you think there's been a mistake, say:

Creo que ha habido un error *or*
Creo que se ha equivocado en la cuenta

To express your annoyance, say:

¡Esto no puede ser!/¡Esto es el colmo!
It can't be!/That's the limit!
¡Esto es increíble!/¡Es una vergüenza!
That's incredible!/It's a disgrace!

To emphasise the point you can say:

¡Pero si yo reservé hace dos semanas!
But I booked it two weeks ago
**¡Pero si yo le dije que quería una
habitación doble!**
But I told you I wanted a double
room!

To make a formal complaint, say:

**Quiero hacer una reclamación (Sp)/
un reclamo (LA)**
I want to make a complaint

Así se acostumbra

**Los españoles y latinoamericanos no se
sienten intimidados a la hora de hacer
reclamaciones o protestar. Es muy
normal expresar protestas con frases
como '¡Esto no puede ser!' ¡Es una
vergüenza!,' etc., en las que la
entonación juega un papel muy
importante. Con estas expresiones se
intenta que el problema se solucione
pero son también una forma de calmar
el malestar y el enfado del cliente. En
España, todos los servicios como
hoteles, taxis, restaurantes deben tener
a disposición de los clientes un Libro de
Reclamaciones, en donde el cliente
formula su reclamación, que después es
enviada a las autoridades locales. Los
clientes pueden recibir indemnizaciones
que variarán según la gravedad del
problema.**

V

asegurar
to ensure
encontrarse situado
to be located

12 Role play

You have just checked into your hotel
and once in the room you discover that
you have been given a single room
instead of the double you had booked.
Call the hotel reception and explain the
situation. You might have to complain a
bit at the end!

Tú	Recepción
	– Buenas tardes, recepción.
Give the number of the room and explain what has happened. Ask for a double room.	– Lo siento mucho, pero el hotel está completo y me es imposible ofrecerle otra habitación.
Insist you reserved a double two weeks ago. Your partner and you cannot sleep in such a small bed!	– De verdad, lo siento. Pero no hay nada que yo pueda hacer.
You are very upset. Express you indignation. Say that you want to make a formal complaint and ask for the 'Libro de reclamaciones'.	– Sí, sí. Ahora mismo se lo envío. Pero tal vez podríamos …

13 Y ahora tú

¿Has estado alguna vez en una situación
como ésta? ¿Reclamaste? ¿Cuál fue el motivo
de la reclamación? ¿Qué pasó al final?
¿Llegaste a hacer una reclamación formal?
En general, ¿reclamas cuando un servicio no
es bueno?

¡PERO SI YO LE DIJE QUE QUERÍA UNA HABITACIÓN DOBLE!

Gramática 1

1 Further uses of 'para'

<u>a. 'for' + days/weeks/years in the future:*</u>

Vamos a Benidorm para tres semanas
We are going to Benidorm for three weeks
Quiero una habitación para tres noches
I want a room for three nights

* but in Latin America **por** is used instead.

<u>b. 'for' + a date or approx. period in the
    future:</u>

Quiero reservar un billete para el día 8
I would like to book for the 8th
Vuelvo para finales de agosto
I am back about the end of August

2 Present subjunctive

To give advice or suggestions, or to
recommend something to someone, you
can use the verbs **aconsejar**, **sugerir**,
recomendar. As in English, these verbs
may sometimes be followed by a noun or
an infinitive:

Te aconsejo beber mucha agua
I advise you to drink lots of water
Le recomiendo el Hotel Victoria
I recommend the Victoria Hotel

In Spanish, however, these verbs are
often followed by **que** and a second verb.
When this happens the second verb has
to be in the subjunctive:

Te recomiendo que visites la ciudad de Potosí
I recommend you to visit Potosí
Te aconsejo que bebas mucha agua
I advise you to drink a lot of water
Te sugiero que abras la carta
I suggest you open the letter

R
For other uses of
para, see para 7.5.
p. 175.

R
For other uses of the
present subjunctive,
see para 16.2, p. 179.

The present subjunctive of regular verbs
is formed as follows:

visitar	beber	abrir
visite	beba	abra
visites	bebas	abras
visite	beba	abra
visitemos	bebamos	abramos
visitéis	bebáis	abráis
visiten	beban	abran

Note that the endings for the -**er** and -**ir**
verbs are the same.

3 Present subjunctive (irregular forms)

Some verbs, such as **hacer**, **poner** and
tener, which have an irregularity in the
first person singular of their present tense
forms (**hago**, **pongo**, **tengo**), have the
same irregularity in all persons of the
present subjunctive:

hacer	poner	tener
haga	ponga	tenga
hagas	pongas	tengas
haga	ponga	tenga
hagamos	pongamos	tengamos
hagáis	pongáis	tengáis
hagan	pongan	tengan

Another irregular verb which we have
met in the subjunctive in this unit is **ir**:

vaya, vayas, vaya, vayamos, vayáis, vayan

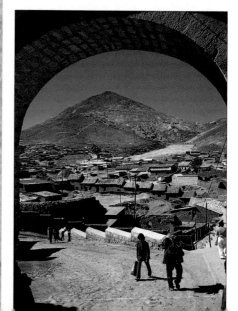

Potosí

Consolidación 1 ✸

A *¿Qué me aconsejas?*

Can you give your friend some advice?
Use the suggestions provided and any
others you can think of.

e.g.

Peso

Comer menos/hacer ejercicio

Te aconsejo que comas
menos y que hagas ejercicio

1 Estoy estresado

Descansar más/Hacer un curso de meditación

2 Este fin de semana voy
de excursión al

Comer en la Posada del Ciervo/
Visitar el Castillo de Garcialópez

3 Necesito
comprar un coche

Comprar uno de segunda mano/
Buscar un Seat o un Honda

4 Tengo
unos pocos ahorros

Abrir una cuenta en el banco/
Invertir en la bolsa

5 ¡Qué suerte!
Me ha tocado la lotería

Montar un negocio
Comprar una casa en el campo

B *Consejos financieros*

Señora Garrido wrote to her financial
adviser for advice about making the most
of her savings, and this is how he replied.
Can you fill in the appropriate forms of
the verbs?

V

una señal
deposit
el disfrute
enjoyment

Estimada Sra. Garrido.

En respuesta a su carta del 12 de abril, paso a
exponerle lo que a mi parecer sería lo mejor para sus
ahorros.

Si la opción de una cuenta bancaria le gusta, le sugiero
que *(consultar)* con el Banco Libor sobre la 'Supercuenta
Ahorro'. Le recomiendo que *(colocar)* su dinero a dos años
como máximo. Si prefiere algo con beneficios más
rápidos, le sugiero que *(invertir)* en acciones de Repnol o
que *(comprar)* terrenos en la costa. Una última posibilidad
es sugerirle que *(adquirir)* pisos en el centro de la ciudad y
que posteriormente los *(alquilar)*.

Atentamente se despide.

V

invertir (i>ie)
to invest
adquirir (i>ie)
to acquire

C *The right preposition!*

Complete the sentences with the correct
missing words. What questions would
you need to ask to get these replies?

1 El vuelo llega ..... las 11.30.
2 Nuestro tren sale ..... la Estación de Santa
Justa.
3 Tengo el billete ..... el día 16.
4 Pagaré ..... metálico.
5 Nuestro vuelo hace escala ..... Milán.
6 Busco un hotel ..... el centro.

D *Consejos para que no te engañen*

1. En el hotel, los precios deben siempre estar en lugar visible con las tarifas actualizadas.
2. El libro de reclamaciones debe estar a disposición de los clientes.
3. Alquiler de apartamentos incluye suministro de agua, luz, gas y recogada de basuras así como del disfrute de los servicios comunes – piscina, jardines, etc.
4. Para evitar sobreocupación, conviene adelantar una señal por correo certificado a cambio de confirmación escrita.
5. A la hora de alquilar un apartamento, hacerlo con agencias especializadas reconocidas a través de un contrato.

1 These recommendations from the
Consumers' Association concern hotels
and self-catering accommodation in
Spain. Are the hotels below breaking the
law and if so in what way?

1 **Hotel Mundano: no tienen libro de
reclamaciones.**
2 **Hotel Chulo: no tiene lista de precios.**
3 **Apartamentos El Listo: quiere cobrar a un
cliente un suplemento por la electricidad
gastada.**
4 **Apartamentos La Ostra: si el cliente quiere
usar la piscina común tiene que pagar 3 €
por cada vez que la use.**

e.g. **El texto sugiere que un libro de
reclamaciones esté a disposición de los
clientes.**

2 According to the text, what
precautions should a customer take when
booking hotels and apartments?

e.g. **El texto sugiere que los clientes ...**

2

¿Sabes lo que me pasó?

Telling stories and anecdotes

1 *Anécdota de vacaciones* 🔊 10

Jorge is telling a friend what happened to him one day. Listen and put the pictures below in the right order.

Now listen again and read the story. How does Jorge introduce it? How does the listener respond? Which sentence explains when the tent was stolen?

Jorge: Pues yo, una vez, estaba haciendo camping en las montañas, en un sitio bastante, bastante apartado. Armé la carpa, me hice la cena y me acosté. Y mientras estaba durmiendo me la robaron.

Clara: ¡No me digas! Increíble, ¿no?

Jorge: Pues créetelo, porque es verdad. Yo no me di cuenta de nada y a la mañana siguiente, cuando me desperté, estaba metido en la bolsa de dormir, pero sin la tienda.

Clara: ¡Qué barbaridad! Vaya ...

G

estaba haciendo camping/durmiendo estaba sentado/ estaba metido
see p. 75.

V

armar la carpa (LA) / **montar la tienda** (Sp)
to put up the tent
mientras
while
darse cuenta
to realise
la bolsa de dormir (LA) / **el saco de dormir** (Sp)
sleeping-bag

R

For imperfect with preterite tense, see p. 75 and para 11.3d, p. 177.

☾✳ Así se dice

To introduce a story or incident about yourself, say:

Pues yo una vez/A mí lo que me pasó una vez
    Well, I was once .../What happened to me once was ...
¿Sabes lo que me pasó?
    Do you know what happened to me?

To say what was going on when something else happened:

Mientras estaba durmiendo me robaron la tienda
    While I was sleeping someone stole my tent
Estaba duchándome cuando sonó el teléfono
    I was having a shower when the telephone rang
Estaba caminando en la montaña cuando ...
    I was walking in the mountains when ...
... empezó a nevar/hubo un accidente
    ... it started to snow/there was an accident

To react to someone else's story, you could say:

¡No me digas! ¡Qué increíble!
¡Increíble! No te creo (LA)
    Really! How incredible!
    Unbelievable! I don't believe you!
¡Vaya faena! ¡Qué barbaridad!
    What tough luck! How awful!
¡Qué mal! ¡Qué horrible/horror!
    How dreadful! How horrible!
¡Qué divertido! ¡Qué casualidad/coincidencia!
    How amusing! What a coincidence!

2 ¡Fue horrible! 🔊 ¹¹

Tamy had a rather unpleasant experience during her holiday. Listen and complete the dialogue.

Tamy: ¿Sabes lo que me pasó el año pasado? Pues, mientras que .... en la playa me ..... la bolsa.

Amiga: ¡Vaya faena! ¿Y qué ..... ?

Tamy: Pues, nada. Me ..... por toda la playa y al final ..... que regresar al hotel descalza y en traje de baño. ¡..... una vergüenza espantosa!

3 ¿Sabes lo que me pasó el lunes?

1. Primero...

2. Después...

3. Luego...

4. Para colmo....

5. Al final....

Monday (above) was a disastrous day and you are telling a friend about it. Can you explain what happened to you and when?

e.g. **Estaba duchándome cuando el policía llamó a la puerta.**

V
avispa
wasp
picar
to sting

V
descalzo/a
barefoot
traje de baño
swimming costume

4 ¡Qué excursión! 🔊 ¹²

Jorge is telling another story about himself. After listening to it, can you tell a friend what happened to Jorge?

e.g. **Jorge fue de excursión al campo y ...**

5 Un ascensor

1 Why does Martín have an aversion to lifts? Read and answer these questions.

a ¿Por qué se quedó en la oficina hasta las ocho?

b ¿Por qué tomó el ascensor?

c ¿Qué ocurrió entre la séptima y sexta planta?

d ¿Cuánto tiempo tardaron en rescatar a Martín?

e ¿Cuál fue la consecuencia del incidente?

Una vez me ocurrió algo muy desagradable con un ascensor. <u>Resulta que</u> ese día tenía muchísimo trabajo, <u>así que</u> me quedé un par de horas más en la oficina. Cuando terminé eran las ocho y ya no había nadie más, sólo yo. <u>Como</u> era tarde y tenía prisa, me monté en el ascensor. Iba bajando cuando, <u>de repente</u>, entre la séptima y la sexta planta el ascensor se paró. Apreté todos los botones y, <u>al final</u>, apreté el botón de alarma. Y nada. Pasó una hora y otra y otra. <u>Total, que</u> estuve tres horas allí metido hasta que vinieron a sacarme. Lo pasé fatal. <u>Por eso</u>, ahora nunca subo en ascensor.

2 The expressions underlined are linking words, used to put structure and order into the narration. What do they mean and which of the following concepts does each one relate to?

e.g. introduces the story: **resulta que**

a introduces a consequence (two examples):

b signifies the end of the story (two examples):

c introduces an explanation:

d means 'suddenly':

6

Can you tell the above story in your own words?

☽✴ **Así se dice**

To give a reason for your action, say:

Como era tarde, me monté en el ascensor
 <u>As</u> it was late, I took the lift

To state the consequence of it, say:

Así que me quedé un par de horas más
 <u>So</u> I stayed a couple of hours longer
Por eso ahora nunca subo en el ascensor
 <u>That's why</u> I now never use the lift

To introduce a sudden action, say:

De repente, el ascensor se paró/una avispa me picó
 <u>Suddenly</u>, the lift stopped/a wasp stung me

To sum up your story, you can say:

Al final, compramos el más caro
 <u>Finally</u>, we bought the most expensive one
Total, que estuve allí tres horas
 <u>In the end</u> I was there for three hours

V

pedir un autógrafo/ firmar un autógrafo
 to ask for/sign an autograph
no entender ni jota
 not to understand a word
confundir a alguien con otra persona
 to mistake someone for someone else

7 *Confusión de identidades*))) 13

Famous people are used to signing autographs. The problem comes when you are not famous and you are asked to sign an autograph. That's what happened to Tamy. Are the sentences below true or false? Correct the false ones.

a **Tamy iba andando por la calle y un hombre le pidió un autógrafo.**
b **Tamy firmó el autógrafo inmediatamente.**
c **Tamy firmó el autógrafo con el nombre de una persona famosa.**
d **Tuvo que firmar más autógrafos para más gente.**
e **Tamy todavía no sabe con qué persona famosa la confundieron.**

Listen again and tell Tamy's story to a friend, using the following linking words: **resulta que, como, por eso, así que, total que.**

8 *Y ahora tú*

¿Tienes alguna anécdota que contar? ¿Te ha pasado algo divertido o extraño en algún viaje?

Gramática 2 ✹

1 Use of imperfect with preterite

To talk about an action in the past which was in progress when another action happened, you use the imperfect tense for the first action and the preterite for the second:

Estaba duchándome cuando sonó el teléfono
I was having a shower when the telephone rang

The first action, (**estaba duchándome**), was in progress when the second action occurred (**el teléfono sonó**).

Mientras yo daba de comer al niño, el perro se escapó
While I was feeding the baby, the dog ran away

Note: **Mientras** can also express two parallel actions, either in the present or in the past. When talking about the past, **mientras** is normally followed by the imperfect:

Mientras yo leía el periódico, los niños jugaban en el jardín
While I was reading the newspaper, the children were playing in the garden

Consolidación 2 ❁

A What happened next?

Can you piece together the following paragraphs by inserting suitable linking words?

1 El otro día, ... hacía buen tiempo, llevamos a los niños de excursión al campo. Estábamos viendo los elefantes y, ..., Miguelín empezó a llorar. Dijo que los elefantes estaban muy tristes y que deberían estar en libertad. ..... tuvimos que volver a casa corriendo.

2 El sábado no tenía ganas de salir ..... me quedé en casa viendo la tele.
3 ..... era el cumpleaños de mi madre, toda la familia se reunió para celebrarlo.
4 No había agua caliente en la habitación, ...tuvimos que ducharnos con agua fría. ¡Y en pleno invierno!

B Imperfect or preterite?

Complete the sentences with verbs in the appropriate tenses.

1 Cuando el ladrón (entrar) en la casa, toda la familia (dormir).
2 Yo (mirar) por la ventana cuando el accidente (ocurrir).
3 Todos los trabajadores (comer) en la cantina cuando el fuego (empezar) en la tercera planta. ¡Fue una suerte!
4 Yo (tomar) el café cuando José (llegar). ¡Tan tarde como siempre!
5 El vecino (poner) la radio a todo volumen cuando los niños (estudiar).

C How to react ...

Can you make an appropriate response in Spanish to these remarks?

e.g. **Me han robado el coche.**
    ¡Vaya faena!
1 Esta mañana me encontré con Julita. Hacía veinte años que no la veía.
2 Me ha tocado la lotería.
3 ¿Sabes quién se casa el mes que viene? Mi vecino, ese que tiene noventa años.
4 Ayer tenía una entrevista de trabajo, pero no pude ir porque me puse enferma.
5 Van a subir el precio de la leche en un 50%.

Se prohibe el consumo de alcohol los domingos

Un paso más

1 La Pampa para las vacaciones

La Pampa is one of the most interesting areas in Argentina. This tourist brochure will introduce you to some of the traditional symbols of La Pampa: **el gaucho, el ombú, el hornero y la estancia**. What are they?

V

llanura herbosa
prairie, grassland
paja
straw
barro
mud
jinete
horseman
ganadero
stockbreeder
boleadoras
lasso with balls
cantimplora
water bottle
plata repujada
embossed silver
algarrobo
carob tree

La Pampa, el país del gaucho

¿Qué es la Pampa?

Una gran llanura herbosa que ocupa la cuarta parte del territorio nacional y se extiende por varias provincias, además de la que lleva su nombre.

El canto del hornero y la sombra del ombú

La Pampa no puede entenderse sin el canto alegre del hornero tras la lluvia, un pájaro de actividad febril que hace sus nidos con paja y barro en árboles y postes telefónicos.

Como tampoco puede imaginarse la Pampa sin la figura del ombú, una hierba gigantesca de más de 20 metros de altura, que da sombra a los ranchos y a cuyas flores y hojas se atribuyen calidades medicinales.

El gaucho o la gloria de vivir libre

'Mi gloria es vivir tan libre como el pájaro en el cielo', dice el poema argentino por excelencia, el Martín Fierro de José Hernández. Y es que La Pampa no se entiende sin ese hombre nómada y aventurero, amante de su libertad, buen jinete y ganadero, cantor de nostalgias y melancolías. El prototipo de gaucho ya casi no existe en la actualidad, pero no por ello deja de representar a esta tierra sin límites, con su caballo, su cuchillo, sus boleadoras y su guitarra.

Estancias

Hablar de estancias es referirse a los ranchos campesinos de la Pampa. La casa familiar es el centro de enormes extensiones de tierras dedicadas a la ganadería, sustento tradicional de los habitantes de la Pampa.

¿Qué hacer en La Pampa?

Practicar equitación por la inmensa Pampa y en su costa Atlántica deportes náuticos. Jugar al golf en el Jaguel del Medio, pescar pejerreyes en Laguna Salada, ir en itinerario de aventura hasta el faro Querandi, visitar los casinos del Mar del Plata o ver la réplica de la carabela Santa María en Santa Teresita.

¿Qué comprar?

El facón (cuchillo) y la cantimplora gaucha, plata repujada y prendas de cuero.

¿Qué comer?

En la variedad de una cocina con tan heterogéneas influencias como

española e italiana, destaca el tradicional asado argentino. Sus elementos fundamentales son, desde luego, la carne y el fuego en brasas de algarrobo.

What suggestions would you give to someone who wants to visit La Pampa?

e.g. **Te aconsejo que comas el típico asado argentino**

2 Las islas Galápagos

Islas Galápagos

Ecuador

Isla Marchena

Isla James

Isla Fernandina

Isla San Cristóbal

Isla Santa Cruz

Isla Isabela

Isla Floreana

A Which of the following creatures would you expect to find on or around the Galápagos islands?

perro; tortuga; iguana; caballo; rata; lagartija; mono; loro; pez; vaca; tiburón; delfín; gato; lobo marino; cabra

¿Quién soy? What do these riddles refer to?

a Del mar vengo yo, pero mamífero soy.
b Del hombre soy casi hermano pero prefiero vivir en mi árbol.
c Nunca me quito la ropa y no me gusta estar en la sopa.
d Repito por vocación siempre la misma canción.

B ((•)) **14**

Pancho, the Galápagos islands guide, is describing the animal life of the islands to a visitor. Listen and answer these questions:

1 ¿Qué especies de animales son autóctonas de las islas?
2 ¿Qué animales fueron introducidos por el hombre en los últimos siglos?
3 ¿De qué modo los animales introducidos representan un peligro para las especies autóctonas?

C ((•)) **15**

The Ecuadorean authorities have developed plans to preserve the unique ecosystem in the Galápagos. Listen to Pancho describing the rules for visitors and say whether these statements are true or false:

1 No se puede sacar nada de las islas, ni botar basura.
2 Se puede tocar a los animales.
3 Se puede fumar en las islas.
4 Se puede hacer fotos a los animales pero sin usar el flash.
5 No se puede hacer fuego.

Now you know what one can and cannot do in the Galápagos Islands. Do you think the rules are sensible? Should rich natural areas such as the Galápagos have restricted access for tourists?

D ((•)) **16**

Pancho gives more information about the islands. Can you make notes in Spanish about:

1 the islands' volcanoes;
2 the kinds of tourists who visit the islands;
3 the attitude of the Ecuadoreans towards the islands?

V

autóctono
indigenous
ballenero
whaler
pinzón
finch
piquero
mynah-bird

NOW GO TO SELF-TEST 5, P. 164.

Temas

"Se hace camino al andar"

El camino de Santiago

The tradition of pilgrimage to the place where Santiago (St James – the patron saint of Spain) is believed to have been buried dates back to the Middle Ages. Since the moment the remains (**reliquias**) of the Saint were rumoured to be located in 'Campus Stellae' in a remote place in Galicia, pilgrims from all corners in Christian Europe set off to pay homage to them. The great popularity this pilgrimage enjoyed then is still alive today. What do you think are the attractions this journey has to offer to the twentieth-century traveller?

Unidad
5

V

resumen
summary
fe
faith
patrimonio
national heritage
rosario
rosary
joyas
jewels
montes
peaks
urogallo
a rare type of grouse
jabalí
wild boar
asada
roasted
peregrino
pilgrim

Lo que hoy en día conocemos como 'el camino de Santiago' no es más que una serie de rutas que atravesando Francia y el norte de España llegan hasta la catedral de Santiago de Compostela, en Galicia. Esta ruta es una de las más atractivas de España, y ofrece tanto arte como naturaleza y una gran diversidad gastronómica. La colección de paisajes que reúne desde el Pirineo a Santiago de Compostela es un resumen del norte de la Península.

No hace falta la fe para recorrer el camino, aunque ella lo construyera. Sólo es necesaria la capacidad de disfrutar, porque su patrimonio arquitectónico es de lo mejor de Europa, sobre todo en estilo románico. Desde la catedral de Santiago de Compostela, un rosario de iglesias va mostrando la evolución del estilo: la cripta del monasterio de Leyre, el Palacio del Gobernador en Estella, Santa María la Real de Nájera.

El camino está marcado por joyas de la naturaleza como los montes de Oca, o los montes gallegos donde viven urogallos, jabalíes, osos y lobos. El camino de Santiago es también un libro de historias y leyendas relacionadas con la ruta. Entre las más famosas está la de Santo Domingo de la Calzada donde 'cantó la gallina después de asada' para salvar la vida de un peregrino.

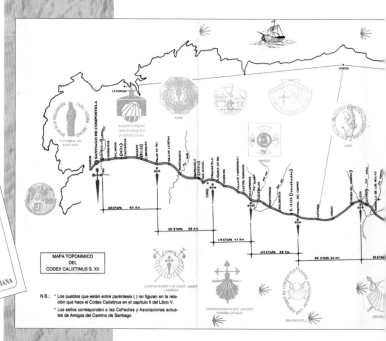

La gastronomía de la ruta es otro de sus atractivos. Navarra y Aragón poseen una caza insuperable y los mejores pimientos y espárragos de España. En la Rioja todo es calidad, desde el vino hasta los productos de la huerta. Para Santiago dejamos lo mejor de Galicia: mariscos, pescados, empanadas. Un sabroso camino, perfecto para cualquier época del año.

(From Revista *El Mundo*)

Many songwriters and poets have used the image of **el camino** in their work as a metaphor for the journey through life. It is perhaps in the poems of Antonio Machado (1875–1939) that some of the most moving images of **el camino** can be found. Can you remember any songs in Spanish that make use of similar imagery?

Caminante, son tus huellas
el camino, y nada más;
caminante, no hay camino,
se hace camino al andar.
Al andar se hace camino,
y al volver la vista atrás
se ve la senda que nunca
se ha de volver a pisar.
Caminante, no hay camino,
sino estelas en la mar.

(Antonio Machado: 'Nuevos Cantares' in *Poesías Completas*)

V

caza
game (hunting)
huerta
market garden
mariscos
seafood
empanadas
pies

Más vale prevenir que curar

With a holiday in prospect, it is sometimes easy to get carried away with enthusiasm and to forget to take precautions, both when booking it and during the first hours on the beach we have been dreaming about all year … What is the most effective preventative measure against sunburn?

1. Usar vestimenta adecuada, incluyendo sombreros.

2. Evitar exponerse al sol entre las 11 y 15 horas.

usar fotoprotector…

3. Usar fotoprotectores adecuados: factor mayor o igual a 20 para piel clara, factor mayor o igual a 15 para morenitos.

Gente viajera

Our attitude towards travel can reveal our personality. In the following extracts three people whose professions involve travelling reflect upon their experiences and their preferences. What does Luis Goytisolo most dislike about travelling? In what way is travelling a learning experience for Nuria Ribó? Does Miguel Angel prefer to travel on his own or with others?

V

conferenciante
lecturer
grifo
tap
facturar
to check in baggage
muda
change of clothes
corresponsal
correspondent
no lo haces tan tuyo
you cannot personalise it

V

intimarse con
to become friendly with
ventajas e inconvenientes
advantages and disadvantages

Combinando su oficio de escritor con el de conferenciante, Luis Goytisolo ha visitado todo el mundo y conoce casi todos los países. 'Soy hombre ordenado, y en mis viajes he adquirido una serie de hábitos: no bebo jamás agua del grifo en los hoteles, no tomo ensaladas ni ninguna otra clase de vegetal crudo. Intento descansar seis horas diarias y viajo con dos maletas. Una la llevo siempre a mano con lo más indispensable, por si se me pierde o retrasa la que facturo. Para mí, lo indispensable en los viajes es, además del pasaporte y el dinero, una muda, el libro que estoy leyendo, mi bloc de notas y la cámara fotográfica. Lo peor de los viajes son las salas de espera de los aeropuertos, los cambios de horario y el cansancio'.

Para Nuria Ribó, corresponsal en Nueva York para televisión española,' viajar es la mejor escuela. Yo soy muy visual y para entender las cosas, necesito tocar, ver, oler y vivir. Así llego a comprender la evolución de las distintas culturas y el funcionamiento de la gente, es la manera que tengo de formarme una opinión propia. Leer no es suficiente porque no lo haces tan tuyo y por lo tanto te olvidas'.

(From an article in *La Vanguardia Mujer*)

MIGUEL ANGEL ARENAS, periodista, acaba de publicar su primer libro de viajes. El nos habla de las ventajas e inconvenientes de viajar solo: 'En mi trabajo debo, en un tiempo récord, conocer un país y una cultura, lo que resulta bastante complicado. Si viajas acompañado no vives la intensidad posible del momento. Yendo solo, te intimas más con la gente'.

(From an article in *Cambio 16*)

*Cómo cambia
la vida*

Así se habla

Contrasting the present
with the past

Predictions and
probabilities

Temas

*La vorágine de
los cambios*

1

¿Qué cambios ha habido?

Contrasting the present with the past

V

aumentar
to increase
instalar
to set up
el correo electrónico
email

2 Cambios en el lugar de trabajo ((•)) ¹

Pepa talks about how new technologies have affected her work as a university lecturer. Listen and decide whether the following statements are true or false?

a Se han perfeccionado las fotocopiadoras.
b Todavía no se han creado programas interactivos para el aprendizaje de lenguas.
c El correo electrónico ha hecho la comunicación más rápida.
d Ha afectado a la forma de expresarse en el español escrito.
e La gente se ha acostumbrado a escribir con acentos.
f Ha disminuido el envío masivo de publicidad no deseada.

1

The following pieces of electronic equipment can be found in any modern office and often in the home as well. Can you match the pictures with the captions?

> ### Así se dice
>
> *To ask about how things have changed, say:*
>
> **¿Qué cambios ha habido ...?**
> What changes have there been ...?
> **¿Qué cambios se han introducido ... ?**
> What changes have been introduced ...?
>
> *To answer, you might say:*
>
> **Ha habido muchos cambios**
> There have been a lot of changes
> **Las fotocopiadoras se han perfeccionado**
> Photocopiers have been improved
> **Se han creado buenos programas**
> Good programs have been developed
> **Se han instalado telefax/ordenadores**
> Fax machines/computers have been installed

– un teléfono móvil (Sp)/un celular (LA)
– un ordenador (Sp)/una computadora (LA)
– una fotocopiadora en color
– un reproductor de DVD's
– un fax
– una impresora

G

se ha/han creado,
etc.
ha habido,
see p. 85.

3

Can you say how this building has changed? What has happened to the following?

a las ventanas
b la fachada
c la puerta de entrada
d el garaje

e.g. **Se han instalado nuevas ventanas**

G
era, trabajaba, tenía, see p. 85.

4 *Cambios en la calidad de vida* ((•)) ²

Jorge is a translator who used to work in an office but nowadays works at home. He explains how this has affected his quality of life. Tick the effects he mentions.

a **Ahorro tiempo y dinero en los desplazamientos.**
b **Ahorro electricidad.**
c **Me queda más tiempo para hacer cosas que me gustan.**
d **Me queda menos tiempo libre para estar con mi familia.**
e **Ahora mi trabajo es un poco solitario.**
f **Antes iba a comer con mis compañeros.**

V
ahorrar
to save
desplazamiento
journey

V
hacer zumos (Sp)/
jugos (LA)
to make juices
aspirar
to suck up, absorb

Así se dice

To contrast the past with the present, you can say:

Antes mi trabajo era una actividad social ...
 Before my work was a social activity ...
... ahora es un poco solitario
 ... now it is a bit lonely
Hace 15 años teníamos sólo la tele ...
 Fifteen years ago we used to have only a television
... y ahora tenemos vídeo, un equipo de música, etc.
 ... and now we have a video, a music system, etc.

5 *¿Para qué sirve?* ((•)) ³

How would you rate (on a scale 1–8) the usefulness of the following appliances in your home? Look up any you don't know. Can you say what each is for by linking them with the functions below?

un lavaplatos	un microondas
un frigorífico	un ventilador
una aspiradora	una lavadora
una batidora	una licuadora

hacer zumos   hacer gazpacho
enfriar y congelar comidas fregar los platos
lavar la ropa   hacer aire
cocinar   aspirar el polvo

e.g. **Un lavaplatos – sirve para fregar los platos/lavar los platos (LA)**

6 ¿Cuáles antes y cuáles ahora?  ⁴

Lola (from Colombia) talks about what domestic appliances and electrical equipment she and her husband have now in comparison with what they had when they got married. Listen and jot down the items in the right columns:

Antes	Ahora

7 ⁵

Lola now assesses how these new pieces of equipment have affected their quality of life. Listen and read the conversation. What things have made their life easier? What is she not so sure about and how does she express this?

– ¿Pensáis que ha mejorado vuestra calidad de vida con todos estos nuevos aparatos?
– Sí, claro que sí, muchas cosas como el lavaplatos y el congelador nos han permitido ahorrar muchísimo tiempo. Y además, como los dos trabajamos es una gran ayuda para nosotros. Con otras cosas como el microondas, pues yo no lo tengo tan claro, porque antes se cocinaba más y se comía mucho mejor. Y la televisión y los computadores están muy bien aunque con los niños pueden llegar a ser un gran problema. No quieren hacer las tareas y leen muchísimo menos que antes. A veces, realmente me preocupa que se pasen tantas horas enfrente de la televisión.

V
una cocina (Sp)/
una estufa (Col.)
cooker
un horno
oven
una nevera (Col.)/
una heladera (Arg.)
fridge
mitad congelador
half freezer
el equipo de sonido
hi-fi equipment

V
una gran ayuda
a real help
los deberes (Sp)/
las tareas (LA)
homework

V
hallarse
to find oneself, be
medir (e>i)
to measure
el riego
watering

8 El hogar inteligente

Stranger than fiction? Do you think the following facts are true?

1 En Japón ya existen sistemas de aire acondicionado que calientan o enfrían la habitación solamente si hay personas en ella.
2 Hay microondas que deciden automáticamente si la comida necesita descongelarse o no.
3 Es posible llenar la bañera a distancia usando un microprocesador conectado al teléfono.

Now read this article and check your answers:

En el Japón ya se comercializan los electrodomésticos inteligentes: sistemas de aire acondicionado que calientan o enfrían adecuadamente la parte de la habitación donde se hallan las personas; lavadoras que analizan la ropa para establecer ciclos de lavado y secado; microondas que determinan si los alimentos necesitan ser descongelados antes o simplemente calentarlos; aspiradoras que miden la cantidad de polvo que succionan con el fin de ajustar su potencia ... Ello gracias a unos sensores y microprocesadores capaces de medir y procesar cualquier elemento físico o ambiental. Sensores, que debidamente programados y conectados a un ordenador personal, permiten a distancia llenar la bañera de agua, encender el horno o activar el riego automático del jardín. Basta con telefonear a la casa y decir la clave correspondiente. El ordenador dará las órdenes oportunas a los sensores para que cumplan lo mandado.

(Adapted from an article in *Cambio 16*)

Now read the text again and find a word or expression which means the same as:

a se venden; b se encuentran; c aspiran;
d sólo hay que telefonear.

9 Y ahora tú

A ¿Qué cambios se han producido en tu trabajo? ¿Qué máquinas nuevas usas ahora que no usabas hace unos años? ¿Cómo ha afectado el desarrollo de las nuevas tecnologías a tu forma de trabajar? ¿Ha mejorado tu calidad de vida? ¿Trabajas más? ¿Trabajas menos? ¿Es tu trabajo más eficiente?

B En tu casa, ¿qué cambios ha habido? Recuerda la casa de tus abuelos y la tuya. Compáralas.

Gramática 1

1 Perfect tense

As you saw in Unit 4, the perfect tense is used for past events that are relevant to the present or whose effects still bear on the present.

Los ordenadores han facilitado el trabajo
Computers have made work easier
El uso del correo electrónico ha aumentado
The use of email has increased

Note: The perfect tense form of **hay** is **ha habido** (there has/have been)
What changes have there been?
Ha habido muchísimos cambios
There have been a lot of changes

2 Use of 'se' in perfect tense

You have already met the use of **se** with the third person of the verb when in English we use the passive or when there is no specific subject:

Don Artemio — POR PEPE Ruiuca

Se habla español en México
Spanish is spoken in Mexico

In this unit **se** is used with the perfect tense:

Las fotocopiadoras se han perfeccionado
Photocopiers have been improved
¿Qué cambios se han introducido?
What changes have been introduced?

3 Imperfect tense

The imperfect tense is used in this unit to express what used to be the case and to contrast the past with the present.

Hace diez años trabajaba en la oficina, ahora trabajo en casa
Ten years ago I used to work in the office, now I work at home
Cuando nos casamos teníamos solamente la cocina
When we got married we only had the cooker

R For the perfect tense, see para 12, p. 177.

R For other uses of the imperfect tense, see para 11.3, p. 177.

R For the uses of **se**, see para 20, p. 182.

Consolidación 1 ✿

A

Look at the graphs and fill in the missing vowels to complete the following verbs of movement.

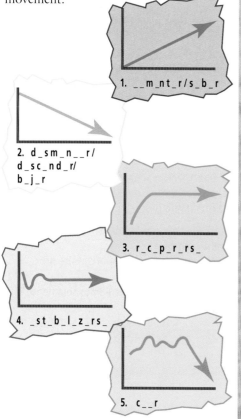

1. _ _ m _ n t _ r / s _ b _ r

2. d _ sm _ n _ _ r /
d _ sc _ nd _ r /
b _ j _ r

3. r _ c _ p _ r _ rs _

4. _ st _ b _ l _ z _ rs _

5. c _ _ r

B

Can you complete the sentences in the perfect tense with the appropriate verb from Activity A?

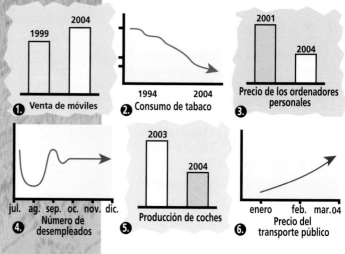

①. Venta de móviles **②.** Consumo de tabaco **③.** Precio de los ordenadores personales

④. Número de desempleados **⑤.** Producción de coches **⑥.** Precio del transporte público

1 En los últimos cinco años ..... la venta de teléfonos móviles.
2 En los últimos diez años ..... el consumo de tabaco.
3 En los últimos tres años ..... los precios de los ordenadores personales.
4 En los últimos seis meses ..... el número de desempleados.
5 En el último año ..... la producción de coches.
6 En los últimos seis meses ..... el precio de los transportes públicos.

C When to use 'se'

Use the perfect tense of the verbs in brackets to complete the sentences, adding **se** where appropriate.

1 El uso de teléfonos móviles *(extenderse)* mucho entre los jóvenes.
2 La calidad de vida *(mejorar)* con el uso de nuevos electrodomésticos.
3 El correo electrónico *(introducirse)* en muchas universidades.
4 Los equipos de sonido *(perfeccionar)* mucho.
5 El uso de ordenadores personales *(ampliarse)* al hogar.

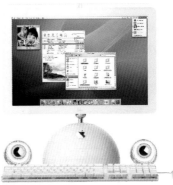

R

For the forms of the future tense, see para 14, p. 178.

2
¿Cómo será la vida?

Predictions and probabilities

V

el mando a distancia
(TV) control
papeleta (de voto)
(voting) paper
fracasar
to fail, be unsuccessful
la llamada
so-called
televisión de pago
subscriber television
cambiar de pareja
to change partners
según
according to

✳ Así se dice

To make predictions about the future, you can say:

En el año 2015 ...
    In the year 2015 ...
... no habrá ni revistas ni libros
    ... there will not be any magazines or books
... votarán con el mando a distancia de la televisión
    they will vote using the TV control
... el matrimonio cambiará/ desaparecerá
    ... marriage will change/disappear
... la jornada laboral se reducirá
    ... the working day will be reduced

1

In 1996, the German futurologist Gerd Gerken published a book predicting life in 2015. Before reading the review below, imagine how you think life will be, using the following themes:

el matrimonio	**la familia**
la manera de votar	**la jornada laboral**
la prensa escrita	**las vacaciones**
la televisión	

VIENA/EFE. La institución del matrimonio desaparecerá tal y como la entendemos ahora para dar paso a uniones flexibles y no permanentes, mientras que los ciudadanos votarán utilizando el mando a distancia de sus televisores en lugar de la tradicional papeleta. Estas son algunas de las predicciones que hace el futurólogo alemán Gerd Gerken en su nuevo libro "Trends 2015".

Gerken pronostica, por otro lado, un futuro problemático para la prensa escrita y afirma que en el año 2015 ya no habrá productos impresos, ni revistas, ni semanarios ni libros, y sólo ordenadores "multimedia". La mayoría de las cadenas de televisión privadas fracasarán con sus "reality shows" y sus concursos absurdos mientras que triunfará la llamada "televisión de pago".

En la familia se producirá una verdadera revolución. La gente cambiará de pareja según evolucione su personalidad. Predice Gerken, que la cibernética permitirá a cada persona vivir sus fantasías sexuales por medio de un disquete. Se instituirá la teledemocracia. Se votará con el mando a distancia.

Sin embargo, predice Gerken, la jornada laboral se reducirá. Cada vez más personas trabajarán en su casa gracias al ordenador. La cibernética causará una revolución en el ocio ya que no hará falta tomar el avión para ir de vacaciones al Himalaya o al Caribe. Con el ciberespacio, se podrán vivir experiencias más excitantes que las reales.

(Adapted from an article in *Diario 16*)

2

Is the following an accurate summary of the points in the article in Activity 1? Can you correct any inaccuracies?

a **Se producirá una verdadera revolución en la familia y el matrimonio desaparecerá.**
b **Los ciudadanos votarán usando el mando a distancia de la televisión.**
c **En el año 2015 no habrá productos impresos – ni libros ni revistas.**
d **La calidad de los programas televisivos mejorará y la televisión será gratis.**
e **La jornada laboral será menos larga y más personas trabajarán.**
f **La gente viajará más en avión para ir de vacaciones.**

3 ¿Qué predecirá la "pitonisa"?

According to the fortune-teller, what will your future be?

e.g. **Ganarás la lotería**

ganar la lotería
hacer un crucero alrededor del mundo
encontrar al amor de tu vida
casarse
tener cinco hijos

4 Creo que la gente no se casará 📡 6

Here are six people giving their opinions about the future. Can you fill in the phrases they use to express their opinions?

1 ..... en el futuro la gente no se casará.
2 ..... la gente trabajará sólo cuatro horas al día.
3 En el futuro ..... no comeremos comida 'natural', sólo pastillas.
4 ..... podremos viajar a otros planetas y por tanto me parece que no habrá más guerras.
5 ..... los libros y la prensa escrita desaparecerán.
6 ..... haremos la compra por ordenador.

V

a mí me parece que it seems to me that

☾✳ Así se dice

To ask what someone thinks will happen in the future, say:

¿Crees que en el futuro habrá libros?
 Do you think that in the future there will be books?

If you think something is likely to happen, say:

Creo que/pienso que/a mí me parece que ...
 I think that/ it seems to me that ...
... la gente trabajará, no se casará
 ... people will work, won't get married
... haremos la compra por ordenador
 ... we'll do our shopping by computer

5 Y ahora tú

En el año 2015, ¿qué predices tú sobre el matrimonio y la familia? ¿Cómo será el mundo del trabajo? ¿Para qué servirán los ordenadores? ¿Qué crees que pasará? ¿Te parece que habrá libros y revistas? ¿Iremos de compras? ¿Tendremos más tiempo libre? ¿Y qué pasará en el 2025? ¿Y en el 2050?

6 *No creo que seamos iguales* 7

Tamy, Idoia, Roberto and Jorge talk about whether they think there is likely to be equality between the sexes in the future. Can you pick out the different expressions they use to express doubt, possibility and probability?

– ¿Crees que en el futuro habrá igualdad entre hombres y mujeres?

Tamy
– Pues, no creo que los hombres y las mujeres podamos ser totalmente iguales, la verdad. Somos biológicamente diferentes y eso condiciona mucho nuestro futuro.

Idoia
– Bueno, yo creo que quizás seamos iguales ante la ley y es posible que haya más participación de las mujeres, sobre todo en los asuntos políticos y sociales pero es muy difícil que se llegue a la igualdad absoluta por lo menos en un futuro próximo.

Roberto
– Yo creo que sí, tal vez nuestra generación no pueda verlo. Creo que será un proceso lento pero inevitable.

Jorge
– Yo creo que no. Puede que las mujeres tengan más oportunidades en teoría, pero en la práctica es muy difícil cambiar la mentalidad de la gente y de la sociedad.

G
es posible que/puede que/ tal vez/quizá(s) + subjunctive, see p. 90.
creo que + future
no creo que + subjunctive, see p. 91.

V
talleres creativos creative workshops
canas grey hairs
saludable healthy

Así se dice

If you think something is possible or might happen, say:

Es posible/probable que/puede que ...
It's possible/probable/it could be that ...
... haya más participación de las mujeres
... there will be greater participation by women
... las mujeres tengan más oportunidades
... women will have more opportunities
Quizás/tal vez seamos iguales ante la ley
Perhaps/maybe we will be equal under the law

If you doubt something will happen, or think it's unlikely, say:

No creo que .../es difícil que ...
I don't think that .../it's unlikely that ...
... los hombres y las mujeres podamos ser iguales
... men and women can be equal

7 *Es posible que ...* 8

Liana is talking about how she can see herself in ten years' time. How does she say where she might be living and what she might be doing? Fill in the form of the verb.

– ¿Puedes imaginarte cómo serás dentro de diez años?
– Dentro de 10 años, bueno, me imagino que estaré viviendo aquí en Londres o es posible que ..... en Colombia, que ..... viviendo en el campo, cultivando, trabajando en mi computadora. Posiblemente ..... haciendo talleres creativos con los amigos. Y bueno, seguramente que voy a estar más vieja, tal vez con más canas, pero eso sí, muy saludable.

You have a friend who is also a friend of Liana's. Can you tell her what Liana says she might be doing in ten years' time?

8 🔊 9

Now listen to Roberto and Jorge on the subject of the future. How does Roberto say what he might be doing? Does Jorge think he will change much?

e.g. **Posiblemente viva en España ....**

9 ¿Cómo te imaginas el futuro de tu país? 🔊 10

Listen and read how Liana likes to imagine the future of Colombia. Can you underline the verbs in the present subjunctive?

– El futuro de mi país, no sé. Puede que la situación política cambie. Espero que la situación política cambie. Es posible que la violencia se acabe – ¡ojalá! Que haya trabajo para todos. Que sin duda la educación y la salud sea algo gratis, sea parte del servicio social. También es posible que todos los países sudamericanos nos unamos y trabajemos por un futuro mejor.

10 ¿Qué pasará?

Here are some statements about the future. As you read them, can you say whether you think each one is likely, possible or unlikely to happen?

a En el futuro no habrá guerras.
b Todo el mundo tendrá trabajo.
c La universidad desaparecerá.
d Mucha gente se irá a vivir al campo.
e China se convertirá en la primera potencia mundial.
f La mayoría de la gente usará la bicicleta para desplazarse en las ciudades.

11 ¿Y ahora tú?

¿Cómo te imaginas a ti mismo/a dentro de diez años? ¿Cómo estarás físicamente? ¿Dónde crees que vivirás? ¿Qué estarás haciendo? ¿Cómo te imaginas tu país?

V

¡ojalá!
If only it would!

Gramática 2

1 Future predictions

As we have seen in this unit, the future tense can be used to make predictions:

La gente tendrá más tiempo libre
People will have more free time
Cada vez más gente trabajará en casa
More and more people will work at home
Haremos las compras por ordenador
We will do our shopping by computer

2 Possibility and probability

There are many ways in Spanish of saying what might happen. The following phrases are in common use as expressions of possibility and probability: **es posible que/es probable que/puede que**. After such phrases the verb always appears in the subjunctive.

Dentro de diez años es posible que viva en Colombia
I may be living in Colombia in ten years' time
Puede que la situación política cambie
Maybe the political situation will change

In addition there are several words meaning 'perhaps': **tal vez, quizá(s), posiblemente**. When the event referred to is happening in the present or has already happened, you do not need to use the subjunctive.

Quizá(s) Lola está todavía en la oficina
Maybe Lola is still in the office
Tal vez comí demasiado, por eso me siento mal
Maybe I ate too much and that's why I don't feel well
However, if the event is in the future, you use the present subjunctive.

Quizá(s) venga mañana
Perhaps she'll come tomorrow
Tal vez haya más participación de las mujeres
Perhaps women will participate more

3 Belief and doubt

If you want to say that you believe something will (or will not) happen, you use **creo que** + the future (indicative):

Creo que habrá igualdad entre hombres y mujeres
I think there will be equality between men and women
Creo que vendrá mañana
I think he'll come tomorrow

If you doubt whether something will happen or you don't think it is likely to happen, you use **no creo que** + subjunctive:

No creo que haya igualdad ...
No creo que venga mañana

Consolidación 2 ❀

A *Creando futuro*

Below is an advertisement aimed at parents. What product or service is being advertised? As you read it, put the verbs in brackets in the appropriate tense.

La nevera llena, ropa de marca en el armario, la última mountain-bike, un minidisco, una consola ...

NUESTROS HIJOS (vivir) muchos años del siglo XXI y para entonces el estéreo se habrá quedado anticuado, la bici se (haber) roto y papá y mamá no (estar) allí para arreglarla.

Queremos lo mejor para nuestros hijos. Su vida está tan llena de ilusiones que les damos todo lo necesario para verles felices. Y también queremos que sean felices cuando sean mayores. Por eso lo que ahora debemos darles es aquello que (necesitar) en el futuro, algo que aún les (servir) siempre. Este es el anuncio de Yago School. Es el anuncio del futuro de sus hijos.

Con Yago School sus hijos (estudiar) la Educación Secundaria Obligatoria (ESO) en un colegio español en Inglaterra, haciendo deporte, conviviendo con una familia y aprendiendo inglés. En Yago School sus hijos (recibir) la mejor preparación para el futuro.

B *Various possibilities*

The following statements are really no more than possibilities. Can you correct them using the degree of possibility indicated?

e.g. **Yo acepto el trabajo que me han ofrecido** (possible)
Es posible que acepte el trabajo que me han ofrecido

1 **Lola y Juan se casan en primavera.** (possible)
2 **Beatriz me llama esta tarde.** (doubtful)
3 **Mi madre viene a visitarme pronto.** (possible)
4 **María va a México la próxima semana para asistir a la reunión.** (probable)
5 **Antonio y yo compramos esa casa tan bonita que vimos. Está bien de precio.** (perhaps)

C *Future or present subjunctive?*

Can you fill the gaps with the verbs in the appropriate tense?

1 – Adiós, María. Hasta mañana.
– Adiós. Ah, es posible que *(llegar)* a la oficina un poco tarde.
2 – ¿Cuándo *(llamar)* el Sr. López?
– Es probable que *(llamar)* esta tarde.
3 – ¿Crees que Valentín *(venir)* a la fiesta?
– Sinceramente, no creo que *(venir)*. Esta ocupadísimo.
4 – Creo que si continúa así la situación política, el presidente *(dimitir)*.
– No estoy de acuerdo contigo. No creo que *(dimitir)*.
5 – Si tengo tiempo *(recoger)* a los niños en el colegio, pero es posible que *(ir)* su padre.
6 – Quizás *(ir)* de vacaciones a Argentina el verano que viene.

Un paso más

1 Amor en la red

This is the story of a couple who 'met' through the Internet, had great electronic conversations and .... Read the text, answer the questions and find out what happened.

a ¿A qué se dedican Charlene y Robert?

b ¿Dónde vivían en el mes de marzo, cuando se conocieron a través de Internet?

c ¿Cuál es una de las razones por la que Charlene piensa que los jóvenes leen poco?

d ¿Respondió Robert al mensaje de Charlene?

e ¿Cuándo se conocieron personalmente?

f ¿Y qué pasó al final?

V

la red
net, network
bibliotecario
librarian
cruzarse
to come across
each other

Charlene y Robert

Location: WWW.sistemas.archivo.libros

What's New ? | What's Cool ? | Handbook | Net search | Net Directory | Newsgroups

Charlene Mirabella y Robert Boot, bibliotecarios de profesión, son la primera pareja que se ha constituído tras encontrarse a través del Internet, la red informática mediante la cual acercaron sus corazones, aunque ella estaba sentada en Buffalo, Nueva York, y él en Queensland, Australia.

Los enamorados se cruzaron por primera vez el 19 de marzo, en un foro electrónico sobre los sistemas de archivo de libros. Charlene, de 40 años, seguía los debates sin intervenir, hasta que un mensaje de Robert, serio y académico, la inspiró a contestar. Desde su biblioteca en Buffalo, Charlene dejó un mensaje en la casilla postal de Robert. En el mensaje afirmaba que uno de los motivos por los que los jóvenes leen tan poco es la 'imagen aburrida' de los bibliotecarios. Robert, de 50 años, divorciado y padre de dos hijos, respondió al mensaje desde su oficina en Australia y así se inició una amistad por correo electrónico que, poco a poco, se fue transformando en amor.

Descubrieron que tenían muchas cosas en común y tres semanas más tarde los besos electrónicos no fueron suficientes y los novios cibernéticos decidieron conocerse personalmente. Un mes más tarde, Robert le pidió a Charlene, por correo electrónico, que se casara con él, y ella aceptó.

Y así, en diciembre, Bob y Charlene se casaron en el mundo real. (Adapted from an article in *La Época*, Santiago, Chile)

¿ERES OPTIMISTA O PESIMISTA?

1. ¿Te parece que tu nivel de vida ...?
a. empeorará
b. será igual que ahora
c. mejorará

2. ¿Piensas que ...?
a. no tendrás trabajo
b. estarás en el mismo trabajo
c. encontrarás un trabajo que te gusta mucho

3. ¿Crees que tus hijos tendrán ...?
a. una vida más difícil que la tuya
b. una vida igual que la tuya
c. una vida más fácil que la tuya

4. ¿Piensas que con la gente de otro color, religión o nacionalidad seremos ...?
a. más intolerantes
b. igual que ahora
c. más tolerantes

5. ¿Te parece que las diferencias entre países desarrollados y subdesarrollados...?
a. aumentarán
b. seguirán igual
c. disminuirán

6. ¿Crees que se encontrarán fuentes de energía alternativa ...?
a. no, creo que no
b. menos contaminantes pero más caras
c. más eficientes y menos contaminantes

7. ¿Piensas que seremos...?
a. menos inteligentes
b. igual de inteligentes
c. más inteligentes

a = 1 punto; b = 2 puntos; c = 3 puntos

RESULTADOS

● **más de 20 puntos** = eres muy optimista
● **10–20 puntos** = no eres ni muy optimista ni muy pesimista
● **menos de 10 puntos** = eres muy pesimista

3 ¿Las estrellas y el destino? ◎ 11

Listen to the horoscope telephone line. Make a note of your horoscope and try to work out how you'd tell two friends in Spanish what is predicted for them.

Under what star signs would you be born to have the following predictions?

1 Te sentirás optimista para empezar nuevas actividades. ¿Qué tal si empiezas limpiando la cocina? Un cambio en tu estilo de vestir te vendrá muy bien para esa fiesta a la que irás pronto. Si eres hombre, atención a la mujer vestida de rojo.

2 En las relaciones de pareja habrá pequeñas discusiones y problemas. Pero un ramo de flores y una botella de champán lo solucionarán todo. Para las mujeres virgo, tal vez esta será la semana de romper con viejas tradiciones.

3 Te encontrarás con el amor de tu vida mientras haces la compra en el supermercado. Presta atención a la sección de quesos. Será mejor que no tomes ajo esta semana ... ya sabes por lo que pueda pasar.

4 Conocerás a una persona que no te gustará inmediatamente, pero paciencia, te llevarás una buena sorpresa. Mientras tanto tendrás que controlar lo que comes. Un kilo de chocolate al día no es razonable.

5 Tomarás una decisión importante que cambiará tu vida. A partir de ahora estudiarás español seriamente, harás un viaje a Latinoamérica y conocerás a alguien muy interesante.

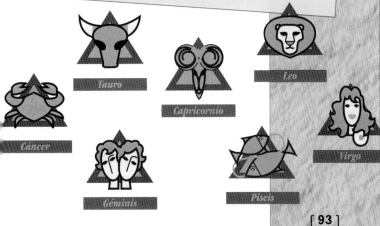

NOW GO TO SELF-TEST 6, P. 165. ➡

Temas

La vorágine de los cambios

La maraña virtual

In one of his short stories Jorge Luis Borges (1899–1986) has a look through an Aleph. According to the writer, this was a point in space which allowed one to observe everything existing in the universe at the same time. In the 1990s, at the height of optical fibre technology, with hundreds of satellites in the sky and personal computers in many homes, maybe the Aleph is what we now call the Internet. The most commonly-used language on the Internet is English, although not exclusively so. Some people are worried about the implications this may have on the Spanish language. The article on the right voices some of these concerns ... Why do some Spanish speakers feel at a disadvantage when using this technology? What is 'Spanglish' and where is it mainly used?

Unidad 6

V

mestizaje
crossbreeding
mezcla
mixture
rendición cultural
cultural surrender
eñe
Spanish letter **ñ**

¿PELIGRA EL ESPAÑOL EN EL CIBERESPACIO?

Ya ha sonado la voz de alarma: el 'Spanglish se extiende por la Internet'. Este mestizaje o mezcla improvisada del español y el inglés es una forma de hablar bastante extendida allí donde conviven ambas lenguas, como es el caso de las comunidades hispanas en Estados Unidos.

Con la expansión del correo electrónico mundial, la llamada 'comunidad virtual', y la Internet son ahora el campo de batalla donde el español se enfrenta a la poderosa influencia del inglés. Yolanda Rivas, del departamento de Política y Tecnología de la Comunicación en la Universidad de Tejas, ha reunido un glosario de 300 palabras en 'Spanglish', recogidas en distintas zonas de la Internet. Opina que la introducción de nuevas palabras en el español no es una forma de rendición cultural, y que hay que adaptarse a los cambios. Otros, sin embargo, opinan que sin acentos, sin eñes, y sin palabras en español adecuadas para la nueva tecnología, el hispanohablante de la Internet está en desventaja.

'Querido Jesus: ya que hemos decidido emailearnos, te envio un archivo para que downloadees a tu ordenador. Lo he conseguido surfeando en el Web. Ya te hablare de mis proyectos para el anyo que viene'. Este, y otros mensajes parecidos circulan libremente por el ciberespacio.

(Juan Cavestany: adapted from article in *El País*

Los españoles se enganchan a las nuevas tecnologías

- 34 millones de personas tienen teléfono móvil – la población total de España es de unos 40 millones.
- Se envian unos 2.000 millones de mensajes SMS al año – en buena parte a concursos de televisión!
- Un 35,6% de hogares tiene ordenadores personales. Un 17,3% de hogares tiene acceso a Internet.
- El número de cibercafés es de 3.500.

Source: Informe eEspaña

¡Un futuro alucinante!

In the face of such revolutionary changes some people, like the journalist Javier Echevarría, refuse either to swallow the 'hype' of the Brave New World or to be unduly pessimistic about the consequences of technological advance. Instead he prefers to adopt a healthy scepticism. After reading his ironical account, can you make a list of the different activities one can enjoy in this virtual city called Telépolis?

V

bucear
to dive
huelga
strike
paro
stoppage
cambiar de rumbo
to change direction
grabar
to record
partida de mus
Spanish game of cards

*A*yer dediqué la mañana a pasear por Telépolis. A primera hora buceé por el mar. Luego visité un nido de águilas y volé con ellas. Después sentí la emoción de ser perseguido por un tigre. Todo era virtual, pero resultaba estimulante. ¡No hay como un paseo por Teleparque Natural antes de desayunar! La pantalla estaba clara y Telépolis animadísima. Vi tertulias donde se comentaba la huelga del día anterior. La Asociación Intercontinental de Teletrabajadores había organizado un paro de media hora y los atascos en las autovías de la información fueron monumentales.

*C*ambié de rumbo y me fui de compras. Ojeé varios escaparates del telemercado, y me probé unos pantalones. Comprar por pantalla tiene la ventaja de que puedes probarte muchos modelos en poco tiempo, una vez que has memorizado tu cuerpo en disco duro. Luego entré en el Salón de Debates del Ayuntamiento. Grabé algunas imágenes para comentarlas en nuestro teleclub político. Jugando nuestra partida de mus a distancia solemos comentar la actualidad. No es en vano. Los paseantes de Telépolis tenemos mucho poder.

(Javier Echevarría: adapted from an article in *La Revista El Mundo*)

La familia del futuro

It is a fact that to have large families (a common thing in the recent past) is now history in Spain. What are the main reasons given in the text below to account for this swing in attitudes? Have the roles within the family also undergone changes? Can you suggest any consequences these changes may have on the future of Spanish society?

Los tiempos cambian. Los Hurtado (9 hijos y 15 nietos) representan la familia española de finales de los 50. El Estado daba incentivos para promover el aumento de la población y para proteger a las familias numerosas. El uso de anticonceptivos no estaba extendido entre las mujeres por motivos tanto políticos como económicos y religiosos.

La pareja media española de hoy cree necesaria la planificación familiar. El caso de Enrique (34 años) y Concha (32) es representativo de la situación de otras parejas jóvenes afectadas por una serie de circunstancias que, hace tan solo unos años, tenían un impacto relativo en la sociedad española. Nos referimos a la falta de puestos de trabajo, el aumento del coste de la vida y de la vivienda y la incorporación de la mujer al trabajo, entre otros factores.

Enrique opina que existen otras causas por las que ya no resulta viable tener una familia numerosa. 'La vida ha cambiado mucho y ahora los pisos en las ciudades cuestan mucho dinero y son más pequeños. Además hay que pagar las guarderías para los niños mientras que antes los podían cuidar las abuelas o las tías porque las familias vivían cerca unas de otras. Después vendrán los gastos de colegio, etc. De modo que hay que pensarse muy bien las cosas antes de ponerse a tener hijos si quieres darles todo lo necesario'.

'Hoy en día la mujer no solo se realiza a través de su papel de madre sino que tiene aspiraciones laborales más ambiciosas, y además desea poder disfrutar de tiempo libre para realizar otras actividades que le llenen como persona. De modo que cuantos más hijos, menor probabilidades tienes de mantener otras aspiraciones personales...', añade Concha.

V

perfil
profile
familia numerosa
large family (more than four children)
carestía
high prices
escasez
scarcity
vivienda
housing
guardería
nursery

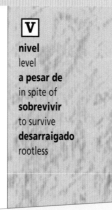

En el Registro Civil:
MIRE, ANTES DE INSCRIBIR AL NIÑO, QUISIERA SABER SI LO PODÍA HACER A PLAZO FIJO... HASTA LOS DIECIOCHO POR EJEMPLO Y DESPUÉS QUE SE LARGUE DE CASA...

REGISTRO CIVIL NATALICIOS

TOM

Del campo a la ciudad

Emigration from the countryside to the cities is nothing new and is currently undergoing a process of acceleration in several Latin American countries, including Venezuela. Profound changes in these countries are brought about by these internal migrations. What are the reasons outlined in the article below for leaving rural areas? Do conditions of life improve for peasants once they reach the cities?

V

nivel
level
a pesar de
in spite of
sobrevivir
to survive
desarraigado
rootless

En los últimos 50 años, la población venezolana tiende a vivir cada vez más en las ciudades, mientras que las zonas rurales pierden densidad. Este es un fenómeno mundial. Sin embargo, a partir de 1989 la migración hacia las ciudades se ha acelerado bruscamente, consecuencia de la caída radical de la producción agrícola y el descenso del nivel de empleo en las zonas rurales.

A pesar de que en las ciudades no abundan las oportunidades de trabajo, millares de campesinos han abandonado las labores del campo para tratar de sobrevivir en Caracas, Maracaibo, Maracay, Puerto Ordaz, y en otras ciudades más pequeñas. El fenómeno es peligroso. El trabajador agrícola desarraigado, tiene pocas posibilidades de sobrevivir dignamente en las metrópolis. Por otra parte, el proceso es irreversible. Es absolutamente singular que un ex campesino, una vez instalado en la ciudad, regrese nuevamente al medio rural. Una vez que se cortan las raíces, el paso es definitivo.

Unidad 7

¿Qué desea?

Así se habla
*Buying goods
and services*

*Making complaints and
reporting problems*

Temas
Se compra y se vende

1

Espero que le guste

Buying goods and services

1 ¿Me la envuelve para regalo?  ¹

María Luisa is buying a present for a friend and Ignacio wants something for himself. Can you say what each of them is trying to buy, and make a note of the sizes and colours? The first dialogue is printed for you.

<u>María Luisa</u>

– Buenas tardes. ¿En qué puedo servirle?
– Quiero una camisa de éstas de cuadros.
– ¿En qué talla la quiere?
– No estoy muy segura. Es un regalo para un amigo. Supongo que será la talla mediana.
– En la talla mediana las tenemos en amarillo, verde y azul.

V

estar seguro
to be sure
suponer
to suppose
talla mediana
medium size
regalo
present
envolver
to wrap up
en oferta
on special offer
pana
corduroy
quedar
to fit
me los quedo
I'll have them
encoger
to shrink

R

For demonstratives, see para 3.4, p. 171 and 4.6, p. 173.
For direct object pronouns, see para 4.3, p. 172.
For indirect object pronouns, see para 4.4, 4.5, pp. 172–173.

G

For direct and indirect object pronouns together, see 1, p. 101.
esperar + subjunctive, see 3, p. 101.

– Prefiero la verde. Espero que le ..... bien.
– Si no le queda bien, puede cambiarla.
– ¿Me la envuelve para regalo, por favor?
– Sí, muy bien.

Now listen again. How does María Luisa say she hopes the garment will fit her friend? Can you fill in the form of the verb? And how does Ignacio say he hopes the garment won't shrink?

✳ Así se dice

To specify something you want in a shop, you can say:

Quiero .../Me deja ver ...
I want .../Would you let me see ...
... una camisa de éstas/esos pantalones que están de oferta
... one of these shirts /those trousers on special offer

or, if what you are referring to is understood, say:

Quiero/prefiero la verde/los marrones
I want/prefer the green one/brown ones **... los de pana/los de algodón/ésos**
... the corduroy ones/the cotton ones/those ones

To ask someone to do something for you, you can say:

¿Me lo envuelve para regalo?
Will you wrap it up as a present for me?
¿Me enseña los grises, por favor?
Will you show me the grey ones, please?

If you hope something will (or won't) happen, say:

Espero que le quede bien/... que no encoja
I hope it fits him/her/... it doesn't shrink

2 *Quiero los marrones*

You are in a shop buying clothes. Can you tell the shop assistant which items you want? Use colours where appropriate and phrases from the list below.

e.g. **¿Qué vestido quiere?**
Quiero ése, el negro, de manga larga

a ¿Qué vestido quiere?	e ¿Qué aretes quiere?
b ¿Qué cinturón quiere?	f ¿Qué pañuelo quiere?
c ¿Qué camisa quiere?	g ¿Qué camiseta quiere?
d ¿Qué pantalones quiere?	h ¿Qué jersey quiere?
a rayas	de cuadros
de cuello en pico	de lunares
de manga larga	redondos
de cuello vuelto	de piel

3 *Role play*

In a shop you've seen a pair of jeans (**unos vaqueros**) you like. Ask the assistant to show them to you (they're the black ones next to the jackets). Say what size you are and ask if they have them in your size; then ask if you can try them on. Unfortunately they are too big, so ask the assistant if they have them in a smaller size. They only have them in blue so you say you won't take them.

4 *Quiero una que tenga autofoco* 🔊 ²

Ignacio goes into a shop to buy a second-hand camera. Listen as he tells the assistant his requirements and tick those you hear mentioned. Choose from the following:

una cámara compacta	zoom
automática	no muy cara
buen objetivo	fácil de usar
gran angular	manual de
una cámara digital	instrucciones
de 35 milímetros	flash automático
autofoco	réflex

How does he say he wants one which is easy to use?

☀ Así se dice

To specify your requirements for something you want, say:

Quiero/busco/necesito una cámara/un estéreo ...
    I want a camera/a stereo ...
... que sea fácil de usar y transportar
    ... which is easy to use and to carry around
... que no sea demasiado cara/o
    ... which isn't too expensive
... que tenga autofoco y flash/etc.
    ... which has automatic focus and flash/etc.

G

Busco/necesito/ quiero ... que + subjunctive, see 4, p. 102.

5 Un lugar que sea seguro

Here are three people with certain needs. Aurora needs to find a convenient car-park, Roberto is looking for a quiet campsite and Jorge wants to rent a room close to college. Which two requirements would you expect each of them to mention?

a que esté abierto las veinticuatro horas
b que tenga piscina
c que no sea demasiado cara
d que esté lo más lejos posible de la carretera
e que quede cerca de la escuela
f que no esté muy lejos del centro y que sea seguro

(((•))) ³ Now listen to the dialogues and check whether you were right.

6 Quería alquilar ... (((•))) ⁴

Andrea wants to rent an apartment. Listen as she talks to an estate agent. Which of the advertisements in the window corresponds to her requirements?

V

seguro
safe
a ser posible
if possible
abierto
open
la carretera
main road
instalaciones
facilities
amueblada
furnished
disponible
available

V

principios
beginning
ofrecer
to offer
señal
(here) deposit

Listen to the conversation again and answer the following questions:

a ¿Cómo expresa Andrea lo siguiente?
  1 ¿Tienen ustedes alguno para principios de julio? 2 Prefiero uno más cerca de la playa y con vistas al mar.
b ¿Cuánto cuesta el alquiler para 3 semanas?
c ¿Qué incluye el alquiler?
d ¿Cuánto tendría que dejar de señal?

7 Buscamos un piso ...

Mario and Delia want to rent an apartment and have made notes of their specific requirements. How do they tell the agent what sort of place they are looking for? Use the verbs **ser**, **estar**, **costar**, **tener**.

> *Situación:* en las afueras de la ciudad
>
> *Equipamiento:* 3 dormitorios, teléfono, televisión por cable, aparcamiento, vigilancia
>
> *Características:* cómodo, luminoso
>
> *Precio:* No más de 1.000€ por mes

e.g. **Mario y Delia quieren un piso que tenga tres dormitorios y que además ...**

Se alquila apartamento

meses de julio y/o agosto,
a partir del 2 de julio, dos camas
Plaza de San Antonio
Llamar al teléfono 754 3218

1

Alquilo apartamento

a partir del 9 de julio, tres camas
Calle de la Luz, a sólo
cinco minutos de la playa
Tel. 754 3218 o 653 0152

2

3

Apartamento en alquiler

disponible mes de julio
Completamente equipado
A sólo minutos de **Playa Larga**
Sala, habitación con cuatro camas,
baño y cocina completos
Llamar de lunes a sábado
Tel. 754 3218/631 0233

8 Role play

You have decided to buy one of the items advertised below. Tell the assistant what item you want and what specifications or facilities it should have. Use these verbs: **ser**, **tener**, **permitir**, **incluir**.

> Con vídeo; buena marca, fácil de programar y multi-zona; buen sonido; salida de audio por fibra óptica y función karaoke

> De buena calidad, no demasiado caro y muy pequeño; pantalla de color y una buena capacidad de memoria; correo, discado y memos de voz; conexión a PC y acceso a Internet

---

Gramática 1 ✦

1 Will you show it to me?

In the sentence **¿Me enseña esa camisa?** (Will you show me that shirt?), **me** is an indirect object pronoun, standing for the person being shown something.

In **¿Me la enseña?** (Will you show it to me?), **la** is the direct object pronoun, standing for the thing being shown, i.e. the shirt. Remember that the first- and second-person direct object pronouns (singular and plural) are the same as indirect ones. Third-person forms are different, with direct ones changing for gender and number (**lo**, **la**, **los**, **las**), depending on the noun they refer to, and

V

salida
output (Electr.)
pantalla
screen
tecla
control, function
correo de voz
voice mail
discado
dialling

R

For a list of direct and indirect object pronouns, see paras 4.3 and 4.4, p. 172.

indirect ones changing only for number (**le**, **les**). In a sentence with two object pronouns, the indirect one must come first. Before **lo**, **la**, **los** and **las**, **le** and **les** become **se**.

¿Me lo/la cambia, por favor?
Will you change it for me please?
¿Nos los/las trae, por favor?
Will you bring them to us please?
¿Se lo envuelvo?
Shall I wrap it for you?

2 Present tense in requests

To make requests in Spanish, you can use a range of expressions, some of which you are already familiar with, for example:

¿Podría enseñarme esa camisa?
Could you show me that shirt?
¿Puede envolvérmela, por favor?
Can you wrap it for me please?

An alternative and very common way of making polite requests is simply to use the present tense, in a construction often preceded by an indirect object pronoun (e.g. **me**, **nos**), indicating the person who is making the request.

Me enseña esos pantalones, por favor
Will you show me those trousers, please
Nos trae uno más grande, por favor
Will you bring us a bigger one, please

3 Espero que + subjunctive

To hope something will or will not happen you use **esperar que** and the subjunctive.

Espero que esta camisa le quede bien
I hope this shirt fits him/her
Espero que los pantalones no encojan
I hope the trousers don't shrink

If the person doing the hoping is also the subject of the verb that follows, you use the infinitive instead of the subjunctive.

Espero comprar el coche
I hope to buy the car

4 *Quiero ... que + subjunctive*

To specify your requirements with regard to something you want or need, you use a verb such as **querer**, **preferir**, **necesitar**, or **buscar**, followed by **que** and a verb in the subjunctive.

Quiero un apartamento que esté cerca de la playa
I want an apartment which is near the beach
Prefiero algo que no sea muy caro
I prefer something which is not too expensive
Buscamos un piso que no cueste más de mil euros
We're looking for a flat which doesn't cost more than a thousand euros
Necesito una persona que hable español
I need someone who speaks Spanish
Buscamos una secretaria que tenga experiencia
We're looking for a secretary with experience

Consolidación 1 ❄

A ¿Me enseña esa chaqueta, por favor?

You are in a shop wanting various things done for you. Write alternative requests using the present tense, using object pronouns where appropriate.

e.g. ¿Podría enseñarme esa chaqueta? ¿Me la enseña, por favor?

1 ¿Podría envolverme los pantalones, por favor?
2 ¿Podría darle la factura a mi marido?
3 ¿Podría explicarnos el funcionamiento?
4 ¿Podría enviarle el pedido a mi mujer?
5 ¿Podría cambiarme estas gafas?

B ¡Espero que sí!

Your friend Camilo has asked you to go with him to look at a car. You can't help him with his questions but you are optimistic! Use **espero que** + subjunctive and object pronouns where appropriate.

V
descuento
discount

R
For the forms of the present subjunctive, see para 16, p. 179.

V
pleno
full
respaldo
backing
relacionarse
to mix
pretensiones de renta
desired salary

e.g. ¿Crees que me venderán el coche?
Espero que te lo vendan

1 ¿Crees que me darán el dinero?
2 ¿Crees que encontraremos lo que buscamos?
3 ¿Crees que nos harán un descuento?
4 ¿Crees que me gustará?

C *Quiere un coche que sea grande*

Do you know what sort of car Camilo is looking for? Look at his notes:
e.g. **Camilo quiere un coche que sea grande ...**

1 Debe ser grande, cómodo
2 Debe tener cuatro puertas
3 Debe consumir poca gasolina
4 Debe estar en perfecto estado
5 No debe costar más de 3,000 €

D ¿Qué tipo de persona buscan?

A company has advertised a job. What sort of person are they looking for?

e.g. **Buscan una persona que sea activa ..., que ...**

2
¿Qué te dijo?
*Making complaints
and
reporting problems*

1 ¿De qué se trata?  5

Andrea complains to the estate agent that the apartment she has rented is not as well equipped as he said it would be. How does she express this? And how does the agent excuse himself?

– Buenos días. ¿En qué puedo ayudarle?
– Soy la señora que alquiló el apartamento de la calle de la Luz y la verdad es que estoy muy descontenta.
– ¿De qué se trata?
– Bueno, ustedes me dijeron que el apartamento estaba totalmente equipado, pero es que falta de todo. No hay cubiertos, la vajilla no está completa, no hay suficientes sábanas ni mantas para las camas y ya, ¡el colmo!, ni siquiera la televisión funciona. Desde luego, espero que solucione esto de inmediato, porque de verdad que me están estropeando mis vacaciones.
– Bueno, lo siento mucho. La encargada del inventario me dijo que había revisado todo, que no faltaba de nada y que todo funcionaba perfectamente. De todas maneras, no se preocupe. Yo mismo me encargaré de solucionar el problema.
– Bueno, espero que lo solucionen cuanto antes.

V
taller
garage
caja de cambios
gear box
¡no hay derecho!
it's not fair!
asegurar
to assure
arreglar
to repair

V
descontento
unhappy
faltar
to be lacking
ni siquiera
not even
solucionar
to solve, sort out
estropear
to spoil
revisar
to check
cuanto antes
as soon as possible

2 ¡No hay derecho!))) 6

Now listen to Juan who is dissatisfied with a car repair. How does he report what the garage had assured him they had done? Fill in the missing verbs.

Usted me .... que la había .... , y que mi coche .... en perfecto estado.

> ✳ **Así se dice**
>
> *To report what someone said was the case, say:*
>
> **Me dijo (dijeron) que/me aseguró que ...**
>   You told me that/assured me that ...
> **... estaba totalmente equipado/no faltaba de nada**
>   ... it was fully equipped/lacked nothing
>
> *or what they said they had done:*
>
> **... la había arreglado/había revisado**
>   ... you had repaired it/had checked it

3

This is what the inventory clerk told the estate agent she had done in Andrea's apartment and what the mechanic told his boss he had done to Juan's car:

a What did she say she had done?
Dijo que ...
b What did he say he had done?
Dijo que ...

> –Yo misma conté las mantas y las sábanas, y revisé la cocina y vi que no faltaba nada. También limpié la cocina y la nevera, y revisé la televisión y estaba funcionando.

> –Limpié las bujías y revisé los frenos y cambié el aceite. También encontré que la caja de cambios no funcionaba, pero conseguí arreglarla.

4 *Si el vuelo se retrasaba ...* 🔊 ⁷

An Aerolatina passenger talks to an airline employee about a problem with his flight. What is he complaining about? Listen and fill in the grid below.

Número de vuelo	_____
Tiempo de retraso del vuelo	_____
Destino final del pasajero	_____
Problema	_____

Listen again and say how the following was expressed:

a no less than
b as you can imagine
c they assured me that if the flight were delayed, they would put me on the first flight available

⁎ Así se dice

To report what you asked somebody to do, say:

Quería saber/les pregunté si ...
  I wanted to know/I asked you whether ...
... podía tenerlo/podían traérnosla hoy
  ... I could have it/you could deliver it today

To report what someone said they'd do, say:

Me aseguraron/me prometió que ...
  They assured me/you promised me ...
... me pondrían en el primer vuelo disponible
  ... you would put me on the first available flight
... estaría lista para hoy/que nos la traería
  ... it would be ready for today/that you would deliver it

V

retraso
delay
retrasarse
to be delayed
perder
to miss
suceder
to happen

G

For changes of tense in reported speech, see p. 106.

---

5 *Todavía estamos esperando* 🔊 ⁸

Ana has ordered a gas cylinder for her holiday apartment in Spain but she is having problems with the delivery. She phones the shop to complain.

a How does she report the fact that she asked if they could deliver it today?
b How does she report their reply?

– ¿Dígame?
– Buenas tardes. Mire, soy Ana González. Ayer estuve allí con mi marido y compramos una bombona de gas para la cocina y todavía no la han enviado. Les preguntamos si podían traérnosla hoy y nos dijeron que sí, que nos la traerían antes del mediodía. Son las tres y media y todavía estamos esperando. No he podido ni cocinar. ¡Y es que es el colmo!
– ¿Cómo me ha dicho que se llama?
– Ana González.
– Un momento, por favor, voy a ver lo que ha pasado.

6 *Promesas*

This is what the builder said about your new apartment. Can you remind him of his promises?

a Su apartamento estará listo dentro de una semana.
b Pondré la moqueta que usted nos pidió.
c Instalaré otro enchufe en la sala.
d El problema del baño quedará solucionado antes de la entrega.
e Haré la instalación para la lavadora en la cocina.
f El día antes de la entrega vendrá alguien a limpiar.

7 *Role play*

On arrival in a Spanish-speaking country, you go to a car rental office to collect a car that should be waiting for you.

– Give your name and say you have come to collect a car you booked.	– Un momento, por favor. Ah sí, aquí tenemos una reserva a su nombre, pero no es para hoy sino para el día quince.
– Say that is impossible. Say you phoned the agency two weeks ago and told them you wanted a car for the 10th. Add that the person in charge assured you that was OK.	– Lo siento mucho, pero no tenemos ningún coche disponible hasta pasado mañana.
– Say you can't wait until then and ask to speak to the manager.	

8 *Te lo contaré todo*

Read the cartoon and note how Pepe's friend reports what Pepe said to him.

Mi jefe me hizo una oferta sensacional. Te llamaré y te lo contaré todo.

Ayer por la tarde vi a Pepe.

¿Y qué te dijo?

Que su jefe le había hecho una oferta sensacional y que me llamaría y me lo contaría todo.

9 *Se lo diré a Beatriz*

((•)) 9

How does Ricardo report to Beatriz what Marisol says she has done? Fill in the missing words.

Ricardo and Marisol
– Hola Ricardo, ¿qué tal?
– Hola Marisol. ¡Qué sorpresa! ¿Qué haces aquí?
– He alquilado un apartamento para las vacaciones. Tenéis que venir a verme. Aquí tienes mi teléfono.
– Encantado. Se lo diré a Beatriz. Hasta luego.
– Hasta luego.

Ricardo and Beatriz
– ¿Beatriz?
– ¿Sí?
– A que no sabes con quién acabo de encontrarme.
– ¿Con quién?
– Con Marisol.
– ¿Con Marisol? ¡No me digas! ¿...........?
– Que .... un apartamento y que .... Me ha dado su teléfono.

> ☽✳ **Así se dice**
>
> *To ask what someone else said, say:*
>
> **¿Qué te ha dicho?/¿Qué te dijo?**
>   What did he/she say to you?
>
> *Replies might include:*
>
> **(Me ha dicho) que ha alquilado un apartamento ...**
>   (She told me) that she has rented an apartment ...
> **... que tenemos que ir a verla**
>   ... that we have to go and see her
> **(Me dijo) que le llamaría**
>   (He told me) that he would phone him
> **Ha dicho/Dice que está ocupada todo el día**
>   She said/says she's busy all day

10 ¿Qué le han dicho?

Various people have said the following things to you today. Can you tell a friend what they all said?

a Paca:
– **Me he comprado un coche último modelo.**

b Sara:
– **No he podido conseguir que venga el fontanero.**

c Margarita:
– **Quiero cambiarme de trabajo. No me gusta nada lo que hago.**

d Santiago:
– **La fiesta estuvo estupenda.**

e Agustín:
– **Estuve con mi mujer en Buenos Aires y lo pasamos estupendamente.**

¿Qué te ha dicho Paca?

¿Qué dice Sara?

¿Qué dice Margarita?

¿Qué te dijo Santiago?

¿Qué te dijo Agustín?

Gramática 2 ✷

1 Reporting what someone said

Reporting what someone said is usually done indirectly, introduced by a verb such as **decir**, **asegurar** or **prometer** followed by **que** and what you want to report.

When the events being reported are still going on or have not yet taken place, no change of tense is necessary, even with an introductory verb in the past:

Estará listo dentro de una semana
It will be ready within a week
Dice/Me ha dicho que estará listo dentro de una semana
He says/has told me it will be ready in a week
No hablo muy bien el francés
I don't speak French very well
Gloria me dijo que no habla/hablaba muy bien el francés
Gloria told me that she doesn't/didn't speak French very well

¿Qué dice?
What does he/she say?
Que no puede venir hoy
That he/she can't come today

Note also that in indirect speech a verb in the imperfect does not change:

Era demasiado caro
It was too expensive
Dijo que era demasiado caro
He/she said it was too expensive

In other cases, however, there needs to be a change of tense in the second verb, particularly when there is a time lapse between the direct statement and the reported one. You may also have to adjust possessive adjectives, personal pronouns and adverbs. The main changes of tense are:

Present into imperfect:

Su coche está listo
Your car is ready
Usted me dijo que mi coche estaba listo
You told me that my car was ready

Preterite or perfect tense into pluperfect:

Ya lo hemos arreglado
We have already repaired it
Me dijeron que ya lo habían arreglado
They told me they had already repaired it

Future into conditional:

Estará listo mañana
It will be ready tomorrow
Dijo que estaría listo al día siguiente
He said it would be ready the following day

Answering questions using reported speech:

In reply to a question such as **¿Qué ha dicho?** or **¿Qué dijo?**, you can sometimes omit the reporting verb:

¿Qué te dijo Elena?
What did Elena say?
Que nos llamaría
That she would call us

2 Reporting questions

The changes of tense in reporting questions are similar to those in reporting statements. The introductory verb is usually **preguntar** or **querer saber**, followed by **si**, **por qué**, **cuánto**, etc.

Le pregunté si podía tenerlo para hoy
I asked you if you could have it ready today
Les pregunté por qué no la habían enviado
I asked them why they hadn't sent it
Quería saber cuánto le costaría
He wanted to know how much it would cost him

Consolidación 2 ❁

A ¿Qué dice?

Here are some postcards and extracts from letters you have received. Can you tell your Spanish friend what they say?

e.g. **Recibí las fotos que me enviaste. Me han gustado mucho. Te enviaré una mía ...**
Adriana
Adriana dice que recibió las fotos que le envié y que le han gustado mucho. Dice que me enviará una suya.

1 **Te agradezco mucho tu invitación, pero desgraciadamente no podré tomar vacaciones este año porque acabo de empezar un nuevo trabajo ...** *José Manuel*
2 **Te he enviado un paquete con tu tía Carmen. Te llamará por teléfono para que vayas a buscarlo a su casa ...** *Isabel*
3 **Hemos tenido un viaje estupendo. Nos encanta La Habana y la gente es simpatiquísima. Tienes que venir aquí algún día ...** *Estrella y Andrés*
4 **Me alegro mucho de que vengas a Santiago. Quiero que me traigas el libro que me prometiste. Iré a buscarte al aeropuerto ...** *Tamara*

B Llamó Paco

Your Spanish friend has been away and you have taken these telephone messages for her. How would you pass them on to her? Write them down.

e.g. **He sacado las entradas para el partido de fútbol del domingo. Pasaré a buscarla sobre las tres** – *Paco*
– Llamó Paco. Dijo que había sacado las entradas para el partido de fútbol del domingo y que pasaría a buscarte sobre las tres.

1 **El vuelo a Quito está confirmado. Puede pasar a buscar el billete el martes por la tarde** – *Agencia de viajes*
2 **Se ha dejado sus gafas en mi casa. Se las llevaré el lunes a la oficina** – *Gabriela*
3 **Encontré el libro que buscaba. Lo tengo en mi despacho y se lo daré antes de su viaje** – *Juan Miguel*
4 **Las entradas para el concierto del viernes están agotadas. Trataré de conseguir dos el mismo día por la mañana** – *Malba*
5 **Carmen y yo pasaremos por allí el lunes por la noche para despedirnos** – *Martín*

C ¿Qué te dijo? 🔊 10

Cecilia phones Susana to find out what she's been doing this week. Can you report what Cecilia asked and what Susana replied?

e.g. **Cecilia quería saber ...**
Susana dijo ...

Un paso más

1 ¿Qué ofrecen? 11

Almacenes García and Motel Miraflores, in Mexico, are trying to attract customers with their radio advertisements. What discounts is Almacenes García offering on certain clothes? What services does Motel Miraflores offer their customers? Make a note of the details.
Choose from the following in each case:

Almacenes García
vestidos; blusas; camisas; calcetines; chaquetas; pantalones para señoras; pantalones para caballeros

Motel Miraflores
Televisión; habitaciones con aire acondicionado; minibar; cama de agua; teléfono; jacuzzi; antena parabólica; terraza; música ambiental; suites con alberca

2 ¿Dónde se compran?

In which of these shops would you buy each of the items below?

una ferretería, una mueblería, una papelería, una mercería, una tienda de ropa

agenda	sillón	carpeta	butaca
guantes	libreta	bufanda	cremallera
martillo	botones	clavos	destornillador
tresillo	tornillos	biblioteca	camiseta
hilo	agujas	pañuelos	lápiz

Unidad 7

V
marco
frame

V
fin de temporada
end of season
manga
sleeve
promociones
special offer
disfrutar
to enjoy
estancia
stay
alberca
swimming pool (Mex.)

3 Buenas ocasiones

These advertisements were placed by people who wanted to buy or sell something.

BUENAS OCASIONES

● Busco un ciclomotor usado y a buen precio, no pagaría más de 200€. Motor en buen estado, sin marchas. No importa la marca. M.ª Florencia. (93) 302 43 61. Barcelona.

● Vendo en el Rincón Victoria de Málaga un piso de 97 m². Amueblado con dos dormitorios y salón independiente. Fabulosa terraza acristalada, ascensores, piscina, pistas de tenis. Cerca de la playa. Por 80,000€. Benito. (91) 641 62 03. Alcorcón, Madrid.

● Compro nevera eléctrica pequeña de segunda mano. Pago un máximo de 45€. Araceli. (93) 560 27 58. La Llagosta. Barcelona.

● Vendo Seat 127, matrícula M-L. Motor en perfecto estado. Recién pintado y ruedas nuevas. ITV pasada. Precio: 1.100€.

Llamar sólo mañanas. Marga. (91) 413 68 85. Madrid.

● Vendo, sólo a particulares, marco de metal con incrustaciones en plata y columna de porcelana. Escribir poniendo el número de teléfono. Sagrario. Apartado de Correos 17245. Madrid.

● Vendo tresillo lacado de terciopelo granate, sillas y mesa de libro. En buen estado. Sagrario. (91) 474 84 30. Madrid.

1 What would you ask for if you wanted:

a a frame; **b** a moped; **c** a fridge; **d** a three-piece suite; **e** a flat

2 What details are given about the fridge, the three-piece suite and the car? Fill in the grid as appropriate.

artículo	descripción

3 Can you write an advertisement in Spanish to buy or sell something? Describe the item and state your price.

4 Usted, el consumidor

Have you ever had problems with public services or with something you have bought? Here are some letters of complaint about such matters from people in Spain and Chile. What are their complaints?

La poca puntualidad de Renfe

Me desplazo a diario de Molins de Rei a Barcelona y casi siempre utilizo el tren, la Renfe. El servicio no es bueno; se echa de menos mejor limpieza, mejor material y más comodidades y atenciones para los usuarios. Pero el aspecto más importante, que también falla, es la puntualidad. Los trenes, frecuentemente, no cumplen el horario anunciado, por lo que muchas personas sujetas a compromisos o a un horario laboral no pueden utilizarlos.

Si se cumplieran los horarios previstos, como ocurre en el resto de Europa, el tren sería mucho más utilizado, con lo que se descongestionarían carreteras, autopistas y calles de Barcelona.

Finalmente una pregunta: ¿Es racional acometer la implantación del TGV, tren de gran velocidad, sin haber conseguido una circulación de trenes convencionales de gran puntualidad?

Nuevo y reparado no es lo mismo

Al recibir en mi domicilio un refrigerador que, dos días antes, había adquirido en Almacenes París, tuve una amarga sorpresa. El artefacto simplemente no funcionó, por lo que me comuniqué con la tienda para exigir el cambio. Almacenes París se negó a esta solución, ofreciendo en cambio la reparación del refrigerador. Tras revisar el aparato, la fábrica concluyó que la única solución era cambiar el motor por uno nuevo, a lo que me negué por considerar que había pagado por un refrigerador impecable y no por uno reparado. Hecha la denuncia al Servicio Nacional del Consumidor, se remitieron los antecedentes al Juzgado de Policía Local, cuyo magistrado resolvió en contra de Almacenes París, a quien consideró responsable en su calidad de vendedor del artefacto defectuoso.

N.M.D., Santiago

V

echar de menos
to miss

comodidades
comfort

usuarios
users

fallar
to fail

sujeto a
with

compromisos
commitments

previsto
scheduled

acometer
to undertake

exigir
to demand

negarse
to refuse

juzgado
court

defectuoso
faulty

---

(1) La poca puntualidad de Renfe

A Are these statements true or false?

1 El autor de la carta viaja todos los días en tren a Molins de Rei.
2 El principal problema, dice él, es que los trenes son impuntuales.
3 Según él, muchos no utilizan el tren porque los horarios son inadecuados.
4 Pere dice que antes de implantar un tren de gran velocidad habría que mejorar la puntualidad.

B Read the letter again and find phrases which mean the following:

a viajo todos los días; b hace falta mayor higiene; c no llegan a la hora; d horario de trabajo

(2) Nuevo y reparado no es lo mismo

A Are these statements true or false?

1 Dos días después de que la compradora adquirió el refrigerador, éste dejó de funcionar.
2 La tienda no quiso cambiar el artefacto.
3 La compradora pidió que le cambiaran el motor por uno nuevo.

B Now read the letter again and give synonyms for the words in italics.

a había *adquirido*; b una *amarga* sorpresa; c *el artefacto* no funcionó; d *tras* revisar el aparato; e *se remitieron* los antecedentes

5 ¿Has tenido problemas?

Write a letter to a newspaper complaining about a public service or about something you have bought, and with which you are not satisfied.

NOW GO TO SELF-TEST 7, P. 166. ↪

Temas

*Se compra y
se vende*

V

guapo
good-looking
sabatino
Saturday (adj.)
escoger
to choose
rito
ritual
fugaz
fleeting
le salga
it costs him

In recent years, a number of foreign investors have arrived in Spain to set up large supermarkets and shopping centres in places which were in most cases only accessible by car. Spaniards were soon to discover the pleasures offered by these 'cathedrals of consumerism' denied them in the past. They rapidly abandoned local markets and corner shops which today have to struggle to survive. Reading the passage below, is going to the **hiper** merely a shopping experience for the average Spaniard? What are the symbols of happiness for Spanish people in today's consumer-driven world?

El hiper: ¿Bueno, bonito, barato?

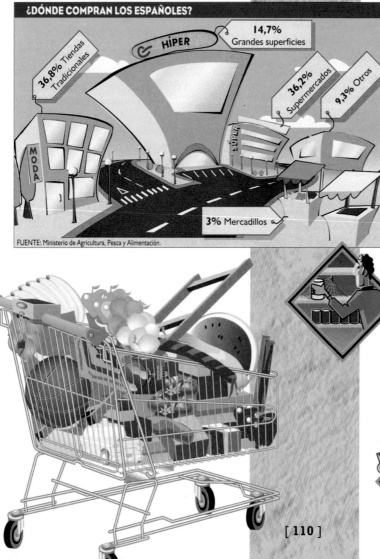

¿DÓNDE COMPRAN LOS ESPAÑOLES?

36,8% Tiendas Tradicionales

HÍPER

14,7% Grandes superficies

36,2% Supermercados

9,3% Otros

MODA

3% Mercadillos

FUENTE: Ministerio de Agricultura, Pesca y Alimentación.

MAS ALTOS, más guapos y más ricos, los españoles se han convertido en pocos años en ávidos consumidores. Comprar es ahora su nueva ambición. Y así lo hacen en la más nueva de las instituciones: el hiper. Un paraíso cercano y sabatino donde las familias españolas pasan sus horas más felices. Hay donde escoger: cada mes se añade uno más a los que funcionaban a principios del año.

EN ESTAS CATEDRALES del consumo, la compra es un rito, más que un fugaz contacto comercial. Aquí se gasta, se come, se bebe, se disfruta, se es. El español medio, feliz de por sí, encuentra grandes dosis de felicidad añadida en el hipermercado aunque le salga por unos 200 euros cada sábado. Las disfruta, eso sí. Llega al hiper con los símbolos de su felicidad: el coche, la familia y la tarjeta de crédito. 'Estos sitios crean adicción. Ellos son muy hábiles y nosotros masoquistas'.

(Adapted from an article in *Cambio 16 América*)

Unidad 7

Mercados y productos con sabor antiguo

Both in Spain and Latin America – and perhaps favoured by benign climatic conditions, open-air markets are still a common feature. They range from those mainly selling fruit, vegetables and dairy products to those offering clothes and knick-knacks, handicrafts, second-hand goods and antiques. They usually take place on a particular day of the week according to tradition and for a large number of people – especially in Latin America, they are central to their lives. According to the caption, what form of payment is sometimes used?

V

los lugareños
the locals
vigente
prevailing

El mercado del domingo en la localidad peruana de Chinchero es una estampa que apenas ha variado con los siglos. Vestidos siempre con sus trajes tradicionales, los lugareños utilizan la lengua quechua para realizar sus compras o trueques, una modalidad comercial vigente.

LAS TREBEDES

Imprescindible para los *yuppies* que aterrizan en España con intención de residir aquí durante una larga temporada. Las Trebedes van a buscar al cliente al aeropuerto, le ayudan a encontrar casa, a acondicionarla, seleccionan un colegio para los hijos, y les enseñan a orientarse por una ciudad que desconocen. Sus clientes son trabajadores extranjeros de alto nivel.

TELE PAELLA
Paellas a domicilio

TELEPAELLA

Sirven paellas a domicilio en 45 minutos. Los precios son desde 21€ la paella de pollo mediana (3–4 personas) a 38€ la paella mixta grande (4–6 personas).

PRONTOMARISCO

En 40 minutos Prontomarisco sirve a domicilio una mariscada para dos personas por 25€ y para cuatro por 45€. Para acompañarla ofrece una carta de vinos y champán.

Pronto Marisco®
MARISCADA a domicilio

BUENOS DIAS BUENAS NOCHES

BUENOS DIAS, BUENAS NOCHES

Ya hay 20.000 barceloneses asociados a Buenos días, buenas noches. Pagan sólo 155€ al año y a cambio les gestionan canguros, profesores particulares, servicios de farmacia, ATS y todo tipo de reparaciones.

FARMACIA A DOMICILIO

FARMADOM

Lleva a casa todo tipo de productos que adquiere en las farmacias de guardia y añade al precio normal un suplemento de 6,50€. Sus clientes suelen ser particulares (sobre todo gente con niños) y actualmente trabajan con más de 60 hoteles.

Don Planchón

Cuando Juan Marín descubrió que la tarea más ingrata para la mayoría de las mujeres es la plancha, decidió crear un servicio de plancha a domicilio. Recogen la ropa y la devuelven planchada el mismo día.

Servicio a domicilio

The last decade has seen the growth of many small businesses that earn a living by selling their services over the phone. From high-standing executives to housewives, whether you need your clothes ironed, help with the shopping or medicines delivered to your door, all you need to do is to dial a number... and have some money at hand!

V

cadena de lavanderías
chain of launderettes
quedar citadas
to arrange to meet
sello
stamp

El atractivo del Norte

After signing the North American Trade Agreement, Mexico, Canada and the United States have become one of the biggest markets in the world. That many Mexicans consider products made in the USA to be of better quality is nothing new. It is not so much the quality that is at stake, however, but rather the social status that foreign products bring. After reading the article below, what have you learned about Guadalupe's life-style? Do you think she would buy foreign products if she were of a different generation?

Guadalupe Chavez es una jóven ama de casa que vive en la zona residencial Lomas de Chapultepec, del Distrito Federal. Le encanta pasear por las avenidas de Polanco, la nueva zona comercial chic de la capital mexicana. En Calvin Klein compra una colonia para su marido y en Shirley unos pantalones vaqueros para su hijo. En el Mr Price Supermarket, de la avenida Masarick, adquiere harina Aunt Jemima para hacer hot cakes, y unas cervezas Miller Light.

En la paralela calle de Horacio deja ropa para limpiar en Supreme/USA, una moderna cadena de lavanderías computerizadas. Desde el automóvil llama con su teléfono celular IUSAcell a su amiga Chelita. Quedan citadas en una galería de arte. Más tarde verán, en versión original, dos películas norteamericanas. Después del cine, tomarán una diet coke en el California dancing Club.

Guadalupe es una de las muchas personas que en este país creen que el sello Made in USA es garantía de calidad. No es extraño que desde que México abriera sus puertas a las importaciones de productos de Estados Unidos en 1988, éstas pasaran de 20.600 millones de dólares a 33.300 en 1991. Desde la firma del Tratado de Libre Comercio de América del Norte en 1992 esta tendencia a comprar 'lo extranjero' ha aumentado visiblemente

(Adapted from *Cambio 16 América*)

Unidad
8

Gastronomía y cultura

Así se habla

Meals and food preparation

Restaurants and entertaining

Temas

¡Buen provecho!

1
Lo que se come en casa
Meals and food preparation

1 ¿Cuántas comidas al día? ((•)) ¹

Tamy was asked about meals and mealtimes in Mexico. Can you make a note of the name of each meal and the time it is usually eaten?

– Tamy, ¿cuántas comidas hace un mexicano al día?
– Bueno, en general tres, yo creo, desayuno, comida y la cena, ¿no? El desayuno, entre siete y media, ocho y media o nueve, según si trabajas o no. La comida entre dos y cuatro. Y la cena de ocho a diez, depende.

V

comida fuerte
substantial meal
comida ligera
light meal

– ¿Y son comidas fuertes o ligeras, por ejemplo el desayuno es fuerte o más ligero que ...?
– Bueno, depende. Si tienes influencia de Estados Unidos y eres muy 'yupi' o algo así, pues ligera, ¿no? Pero lo normal es que las tres comidas son fuertes.

Is breakfast a main meal in Mexico?

2 ((•)) ²

Jorge from Argentina, Liana from Colombia and Roberto from Spain were also asked to talk about meals and mealtimes in their respective countries. As you listen, can you fill in the grid with the name of each meal and the time it is eaten? What are the main similarities and differences in the meals of the various countries?

Now listen again. Can you mark each meal F for **comida fuerte** and L for **comida ligera** where it is mentioned?

	Jorge		*Liana*		*Roberto*	
	comida	hora	comida	hora	comida	hora
1						
2						
3						
4						
5						

3 *Ingredientes básicos*

Here are some of the basic food items you'd find in either a Spanish or a Latin-American kitchen. Look up any you don't know. Can you classify them under one of the categories below?

arroz, espinacas, cebolla, aceite, pollo, judías, lentejas, chile, merluza, perejil, papaya, cerdo, tomate, garbanzos, ajo, sal, comino, maíz, carne de vaca, pimienta, lenguado, repollo, cilantro, coco, ternera, menta, calabacines

| FRUTAS | VERDURAS | LEGUMBRES | CEREALES |
| CARNES Y PESCADOS | ESPECIAS Y CONDIMENTOS |

V

judías (Sp),
frijoles (LA)
beans
tomate,
jitomate (Mex)
tomatoes
patatas (Sp),
papas (LA)
potatoes

4 *En una cocina argentina* 🔊 ³

Here Jorge, Tamy and Roberto are talking about the food they eat in their respective countries. As you listen, can you make a note of what they say?

e.g. En Argentina, se encontraría carne ...
     En México ...
     En España ...

Are the ingredients similar to those you use in <u>your</u> country or region?

5 *Lo que se come en casa* 🔊 ⁴

Listen to the dialogues and decide in which country you would expect to find these menus:

¿Hay muchas diferencias entre estos menús y un menú normal de tu país?

1
Carne al horno
ensalada
papas
fruta fresca
vino y soda
País: ....

2
Papas, arroz
carne y vegetales
fruta y dulces
jugo
País: ....

Sopa o legumbres
pescado o carne
fruta
vino y gaseosa
País: ....

3

Sopa
carne con arroz y
frijoles
postre
agua fresca
País: ....

4

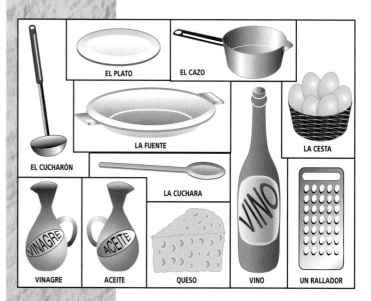

R

For the uses of **se**,
see para 20, p. 182.

V

infusión
herbal tea
anís
anisette
aguardiente
brandy, liquor
endrinas
sloes
gusanito
little worm
caña de azúcar
sugar cane

✳ Así se dice

*To indicate what something is made
from or out of, say:*

Está hecho/a de anís y endrinas
    It is made with anisette and sloes
Está hecho de una calabaza/de madera
    It's made out of a gourd/of wood
Se hace con caña de azúcar
    You make it/it is made from sugar
    cane
Viene/se saca del maguey
    It comes from/you get it from
    maguey

7 ¿De qué está hecho?

Look at the pictures below for two
minutes and then cover your book. How
many objects can you remember? What
are they made of? You can use these
words to refer to the materials:

**metal, madera, cristal, porcelana, barro,
mimbre**

e.g. **Vinagre. El vinagre se saca del vino.
    Cesta. La cesta está hecha de mimbre.**

In some cases there might be lots of
possibilities. Mention them all!

✳ Así se dice

*To talk about customs and habits, you
can say:*

Se suele desayunar temprano
    You/one normally has breakfast early
Se acostumbra a comer mucho
    It is the custom to eat a lot
Se cena fuerte/se bebe agua
    It is usual to have a large dinner/
    to drink water

6 ¿Y tú qué bebes?

With which of these countries would you
associate the following drinks?

1 tequila, pulque, mezcal   a Argentina
2 mate   b Colombia
3 chacolí, pacharán   c México
4 aguardiente, ron   d País Vasco
                               (España)

((•)) **5**   Now listen and find out which of
these drinks are being described here.

5 Es un vino suave, de color verde y baja
   graduación.
6 Es una infusión de una hierba.
7 Es un licor hecho de anís o aguardiente
   con endrinas.
8 Es un licor que viene del maguey (un tipo
   de planta) y se le pone un 'gusanito' seco.
9 Se hace con caña de azúcar.

8 *Y ahora tú*

A ¿Cuántas comidas haces al día y a qué hora? ¿Son fuertes o ligeras? ¿Cuáles son los ingredientes básicos de la cocina de tu país?

B ¿Qué se bebe en las comidas? ¿Hay alguna bebida típica en tu país? ¿De qué se hace?

9 *Una receta típica*

Here is a recipe for **pisto** – a typical Spanish dish which is also suitable for vegetarians. Can you put the steps in the right order for making it?

Ingredientes:
calabacines, pimientos, tomates, cebolla, ajo, sal, aceite de oliva y tomillo

V

cortar
to chop
picar
to chop finely
echar, poner
to stir in
añadir
to add
remover
to stir
tapar
to put the lid on

G

Córtelo/la
añádalo/la,
see p. 118–9.

Echar el aceite en la sartén y calentarlo.

Pelar y cortar los calabacines.

Echar las cebollas y freírlas.

Cortar las verduras; picar la cebolla.

Tapar y cocinar a fuego lento.

Añadir los pimientos.

Añadir los calabacines y el tomillo.

Remover todo bien.

Echar los tomates y el ajo.

((•)) 6 Now listen and check that you've got the recipe in the right order.

10 ((•)) 6

Can you remember how to give instructions in Spanish? The recipe for **pisto** in Activity 9 was given to you with the instructions in the **usted** form. Here is the recipe but the instructions have been left out. Listen to it again and fill them in as you hear them.

..... los calabacines. ..... los pimientos, tomates y calabacines en cuadraditos pequeños. ..... finamente la cebolla. ..... el aceite en una sartén. Cuando esté caliente, ... la cebolla y ..... hasta que esté transparente. ..... los pimientos y ..... cuatro o cinco minutos a fuego suave. ..... los tomates y ..... todo bien. Después ..... los calabacines y el tomillo. ..... y ..... a fuego lento durante 40 minutos. ..... solo o con huevos fritos.

 **Así se dice**

*To give formal instructions (with **usted** expressed or understood), say:*

Corte el calabacín/añada las cebollas
Chop the courgette/add the onions

To refer to 'it' or 'them' instead of the noun, say:

Córtelo/añádalas
Chop it/add them

*To tell someone what to do informally (with **tú** expressed or understood), say:*

Corta el calabacín/añade las cebollas
Chop the courgette/add the onions

To refer to 'it' or 'them' instead of the noun, say:

Córtalo/añádelas
Chop it/add them

11 ⁷

Roberto tells you how to prepare a typical Basque recipe – **merluza en salsa verde** (hake in green sauce). Listen and fill in the instructions (using the **tú** form) as you hear them.

Mira, ... una cazuela, de barro tiene que ser, y ..... aceite caliente; luego ..... ajo y perejil. Luego ..... bien los filetes de merluza y los colocas dentro de la cazuela; luego ..... la merluza constantemente hasta que consigas que el aceite se espese.

V
coger
to take
de barro
pottery
conseguir
to succeed
espesar
to thicken

12 *El dulce de leche* (())) ⁸

Jorge tells you how to make a typical Argentinian dessert. Can you take down the recipe? Here are the ingredients for it. Which form of the imperative does he use?

3 litros de leche
una barra de vainilla
800 gramos de azúcar refinada
una cucharadita de bicarbonato de soda

V
hervir
to boil
barra de vainilla
vanilla pod
agregar
to add
envasar
to put into a container

13 *Y ahora tú*

Imagina que un amigo latinomericano quiere saber cómo es un menú típico de tu país. Escoge un primer y segundo plato y un postre también, y dale las recetas.

Gramática 1	✴

1 *Giving instructions and advice*

To give instructions, orders or advice you can use the command or imperative. It has two forms (formal and informal) in the singular and two in the plural. For the **usted/ustedes** forms, take the first person (**yo** form) of the present tense and replace the final -**o** with an -**e**/-**en** (-**ar** verbs) or an -**a**/-**an** (-**er** and -**ir** verbs).

	tomar	*comer*	*escribir*
usted	tome	coma	escriba
ustedes	tomen	coman	escriban

For the **tú** form, take the second person singular of the present tense and remove the final -**s**. For the **vosotros** form substitute the -**s** for a -**d**.

tú	toma	come	escribe
vosotros	tomad	comed	escribid

Note: The **vosotros** form is not used in Latin America.

2 *Irregular imperatives*

Most verbs are entirely regular in the imperative but there are a few irregularities. The words underlined below are irregular:

	tú	usted
decir	di	diga
tener	ten	tenga
ir	ve	vaya
venir	ven	venga
hacer	haz	haga
poner	pon	ponga
ser	sé	sea

3 *Imperatives with pronouns*

Reflexive or object pronouns used with imperatives are added to the end of the verb:

Formal	Informal	
¡Levántese!	¡Levántate!	Get up!
¡Dígame!	¡Dime!	Tell me!
Tómelo/la	Tómalo/la	Take it
Remuévalo/la	Remuévelo/la	Stir it

If two pronouns need to be combined, the word order is as follows:

verb > indirect pronoun > direct pronoun

Démelo	Dámelo	Give it to me
Lléveselo	Llévaselo	Take it to him/her

Note that the stress remains on the penultimate syllable of the verb despite the addition of the pronouns, and so it must be written in.

Consolidación 1 ❋

A Para ser feliz

A magazine wants to know its readers' views on how to be happy. Here is your personal recipe. Can you compile a list of instructions based on this?

1. Reír más
2. Tomarse las cosas con calma
3. Hacer cosas que le gustan
4. Dedicar más tiempo a uno mismo
5. Evitar las discusiones inútiles
6. Dormir lo necesario

B Mudándose de casa

You are moving house today and one of your friends has volunteered to help. Can you tell her what to do?

e.g. ¿Qué hago con esta maleta?
    (Dejar ahí). Déjala ahí.

1 ¿Dónde pongo los discos? *(poner encima de la mesa)*
2 ¿Qué hago con esta lámpara? *(limpiar)*
3 ¿Dónde va esta mesa? *(llevar al salón)*
4 ¿Qué hago con estos periódicos? *(tirar a la basura)*
5 ¿Y con estas sillas? *(sacar al jardín)*
6 El niño está llorando, ¿qué hago? *(llevar al parque)*

R

For object pronouns see paras 4.3, 4.4 and 4.5, p. 172–3. For spelling changes caused by pronunciation (e.g. **dedique**), see para 23, p. 182.

V

carta
menu
zanahorias
carrots
besugo
sea bream
picante
hot, spicy
pedir (e>i)
to order

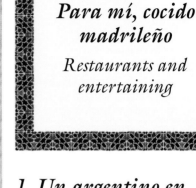

2
Para mí, cocido madrileño
Restaurants and entertaining

1 Un argentino en Madrid 🔊 ⁹

Jorge, from Buenos Aires, is visiting Madrid for the first time and Almudena takes him to a typical restaurant. Before ordering, he wants to know what a particular dish on the menu consists of. How does he enquire about it? What phrases do they use to order the courses?

Now listen again and answer in Spanish:

a ¿Qué pide Jorge?
b ¿En qué consiste el plato de Jorge? ¿Cómo es?
c ¿Qué pide su amiga?

Paella
Sopa de mariscos
Cocido madrileño
Menestra de verduras
Carne asada
Besugo al horno

2  10

The food that they ordered has arrived and they find it excellent. As you read and listen, can you pick out the expressions they use to describe it?

Camarera:	¿El cocido?
Jorge:	Para mí.
Camarera:	¿Y la menestra?
Almudena:	Para mí.
Jorge:	¡Esto tiene una pinta bárbara!
Almudena:	Huele bien, ¿eh?
Jorge:	Sí. ¿Qué tal está lo tuyo?
Almudena:	Pues, la verdad es que está buenísima, muy, muy, muy fresca. Un poquito sosa para mí. ¿Me pasas la sal?
Jorge:	Toma, aquí tienes. ¿Quieres probar esto? Está riquísimo.
Almudena:	A ver, sí, déjame que pruebe. Oye, sí que está buena ¿eh?
Jorge:	Fantástico. ¿Me pasas el pan, por favor?
Almudena:	Sí, sí, toma.
Jorge:	Gracias.

What phrases did they use to offer something and to ask for something?

Así se dice

To ask about the ingredients, say:

¿Qué lleva? ¿Qué tiene?
 What has it got in it?

To order your meal, you can say:

Para mí, de primero/Yo, de primero ...
 To start with I'll have ...
... la menestra de verduras/la sopa de mariscos/la sopa de pescado
 the vegetable/seafood/fish soup
De segundo voy a tomar ...
 As a main course I'll have ...
... besugo/cocido madrileño/paella
 ... sea bream/ Madrid stew/paella

V

tiene una pinta bárbara
it looks fantastic
oler
to smell
(huele it smells)
probar
to try

G

Está soso/a, salado/a, riquísimo/a,
see p. 122.

G

Quiero que
+ subjunctive,
see p. 122.

Así se dice

To ask for something to be brought:

¿Me/nos trae ...
 Could you bring me/us ...
... un Rioja tinto/un poco más de pan/otra cerveza?
 ... a red Rioja/some more bread/ another beer?

To ask for something at the table, say:

¿Me pasas/me das la sal/un poco más de vino?
 Can you pass me/give me the salt/some more wine?

To make a suggestion, you can use:

¿Quieres que pidamos otra botella?
 Shall we order another bottle?
¿Pedimos la cuenta?
 Shall we ask for the bill?

---

3 *Y la comida continúa*
 11

Latin Americans and Spaniards like making their meals last as long as possible. What do Jorge and Almudena want next? Listen and fill in the blanks.

Almudena:	¿Quieres que ..... otra botella de vino?
Jorge:	Sí, sí, sí. Señorita, por favor, ¿nos ..... otra botella de vino? Y un poco de pan también.
Camarera:	Sí, ahora mismo.
Jorge:	¿Te .....?
Almudena:	Sí, un poquito más de vino, por favor.

4 *El postre*  12

Now it is time for dessert and, eventually, to ask for the bill. How does Almudena ask what desserts they have? How does Jorge ask for the bill?

Así se acostumbra

Pagar en España y en Latinoamerica no es una tarea fácil. La gente demuestra su hospitalidad y amistad invitando y pagando por sus amigos. Nadie permite al otro pagar y, muchas veces, el camarero es requerido a no aceptar el dinero de otro y así sucesivamente. Al final, alguien cede pero, eso sí, con la promesa del amigo de dejarle pagar la próxima vez.

5 La cuenta 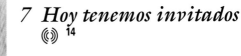 13

When the bill comes, neither Almudena nor Jorge is willing to let the other pay! Put the sentences in order.

– Que no, Jorge, ya me invitarás tú otro día. Ésta es mía.

– De ninguna manera, no puedo.

– Aquí tienen la cuenta.

– No, no, Jorge, déjalo que esto lo pago yo.

– Que no, por favor. Tu eres un invitado aquí, estás en Madrid de paso. Esto lo pago yo. Déjame que te invite.

– No, no, de ninguna manera. Lo pago yo.

– No importa. Hoy pago yo, la próxima vez pagas tú.

Who paid in the end?

6 Role play

You are taken to a typical Colombian restaurant by a Colombian friend. Order your meal and, if necessary, ask what the dishes are like. Did you manage to pay?!

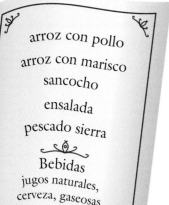

arroz con pollo
arroz con marisco
sancocho
ensalada
pescado sierra

Bebidas
jugos naturales, cerveza, gaseosas

Tú	Amiga
Ask your friend what **sancocho** is.	– Es un guiso de pollo y patatas, muy sabroso.
Make up your mind and order your meal and your drinks. Very good! Ask your friend about her food. Ask her if she wants to try a bit of your dish.	– ¿Qué tal está?
	– Bueno, sí, déjame que lo pruebe.
Suggest ordering another drink.	– Sí, sí, cómo no.
Order the drinks.	
The waitress asks if you want a dessert: You can't eat anything else, you're full! Suggest to your friend that you ask for the bill.	– Sí, vale. Podemos ir a tomar el café a otro sitio.
Ask for the bill and try to pay.	– De ninguna manera, esto lo pago yo.
You protest and insist <u>you</u> pay ...	– Ni hablar, ya pagarás tú otro día.
Insist again ... and again!	– Que no, que pago yo.

V

bombones
chocolates
molestarse
to bother

7 Hoy tenemos invitados
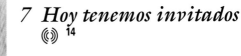 14

Mario and Lola have invited Andrés and Olga for dinner. When the guests arrive they bring a small present for their hosts. What is it and what do their hosts say about it?

Así se acostumbra

Cuando se es un invitado en una casa española es normal llevar algo de postre, como bombones o pasteles. En situaciones más formales está bien llevar unas flores para la señora de la casa.

8 🔊 15

The two couples chat during their meal. What expressions do Andrés and Olga use to praise the food?

Andrés: ¡Huum! Este gazpacho está estupendo. Nunca había comido uno tan rico.

Lola: Pues es sencillísimo de hacer.

Olga: Pues, Lola, me tienes que dar la receta.

Lola: Por supuesto.

Mario: ¿Os sirvo un poco más?

Olga: No, gracias. Está buenísimo pero no puedo ya más.

Andrés: A mí sí que me apetece un poquito más.

9 🔊 16

It is time to leave and the guests are saying goodbye. How do they thank their hosts for a lovely evening?

✳ Así se dice

To tell someone off (nicely!) for having brought you a present, say:

No tenías que haber traído nada/ haberte molestado
You shouldn't have (brought anything/ bothered)!

To be polite about the food, say:

Está riquísimo/buenísimo/delicioso, etc.
It is very nice/excellent/ delicious, etc.

Nunca había comido un ..... tan rico
I've never had such an excellent .....

To thank someone, you can say:

Muchas gracias por ...
... la cena/la compañía/los bombones
... the dinner/the company/the chocolates
... haber venido/habernos invitado
... for having come/for having invited us

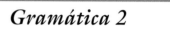

R

For other uses of **ser** and **estar**, see para 9.5, p. 176.

10 *Y ahora tú*

En tu país, ¿se invita frecuentemente a los amigos a comer en casa? ¿Es normal llevar algo cuando estás invitado a una casa? ¿Es igual en ocasiones más formales? ¿Hay alguna etiqueta que seguir?

Gramática 2 ✵

1 Querer que + subjunctive

There are three main situations when this structure is useful:

1) Making suggestions:
¿Quieres que vayamos al cine?
Shall we go to the cinema?

2) Offering to do something for someone:
¿Quieres que te ayude?
Would you like me to help you?
¿Quieren que lo haga yo?
Would you like me to do it?

3) Asking someone to do something:
Quiero que todos los empleados se presenten a las ocho
I want all the employees to come at 8 o'clock

2 Uses of 'ser' and 'estar'

1) When describing food, **ser** and **estar** can both be used with adjectives but in different circumstances. Here are some simple guidelines:

a. Use **estar** to describe the state of the food:
La sopa está fría/caliente/sosa/buenísima
The soup is cold/hot/unsalted/excellent
Estos tomates están verdes/maduros/pasados
These tomatoes are unripe/ripe/over-ripe

b. Use **ser** to refer to permanent characteristics:
Los tomates son rojos
Tomatoes are red
Los chiles son rojos o verdes y picantes
Chillies are red or green and hot

2) Both verbs can be used to describe the raw materials of something, but in different circumstances:

a. Use **estar** to emphasise what something is made out of or from:
Esta casa está hecha de barro y paja
This house is made out of mud and straw
El recipiente está hecho de una calabaza
The receptacle is made out of a gourd
El mezcal está hecho del maguey
Mescal is made from the maguey plant

b. Use **ser** to define something and to describe characteristics:
Este reloj es de oro
This is a gold watch
Estos pantalones son de algodón
These trousers are cotton

Consolidación 2 ❀

A *Charla de sobremesa*

Mercedes and Gloria have finished their meal at **El boquerón de oro** and are enjoying the **sobremesa** – the time after the meal that Spaniards and Latin Americans like to spend at the table, drinking coffee and chatting. Can you fill in the blanks with the verbs **ser** or **estar**. Don't forget they have already finished.

M: ¿Qué tal ..... tu filete?
G: ..... bueno, pero las patatas ..... un poco frías y secas.
M: Pues es raro, porque normalmente la calidad de la comida aquí ..... siempre excelente. Creo que hoy ..... muy ocupados.
M: Lo mejor ha sido el pastel. Oye, ¿tú sabes qué llevaba?
G: Me parece que ..... hecho a base de sultanas y licor. Pero como sigas comiendo pasteles así, por dobles raciones, vas a engordar.
M: Sí, ya lo sé, y también que la fruta ..... muy buena para la salud, pero a mí no me gusta. ¡Y los pasteles ..... tan buenos!

B *Offering to help*

All these people seem to need something. How would you offer to help? Use **querer que** + subjunctive.

e.g. **A tu amigo le duele la cabeza.**
     ¿Quieres que te ayude?

1 **Tu compañero tiene que hacer muchas fotocopias.**
2 **Tu amigo necesita hacer la compra pero está muy ocupado.**
3 **La madre de tu amiga llega esta tarde pero tu amiga tiene que trabajar.**
4 **Tus amigos quieren ir al cine esta noche pero no tienen a nadie para cuidar a los niños.**

C *¡Descríbalo!*

You need to buy these objects but you don't know the Spanish words for them! Go to the shop and describe them so that the assistant knows what you need.

e.g. **Es de metal, y es muy fina y pequeña. Sirve para coser.**

1 ...
2 ...
3 ...
4 ...
5 ...

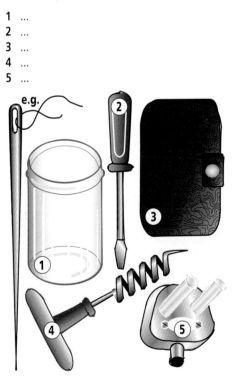

Un paso más

| V |

radicar
to be based on
bendecir
to bless
párroco
parish priest
romería
pilgrimage
anguila
eel

| V |

las vaquillas
amateur bullfight with
young bulls

1 *El día del santo* ◉ 17

Every town and village in Spain has a patron saint whose day is celebrated with a special fiesta. Listen to Idoia from Guetaria (País Vasco) talking about the Fiestas Patronales de San Salvador in Guetaria, and make a note of the events and when they happen.

Hora	Acontecimiento	Consiste en
por la mañana temprano	la diana	dos personas tocan el chistu (flauta típica)
por la mañana		
por la tarde	charanga	
por la noche	la verbena	
a las 5 de la mañana del día siguiente		
al día siguiente	las vaquillas	

2 *El patrón de los animales*

This article describes one of the most popular fiestas in Spain – that of San Antonio Abad, patron saint of animals. Read it and decide whether the statements about the celebration are true or false.

a La festividad de San Antonio Abad se celebra en toda España.
b Sólo los animales domésticos pueden participar en la fiesta.
c Se suelen preparar platos especiales para la celebración.

EL DIA 17 DE ENERO, San Antonio Abad se celebra en numerosos pueblos y ciudades españolas. La razón de que este santo sea tan popular radica en la creencia de la protección que ejerce sobre los animales domésticos. Por eso, ese día las iglesias de toda España se llenan de todo tipo de animales que son llevados por sus amos para ser bendecidos por el párroco; perros, gatos, pájaros, vacas, cabras, cerdos, todos los animales tienen un lugar en la iglesia ese día. En algunos lugares, los animales acompañan la imagen del santo en romería hasta alguna ermita, donde son bendecidos.

Como en cualquier celebración popular, la gastronomía acompaña a la fiesta. De tal modo, en este día es preciso degustar los panecillos del Santo en Madrid, o las espinagadas de Sa Pobla en Mallorca que están hechas de pasta, verduras y anguila, o la coca de San Antonio de Artà.

3 Europa nos merienda

Consumerism and fashion are changing eating habits among Spaniards. The following article reports the opinions of some of the experts. Read it and say whether the statements below are true or false:

a Los españoles consumen más proteínas de las necesarias.

b Los españoles son los que mejor se alimentan.

c Los cambios en la dieta española han sido positivos.

d La cocina regional española ha sido reemplazada por la americana.

e Hoy son más los españoles que comen fuera de casa.

Según los expertos, el español ingiere el doble de proteínas de las recomendadas, bebe demasiado alcohol y consume excesivas calorías y pocos hidratos de carbono. Lo positivo está en que come más pescado, grasas vegetales y bebe más leche.

En opinión de Gregorio Varela, presidente de la Fundación Española de la Nutrición, la mejor dieta es la española, pero los españoles no son los mejor alimentados. Por su parte, Francisco Jiménez Pascuán, endocrinólogo, afirma que los hábitos alimenticios están cambiando a peor, puesto que abandonamos la comida tradicional en favor de la alimentación tipo americana. Sin embargo, para Jorge Jordana,

4 La Navidad en Colombia ((•)) 18

Liana describes the **Día de las velitas** in Colombia (Candle day). Listen to the details of this celebration and say:

a ¿Cuándo se celebra el Día de las velitas?

b ¿Qué se hace con las velitas?

c ¿Qué hacen las familias para celebrar este día?

d ¿Qué son los aguinaldos?

5 La comida española en el mundo ((•)) 19

Los Navarros is one of the best-known and most authentic Spanish restaurants in London. Listen to the owner talking about Spanish food becoming more international and make notes about these topics:

a los clientes del restaurante: tipos y preferencias

b la actitud de los británicos con respecto de la comida española

c los platos y vinos ofrecidos por el restaurante

secretario general de la Federación Española de Alimentos y Bebidas, en materia de alimentación, el español es muy conservador. Jordana expresa que las costumbres se forman y conforman en la infancia, de ahí la pervivencia en España de las comidas regionales. Algo que el profesor y nutriólogo Francisco Grande Covián resume diciendo que es más difícil cambiar de hábitos alimenticios que de religión.

No obstante, el almuerzo tranquilo, copioso y reposado en casa tiende a desaparecer, reservándolo, en todo caso, a los fines de semana. Lucio Blazques, propietario del restaurante que lleva su nombre, Casa Lucio, comenta que éste es un gran momento para el sector de restauración de España, donde en los últimos años el número de gente que come fuera de casa ha crecido un montón y tiene visos de seguir creciendo. (Adapted from an article in *Revista Cambio 16*)

  NOW GO TO SELF-TEST 8, P. 167. ⊷

Temas

¡Buen provecho!

México, ¡qué rico!

Latin-American cooking is as diverse and rich in colour and flavour as the countries themselves. Each country has its own blend of Spanish and native Indian traditions, combined with influences of other groups of European settlers, and the customs of African slaves brought into the area. Mexican cuisine is one of the more influential and better-known in Latin America.

Opposite is one of the recipes featured in the novel by Laura Esquivel *Como agua para Chocolate* (*Like Water For Chocolate*), later made into a film. The colours dominating the dish are green, red and white... what flag does it remind you of? How many different types of fruit are mentioned in the recipe?

¡Ojo! La tortilla española se hace con huevos, patatas y cebollas

---

V

granada
pomegranate
nueces de Castilla
cashew nuts
añejo/a
mature
carne de res
steak (Mex)
molido/a
ground (adj)
almendras
almonds
nueces
walnuts
acitrones
candied lemons
relleno
filling, stuffing
acitronado/a
transparent
sazonar
to season
asar
to roast
semillas
seeds
charola
tray

V

hierbabuena
peppermint
machacar
to mash

Chiles en Nogada

Ingredientes:

25 chiles poblanos
8 granadas
100 nueces de Castilla
100 g de queso fresco añejo
1 kilo de carne de res molida
100 g de pasas
¼ kilo de almendras
¼ kilo de nueces

½ kilo de jitomate
2 cebollas medianas
2 acitrones
1 durazno
1 manzana
comino
pimienta blanca
sal
azúcar

Relleno de los chiles:

• La cebolla se pone a freír en un poco de aceite.
• Cuando está acitronada se le agregan la carne molida, el comino y un poco de azúcar.
• Ya que doró la carne, se le incorporan los duraznos, manzanas, nueces, pasas, almendras y el jitomate picado hasta que sazone.
• Cuando ya sazonó, se le pone sal a gusto y se deja secar antes de retirarla del fuego.
• Por separado, los chiles se ponen a asar y se pelan. Después se abren por un lado y se les retiran semillas y las venas.

Tita y Chencha terminaron de adornar las 25 charolas con chiles y las pusieron en un lugar fresco. A la mañana siguiente, los meseros las tomaron de ese mismo lugar en perfecto estado y se las llevaron al banquete.

(From Como Agua para Chocolate, by Laura Esquivel)

Mojito cubano

This was one of Ernest Hemingway's favourite drinks. He used to say that the best **mojitos** were to be found at **La Bodeguita**, a well-known bar in Havana which was very popular among Hollywood stars in the 1950s. Easy to make, here is the recipe:

En un vaso, se pone azúcar al gusto y unas hojas de hierbabuena. Se machaca un poco con una cuchara para mezclar los sabores. Se llena el vaso hasta la mitad con hielo picado. Se añade una medida de ron blanco y zumo de lima (o limón, en su defecto) y ¡ya está!

The poet Miguel Hernández (1910–1942) fought with 'pen and pistol' for the Republicans in the Spanish Civil War and later died in prison. In this poem he is addressing the landless peasants of Andalucía. What is the main feature of the landscape? Who are the **aceituneros** – the landless peasants or the landowners?

Andaluces de Jaén
aceituneros altivos,
decidme en el alma ¿quién?
¿quién levantó los olivos?
Andaluces de Jaén
Andaluces de Jaén.

No los levantó la nada
ni el dinero, ni el señor,
sino la tierra callada
el trabajo y el sudor.
Unidos al agua pura
y a los planetas unidos,
los tres dieron la hermosura
de los troncos retorcidos.

Cuántos siglos de aceituna,
los pies y las manos presos,
sol a sol y luna a luna,
pesan sobre vuestros huesos.
Jaén, levántate, brava,
sobre tus piedras lunares
no vayas a ser esclava
con todos tus olivares.

Andaluces de Jaén....

(Miguel Hernández: *Poemas sociales de guerra y de muerte*, Alianza Editorial, Madrid)

Jerez y aceitunas: la pareja ideal

Sherry and olives both come from Andalucía. Together they constitute one of the simplest and best aperitifs. The pace of life in the hot, southernmost region of Spain is of necessity slow. Trying to get away from the scorching sun is the perfect excuse to wander into one of the many **tavernas,** or to sit on a shady **terraza** and order some **tapas,** those delicious small bites of food … But, what is the origin of the word **tapa?**

Quizás lo más conocido de la cocina española sean sus 'tapas'. Siempre ocupan el lugar de honor en las barras de cualquier bar o mesón español. Se dice que fue en Jerez (Andalucía) que alguien pidió una loncha de jamón y al tapar con el plato su copa, inventó la 'tapa'. De cualquier modo, lo cierto es que lo de 'ir de tapas' es algo muy nuestro. Nada mejor que salir con amigos a degustar las especialidades ofrecidas por diferentes establecimientos y comparar, entre bocado y bocado, la variedad de sabores.
Aceitunas, pescaito frito, calamares, champiñones con jamón … La lista es interminable. Y para pasar la comida, nada mejor que una caña de cerveza o un vino; eso sí, si es de Jerez, mucho mejor. Este vino es, sin duda, el que mejor acompaña este arte de comer de pie, inventado en Andalucía.

V

mesón
type of bar specialising in tapas
loncha
slice
copa
wine glass
tapar
to cover
degustar
to taste
bocado
bite of food
pescadito frito
small fried fish
caña de cerveza
glass of beer
de pie
standing

V

chicha
strong alcoholic drink extracted from grapes or corn
limoná
colloquial pronunciation of **limonada** – lemonade

Como dice el refrán …

Have a look at this list of Spanish proverbs using the language of food. Can you guess their meanings or think of any equivalents in your own language?

1 Al pan, pan y al vino, vino
2 Ni chicha, ni limoná
3 A buen hambre no hay pan duro
4 Mucho ruido y pocas nueces

Key to '**Como dice el refrán**':

1 To call a spade a spade. 2 Neither fish nor fowl. 3 Beggars can't be choosers. 4 Much ado about nothing

El regalo de la diosa luna

Esta leyenda guaraní nos explica el orígen de la planta llamada yerba mate, que es uno de los productos principales del Paraguay. De sus hojas secas se hace una bebida excitante y nutritiva que se llama mate. Este té, el favorito de muchos latinoamericanos, es considerado como símbolo de la hospitalidad y la amistad.

E N ÉPOCAS muy remotas los dioses y diosas bajaban del cielo para gozar de las hermosas tierras de los indios guaraníes. Uno de estos visitantes era la diosa luna, que normalmente era acompañada por su compañera la diosa nube. Para pasear libremente sin que nadie las conociera, tomaban la forma de dos indias guaraníes.

E N UNO de sus paseos por los bosques las diosas fueron sorprendidas por un tigre que parecía dispuesto a devorarlas. Presas del miedo, las diosas olvidaron cambiar su forma humana por la divina. El tigre atacó pero, un viejo indio guaraní que se encontraba cerca consiguió matarlo con sus flechas antes de que el animal pudiera dañarlas.

C UANDO el indio miró hacia el lugar donde había visto a las dos mujeres, no vio a nadie. Como ya era de noche, el viejo indio se subió a un árbol para dormir. Allí tuvo un sueño y en él vio aparecer la figura de la mujer que había visto esa tarde en el bosque. Esta le explicó que era la diosa luna y que como premio a su valor y recompensa por haberle salvado la vida iba a hacer nacer en el bosque una planta muy valiosa. Le pidió que la llamara mate y le explicó que tostando sus hojas podría preparar un té que serviría de alimento para los que tuvieran hambre y calmaría la sed a los que la bebieran.

A LA MAÑANA siguiente el indio fue a mirar el lugar que la diosa le había señalado y allí encontró una nueva planta, de hojas verdes y brillantes. El viejo cogió algunas hojas y las llevó al pueblo donde contó su historia a su tribu y mostró el regalo de la diosa luna.

[128]

V

fogón
stove
gastar bromas
to tell jokes
norma
rule
jubilados
retired people
socios
members
bacalao
dried cod
rabo de toro
oxtail

¿Demasiados cocineros?

Basque cooks have a reputation for being some of the best in Spain and they take their eating very seriously. Can you explain what the 'sociedades gastronómicas' are? Is eating the only purpose? Why are women not allowed equal membership?

SOCIEDADES GASTRONOMICAS: *por amor a los fogones*

C asi todas estas sociedades nacieron de grupos de amigos que hicieron del comer una buena razón para reunirse. Reunirse para comer es sólo una excusa para charlar, discutir, gastar bromas o acabar cantando. Estas aficiones son a veces acompañadas de inquietudes más serias. Tal es el caso de la sociedad Achuritarra, preocupada desde su fundación por ayudar a los ancianos y jubilados del barrio.

Un hecho muy característico de estas sociedades es su vocación masculina. 'En la Achuritarra', dice Juanchu, el tesorero, 'las mujeres entran los fines de semana pero no pueden ni acercarse a la cocina'. La causa de esta polémica costumbre habría que buscarla en 'el histórico matriarcado vasco, donde la mujer administraba la casa y la economía doméstica. El hombre sentía la necesidad de evadirse de esta, digamos, dominación. Y ahí está el origen de las primeras sociedades y de esta norma', explica Juanchu.

Lo cierto es que, gracias a las sociedades gastronómicas, algunos hombres se han convertido en expertos cocineros. En algunos casos, los socios se han convertido en especialistas en determinados platos. Tal es el caso de Jesús Gallego, que se declara maestro del bacalao y el rabo de toro.

(Adapted from the publication *Bilbao*, periódico municipal)

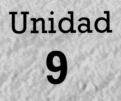

Unidad
9

El arte de vivir bien

Así se habla
Talking about health

Relationships and feelings

Temas
Deporte y vida sana

1 ¿Qué tal se encuentra?

Talking about health

Now look at the sequence of pictures and match them with these captions:

a me duele mucho al moverlo
b me he caído por la escalera
c se me ha hinchado muchísimo

1 El cuerpo ((•)) ¹

How many of these parts of the body can you identify? Look up any you don't know.

la cabeza; el cuello; la garganta; el pecho; la espalda
el hombro; el brazo; el codo; la mano, la muñeca; el dedo
la pierna; la rodilla: el tobillo; el pie; el dedo del pie

2 En la consulta ((•)) ²

Pablo has had an accident and has made an appointment to see the doctor. Listen and find out what's the matter with him. Can you underline the expressions the doctor uses to give his advice?

V
hincharse
to swell
esguince
sprain
radiografía
x-ray
venda
bandage
rotura
tearing (of ligaments)

– Buenas tardes, ¿qué tal se encuentra?
– Pues no muy bien, me he caído y mire como tengo el tobillo. Se me ha hinchado muchísimo. He tenido el pie en agua con sal, pero nada – no se mejora. Me duele mucho y no puedo casi ni andar.
– A ver, vamos a mirarlo. Tiene un esguince en el tobillo. No creo que esté roto pero tenemos que comprobarlo. Le voy a mandar al especialista para que le haga una radiografía, ¿de acuerdo? Mientras tanto le recomiendo que haga reposo. Le voy a poner una venda, y le aconsejo que no ande durante tres días. Sin embargo, es conveniente que empiece a mover el pie poco a poco. Es necesario que vaya al especialista ahora mismo. Es muy importante que comprobemos si hay rotura de ligamentos.

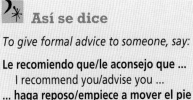

✳ Así se dice

To give formal advice to someone, say:

Le recomiendo que/le aconsejo que ...
I recommend you/advise you ...

... haga reposo/empiece a mover el pie
... to take some rest/to begin to move your foot

Es aconsejable/conveniente que ...
It is advisable ...

... no maneje (LA)/no conduzca (Sp)/ no ande
... for you not to drive/not to walk

Es necesario/imprescindible que ...
It's necessary/essential ...

... vaya al especialista/no beba alcohol
... for you to go to the specialist/not to drink alcohol

Es importante que/es mejor que ...
It's important/it's best ...

... comprobemos/le hagamos una radiografía
... for us to check/for us to take an x-ray

3 No me encuentro muy bien (())³

Beatriz has flu and visits her doctor. What symptoms would you expect her to have? Which of the following recommendations would you expect the doctor to give her?

1 que tome unos antibióticos
2 que se quede todo el día en la cama
3 que tome un analgésico cada ocho horas
4 que beba mucha agua y jugo de frutas
5 que siga una dieta ligera
6 que no beba alcohol

Now listen to her conversation with the doctor and check whether you were right about her symptoms. Which piece of advice is essential, according to the doctor?

G
es aconsejable que
+ subjunctive,
see p. 133.

V
manchas
spots
picar
to itch
manejar (LA),
conducir (Sp)
to drive
si le entra sueño
if you feel sleepy

V
no encontrarse bien
not to feel well

4 (())⁴

Here is Jorge talking to his doctor. What is his problem and what is the doctor's diagnosis? As you listen, can you write down the advice she gives him?

1 Le recomiendo que ..... de tomar los antibióticos.
2 Es mejor que ..... leche ni queso u otros productos lácteos.
3 Es necesario que ..... unas pruebas.
4 Es conveniente que ..... usted un antihistamínico.
5 Es aconsejable que no ..... mientras está tomando las pastillas.

5 Accidentes y enfermedades

Can you match the drawings with the symptoms below? How would each person describe their symptoms to the doctor?

a tener fiebre/tener dolor en todo el cuerpo/no tener hambre
b tener dolor de estómago/vomitar después de comer/estar mareado/a
c tener manchas rojas en la piel/tener picores

Now for each person can you choose a suitable diagnosis and recommend a course of action as if you were the doctor?

esguince en el tobillo; intoxicación alimentaria; reacción alérgica a algún medicamento; gripe

e.g. **Usted tiene un esguince en el tobillo. Le aconsejo que haga reposo y que no ande durante tres días**

6 *Y ahora tú*

¿Has tenido alguna vez un accidente? ¿Qué te pasó? Piensa en la última vez que has estado enfermo. Intenta describir tus síntomas.

7 *El estrés* ((•)) ⁵

On a radio programme a doctor is asked for her advice about combating stress. How does Doctor Conde suggest what one must and must not do? Here is part of what she says:

– Ahora, no ..... preocuparse sin motivo ni discutir demasiado. ..... intentar tener una actitud positiva ante la vida y pensar que casi todos los problemas tienen solución.

Can you say what suggestions she has about exercise and sleep?

8 ((•)) ⁶

The interviewer has a sleeping problem and asks Doctor Conde what to do about it. How does she tell her what not to do? Can you underline the verbs?

– Bueno, pues tómese una manzanilla antes de acostarse, ésto la relajará mucho. Haga deporte pero mejor por la mañana o a primera hora de la tarde. No cene mucho ni muy tarde, deje tiempo suficiente para hacer la digestión. No beba mucho alcohol. Por último trate de tener una rutina, acuéstese a la misma hora todos los días.

V

estar mareado
to feel dizzy
picores
itches
gripe
flu

R

For the positive imperative, see **Unit 8**, and para 19, p. 181.

☽✶ **Así se dice**

To indicate generally what one should do, say:

Hay que dormir un mínimo de siete horas al día
One should sleep for a minimum of seven hours a day
Hay que hacer ejercicio
One should take exercise

To tell someone what <u>not</u> to do (using **usted***), you can say:*

No cene mucho/no beba alcohol
Don't eat a big dinner/don't drink alcohol

And informally (using **tú***):*

No cenes mucho/no bebas alcohol

9

Can you tell the following people what not to do? Use the following phrases: **sentarse; abrir la ventana; irse; molestar a tu madre; despertar a los vecinos.**

e.g. **No te sientes en esta silla – está rota**

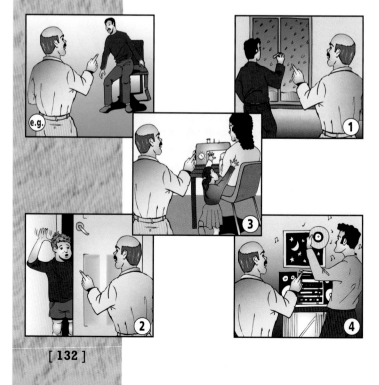

10 ⁷

A listener to the radio programme is asking Doctor Conde's advice about losing weight. As you listen, can you make a note of the doctor's suggestions as to what he should and shouldn't eat?

	Sí	No
1		
2		
3		

11 *Y ahora tú*

¿Podría dar algún consejo a una persona que tiene un dolor de espalda?

Gramática 1 ✸

1 *Giving advice*

To give formal advice, you can use one of several impersonal expressions – such as **es aconsejable/conveniente** (it is advisable) – followed by **que** and a second verb in the subjunctive.

Es necesario que vaya al especialista
It is necessary for you to see a specialist
Es imprescindible que dejes de fumar
It's essential for you to give up smoking

2 *Hay que ...*

As well as the formal phrases of recommendation and advice, there is another very common and much less formal way of saying what one must do, using the impersonal **hay que** (one has to) followed by the infinitive:

Hay que tener una actitud positiva ante la vida
One must have a positive attitude to life
Para ir a León hay que seguir la carretera N-154
For León you have to follow the N-154

3 *Don't do it!*

To tell someone <u>not</u> to do something you use a negative imperative, which is formed by putting **no** before the second or third persons of the present subjunctive. These are the regular forms:

	tú	usted	vosotros	ustedes
cenar	no cenes	no cene	no cenéis	no cenen
beber	no bebas	no beba	no bebáis	no beban

Here are some irregular forms:

	tú	usted	vosotros	ustedes
hacer	no hagas	no haga	no hagáis	no hagan
poner	no pongas	no ponga	no pongáis	no pongan
salir	no salgas	no salga	no salgáis	no salgan
venir	no vengas	no venga	no vengáis	no vengan
decir	no digas	no diga	no digáis	no digan
ir	no vayas	no vaya	no vayáis	no vayan

Note: unlike positive imperatives, any reflexive or object pronoun with a negative imperative goes <u>before</u> the verb.

¡No lo hagas! ¡No lo haga! Don't do it!
No te acuestes No se acueste Don't lie down

When two pronouns need to be combined, the word order is as follows:
no > indirect pronoun > direct pronoun > verb
no me des el libro ahora = no me lo des

Ⓡ
For the forms and uses of the present subjunctive, see **Unit 5**, and para 16, p. 179.

Consolidación 1 ✿

A *Le aconsejo que deje de fumar*

After listening to a radio programme about giving up smoking, you jotted down some notes (see next page). Can you pass them on to a friend as if you were the doctor talking, using phrases such as **es mejor que**, **es conveniente que** and **es imprescindible que**?

e.g. **Es conveniente que practiques algún deporte ...**

1 *practicar algún deporte o hacer yoga*
2 *tomar mucha agua*
3 *salir a dar un paseo cuando tenga ganas de fumar*
4 *comer fruta si le entra hambre*
5 *no comprar tabaco*
6 *reducir el consumo de excitantes como el café y el té*

B Tienes que salir más

You have a friend who is feeling a bit depressed and lonely. What advice would you give to help him feel better? Can you write a list of recommendations, using the positive and negative imperative?

1 Salir más; no quedarse en casa
2 Hacer deporte; no comer demasiado
3 Llamar a los amigos; no esperar hasta que ellos te llamen
4 No pensar demasiado en cosas negativas
5 Invitar gente a casa; no quedarse sólo
6 Hacer un viaje
7 Apuntarse a alguna clase

e.g. **Sal más; no te quedes en casa**

C ¡No se la mandes!

The new secretary has just started work in your office and, although very keen to help, needs to be told what not to do.

e.g. ¿Le mando la factura por fax?
No <u>se la mandes</u> por fax, mejor por correo.

1 ¿Le envío los documentos por correo?
No ....., los recojo yo.
2 ¿Hago yo las fotocopias?. No ....., las haré yo más tarde.
3 ¿Llamo al Sr. López por teléfono?
No ..... todavía.
4 ¿Reservo los billetes de avión? No ......
hasta que confirmemos la fecha de la reunión.
5 ¿Abro la ventana?, hace calor. No .....
porque entra mucho ruido de la calle.

V
majo (Sp)
nice

2
¿Qué tal te llevas?
Relationships and feelings

1 ¿Te gusta la gente? ◉ 8

Roberto and Tamy are talking about their relationships with people at work. What expression do they use to say they get on well with people? How does Roberto say that there are a few people that he doesn't like? And how does Tamy say she can't stand someone?

<u>Roberto</u>
– La gente del trabajo es, pues como todo el mundo. Unos son muy majos, y otros no tanto. Yo me llevo bien con todos en general. Hay un par de personas que no me caen muy bien, pero a la hora de colaborar con ellos, pues no hay ningún problema.

<u>Tamy</u>
– Pues, en general, me llevo bien con todos mis compañeros de trabajo, incluso con el jefe. Ahora, la chica de marketing me cae fatal. No la soporto. Es la persona más irritante que conozco, habla todo el tiempo y no dice más que tonterías.

2 🔊 ⁹

Aurora has been having an argument with her boyfriend. Listen as she tells Liana about it and pick out the phrases (below on the left) as they occur. Then find an equivalent expression from the phrases on the right:

1	he discutido	a	reconciliarse
2	hemos tenido una bronca colosal	b	estoy cansada de la situación
3	hacer las paces	c	he tenido una discusión
4	estoy harta	d	nos hemos peleado

☾✳ Así se dice

To talk about how you get along with someone, say:

Me llevo bien con mi marido/mi mujer
I get on well with my husband/my wife

Me llevo mal/fatal con mi jefe/mis compañeros
I don't get on well with my boss/my colleagues

If you like someone, you can say:

Rosa me cae bien/de maravilla
I like/I really like Rosa

And if you don't like someone, you can say:

Me cae mal/fatal el director de marketing
I really don't like the marketing director

No lo/la soporto
I can't bear him/her

If you've had an argument, you can say:

Hemos discutido/hemos tenido una bronca
We've been arguing/we've had a row

Unidad 9

V

aprovecharse de
to take advantage of
pelearse
to squabble, fall out

3 🔊 ¹⁰

Now listen to Liana talking about her relationship with her partner. Do they get along well all the time? What expression does she use to say she thinks they are very close?

4 ¿Te llevas bien con él?

Can you match the captions to the pictures and say how these five individuals or couples would describe their relationships?

a **Discutimos mucho**
b **Me llevo de maravilla con él**
c **Me cae fatal. No la soporto**
d **Hemos tenido una bronca colosal**
e **Somos compatibles**

5 Me molesta el ruido
🔊 ¹¹

Tamy, Liana, Roberto and Jorge were all asked to say what annoys them. Can you underline the phrases they use to express their annoyance?

Tamy

Yo soy una persona muy tranquila y por eso mismo, necesito tranquilidad para funcionar. El ruído me molesta muchísimo y soy incapaz de trabajar o de concentrarme si hay música o gente alrededor hablando.

Liana

Si hay algo que me irrita es la gente que habla sin parar. Me pone histérica.

Roberto

Pues, a mí me pone de mal humor tener que esperar, ya sea el autobús, o a un amigo. No lo soporto.

Jorge

Me enfada mucho la falta de buena educación. Cuando por ejemplo, te encuentras con alguien en la escalera, dices hola y no te contestan. O la gente que no cede el asiento en el autobús a las personas mayores. Cosas así me enfadan terriblemente.

6

Do any of the following things annoy you? Say what you think by linking the two parts of the sentence.

Me molesta(n)	los atascos
Me pone(n) de mal humor	los retrasos en el metro
Me enfada(n)	la música muy alta
Me irrita(n)	levantarse temprano

e.g. **Me ponen de mal humor los atascos**

7 *Me molesta que ...* ((•)) 12

What annoys some people doesn't annoy others. Five people were asked to say what they didn't like about work. Number the sentences in the order you hear them. Do any of these things annoy you?

No me gusta que me digan lo que tengo que hacer.
No soporto que me pidan hacer horas extras.
Me irrita que la gente haga comentarios sobre otros compañeros.

V
enfadar
to make angry
molestar
to bother

G
me encanta,
me molesta,
me irrita que +
subjunctive,
see p. 138.

V
atascos
traffic jams

Me molesta que la gente no termine las cosas a tiempo.
Me indigna que no haya ninguna mujer en los puestos de dirección de la empresa.

✷ Así se dice

To express your feelings about what someone does, say:

Me gusta/me encanta que ...
I like it/love it when ...
... me regalen flores/me inviten a su casa
... people buy me flowers/invite me to their house
No me molesta/no me importa que ...
It doesn't bother me that/I don't mind if ...
... se despierte temprano/venga tarde
... he/she wakes early/comes late
Me molesta/me irrita que/no me gusta que ...
It annoys me/irritates me/I don't like it when ...
... llegue tarde/ponga la música alta
... he/she arrives late/plays music loudly
Me pone de mal humor/nerviosa que ...
It makes me cross/nervous when ...
... mi novio conduzca tan de prisa
... my boyfriend drives so fast
No soporto que se quede en la cama todo el día
I can't bear him staying in bed all day

8 *Me enfada que ...*

In every relationship there are things you find annoying, even when you get on really well with someone. Do some of these ring a bell with you? Match the pictures (next page) to the captions:

a No soporto que él llegue siempre tarde.
b Me irrita que empiece a escuchar la radio a las 6.30.
c Me enfada que fume en la cama.
d Me molesta que no friegue los platos.

(�))) **13** Now listen to Liana talking about her relationship with her partner. Can you say which two habits she finds annoying?

9 (�))) **14**

Listen to Almudena and Jorge expressing their feelings about other people's habits and complete the sentences:

a No soporto que la gente .....
b Me pone muy nerviosa que los niños .....
c Me irrita que mi novia .....
d Me pone de mal humor que se me .....

10 Y ahora tú

A ¿Qué tal te llevas con tus compañeros de trabajo? ¿Te caen todos bien? ¿Hay alguno que te cae mal?
B ¿Conoces a alguien en tu familia o en el trabajo que tiene alguna costumbre que te molesta o te pone de mal humor? ¿Qué es? Piensa en alguna cosa agradable que te gusta que te hagan tus amigos o compañeros.

11 Se ha hecho famoso (�))) **15**

People change, and we react to those changes. In the following exchanges, can you pick out the verb that is used in each case to say someone has changed?

(1)
– Oye, ¿Sabes algo de Lola?
– Pues no, la verdad es que hace muchísimo que no la veo. Desde que se casó, se ha vuelto un poco rara, no sale, no llama a nadie.
(2)
– ¿Te acuerdas de Sole, aquella chica que estudiaba con nosotros?
– !Ah sí! La bajita, morena.
– Ésa. Pues se ha hecho muy famosa con un programa en la radio. Ha salido en el *Hola* esta semana. ¡Imagínate!
(3)
– ¿Sabes lo de Juan? Se ha quedado solo en el negocio porque sus socios se han retirado. ¡Va a ser una catástrofe!
(4)
– ¿Te acuerdas de mi prima Mari Carmen?
– Sí, claro. ¿Qué tal le va ahora?
– Empezó trabajando de secretaria y ha llegado a ser directora de marketing.
– ¡Cuánto me alegro!

Now read these conversations again. Can you pick out which verb is used to imply:
a an involuntary change for the worse;
b a change which is the result of some personal effort; **c** a change in a job;
d a change which is the result of some previous action?

12 Y ahora tú

¿Tienes algún amigo/a o compañero/a que ha cambiado en los últimos meses? ¿Puedes explicar qué le ha pasado? Piensa en tu cantante/artista favorito/a, en el presidente de tu país. ¿Han cambiado últimamente? ¿Cómo lo expresarías?

V
gritar
to shout

Gramática 2

1 Expressing your feelings

You have seen in this unit the huge variety of ways in which you can express your reactions to things or people. On the positive side, you can use **gustar** or **encantar**. If you don't like something, you can use the verbs **molestar**, **irritar**, **poner de mal humor**, **enfadar**, **no soportar**, etc., depending on the degree of annoyance you feel. All these verbs behave like **gustar**: they occur in two forms – third person singular or plural – and they are always preceded by a pronoun that refers to the subject: **me**, **te**, **le**, **nos**, **os**, **les**.

Me molesta la contaminación
Pollution bothers me
Me irritan los retrasos en el metro
Delays on the metro irritate me
Llegar tarde le pone de mal humor
Arriving late makes him bad-tempered

When you use one of these verbs to express what you feel about someone else's actions or habits, you need to put the second verb in the subjunctive.

Me molesta que la gente sea desordenada
It bothers me when people are untidy
Me irrita que los niños se acuesten tarde
It irritates me when the children go to bed late

2 How people have changed

Spanish has several verbs which translate into English as 'to become'. **Volverse**, **hacerse**, **quedarse** and **llegar a ser** are used in different circumstances to express particular shades of meaning.

a. volverse
This implies involuntary mental or psychological change. It is often used to express a change for the worse:

Mi abuela antes era extrovertida pero con la edad se ha vuelto muy tímida
My grandmother used to be very extrovert but in old age she has become very shy

b. hacerse
This often implies voluntary effort. It is used for religious, professional or political changes:

Se hizo católico
He became a Catholic
Se ha hecho profesora
She's become a teacher

c. quedarse
This implies loss. It describes a change which is the result of a situation or an earlier activity:

Se quedó sin dinero cuando el negocio fracasó
He became penniless when the business failed

d. llegar a ser
This is used to indicate the result of a progressive change. Sometimes it can be slow and difficult (to manage to become, to become eventually). It often shows an effort from the person:

A pesar de que empezó a estudiar muy tarde, llegó a ser médico
In spite of starting his studies very late, he managed to become a doctor

Consolidación 2

A No me llevo bien con él

Can you fill the gap with the right preposition? Use **con**, **en**, **sobre**, (or nothing if no preposition is needed).

1 Ana se lleva fatal ..... el director de finanzas.
2 Beatriz está siempre discutiendo ..... su novio.
3 Manolo y Mercedes están de acuerdo ..... comprar una casa nueva.

4 Tenemos que hablar ..... los nuevos contratos de trabajo.

5 Me llevo de maravilla ..... mis compañeros de trabajo.

6 A Juan y a mí nos cae muy bien ..... el nuevo director.

7 He hablado ..... Fernando y me ha dicho que la reunión es el viernes que viene.

8 ¿Qué efecto tiene el deporte ..... la vida?

B ¿Te molesta o no te molesta?

What things make you or members of your family annoyed or angry?

e.g. **Luis llega tarde a casa** *(you don't mind)*
No me molesta que Luis llegue tarde

1 **Los chicos ven mucho la televisión** *(it bothers you)*

2 **Luis pone la música alta cuando estoy trabajando** *(it makes you bad tempered)*

3 **Hay atascos cada mañana en el barrio** *(your husband can't stand it)*

4 **Pedro regala flores a Isabel todos los días** *(she loves it)*

5 **No llamo a mis padres por teléfono a menudo** *(they don't mind)*

6 **Luis y Pedro no friegan nunca los platos** *(it makes you angry)*

C ¿Qué tal está?

How have your friends changed? Fill the gaps with the appropriate verb.

e.g. **No sé qué le ha pasado a Juan. Antes era bastante simpático, pero ahora se ha vuelto muy serio y antipático.**

1 No sé qué le ha pasado a Pedro. Era una persona muy alegre y abierta. Desde que perdió su trabajo ..... muy reservado y tímido.

2 Felipe ha tenido una infección en los oídos y ..... un poco sordo.

3 ¿Te acuerdas de Antonio? El compañero de Beatriz de la Facultad de Periodismo. Ganó un premio hace unos años. ..... muy famoso y ahora escribe regularmente en *El País*.

4 Con la edad, Silvia ..... más protestona.

Un paso más

1 ¿Qué deporte practicas? ◉ 16

Do you take any exercise or play any sport? Even if your only sport is taking the dog for a walk at weekends, can you answer the following questions?

¿Qué deporte practicas?
¿Desde cuándo haces este deporte?
¿Cuántas veces a la semana lo practicas?
¿Por qué empezaste a hacer deporte?
¿Qué efecto tiene el deporte sobre tu calidad de vida? ¿Te encuentras mejor? ¿Has perdido peso?

In Spain more and more people are taking up some kind of exercise or sport and it's becoming particularly popular with older people. Listen to Concha and Alejandra from Madrid talking about membership of their local sports club and answer the following questions for each of them:

a   ¿Qué edad tiene?
b   ¿Cuánto tiempo lleva viniendo al club?
c   ¿Por qué empezó?
d   ¿Qué deportes practica?
e   ¿Qué efecto tiene el deporte sobre su vida?

V
agujetas
stiff muscles

2 En forma sin lesiones

What should one do in order to avoid sports injuries? Read the article and see what is suggested.

CONSEJOS PARA EVITAR TRAUMATISMOS AL PRACTICAR LOS EJERCICIOS MAS POPULARES:

*L*a fiebre por hacer deporte suele terminar con agujetas o sobre la camilla del traumatólogo. El doctor Nasser Issa, especialista en medicina preventiva, ha elaborado una se de consejos para practicar seguros las actividades físicas.
Antes de iniciar cualquier deporte es imprescindible dedicar u minutos al calentamiento muscular. Es importantísimo comenz con unos ejercicios aeróbicos, por ejemplo la marcha rápida o saltar a la cuerda. El tiempo adecuado del calentamiento debe ser de unos diez minutos, y si se tiene sed durante el mismo be únicamente agua o compuestos vitamínicos.

CICLISMO
▲ Utilice casco protector para evitar lesiones en la cab en caso de caídas.
▲ Cuide su postura sobre la bici.
▲ Intente llevar la espalda recta, y arquéela cuando pedalee cuesta arriba.
▲ Asegúrese de que el pedal no esté ni muy alto ni muy bajo.

CORRER
● La respiración se realiza por la boca y la nariz; la cabeza debe estar centrada sobre los hombros.
● Mire siempre unos metros hacia adelante y nunca f la vista al suelo.
● Doble los codos en un ángulo de 90 grados, con los antebrazos paralelos al suelo.
● No eche las manos hacia atrás, rebasando las caderas al mover los brazos.
● No intente nunca alcanzar la máxima velocidad desde el primer d Tenga paciencia.

TENIS, SQUASH Y PIMPON
◆ Elija siempre una pelota ligera.
◆ Caliente bien los hombros y los codos antes del jue
◆ Procure seguir la técnica correcta utilizando todo e cuerpo a la hora de golpear.
◆ Utilice una raqueta ligera.

Now answer the following questions.

a What advice is given to people who run?
b What advice would you give to a neighbour who cycles to work every day?
c What advice would you give to a friend who is thinking of taking up squash?

e.g. **Elige una pelota ligera**

3 *Las plantas y la salud* ((•)) 17

In Spain traditional herbal medicine is widely used and accepted. There are specialised shops called **herbolarios** where you can find a range of **hierbas medicinales**. Almudena visited a well-known **herbolario** in Madrid and asked the owner about the shop, the clients and the products. As you listen can you say whether the following statements are true or false?

a El herbolario lo fundó el abuelo del actual encargado.
b Ahora en la tienda venden fundamentalmente plantas medicinales.
c La mayoría de los clientes son jóvenes.
d A la gente joven sobre todo le interesan la comida y los productos dietéticos.

4 *Remedios verdes*

Are you familiar with herbal medicine? Have you tried herbal teas, such as, for example, rosemary or thyme tea? The following article sets out to inform you about the various herbs and their properties.

Las plantas medicinales, utilizadas desde hace milenios, constituyen el método de curación más popular. Durante mucho tiempo, las plantas medicinales fueron el principal recurso de que disponían los médicos. La aparición de los medicamentos químicos las relegó casi al ostracismo. Pero la sociedad industrializada admite la eficacia de numerosos remedios naturales. Damos a continuación una pequeña selección de las más conocidas:

• *Espliego.* Antirreumático, sedante y diurético. Calma el nerviosismo, ayuda a conciliar el sueño y facilita las digestiones. Dosificación: infusión, 50 gramos por litro de agua.

• *Eucalipto.* Para el tratamiento de bronquitis crónicas, cuadros asmáticos y sinusitis. Dosificación: decocción durante un minuto de dos cucharaditas de café por toma.

• *Manzanilla.* Sedante, antibacteriana y digestiva. Dosificación: una cucharadita por taza.

• *Romero.* Se emplea para los trastornos digestivos y los dolores de cabeza. Dosificación: en infusión de las hojas, dos cucharaditas de café por toma.

• *Tomillo.* Combate gripes y catarros. Dosificación: una cucharadita por cada taza de infusión antes de las comidas.

• *Valeriana.* Combate dolores de cabeza e insomnio. Dosificación: una cucharadita en infusión antes de las comidas.

Imprescindible

1. Las infusiones deben tomarse calientes o tibias, así tonifican el organismo rápidamente.

2. Alterar la dosificación no garantiza mejores resultados.

3. No se deben mezclar las infusiones con zumos o leche. Para endulzarlas, optar por la miel.

5

Read the article again and see if you can find a remedy which would be suitable for a Spanish friend who has a sleeping problem. Can you write a note about it, saying what it's for and suggesting that he/she tries it?

   NOW GO TO SELF-TEST 9, P. 168. ➡

Temas

*Deporte y
vida sana*

Miguel Induráin

In 1992 the Olympic Games were held
in Barcelona. It was a great moment for
Spain who, by winning ten gold medals,
was letting everybody know that a new
generation of first-rate sportsmen and
women had arrived. However, it was the
cyclist Miguel Induráin who would be
popularly acclaimed as the greatest
sportsman of our days. That a cyclist, and
not a footballer, could be elevated to the
category almost of a national hero is not
so surprising in Spain where, even if
football is **el deporte rey**, cycling enjoys
a huge following. How did he become a
symbol of a modern Spain? Why does the
article opposite describe him as god?
What, according to the article, are the
characteristics necessary to become one
of the greatest sportsmen in history?

**Joaquín Almunia, presidente del Grupo
Parlamentario Socialista, ha dicho que desde
que ganó el Tour por primera vez, Induráin
pasó a formar parte de los símbolos de una
España moderna que ganaba todas las
partidas contra su propio pasado y quería
comerse el mundo aprovechando los
acontecimientos del 92 (Las Olimpiadas de
Barcelona, La Expo de Sevilla).**

V

ganar la partida
to win the hand
(in card games)
acontecimientos
events
señas
features
latir
to beat
caber
to fit
rendir culto a
to worship
por encima de
above
fuerza de voluntad
will power
armas
weapons
**espíritu de
superación**
will to succeed
inquebrantable
unshakable

🚴 La máquina

'Miguel Induráin es dios en el ciclismo',
asegura el director deportivo del equipo
Banesto, José Miguel Echávarri, y una de las
personas que mejor conoce al corredor. Dios
mide 188 centímetros, pesa 70 kilos, tiene 31
años, el pelo moreno, los ojos castaños, está
casado, adora el chorizo de su tierra
(Navarra), la música de Mecano y habla
español. Parecen las señas de un ser humano
pero son las señas de dios. Y éstas también:
tiene un corazón de siete centímetros de
diámetro que late a 28 pulsaciones por
minuto, capaz de disparar un chorro de
50 litros de sangre en ese tiempo. En sus
pulmones caben siete litros y medio de aire.
Si su corazón quiere, puede dar 195 golpes
en un minuto, pero en 30 segundos, vuelve a
estar en 60 pulsaciones.'

El hombre

Miguel Induráin e
un superhombre.
Por otra parte sólo
siendo un
superhombre se
ganan cinco Tours
consecutivos.
A Miguel no le
interesa rendir
culto al triunfo por
encima de cualquier otro valor. Miguel es
distinto: no ama por encima de todo el dinero,
la popularidad y la fama. En un deporte en
que la fuerza de voluntad es una de las armas
imprescindibles, él tiene una fuerza de
voluntad de acero. En una palabra, lo tiene
todo: un cuerpo de superdotado que ha
modelado día a día durante 15 años; espíritu
de superación y deperfeccionamiento y un
carácter inquebrantable para conseguir todos
sus objetivos. Por todo ello va camino de
convertirse en uno de los más grandes de la
historia.

Historias de Miguelito

(From *El País Semanal*)

V **toser** to cough; **atiborrarse** to stuff oneself
(with food); **como un palillo** as thin as a rake; **trasegar**
to booze, knock it back; **desparramar** to spill; **un tiesto**
shard; **sesos** brains; **escarola** type of lettuce

Esencia vegetal

For centuries, the indigenous communities inhabiting the rainforests of Latin America have made good use of the fruits and plants around them. In recent years, Western medicine has shown an increasing interest in learning from these ancient peoples, and no longer regards their knowledge and medicinal practices as backward. According to the following passage, a quarter of all the medicines used in the West are based on products to be found in the rainforest. Is research currently being carried out to discover new substances? What is 'aromatherapy'? What applications does it have?

AUNQUE SOLO cubren el 6 por cien de la superficie terrestre, las selvas tropicales acogen a la mitad de las especies de plantas y animales del planeta. De ellas proceden productos tan cotidianos que resulta fácil olvidar su procedencia. El cacao, la nuez moscada, el jengibre, el clavo, la canela, el caucho, la caña de azúcar ... Muchos de los frutos y las semillas que los indígenas disfrutan desde antaño ahora empiezan a ser apreciados entre nosotros. Son el alimento y el botiquín del planeta.

LA RIQUEZA vegetal de la selva tropical permite extraer unos 3.000 aceites esenciales. Con ellos se pueden elaborar jabones y cosméticos. La sabiduría ancestral de los médicos indígenas y nativos es estudiada por los mejores laboratorios farmacéuticos occidentales. Una cuarta parte de las medicinas proceden de principios activos descubiertos en las selvas pero un número creciente de sustancias reclaman la atención de los habitantes del Norte. Las hojas de coca masticadas, las infusiones de ayahuasca o la bebida con el llamado guaraná son las más conocidas.

EL TRATAMIENTO de las enfermedades utilizando las esencias de las plantas – llamado aromaterapia – figura con todo reconocimiento en los catálogos de medicina. La cosmética, siempre al tanto de los últimos avances, también se beneficia de esta antiquísima terapia, que tras años de abandono, ha vuelto a ocupar un lugar de honor en los tratamientos de belleza. Civilizaciones muy antiguas usaban los aceites extraídos de las plantas como tratamientos de belleza a través del masaje, la mascarilla, el baño perfumado, la inhalación y la absorción cutánea.

El estrés de las vacaciones

July and August are favoured by most Spaniards as the time for holidays. Being the hottest months of the year, cities are deserted and families take off for the mountains or the beach for a whole month at a time. Although being away from routine for such a period offers potential benefits for the health of the average Spaniard, this huge mobilisation brings about increased levels of stress as roads get congested, people lose their patience and tempers fray. Things can also get quite serious on returning from holiday to the big city ... According to the article below, what are some of the symptoms of 'post-holiday syndrome'? What is the main contributing factor leading to such a condition?

Sucede todos los años por estas fechas. Se acaban las vacaciones y con su final llega la vuelta a la vida cotidiana, dominada por el trabajo. Volver a empezar no siempre es una tarea fácil. Sobre todo, durante los primeros días muchos se sienten como un pulpo en un garaje. 'Es normal que exista una reacción psicológica ante un cambio de ritmo de vida' explica Juan José Arechederra, psiquiatra del Hospital Ramón y Cajal de Madrid. En torno al 70 u 80 por ciento de los que retornan del descanso de verano notan esa pasajera dificultad de adaptación.

En ocasiones, la situación es más grave y se conoce con el nombre de síndrome posvacacional. Los síntomas psíquicos que presenta son la ansiedad y la depresión. Se tiene poca capacidad de atención y concentración. La irritabilidad y el mal humor están presentes. El cuerpo también se resiente: alteraciones del sueño, pesadillas, pérdida de apetito, sensación de ahogo son algunos de los síntomas.

Un factor muy importante que puede influir en sufrir este trastorno es como se hayan pasado las vacaciones. Puede ocurrir a veces que, por crearse expectativas demasiado grandes o por circunstancias inesperadas, se vuelve con algún problema añadido, en vez de con las pilas cargadas.

Este síndrome puede aparecer hasta una semana antes de iniciar la vida cotidiana. Una terapia psicológica es clave para ayudar a integrarse al paciente.   (Adapted from *Cambio 16*)

Unidad 10

Nuestro medio ambiente

Así se habla

Talking about problems

Giving your reactions and opinions

Temas

La tierra herida

1
Si hubiera menos ruido
Talking about problems

1 Problemas ... ¹

What do the following environmental expressions mean and which ones are relevant to the pictures below?

a contaminación atmosférica
b desertificación/desertización
c la basura de las grandes ciudades
d los residuos industriales contaminantes
e el ruido/la contaminación acústica

V

falta de
lack of
el vertido
disposal
verter (e>i)
to dump
quemar
to burn
talar
to fell trees

V

humos de coche
exhaust fumes
agujero
hole
capa de ozono
ozone layer
grosor
thickness
residuos
waste
deshacerse de
to get rid of

2 ... y consecuencias

Which environmental problems can have the following consequences? Fill in the relevant issues involved.

1 Una de las consecuencias de ..... es el estrés y, por tanto, los problemas nerviosos que se reflejan en falta de concentración, mal humor y dificultad para dormir por la noche.
2 El vertido de ..... hace que los peces mueran y la vegetación se destruya.
3 La enorme producción de ..... implica un enorme gasto de recursos para eliminarlas; en la mayoría de los casos los gobiernos optan por quemarlas o verterlas en los ríos o mares, lo que produce otros problemas ambientales también muy serios.
4 ..... tiene como consecuencia que el número de personas con problemas respiratorios y con asma aumente cada día más.
5 Como consecuencia de talar arboles masivamente, hay menos lluvias y el planeta está en un grave proceso de .....

3 La opinión del experto
 ²

Listen to Tomás Rodríguez, an environmentalist, explaining what he thinks are the two most serious problems facing our planet in the immediate future. Can you make a note of them, together with their causes and consequences?

4 *Me preocupa que ...* 〘◈〙 ³

Two people – both parents of young children – now say what for them personally is the most worrying factor. The first is printed for you. Can you fill in the correct form of the verb?

– Me preocupa que las industrias ..... sus residuos en los ríos y que las autoridades no ..... atención a los problemas ecológicos. Y, sobre todo, me preocupa que mis hijos ..... que vivir en un mundo sin árboles ni naturaleza.

Now listen to the second speaker. How does she express her worry about young people and their lack of knowledge about the quality of fast food and hamburgers?

e.g. **Lo que más me preocupa es que ...**

5 *Un programa político*

Los Verdísimos (an ecological party) have just published their manifesto. It includes several radical measures to improve the environment.

LOS VERDÍSIMOS PROPONEMOS:

1 prohibir el uso de aerosoles

2 reducir el tráfico en el centro de las grandes ciudades

3 que las empresas dispongan de plantas de purificación de residuos

4 eliminar los conservantes y colorantes de los alimentos

5 disminuir la producción de coches

6 usar fuentes de energía no contaminantes

7 imponer multas a todos los que contaminen el medio ambiente

8 cerrar todas las empresas contaminantes y centrales nucleares

9 prohibir el uso de detergentes no biodegradables

V

prestar atención
to pay attention

G

A mí me preocupa que + subjunctive,
see p. 149.

G

**usara/comiera/
prohibiera/tuviera/
hubiera/fuera**/etc.
For the imperfect subjunctive in conditional sentences,
see p. 149.

〘◈〙 ⁴ Now listen to the reactions of members of the public. Four people were asked to say what they thought would be the consequences if these policies were implemented. As you listen, can you fill in the missing verbs used to say what they think would happen?

1 En la práctica, si se cerraran todas las empresas contaminantes, ... una catástrofe económica; nadie ..... trabajo. Yo creo que si se impusieran multas más elevadas, ... un ejemplo para todas las industrias y ..... a preocuparse más por el medio ambiente.
2 Si se disminuyera la producción de coches, la gente ..... más los transportes públicos y ..... menos contaminación.
3 Si se usaran energías no contaminantes, ... una atmósfera más limpia. Evidentemente, si se prohibiera la producción y uso de detergentes no biodegradables, nuestros ríos ..... mucho más limpios.
4 Si se eliminaran los conservantes de los alimentos ..... muy difícil asegurar que la gente coma alimentos en perfecto estado.

Do you agree with their opinions? What other consequences would you suggest?

6 〘◈〙 ⁴

Since implementing the policies seems unlikely, and depends on hypothetical conditions which are unlikely to be met, the speakers use a special tense to emphasise the hypothetical nature of those conditions. Read and listen again and underline the hypothetical verbs. The first one is done for you.

e.g. **En la práctica, si se cerraran todas las empresas contaminantes, habría una catástrofe económica; nadie tendría trabajo.**

Así se dice

To express a hypothetical condition and the consequence if that condition were met, say:

Si la gente usara más el transporte publico ...
If people used public transport more ...

... no habría tanta contaminación
... there wouldn't be as much pollution

Si la gente comiera más fruta y verduras ...
If people ate more fruit and vegetables ...

... su salud sería mucho mejor
... their health would be better

Si se prohibiera el uso de aerosoles ...
If the use of aerosols were prohibited ...

... no habría un agujero tan grande en la capa de ozono
... there wouldn't be such a big hole in the ozone layer

7 ((•)) 5

A national campaign to reduce energy comsumption has been inaugurated. What advice is being given? Listen and read and fill in the missing verbs.

1 Si ..... las luces que no usas, la factura de la luz bajaría.
2 Si ..... el coche con el vecino, os conoceríais mejor.
3 Si usted ..... las horas en que la calefacción está puesta, ahorraría para ese viaje al Caribe.
4 Si todos nosotros ..... en el ahorro de energía, nuestros hijos nos lo ..... desde el futuro.

Ahorra energía. Tú puedes pagarla, pero tu planeta no puede.

V
culebrón
soap opera

8 *Los pros y los contras*

You've made a list of things you know would improve your lifestyle, but in your heart of hearts you know you are too lazy to do much about it. You weigh up the pros and cons in your mind ...

1 comer más fruta
2 usar transporte público
3 no mirar tanto la televisión
4 hacer más deporte
5 dejar de fumar

ventajas	inconvenientes
1 estar sano	gastar más dinero
2 crear menos contaminación	tardar más tiempo en llegar
3 tener más tiempo libre	perder los culebrones
4 estar más sano	tener más ropa que lavar
5 ahorrar dinero	engordar

V
apagar
to switch off
compartir
to share
participar
to participate

e.g. **Si comiera más fruta, estaría más sano pero gastaría más dinero**

9 *¿Reciclar o tirar?*

Here is a list of suggestions and recommendations intended to make us reconsider our wasteful consumer habits.

DECÁLOGO DEL CONSUMIDOR ECOLOGISTA

1 No comprar lo que no necesitamos.
2 Reparar los aparatos estropeados en lugar de tirarlos.
3 Usar el papel por las dos caras.
4 Clasificar diferentes tipos de basura y reciclarlos.
5 Llevar nuestra propia bolsa al supermercado: evitar las bolsas de plástico.
6 Usar productos cosméticos naturales.
7 Evitar productos con demasiado envase.

V
envase
packaging

In your opinion what results would follow if we made certain changes in our lifestyle? Choose from the list on the next page or select your own:

- no gastar recursos naturales
- ahorrar energía/dinero
- conservar las selvas tropicales
- reducir el problema de la basura
- hacerse menos materialista
- llevar una vida más natural

e.g. **Si sólo compráramos lo que necesitamos, no gastaríamos tantos recursos naturales sin motivo.**

10 Y ahora tú

¿Qué problema(s) medioambiental(es) hay en el lugar o país donde vives? ¿Qué es lo que más te preocupa del medio ambiente en general? ¿Cómo lo solucionarías? ¿Qué harías si fueras el/la ministro/a de medio ambiente?

Gramática 1

1 Talking about your worries

As you have seen in this unit, if you want to say you are worried about something happening, you use **me preocupa que** with the subjunctive in the second verb.

Me preocupa que los jóvenes no sepan comer bien
I worry that young people don't know how to eat sensibly

2 Conditional clauses (1)

In this unit you have seen how to express unreal or hypothetical conditions in the present or future. The condition is expressed by using **si** + the imperfect subjunctive: **si yo usara, si tuvieras**, etc. The consequence is expressed with the conditional tense: **saldría, iría, hablaría**.

Si usara el transporte público llegaría tarde
If I used public transport I'd arrive late
Si tuviera dinero me iría de vacaciones
If I had some money I'd go on holiday

Si fuera mas alta sería modelo
If I were taller I would be a model

But note: if there is a good chance that the condition will be fulfilled, thus enabling the action to take place, you use the present and the future tense, not the imperfect subjunctive and the conditional:

Si tengo dinero me iré de vacaciones
If I have some money I'll go on holiday

There are two alternative sets of endings for the imperfect subjunctive. Both sets can be formed by taking the third person plural of the preterite tense, using as a stem what remains after cutting the **-ron** ending, and adding to it **-ra** or **-se**.

usar	tener	ser
usara/usase	tuviera/tuviese	fuera/fuese
usaras/usases	tuvieras/tuvieses	fueras/fueses
usara/usase	tuviera/tuviese	fuera/fuese
usáramos/usásemos	tuviéramos/tuviésemos	fuéramos/fuésemos
usarais/usaseis	tuvierais/tuvieseis	fuerais/fueseis
usaran/usasen	tuvieran/tuviesen	fueran/fuesen

R
For uses of the subjunctive, see para 16, p. 179–80.

NB: The stress in this tense mainly falls naturally (i.e. on the penultimate syllable) and not as in the future tense.

Consolidación 1

A Un poco de preparación

Try forming some imperfect subjunctives.

Infinitive	3rd pers. pl. Preterite	Imperfect subjunctive
tener	tuvieron	yo tuviera
hacer	.....	tú .....
decir	.....	ella .....
venir	.....	nosotros .....
poder	.....	ustedes .....
querer	.....	tú .....
haber	hubieron	él .....
ser	.....	yo .....

B *Si yo fuera rica ...*

Everybody has impossible dreams. Can you say what would happen if only ... ?

e.g. **A Julia le gustaría ser modelo pero es un poco baja.**
Si Julia fuera más alta sería modelo.

1 **Andrés no estudia mucho y no aprueba los exámenes.**
2 **Marta no tiene tiempo y no hace mucho ejercicio.**
3 **Carlos necesita hablar bien inglés para conseguir ese trabajo que quiere.**
4 **El jefe fuma mucho y respira mal.**
5 **Romeo gasta todo el dinero en ropa y no puede pagar el alquiler del piso.**

C *El cuento de la lechera*

This is a traditional tale in which a **lechera** (milkmaid) goes to market to sell her milk and dreams of the profit she'd make. Complete the text with the imperfect subjunctive of the verbs in brackets.

Una mañana temprano, la lechera iba camino del mercado con una cántara llena de leche. Mientras caminaba, pensaba en el dinero que iba a conseguir con la venta de la leche. 'Si *(vender)* el litro de leche a un peso, sacaría diez pesos. Y si con esos diez pesos *(comprar)* dos gallinas, cada semana tendría por lo menos dos docenas de huevos. Después de un año, con el dinero que *(ganar)* con los huevos, podría comprar una ternera. Y con la leche que me *(dar)* la nueva vaca, y las gallinas y los huevos, podría ...'. Tan concentrada iba en su sueño que nuestra lechera no vio la piedra en el camino y, tropezando, se cayó al suelo y la cántara se rompió. Y con la leche se fueron las gallinas y los huevos, y la ternera y los sueños de nuestra lechera.

2
Si hubiera pensado ...
Giving your reactions and opinions

V
vía de circunvalación
by-pass
movilización
protest
manifestación
demonstration
poner en peligro
to jeopardise

1 *¡No pasarán!*

A new by-pass is proposed for the barrio of Altaflores. Read this article from the local newspaper and decide which of these statements is true.

a **Los vecinos están en contra de la vía.**
b **La vía pasará por el centro del bulevar.**
c **La vía disminuiría el comercio en el bulevar.**
d **No supone ningún problema para el colegio.**

Los vecinos de Altaflores se movilizan contra la construcción de la nueva circunvalación.

El proyecto de construcción de la nueva vía de circunvalación ya ha desencadenado fuertes protestas. Los vecinos del barrio de Altaflores han iniciado una serie de movilizaciones y manifestaciones contra el proyecto. La circunvalación pasará por el extremo norte del Bulevar de Solana, enclave donde se concentran la mayoría de los comercios y lugares de entretenimiento del barrio. Según la Asociación de Vecinos, la vía de circunvalación pondría en peligro, no sólo la actividad comercial y económica del barrio, sino también la seguridad de los residentes. 'Justo al lado de donde se construiría la vía hay un colegio', comentó Julián Banderas, coordinador de la asociación. 'Los niños estarían expuestos a un enorme peligro'. ∎

2

As normally happens with this kind of proposal, local opinion is strongly divided. Five residents of Altaflores were asked their opinion about the new road. Which of the following reactions would you expect them to have?

Me da igual.

Es una buena idea.

Me parece fatal.

(((•))) **6** Now listen as they give their opinions. How many of them are in favour and how many against?

3 *Las opiniones de los vecinos* (((•))) **7**

Carmen Sanabria y Gabino López also live in the barrio and have some very definite opinions. What form of the verb do they use to express their opinions?

V

una tontería
nonsense, stupidity
una vergüenza
scandal, disgrace
injusto
unfair
me da igual
it doesn't matter

V

dejar a alguien en paz
to leave someone in peace
humilde
poor
hundir
to sink

G

Me parece muy injusto que, etc.
+ subjunctive,
see p. 153.

☽ ☀ **Así se dice**

To express your feelings or opinions about something, say:

Es una vergüenza/una tontería/un escándalo que …
It's a disgrace/nonsense/a scandal that …
Es una buena idea que …
It's a good idea that …
… pongan una discoteca en el barrio
… they are opening a disco in the area
Es terrible/injusto/lógico/normal que …
It's terrible/unfair/understandable/natural that …
… construyan la autopista por aquí
… they are building the motorway through here
Está bien/mal que hagan eso
It's good/bad that they are doing that

You can also introduce your opinion by saying:

Me parece una pena/creo que es una pena que …
I think it's a shame that …
no estudies más/destruyan el parque
… you're not studying any more/they are destroying the park

Carmen
– A mí me parece terrible que no … la voluntad de la gente del barrio. No queremos la circunvalación, que nos dejen en paz.

Gabino
– Me parece muy injusto que la vía … que pasar por aquí. Este es un barrio humilde y la vía lo hundiría aún más en la crisis. Además es una vergüenza que la vía … al lado del colegio. No piensan en los niños.

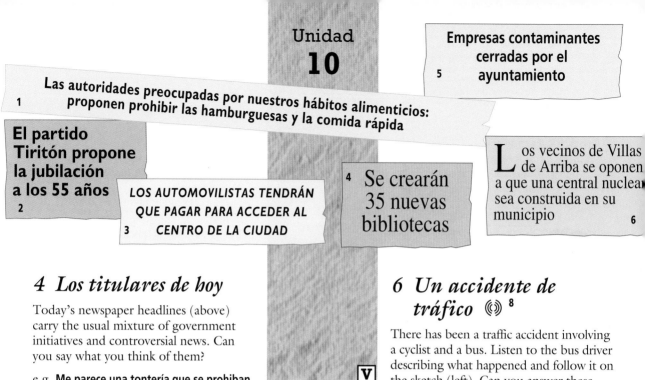

1 Las autoridades preocupadas por nuestros hábitos alimenticios: proponen prohibir las hamburguesas y la comida rápida

5 **Empresas contaminantes cerradas por el ayuntamiento**

El partido Tiritón propone la jubilación a los 55 años
2

3 *LOS AUTOMOVILISTAS TENDRÁN QUE PAGAR PARA ACCEDER AL CENTRO DE LA CIUDAD*

4 Se crearán 35 nuevas bibliotecas

6 Los vecinos de Villas de Arriba se oponen a que una central nuclear sea construida en su municipio

4 *Los titulares de hoy*

Today's newspaper headlines (above) carry the usual mixture of government initiatives and controversial news. Can you say what you think of them?

e.g. **Me parece una tontería que se prohiban las hamburguesas**

5 *Y ahora tú*

¿Hay algún tema o problema que te preocupe o interese en este momento? ¿Cuál es? ¿Cuál es tu opinión?

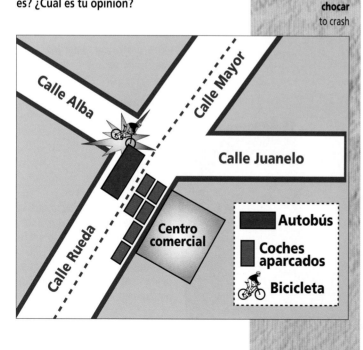

V

aparcar (en doble fila) to (double) park

girar to turn

frenar to brake

chocar to crash

6 *Un accidente de tráfico* 8

There has been a traffic accident involving a cyclist and a bus. Listen to the bus driver describing what happened and follow it on the sketch (left). Can you answer these questions about the accident?

a ¿Por qué calle circulaba el autobús?
b ¿Por qué había tantos coches aparcados?
c ¿Por qué se puso el autobús en el carril de la izquierda?
d ¿Por dónde circulaba el ciclista?

7 *Las opiniones de los testigos* 9

Three people who witnessed the accident were asked who they thought was to blame. Read, listen and then decide which witness you agree with.

Don Antonio Sánchez
Yo creo que la culpa fue del conductor del Volkswagen azul, por estar aparcado en doble fila. Si hubiera aparcado correctamente el autobús no habría tenido que adelantar y el accidente no habría ocurrido.

Doña Virtudes Arenas
Pues a mí me parece que la culpa es del conductor del autobús, por haber adelantado de esa forma. Si hubiera esperado un poco habría visto al ciclista.

Don Rafael Costa
Yo creo que la culpa fue del ciclista. Si hubiera parado no habría chocado con el autobús.

a These witnesses all have their own ideas as to how the situation could have been avoided if something else had happened. They use a tense that expresses a condition or hypothesis which is contrary to fact. Can you find the examples of this tense in their statements?

b Can you also find examples of the tense which is used to say what would have happened if the conditions they mention had been met?

꩜✳ Así se dice

To express a hypothesis which is contrary to what did in fact happen, say:

Si hubiera aparcado correctamente ...
  If he had parked correctly ...
... el accidente no habría ocurrido
  ... the accident wouldn't have happened
Si hubiera esperado un poco ...
  If he had waited a little ...
... habría visto al ciclista
  ... he would have seen the cyclist
Si el conductor hubiera ido más despacio ...
  If the driver had driven more slowly ...
... no habría atropellado al peatón
  ... he wouldn't have run over the pedestrian

---

8 Las opiniones de los expertos ◖◗ 10

Local councillors Jaime Ortega and Elena Torres now give their opinions about the accident, which has wider implications for the city as a whole. Listen and fill in the verbs as you hear them:

Jaime Ortega
Este accidente es el resultado de una política ineficaz en cuestión de transportes y comunicaciones. Si el ayuntamiento ..... un carril de bicicleta, el ciclista ..... más protegido. También, si el ayuntamiento ..... más dinero en la construcción de aparcamientos subterráneos, los coches no ..... aparcados como lo estaban.

Elena Torres
Si el centro comercial se ..... en otro lugar, este problema de falta de espacio para aparcar no se ..... . Si se ..... la circunvalación hace dos años, los vecinos de la calle Rueda no ..... tantos ruidos y molestias a causa del problema del exceso de tráfico.

---

9 Y ahora tú

Piensa en problemas que afectan al pueblo, ciudad o barrio en el que vives. ¿Qué se podría haber hecho para mejorarlos? ¿Cómo se podrían haber evitado o prevenido los problemas que sufre tu localidad?

Gramática 2

1 Making judgements

Expressions such as **es una vergüenza que ...**, **es lógico que ...** imply that the speaker is making a judgement about something or someone. In these cases the verb which follows needs to be in the subjunctive:

Es injusto que los impuestos sean tan altos
It's unfair that taxes are so high
Es lógico que Juan esté enfadado
It's understandable that Juan is upset

You can, of course, preface your judgement with **me parece**, **creo que**, **en mi opinión**:

Me parece injusto que los impuestos sean tan altos
I think it's unfair that taxes are so high

G
Si hubiera ido/sido/visto habría esperado/tenido
For the pluperfect subjunctive in conditional sentences, see p. 154.

2 Conditional clauses (2)

You have seen in this unit how to express unreal or hypothetical conditions in the past. The condition is expressed by using **si** + the pluperfect subjunctive: **si hubiera sabido, si tú hubieras venido**, etc. The consequence is expressed with the conditional perfect: **habría ido, habrías dicho**, etc.

Si hubieras venido a la fiesta te habrías divertido
If you had come to the party you would have enjoyed it

Si me hubiera levantado antes no habría perdido el tren
If I had got up earlier I wouldn't have missed the train

The pluperfect subjunctive is formed with the imperfect subjunctive of the verb **haber** and the past participle:

yo	hubiera	sabido
tú	hubieras	tenido
el/ella/usted	hubiera	decidido
nosotros/as	hubiéramos	estudiado
vosotros/as	hubierais	vuelto
ellos/ellas/ ustedes	hubieran	perdido

The conditional perfect is formed with the simple conditional of the verb **haber** and the past participle:

yo	habría	dicho
tú	habrías	hecho
el/ella/usted	habría	visto
nosotros/as	habríamos	venido
vosotros/as	habríais	aparcado
ellos/ellas/ ustedes	habrían	puesto

Consolidación 2 ❀

A Las reglas nuevas

The new school rules meet with a variety of reactions. Look at the chart and say what these young people think about them:

		Marcos	Maite	Lucia
1	llevar uniforme	una tontería	bien	mal
2	se puede fumar en el patio	bien	injusto	le da igual
3	hay que pagar multas si se llega tarde	injusto	un robo	bien
4	se confiscarán los móviles	injusto	injusto	injusto

e.g. **A Marcos le parece una tontería que se lleve uniforme**

B Decisiones acertadas

What would have happened to these people if they hadn't taken the decisions they took?

Mark: Fui a España y conocí a mi mujer.
Luisa: Conocí a mi socio y montamos un negocio muy rentable.
Paco: Aprendí idiomas y pude conseguir el trabajo que me gustaba.
Alfonso: Me fui a vivir al campo y mi salud mejoró.
Amelia: Creé mi propio negocio y ahora no dependo de nadie.

e.g. **Si Mark no hubiera ido a España no habría conocido a su mujer y no se habría casado**

NOW GO TO SELF-TEST 10, P. 169. ➡

Un paso más

1 *Las 3 R de Greenpeace*

Read the article and check whether you are doing as much as you can to preserve the planet.

2 ((•)) ¹¹

Vania Cobo is an Ecuadorean ecologist, who works for an ecological organisation called **Fundación Natura**. Listen to the interview in which she describes the key environmental problems facing her country. Make notes in Spanish about:

1 **El crecimiento rápido de las ciudades y los problemas del saneamiento ambiental**
2 **La calidad de la gasolina y sus efectos en el cuerpo humano**

*E*L MOVIMIENTO ecologista Greenpeace es uno de los que más énfasis ha hecho en concienciar a la opinión pública sobre los elementos devastadores que tienen determinados hábitos de vida. Para ellos con tres palabras (reducir, reutilizar y reciclar) se pueden cambiar nuestras costumbres y cuidar el maltratado Planeta. En la conciencia de todos debe estar presente que todo lo que hacemos o dejamos de hacer en casa o en la calle tiene alguna repercusión sobre la Tierra.

R de reducir

⊕ La compra de productos no necesarios con los que nos bombardea la publicidad.
⊕ Las bolsas de plástico. Conviene llevar consigo la propia bolsa de la compra.
⊕ El uso de papel de aluminio.
⊕ El consumo de energía (apagar la televisión cuando no se está viendo, no dejar la nevera abierta, usar la bicicleta o el transporte público, apagar las luces ...).
⊕ El consumo de agua. Uno de los ejemplos más claros de como derrochamos agua es cuando dejamos el grifo abierto mientras nos cepillamos los dientes. La ducha en lugar del baño es una buena forma de ahorrar agua.

R de reutilizar

⊕ Comprar líquidos en botellas de vidrio retornables.
⊕ Aprovechar el papel que se usa para escribir. No escribir sólo por una cara, sino por las dos.
⊕ Comprar filtros para el café que sean reutilizables y lavables. Es más barato y produce menos basura.
⊕ Regalar los juguetes con los que ya no se juega en lugar de tirarlos a la basura. No tirar la ropa que ya no se usa y regalarla a asociaciones de beneficiencia.

R de reciclar

⊕ Estar informado de los puntos donde se recoge papel usado. Se puede usar papel reciclado para todo.
⊕ En cuanto al cristal, si es difícil encontrar los productos líquidos en envases retornables es preferible seguir eligiendo el vidrio y tirar las botellas a un contenedor de vidrios.

3 *El debate*

The authorities in Monteluna have decided to ban private cars from the city centre. This measure has created a diversity of opinion and the local radio-station has staged a debate on it. There are four speakers: **Sr. Rodríguez** (for the local shop owners); **Sra. López** (for the Consumer's Association); **Sra. Lola Robles** (ecologist) and **Sr. Alvaro Cienfuegos** (Town Councillor).

A ((•)) 12

After hearing the debate, can you answer the following questions?

1 ¿Qué opina la asociación de comerciantes del distrito centro sobre la propuesta municipal de prohibir los vehículos privados en el centro de la ciudad?
2 La Sra. López ¿está de acuerdo o en desacuerdo con la propuesta del Ayuntamiento?
3 ¿Cuál es la opinión de la ecologista, Lola Robles?
4 ¿Por qué considera el concejal del ayuntamiento necesaria la prohibición de vehículos privados en el centro?

B Lo que piensan los radioyentes ((•)) 13

Two listeners phone in to the radio-station to give their views. Who are they and what are their views of the town-hall proposal?

C ¿Qué piensas tú?

Y tú, ¿qué piensas sobre esta medida? ¿Te gustaría vivir en una ciudad sin vehículos privados en el centro? ¿Qué pasaría si no hubiera coches en el centro? ¿Como llegaría la gente al centro? ¿Qué ventajas y desventajas habría? Si el ayuntamiento prohibiera la circulación de coches privados en el centro de la ciudad, ¿qué otras medidas debería tomar el ayuntamiento?

V

pasar de
to do without
lo caro que resulta
how expensive it is
estar sumergido
to be immersed
asfalto
asphalt

4 *Pasar de coche*

Jesús Maniega has written a letter to *El País* explaining how expensive it is to own a private car. Read it and sum up his arguments under the following headings:

a **Razones que utiliza en su demostración**
b **Argumentos en que se basa**
c **Conclusión**

Animado por la carta de Encarna Navarro quiero insistir en demostrar lo caro que resulta tener coche. Efectivamente, teniendo en cuenta el precio del automóvil, su mantenimiento y el consumo, durante unos diez años, sale más barato moverse en taxi por la ciudad y alquilar el coche para los largos desplazamientos; y no digamos si en vez de taxi y coche de alquiler nos radicalizamos y movemos en transporte colectivo. Pero quiero aportar más datos.

El coste medioambiental derivado de la polución que ocasiona; el coste económico de la dotación de infraestructuras capaces de alojar tanto tráfico (carreteras, autopistas, aparcamientos...), y el del elemento humano (policía, Guardia Civil...) que lo regula; el coste sanitario derivado no sólo de los accidentes, sino también del tratamiento de trastornos físicos y psíquicos que ocasiona estar sumergido en una constante nube de humo y ruido; el coste social que supone la invasión del espacio firme por asfalto, impidiendo o, cuando menos dificultando el desplazamiento a pie, y por último, por no extenderme más, el coste también social de tener que soportar tantas personalidades alteradas por el hecho de desear el primer símbolo de poder de la sociedad actual y practicar múltiples sacrificios para conseguirlo. Y que nadie piense que esto es una reflexión romántica, todos estos costes se traducen en económicos y los estamos pagando.

Jesús Maniega Pena, Madrid

FUNDACION
OSO PARDO

Temas

La tierra herida

Los osos lanzan el s.o.s.

Growing public concern for the deterioration of natural habitats and the welfare of their inhabitants, such as the brown bear, have led to the implementation of several measures by the Spanish government. Among various initiatives, the creation of the so-called **reservas naturales** (like Doñana Park at the mouth of the Guadalquivir) and the promotion of 'ecological tourism' have proved highly successful. However, despite all the efforts, it seems that the odds are against the survival of species like the brown bear in the north of the Peninsula. What measures have been taken so far? Who is the bear's worst enemy?

Los osos españoles se extinguen. Hace seis siglos cubrían toda la Península. Hoy quedan menos de cien en toda España y están divididos en dos zonas aisladas.

En los Pirineos, los cálculos más optimistas hablan de seis a ocho ejemplares. El problema es igual de grave en la Cordillera Cantábrica. Quedan entre 70 y 90 osos. Desde 1973 el oso pardo es especie protegida. Su caza está prohibida y penalizada. Su carne ya no es un bocado preciado por el hombre. El único argumento para su caza, es el trofeo de su piel y su cráneo.

La mentalidad de los cazadores está cambiando; sobre todo entre los jóvenes. La Fundación Oso Pardo gestiona con los cazadores la planificación de la caza, marcando fechas y delimitando zonas para salvar las áreas donde hiberna o se alimenta el oso.

V

caza
hunting
gestionar
to administer
cráneo
skull
delimitar
to demarcate
matar
to kill
minería
mining
ganadería
cattle raising
fuente de ingresos
source of income
mentalizar
to convince
cría
cub, young one

La familia de Lorenzo González era la mejor cazadora hace muchos años. Hoy, González los protege: 'Los tiempos han cambiado. La gente se ha concienciado de que no hay que salir a matar así porque así y respetan al oso', asegura. De eso están convencidos hasta los cazadores: 'con la crisis de la minería y la ganadería tenemos que proteger la caza como fuente de ingresos. La conservación crea puestos de trabajo y puede atraer a un turismo planificado', asegura Guillermo Murín, cazador de 34 años.

Pero mentalizar a los cazadores veteranos es difícil. Otro cazador, no muy lejos, habla de como han cambiado las cosas. 'Mi padre cazó más de diez osos, pero fue hace muchos años. Eramos 14 hermanos y había que comer. Entonces el oso no estaba protegido'. Este cazador, que prefiere no dar su nombre, asegura que él nunca cazó un oso. Hace unos años vio una osa con una cría y la respetó. Pero 'si hubiera sido un oso adulto, me lo hubiera pensado' asegura.

La desertización de Chile

The Atacama desert – the most arid in the world – is situated in the north of Chile. It is currently undergoing a process of desertification similar to that suffered by countries in the Sahara region. The following article points out some of the causes behind this ecological disaster. How far is man responsible for this problem? How many areas of the country are affected? Is there anything else that aggravates the problem?

Un estudio realizado por la CONAF (Corporación Nacional Forestal) señala como causantes del problema la deforestación, el pastoreo intensivo, la sobrexplotación agrícola, la falta de métodos adecuados de riego, la tala indiscriminada de bosques, y los incendios de verano, a los que se agregan las pocas lluvias.

No escapa de este fenómeno ni siquiera el fértil valle central, el cual por su belleza admiró al conquistador Pedro de Valdivia en el siglo XVI, decidiendo fundar la capital allí. Incluso el extremo sur, con una escasa población, también sufre de la erosión por los incendios de bosques y el pastoreo intensivo, así como por el derribo de árboles para fabricar carbón o leña. En otras palabras, a nivel nacional unos 47 millones de hectáreas de tierra fértiles o casi fértiles en otro tiempo están involucradas en el proceso.

Para la CONAF, el problema principal es que los chilenos no tienen todavía conciencia de que viven en un país semidesértico y que el proceso abarca toda la nación. Desde marzo de 1995, Chile es firmante de la convención internacional de lucha contra la desertización, por lo que necesita implementar de manera urgente una serie de normas prácticas y legales para impedir que los suelos estériles sigan invadiendo el país hasta convertir en un desastre la floreciente agricultura chilena.

(Adapted from an article in *Noticias Latin America*)

Unidad 10

V

pastoreo
grazing
riego
irrigation
tala
felling
incendio
fire
escaso
sparse
derribo
destruction
carbón
coal
leña
firewood
involucrado
involved
abarcar
to cover
es firmante
is a signatory
impedir
to stop

Bajo los rayos ....

La disminución de la capa de ozono implica la llegada hasta la Tierra de más rayos solares ultravioletas, especialmente los nocivos UV-B.

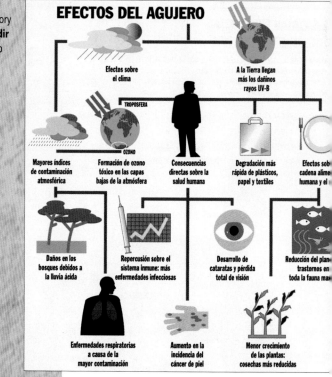

EFECTOS DEL AGUJERO

What, according to the diagram, are the main consequences of damage to the ozone layer on human health and on the environment?

Apagar las luces que no se
utilizan, instalar bombillas
de bajo consumo, colocar
cierres herméticos en
ventanas y puertas, no
abusar de la calefacción,
utilizar termostatos... Y

de comprar un aerosol,
comprobemos que no
contiene CFC.

Los ruidos crean
problemas fisiológic
(pérdida de capacid
auditiva, aceleració
cardiaca, aumento d
presión arterial...),
psicológicos (nerviosis)
...d...) y
...os (menor
...to, más
problemas
...ción...).

Ciudad sucia, ciudad limpia

Both in Latin America and Spain the trend is for people to abandon rural areas and to find their way to the big cities where they hope to find opportunities and better jobs. However, levels of pollution in urban areas have become hazardous both to human health and the environment. Looking at the problems and possible solutions outlined on the right, how aware are you of the specific dangers? How many of the 'cleaner city' measures suggested do you already adopt?

Ciudad *SUCIA* · Ciudad *LIMPIA*

NATURALEZA

Para estar a la última hay que tener en casa una porción de naturaleza. Hay que darse prisa antes de que las especies exóticas desaparezcan. Y no sólo podemos disfrutar de animales, también las maderas tropicales son estupendas para los muebles del jardín.

Los animales y las plantas tienen que estar en su medio natural. Hay especies adecuadas para la vida urbana –perros o pájaros–. Si se quiere tener en casa nuestra propia selva, todos los animales y plantas importados tienen que tener su documentación en regla.

TRANSPORTE

El coche es el invento del siglo. Imprescindible para moverse con comodidad, y cada vez más barato y seguro. Ademas, las gasolinas sin plomo contaminan menos. Y podemos movernos escuchando la radio y con el aire acondicionado a tope. Un lujo al alcance de todos.

Los transportes públicos son cada vez más rápidos, cómodos y baratos (en relación al coche). Y contaminan menos. Si se vive en las afueras, se puede llegar a un acuerdo con vecinos para usar un vehículo. La bicicleta es el medio más utilizado del mundo. Es barato y saludable.

BASURAS

Los envases nos fascinan. Cada vez compramos más guiados por el tamaño y colorido de las cajas. Aunque nos hemos convertido en una máquina de fabricar residuos y en EE. UU. la industria de la basura ocupa el cuarto puesto en la economía, no debemos preocuparnos.

Tenemos que detener el crecimiento de la montaña de basura consumiendo sólo lo necesario y recuperando los residuos que ya hemos generado y reciclando las basuras. Las claves del éxito en la guerra contra las basuras son la educación y la participación estable de la población.

AGUA

Abrir el grifo y dejar que el agua corra es baratísimo. De momento. Por lo tanto, merece la pena aprovecharse: largos baños, grifos abiertos mientras nos lavamos la cara y los dientes, el césped como si viviésemos en Irlanda, practicar golf, lavar el coche cada cuatro días...

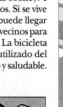

El agua no es un bien eterno. Ducha en lugar de baño. Grifos bien cerrados. El wáter no es el cubo de la basura. Meter en la cisterna dos botellas llenas de agua. Regar adecuadamente.

Más información en **Internet**:
http://www.recycle.net/recycle

AGUA
Ducharse en lugar de bañarse, arreglar los grifos rotos, no usar el wáter como cubo de la basura, jugar al golf en el ordenador...

MADERAS NO CONTAMINANTES
Maderas normalitas, pero cuidadas. Si llueve, se guardan dentro. Si hace sol, se abre la sombrilla.

CONTAMINACIÓN VISUAL
Al precio que está el suelo, merece la pena aprovechar el espacio. Edificios muy juntos, aparcamientos en lugar de jardines, y los árboles encastrados en el asfalto. Los vertederos, muy a mano.

AGUA
Regamos abundantemente nuestro jardín, jugamos veinte hoyos y después nos damos un relajante baño. La sequía sólo les importa a los campesinos.

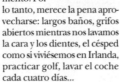

A Fill in the gaps using **desde**, **hace**, **desde hace** or **lleva** as appropriate.

Guillermo es cordobés, pero vive en Madrid ..... siete años. ..... dos años que estudia en la universidad, y también trabaja en una fábrica ..... el mes pasado. Antes vivía con sus tíos, pero ..... un mes comparte un piso con sus amigos. Guillermo ..... tres años saliendo con Cristina, su novia.

B Ask someone how long they have been doing something using **¿cuánto tiempo llevas?**, **¿desde cuándo?** or **¿cuánto tiempo hace?** as appropriate.

1 ¿ ..... que estudias informática?
2 ¿ ..... practicando natación?
3 ¿ ..... trabajas en Salamanca?
4 ¿ ..... en Madrid?

C Say how long you've been doing something using the verb **llevar**.

Tú
1 estudiar español – dos años
2 buscar un nuevo apartamento – un mes
3 asistir al curso de pintura – ocho meses

Tú y tu amiga
4 esperar el tren – dos horas
5 jugar al tenis – tres años
6 vivir en los Estados Unidos – un año y medio

D Fill in the gaps with the correct forms of **parecer**, **resultar** or **costar**, and appropriate object pronouns.

– ¿Qué tal tu curso de español? ¿... ..... interesante?
– Interesante, sí, pero ... . un poco difícil. El profesor habla muy rápido y ... . mucho entenderle.
– Y tu curso de contabilidad, ... fácil, ¿verdad?
– Sí, bastante fácil. Tú sabes que a mí las matemáticas no ... . nada. En cambio los idiomas, ... muy difíciles.

E Match each question with two suitable answers.

1 ¿Por qué estáis buscando casa?
2 ¿Por qué estudias español?
3 ¿Por qué no le hablas?
4 ¿Por qué estáis haciendo las maletas?
5 ¿Por qué está haciendo un curso de cocina?

a Porque no la conozco.
b Porque le gusta comer bien.
c Porque nos vamos de vacaciones.
d Porque mi novio es chileno.
e Porque queremos un sitio más grande.
f Porque no sé su nombre.
g Porque quiero viajar a Sudamérica.
h Porque vamos a casarnos.
i Porque le gustaría poner un restaurante.
j Porque mañana salimos de viaje.

F Fill in the gaps in these messages with the appropriate forms of **ser** or **estar**.

(1) Julia:
Ha llamado Luis para recordarte que mañana ..... el cumpleaños de Manuel y que la celebración ..... en el Café de los Artistas, el que ..... junto al río. ..... a las diez de la noche. Dice que puedes irte con él y Cecilia en el coche. El punto de encuentro ..... el bar de Pepe, a las nueve y media. Luis ..... ahora en la oficina. Su teléfono ..... el 543 25 11. Raúl

(2) Muy señor mío:
Me llamo Elena Maturana Díaz, ... estudiante de química en la Universidad de Guanajuato y ..... en el cuarto año de la carrera. Por razones profesionales, ... interesada en hacer un curso de inglés en ese instituto de idiomas durante el próximo verano. Le ruego que me envíe información indicándome cuándo ..... los cursos, cuál ..... el valor de la inscripción, cuál ..... el horario, y dónde ..... las clases.

A Complete this passage with the correct forms of the verbs.

La rutina diaria de un nadador

Miguel ..... (levantarse) todos los días a las 7 de la mañana, ... (ducharse) luego ..... (ponerse) el bañador y ..... (nadar) durante una hora en la piscina de su barrio. Después ..... (desayunar) un yogur con frutas y un café, y a las 9.00 ..... (irse) a trabajar. Miguel ..... (encargarse) de repartir mensajes en su motocicleta. A las 2.30 ..... (volver) a casa y ..... (almorzar), casi siempre algo ligero. Después de almorzar, ... (echarse) una siesta y a las 4.00 ..... (dedicarse) otra vez a la práctica de la natación. A las 5.00 ..... (dejar) la piscina y ..... (soler) trabajar durante una hora o dos. Después de cenar, ... (ver) un rato la televisión o ..... (reunirse) con sus amigos en algún bar. Antes de la medianoche, Miguel ya ..... (dormir) plácidamente.

How would Miguel tell someone about his own routine? Put the verbs into the first person and make any other necessary changes.

B Fill in the gaps using the conditional tense.

La casa soñada

Mi casa ..... (ser) muy grande y moderna y ..... (estar) situada junto al mar, en una isla maravillosa donde ..... (hacer) siempre mucho sol. Ésta ..... (tener) un gran jardín y una piscina donde yo..... (poder) tomar el sol y nadar. Mis amigos ..... (venir) a menudo a visitarme y para ellos ..... (haber) dos grandes habitaciones con vistas al mar. Por la mañana, ellos y yo ..... (salir) a pasear por la playa, ... (ponerse) nuestros bañadores y ..... (nadar) en el mar.

C Insert **se** where appropriate.

1 ¿A qué ..... dedica usted?
2 Francisco ..... dedica mucho tiempo a los deportes.
3 Elena ..... gana muy poco.
4 Ella ..... gana la vida haciendo limpieza.
5 Antonio y María ..... piensan casar dentro de un mes.
6 Aquí ..... empieza a trabajar a las 9.00.
7 Victoria ..... va de aquí porque no ..... siente a gusto.
8 Roberto ..... encarga de dar información al público.
9 Ana ..... tiene a su cargo la sección de personal.
10 ¿En qué ..... consiste su trabajo?

D Use this information about Luisa and Sofía to make comparisons between them.

	Luisa	Sofía
Edad	25 años	28 años
Estatura	1,67 m	1,67 m
Peso	68 kg	63 kg
Horario de trabajo	8.00 – 3.00	10.00 – 5.00
Sueldo	1.200 €	800 €
Inglés hablado	regular	bueno

1 Luisa/joven
2 Luisa/alta
3 Sofía/delgada
4 Luisa empieza a trabajar ...
5 Sofía sale del trabajo ...
6 El sueldo de Sofía ...
7 El inglés de Luisa no es ...
8 Sofía habla inglés ...

A Fill in the gaps with verbs in the appropriate past tense.

Joaquín Rodrigo ..... (nacer) Sagunto (Valencia) el 22 de noviembre de 1901, día de Santa Cecilia, patrona de la música. A la edad de tres años, una grave enfermedad le ..... (dejar) ciego; a los ocho ..... (comenzar) a estudiar música, y catorce años después ..... (estrenar) sus primeras composiciones. En 1924, ... (obtener) el Diploma de Honor de los Concursos Nacionales. Tres años después ..... (irse) a París, donde ..... (estar) varios años. Allí ..... (conocer) a la pianista turca Victoria Khami, con la que ..... (casarse) en 1933. La pareja ..... (pasar) la luna de miel en Aranjuez y ..... (volver) a París. Algunos años después, Rodrigo ..... (estrenar) su Concierto de Aranjuez, una evocación de los días felices de la luna de miel en aquel lugar, que ..... (tener) gran éxito y que le ..... (convertir) en un músico de fama mundial.

B Answer the questions saying that you have just done what you were asked to do.

e.g. ¿Le diste el dinero a Cristina?
Acabo de dárselo.

1 ¿Se lo dijiste a Carlos?
2 ¿Hiciste lo que te pedí?
3 ¿Trajiste el coche del taller?
4 ¿Le enviaste la carta a Carmen?
5 ¿Le disteis vuestra dirección a Javier?
6 ¿Pusisteis el anuncio en el periódico?
7 ¿Le pedisteis los documentos a Manuel?

C Choose the correct tense.

Ana y Roberto (se conocieron/se conocían) durante unas vacaciones. En aquel tiempo Ana (tuvo/tenía) veintitrés años y Roberto veintiocho. Ambos se (gustaron/gustaban) desde el primer momento. Ana (fue/era) alta, delgada y (tuvo/tenía) un gran sentido del humor. (Fue/era) ella quien le (habló/hablaba) a Roberto la primera vez. Roberto (fue/era) reservado, pero aquella vez no le (resultó/resultaba) difícil hablar con Ana. En el breve viaje que (hicieron/hacían) él le (contó/contaba) de su vida.

D Choose the correct tenses.

1 La fiesta ya (empezó/había empezado) cuando llegamos.
2 La reunión (comenzó/había comenzado) en el mismo momento en que llegamos.
3 Mari Carmen no (estaba/había estado) nunca allí. Era su primera visita.
4 Cuando Ricardo (conoció/conocía) a Marta, ésta aún no (terminó/había terminado) sus estudios.
5 Tan pronto como (llegué/llegaba) a la estación el tren (salió/había salido).
6 (¿Habías estado/estabas) aquí alguna vez?
7 Cristóbal aún (era/fue) un niño cuando sus padres (se fueron/se habían ido) del país.
8 Yo ya (veía/había visto) la película y me (había encantado/encantaba).

E Can you fill in the possessives?

1 – Me llamo Carmen Rivas y tengo una habitación reservada a ..... nombre.
  – Ah sí, ... habitación es la número 450, señora Rivas.
2 – ¿Es ésta ..... maleta, señor?
  – No, ... maleta no es ésa, ... es la negra.
3 – Perdone, señor, ¿este coche es .....?
  – Sí, es mío.
4 – ¿Cómo está tu familia?
  – Bien, gracias, ¿y .....?
5 – Silvia y Alfonso son amigos ..... Los conocemos desde hace años.
6 – ¿Qué pasa con ..... teléfono? Os hemos llamado varias veces y siempre está comunicando.
7 – ¿Cómo conociste a Rita?
  – La conocí en casa de unos parientes ....., unos primos de Rita.

F The year is 2004. Can you say how long ago these events in Antonia's life took place?

1987 – Deja la casa de sus padres y se va a la universidad
1992 – Obtiene la licenciatura en historia
1993 – Consigue su primer trabajo
1995 – Conoce a Javier
1996 – Antonia y Javier se casan
1998 – Tienen su primer hijo

A Use the words below to write complete sentences.

1 Mónica – fascinar – el cine.
2 Pablo y Elena – encantar – esquiar.
3 nosotros – gustar – jugar al tenis.
4 María – no interesar – los deportes.
5 ellos – detestar – el golf.

B Complete this dialogue with the appropriate pronouns.

1 – ¿A ..... te gusta Barcelona?
2 – Sí, a .... gusta mucho. Es mi ciudad preferida.
3 – ¿Y a Elena ..... gusta?
4 – No, a ..... no ..... gusta, pero a Rafael ..... encanta. En cambio, a Elena no ..... gusta nada Madrid. Lo detesta.

C Look at Germán's list of preferences. Can you ask him what he likes best and then answer for him, following the example.
e.g. – ¿Cuál es la ciudad que más te gusta?
– La que más me gusta es Sevilla.

Mis preferencias	
1 País	España
2 Pasatiempos	el fútbol, la música, el cine
3 Música	rock
4 Actriz	Victoria Abril
5 Fiestas	la Navidad y el Año Nuevo
6 Estación del año	la primavera

D Complete these sentences with el/la/los/las/lo.

1 De los actores, ... que más me gusta es Antonio Banderas.
2 ..... que más nos gusta es hacer montañismo.
3 Me encanta la música. ..... que más me gusta es el jazz.
4 Entre los equipos de fútbol, ... que más me gustan son el Real Madrid y el Barcelona.
5 Les fascina el baile. ..... que más les gusta es la salsa.

6 Creo que ..... que más me gusta es la pintura.
7 De las fiestas españolas, ... que más me gustan son las Fallas de Valencia y la Semana Santa sevillana.

E Rephrase these sentences using **soler** + infinitive.

1 Los fines de semana me acuesto muy tarde.
2 Los sábados por la tarde vamos al cine.
3 Rosario va a misa todos los domingos.
4 Los domingos juegan al fútbol.
5 Los chicos se duermen bastante temprano.
6 ¿Qué hacéis después de cenar?

F Answer the questions using object pronouns as in the examples.

e.g. – ¿Has comprado los cheques de viaje? (sí)
– Sí, ya los he comprado.
– ¿Has hecho las maletas? (no)
– No, todavía no las he hecho.

1 comprar los cheques de viaje   sí
2 hacer las maletas   no
3 confirmar el vuelo   sí
4 despedirte de tus padres   sí
5 planchar las camisas   no
6 descongelar la nevera   sí

G Rephrase these sentences using **estar** + gerund, as in the example.

e.g. Roberto e Inés bailaron toda la noche.
Roberto e Inés estuvieron bailando toda la noche.

1 Trabajé hasta el amanecer.
2 Hablamos durante horas.
3 Hicieron planes para las vacaciones.
4 Nos divertimos toda la noche.
5 Hice gimnasia toda la mañana.
6 Durmió varias horas.

A Complete the sentences with the verbs in the appropriate tense.

1 Si vas a la Patagonia te recomiendo que ..... (llevar) ropa de abrigo. Hace mucho frío.
2 Si quiere estar segura de que los documentos lleguen en el plazo previsto, le sugiero que los ..... (enviar) hoy.
3 Te aconsejo que te ..... (poner) el vestido negro para la fiesta. Te queda muy bien.
4 Si queréis aprender español, os aconsejo que ..... (ir) a clase por lo menos dos veces a la semana.
5 – ¿Qué me recomienda?
– Le recomiendo que ..... (tomar) un Rioja del 94. Es excelente.

B Imperfect or preterite? Choose the most appropriate tense.

Querida Lola:
Estamos pasando unas vacaciones magníficas. (Llegamos/llegábamos) a Guatemala el día 1. (Visitamos/visitábamos) las ruinas de Tikal y (nos quedamos/ quedábamos) unos días descansando en el lago Atitán, que es precioso.¿Sabes lo que nos pasó una noche? (Estuvimos/estábamos) en una pensión muy barata. (Salimos/ salíamos) a cenar a un restaurante y (fuimos/ íbamos) a una discoteca a bailar. Cuando la discoteca (cerró/cerraba) a las tres de la mañana, nos (fuimos/íbamos) para la pensión. Al día siguiente (tuvimos/teníamos) que tomar un autobús a las seis de la mañana. Bueno, pues nadie (encontró/ encontraba) la llave. Y resulta, que Carmela la había dejado en recepción. (Fue/Era) una pensión familiar y todo (estuvo/estaba) cerrado. Así que (pensamos/pensábamos) quedarnos toda la noche sin dormir. ¡Imagínate qué horror! Pasar toda la noche solas en la calle. Menos mal, que mientras (esperamos/esperábamos) en la puerta (llegó/llegaba) una chica americana que también (se alojó/se alojaba) allí y nos (abrió/abría).

C Match the stories with an appropriate reaction.

1 ¡Me ha tocado la lotería!
2 El otro día compré entradas para el teatro en una agencia para el sábado. Cuando estábamos sentados nos dijeron que había un error y que nuestras entradas eran para el viernes. Nos tuvimos que ir sin ver la obra.
3 Conocí a Rodolfo hace quince días y nos vamos a casar el mes que viene.
4 Estaba durmiendo, me desperté y ví que salía humo de la casa de al lado. Me levanté y llamé a los bomberos. Mis vecinos se habían dejado el horno encendido con un pastel dentro ...
5 Ayer fui a comer a un restaurante y me encontré con una chica de mi pueblo.

a ¡No me digas!
b ¡Qué casualidad!
c ¡Qué suerte!
d ¡Vaya faena!
e ¡Qué horror!

D Can you fill the gaps with the right prepositions?

Un viaje desastroso
Como dice el refrán, lo que mal empieza mal acaba y eso es lo que me pasó a mí en las vacaciones de Navidad. Fuí ..... Mallorca una semana. En el viaje ..... ida, el avión salió ..... cinco horas de retraso y llegué ..... las cinco de la mañana. En el hotel me dijeron que no había ninguna habitación reservada ..... mi nombre. Yo insistía en que había reservado ..... teléfono, pero nada. Al final encontré una habitación ..... otro hotel mucho más caro. Un día me fuí ..... excursión y el autóbus se estropeó. Otro día salí ..... cenar ..... unos amigos. Les quería invitar, pero cuando fuí ..... pagar, me dijeron que no aceptaban tarjetas de crédito y que tenía que pagar ..... metálico. En fin, que nada me salió bien.

A Can you choose a verb in the right tense?

1 El domingo que viene ..... a una exposición en el Centro Reina Sofía.
   a) fuimos   b) iremos   c) iríamos
   d) habremos ido
2 El año pasado ..... de vacaciones en Costa Rica.
   a) he estado   b) estaré   c) estuve
   d) había estado
3 Ana ..... dos periódicos todos los días.
   a) lee   b) ha leído   c) está leyendo
   d) leyó
4 Antes ..... a la oficina todos los días, ahora voy dos veces a la semana.
   a) iba   b) voy   c) fuí   d) iré
5 Mañana, si hace buen tiempo, ... una barbacoa en el jardín.
   a) hacíamos   b) haremos   c) hicimos
   d) hagamos

B Insert the preposition **en** or **de**, but only where necessary.

1 ..... el año 2.025 no habrá escuelas. Los niños estudiarán en casa con el ordenador.
2 Dentro ..... cinco años creo que estaré viviendo en Sevilla.
3 Me examinaré el 28 ..... septiembre.
4 ..... primavera voy mucho al campo.
5 Tenemos la reunión ..... el lunes a las nueve.
6 Estaré listo dentro ..... un par de horas.
7 Iré a España ..... Navidad.

C Can you choose the appropriate verb forms?

1 No creo que (voy/vaya) al cine esta noche. Estoy muy cansada.
2 Creo que (tengo/tenga) gripe. No me encuentro bien.
3 Es probable que (llama/llame) mi madre esta noche.
4 Quizá(s) (tengo/tenga) que ir a trabajar el próximo sábado. Necesito acabar el proyecto.
5 Puede que la próxima semana (hace/haga) buen tiempo.

D Can you fill the gaps with verbs in the appropriate tenses?

1 – ¿Dónde está Elena? Tengo que hablar con ella.
   – Puede que ..... (estar) en la biblioteca.
2 Es posible que David y yo ..... (ir) a España el próximo fin de semana.
3 Creo que mi hermana ..... (tener) una entrevista de trabajo esta tarde.
4 – ¿Vas a venir a mi fiesta de cumpleaños el sábado que viene?
   – No creo que ..... (poder) porque tengo que ir a Bruselas.
5 – ¿Qué vais a hacer el fin de semana?
   – Puede que ..... (salir) de excursión.
6 – ¿Crees que Silvia y Beatriz ..... (conseguir) el nuevo empleo?
   – Es probable que sí las ..... (contratar) porque están muy bien preparadas.

A Rephrase these requests as in the example, using object pronouns where appropriate.

e.g. ¿Podría cambiarme el aceite?
     ¿Me lo cambia, por favor?

1 ¿Podría revisarme los frenos?
2 ¿Podría llenarme el tanque?
3 ¿Podría lavarme el coche?
4 ¿Podría enviarle la factura a mi secretaria?
5 ¿Podría confirmarnos el vuelo ahora mismo?
6 ¿Podría darnos los billetes esta misma tarde?
7 ¿Podría cambiarme estos cheques de viaje?
8 ¿Podrías darle este recado a Ana Luisa?

B Complete these sentences with the verbs in the correct tense.

1 Espero que el hotel no ..... (ser) caro y que ..... (estar) cerca de la playa.
2 No creo que ..... (haber) habitaciones disponibles.
3 Espero que ..... (tener) habitaciones con vistas al mar.
4 Espero que el vuelo ..... (salir) a la hora.
5 Esperamos que ..... (hacer) buen tiempo.
6 Creemos que Álvaro e Isabel ..... (venir) a buscarnos al aeropuerto.
7 Seguramente Álvaro espera que tú ..... (quedarse) con él.
8 Esperamos que eso no ..... (ocurrir).

C Complete this letter using the correct forms of these verbs: **poder, estar, ser, encontrar, hablar, tener.**

Quiero una habitación que no ..... muy cara, que ..... cerca de la escuela de idiomas, y que ..... teléfono. Además, prefiero un lugar donde ..... compartir con otros estudiantes, de preferencia que no ..... inglés. Me interesa practicar mi español. Espero que tú ..... lo que busco.

D Complete this note using the correct forms of these verbs: **estar, interesar, saber, desear, estudiar, vivir.**

Estudiante de habla inglesa busca persona hispanohablante que ..... algo de inglés y que ..... intercambiar clases de conversación. De preferencia alguien que ..... idiomas, como yo, que ..... en la zona céntrica y que ..... libre los sábados por la tarde. ¡Y que le ..... la música rock como a mí!

E Your friend Ramiro has sent this postcard to you. Can you tell someone else what he said?

¡Hola!
Te escribo para confirmarte los detalles de mi viaje. Saldré el sábado 26 a las 9.30 de la mañana y llegaré allí a las 12.30. Espero estar en tu casa sobre las 2.00. Te llevaré el disco que me pediste. ¿Necesitas algo más de aquí? Llevaré muy poco equipaje y tengo suficiente espacio en mi maleta ...

¿Qué dijo Ramiro en su tarjeta?

A **¿Ser o estar?** Can you choose the right verb?

1 La paella que preparaste ayer (estaba/era) buenísima.
2 Ese restaurante (es/está) muy barato.
3 El besugo hoy (es/está) carísimo.
4 Los plátanos (son/están) verdes.
5 El ron (es/está) hecho de caña de azúcar.
6 Estos tomates (son/están) maduros. Son muy buenos para hacer gazpacho.

B Fill the gaps with the appropriate verb form to give formal instructions.

– Buenos días. Soy la Srta. Anula de MIM. Tengo una cita con el Sr. López.
– Ah, sí. ..... (Ir) usted al departamento de Marketing que la están esperando. Mire, ... (seguir) el pasillo y encontrará dos ascensores, ... (tomar) el de la derecha y al salir ..... (girar) a la izquierda y llegará a recepción. ..... (preguntar) y allí le indicarán.

C Transform these sentences using object pronouns, as in the example.

e.g. **Ayer ví a Pepe y a Manuel en el cine.**
Ayer los ví.

1 He leído la última novela de Isabel Allende.
2 Remueva el puré con una cuchara de madera.
3 Voy a comprar un regalo para Juan.
4 Pásame la sal.
5 Pele los tomates.
6 Vimos la película *Il Postino* el domingo.
7 El otro día me encontré a Pepe en un concierto.

D Complete this recipe by inserting the right prepositions.

<u>Salsa de jerez y aceitunas</u>
Esta salsa se hace ..... cebolla, harina, tomate, vino de jerez y aceitunas. Ponga el aceite ..... calentar ..... una sartén; cuando esté en su punto añádale la cebolla picada. Fríala ..... fuego lento hasta que empiece ..... dorarse y entonces mézclela ..... la harina. Mueva lentamente ..... una cuchara de madera, durante unos minutos. Eche el tomate, vierta el agua y después el jerez. Corte las aceitunas en trocitos y póngalas ..... el resto de la salsa ..... la sartén. Déjela unos ocho minutos ..... fuego mediano y sírvala ..... salsera.

A Fill the gaps with verbs in the appropriate tense.

1 Es aconsejable que se ..... (quedar) usted en casa unos días descansando.
2 Es conveniente que su hijo ..... (ir) a un especialista.
3 Para estar en forma hay que ..... (hacer) un poco de ejercicio.
4 Es imprescindible que ..... (confirmar) usted la hora de salida del vuelo, llamando al aeropuerto 24 horas antes.
5 – ¿Nos vemos en la puerta del cine?
  – Creo que es mejor que nos ..... (ver) en el bar Madrid.
6 Para ir de Barcelona a Tarragona hay que ..... (tomar) la carretera N-5.
7 Es muy importante que Pedro me ..... (llamar) hoy.

B Make these sentences negative and use object pronouns where appropriate.

e.g. **Cómete la sopa.**
    No te la comas.

1 Haz los deberes.
2 Siéntese aquí.
3 Ven a las siete.
4 Dame el diccionario.
5 Abra la ventana.
6 Dime qué te preocupa.
7 Acuéstese un rato.

C Can you choose the appropriate verb form?

1 Me molesta que los vecinos (ponen/pongan) la música muy alta.
2 Me encanta que me (hacen/hagan) regalos el día de mi cumpleaños.
3 No soporto que Manolo (llega/llegue) siempre tarde.
4 Me pone nerviosa que los niños (dejan/dejen) los juguetes desordenados.
5 Me gusta que mis amigos me (invitan/inviten) a fiestas.

D Can you choose the appropriate expression?

1 ¡Al final David lo consiguió y ..... director de cine!
  a) se convirtió b) llegó a ser c) se volvió
2 Antes María era católica y ahora ..... protestante.
  a) se ha vuelto b) ha llegado a ser
  c) se ha hecho
3 Luis antes era muy tranquilo y agradable, pero desde que trabaja en publicidad ..... una persona muy antipática y exigente.
  a) se ha vuelto b) se ha convertido
  c) se ha hecho
4 ¡No me digas que después de tantos años siendo conservador ahora te ..... socialista!
  a) has convertido b) haces c) has hecho
5 Rodolfo ha tenido un problema en el pelo y ..... un poco calvo.
  a) se ha quedado b) se ha convertido
  c) se ha vuelto

A The following sentences all express conditions. Fill the gaps with the verbs in the appropriate tenses.

1 ¡Qué vecinos tan ruidosos tienes! Si los míos ..... (ser, ellos) así, ... (cambiarse, yo) de casa.

2 Todos los días corro por el parque, pero si ..... (llover) ..... (quedarse, yo) en casa.

3 Cómete la sopa. Si no ..... (darse prisa, tú), ... (enfriarse).

4 Todos los pasajeros sentados cerca de la cabina murieron, pero Alicia, que iba sentada detrás sobrevivió. Si ella ..... (estar sentada) delante, ... muerto.

5 El vestido me gusta pero el color me parece un poco oscuro. Si ..... (ser) más claro, me lo ..... (comprar).

6 – Me han suspendido el examen.
– Si ..... (estudiar, tú) más, ... (aprobar) sin problema.

7 – El billete de avión a Málaga me ha costado carísimo.
– Claro, porque lo has comprado demasiado tarde. Si lo ..... (reservar, tú) antes, te ..... (costar) menos.

8 – Estoy cansadísimo.
– Si ..... (dormir, tú) ocho horas al día, no ..... (estar, tú) tan cansado.

9 – Me encuentro fatal. La verdad es que si no ..... (beber, yo) tanto champán en la fiesta, ahora no ..... (tener) esta resaca tan horrible.

10 Si ..... (usar, nosotros) más los transportes públicos, no ..... (haber) tanta contaminación.

B Can you choose the appropriate verb forms?

1 Me parece injusto que (destruyen/destruyan) el bosque para construir una autopista.

2 Es una vergüenza que (suben/suban) los precios de los transportes públicos otra vez. Además, el servicio es cada vez peor.

3 Es una buena idea que (ponen/pongan) una guardería en la empresa.

4 Es una tontería que te (preocupas/preocupes) por el examen. Seguro que lo apruebas.

5 Me parece injusto que los impuestos municipales (son/sean) tan altos.

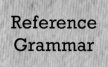

1. ARTICLES

Articles are words meaning 'the', 'a', 'an'.

1.1 Definite article

The definite article ('the') changes in Spanish according to the gender and number of the noun it accompanies. Thus:

	masculine		feminine	
singular	**el**	the	**la**	the
	el hijo	(the son)	**la familia**	(the family)
plural	**los**	the	**las**	the
	los hijos	(the sons)	**las familias**	(the families)

a) **a** + **el** becomes **al**; **de** + **el** becomes **del**

b) The definite article is used with:
   i   titles of people when you are talking <u>about</u> them (not <u>to</u> them): **el señor Serrano, la señorita Montes**
   ii names of some countries: **el Perú, El Salvador, la Argentina, los Estados Unidos**
   iii names of oceans, seas, rivers, mountain ranges, etc.: **el Pacífico, el Nilo, los Pirineos**
   iv names of languages: **el francés, el español**
   v   the time: **las tres y media de la tarde**
   vi days of the week: **el lunes, el martes**
   vii dates: **el cinco de enero**
   viii when using nouns in a general sense:
        los hombres beben más que las mujeres
        men drink more than women
   ix with nouns used with **gustar** and **doler**:
        me gusta el café; me duele la cabeza

c) When a group contains both masculine and feminine nouns, the masculine article and noun is normally used: **los hermanos** – the brothers and sisters; **los hijos** – the sons and daughters

d) The definite article can sometimes be used as a substitute for a noun – 'the one that', 'what':
    La música que más me gusta es la salsa
    La que más me gusta es la salsa
    El deporte que más me gusta es el tenis
    El que más me gusta es el tenis

1.2 Neuter article 'lo'

The neuter article **lo** is not used with nouns as there are no neuter nouns in Spanish, but it is found before whole sentences, and also before certain adjectives and adverbs:

Lo que más me gusta es el cine
What I like most is cinema

Recuerdo muy bien lo difícil que fue
I remember very well how difficult it was

No sabes lo bien que lo pasamos
You don't know what a good time we had

1.3 Indefinite article

The indefinite article ('a', 'an', 'some') also varies according to number and gender:

	masculine		feminine	
singular	**un**	a	**una**	a, an
	un libro	(a book)	**una casa**	(a house)
plural	**unos**	some	**unas**	some
	unos libros		**unas casas**	
	(some books)		(some houses)	

The indefinite article is not used:

a) when describing occupations:
    soy profesor – I'm a teacher

b) with adjectives like **otro, medio**, etc.:
    dame otro libro – give me another book
    quiero medio kilo – I want half a kilo

c) with certain interrogative and negative sentences:
    ¿Tienes hijos? – Do you have any children?
    No, no tengo hijos – No I don't have any children

2. NOUNS

Nouns are words used for naming people, animals, places, objects and concepts.

2.1 Gender

a) In Spanish, nouns are either masculine or feminine. Many nouns end in -**o** or -**a**. Nouns ending in -**o** are usually masculine; those ending in -**a** are usually feminine: **el aparcamiento, la ventana**.
    There are some exceptions:
    la mano; la radio; la foto; el día; el clima; el mapa; el programa; el sistema; el tema

b) Names referring to people (occupations, nationalities, etc.) usually (but not always) have a masculine and a feminine form: **el funcionario/la funcionaria**

c) Words ending in -**or** are usually masculine, and the feminine form is normally -**ora**: **el profesor/ la profesora**

d) Some nouns end in -**e**, -**ista** or with a consonant. Some of these are masculine and others feminine: **el coche** (the car), **la catedral** (the cathedral), etc. When a noun ending in -**e** or -**ista** is used to describe a person, the gender of the person is shown by the use of a masculine or feminine article: **el estudiante/ la estudiante; el dentista/la dentista**

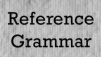
2.2 Making plurals

The plural of a noun is formed by adding **-s** when the noun ends in a vowel or **-es** when it ends in a consonant. Thus:

sing.	plural	sing.	plural
el libro	los libros	la casa	las casas
el profesor	los profesores	la catedral	las catedrales

a) Some nouns normally only occur in the plural:
   e.g. **las vacaciones** (holidays); **las gafas/las lentes** (spectacles)

b) Some nouns have a plural meaning but are usually used in the singular: **la gente** (people)

3. ADJECTIVES

Adjectives are words used to describe people or things.

3.1. Agreement

Adjective endings change to agree with the gender and number of the noun they accompany.

a) Adjectives ending in **-o** for masculine nouns change to **-a** for feminine nouns (and **-os/-as** in the plural)

	masculine	feminine
singular	**un vestido bonito**	**una casa bonita**
plural	**los libros viejos**	**las mesas largas**

b) Adjectives ending in a consonant or in **-e** do not change except with a plural noun.

	masculine	feminine
singular	**el campo verde**	**la ventana azul**
plural	**los campos verdes**	**las ventanas azules**

c) Adjectives of nationality ending in a consonant add **-a** for the feminine form: **inglés/inglesa**; **español/española**, etc.

3.2 Position of adjectives

a) Adjectives usually come after the words they describe:
   un barrio tranquilo   a quiet district

b) Some common adjectives, such as **bueno** and **malo**, often occur <u>before</u> the noun. When this happens before a masculine singular noun, they are shortened to **buen/mal**:

feminine	**una buena película**	a good film
masculine	**un buen chico**	a good lad

Other adjectives which have a shortened form include **grande**, **primero**, **tercero**, **ninguno** and **alguno**:
   algún amigo   some, one friend
   el tercer piso   the third floor

c) A few adjectives have different meanings when placed before or after the noun:

la pobre señora	the poor (wretched) woman
la señora pobre	the poor (penniless) woman
el gran hombre	the great man
el hombre grande	the big man

3.3 Possessive adjectives

Possessive adjectives express ownership or possession. As they are adjectives, they agree with the noun they refer to in both number and gender.

singular	plural	
mi	**mis**	my
tu	**tus**	your (informal)
su	**sus**	your (formal), his/her/its
nuestro/a	**nuestros/as**	our
vuestro/a	**vuestros/as**	your (informal)
su	**sus**	your (formal), their

e.g. **mis padres** – my parents; **tu hermana** – your sister;
   su perro – his/her/your/their dog; **nuestra casa**
   – our house; **vuestra madre** – your mother;
   sus libros – his/her/their books

Possessive adjectives are not used with parts of the body in Spanish. You say:
   Me duele la espalda   My back aches

<u>Note</u>: See also possessive pronouns (para 4.7) for an alternative form of some possessive adjectives.

3.4 Demonstrative adjectives

These are words used to define someone/something in terms of where he/she/it is in relation to the speaker. In Spanish there are three forms: **este** (this), **ese** (that), **aquel** (that one further away). As adjectives, they agree with the noun in gender and number.

	singular (this, that)	plural (these, those)
masc.	**este, ese, aquel**	**estos, esos, aquellos**
fem.	**esta, esa, aquella**	**estas, esas, aquellas**

   Este/ese hotel es el mejor de la ciudad
   This/that hotel is the best in the city
   Aquella mujer es mi hermana
   That woman is my sister

For demonstrative pronouns see para 4.6.

3.5 Comparison of adjectives

a) Comparatives are normally formed by putting **más/menos** before an adjective. Superlatives are formed by putting **el/la/los/las más/menos** before the adjective. Thus:

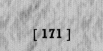

	comparative	superlative
moderno	**más moderno/a(s)**	**el/la/los/las más moderno/a(s)**
modern	more modern	the most modern
pequeño/a	**más pequeño/a(s)**	**el/la/los/las más pequeño/a(s)**
small	smaller	the smallest
grande	**más grande**	**el/la/los/las más grande(s)**
big	bigger	the biggest

i To say 'more/less'... 'than' you say **más/menos** ... **que**:

El hotel Sol es más moderno que el hotel Sombra

The Sol Hotel is more modern than than the Sombra Hotel

ii To say something is 'the most...' or 'the largest of all', you say:

El hotel Sol es el más moderno de todos

The Sol Hotel is the most modern

iii To say 'more/less'... 'than' referring to quantity you say **más/menos de**:

Esta camisa cuesta menos de veinte pesos

This shirt costs less than 20 pesos

iv To say that something is or is not as expensive, big, etc. as something else, you use **tan ... como** ...

Madrid es tan caro como Barcelona

Madrid is as expensive as Barcelona

Santiago no es tan grande como Buenos Aires

Santiago is not as big as Buenos Aires

b) **Bueno** and **malo** have irregular comparative and superlative forms:

bueno/a(s)	mejor	el/la/los/las mejor(es)
good	better	the best
malo/a(s)	peor(es)	el/la/los/las peor(es)
bad	worse	the worst

c) **Grande** and **pequeño** have different comparative and superlative forms when they refer to differences in ages:

grande(s)	mayor	el/la/los/las mayor(es)
old	older	oldest
pequeño/a(s)	menor	el/la/los/las menor(es)
young	younger	youngest

d) **-ísimo, -ísima**

You can also express the idea that something is very good, bad, etc by adding **-ísimo** or **-ísima**.

El clima del caribe es buenísimo

The Caribbean climate is very good

4. PRONOUNS

Pronouns are words used to stand in for a noun.

4.1 Subject pronouns

yo	I
tú	you (informal singular)
usted	you (formal singular)
él	he
ella	she
nosotros/as	we
vosotros/as	you (informal plural, Sp)
ustedes	you (formal plural, Sp; formal & informal, LA)
ellos, ellas	they

a) Subject pronouns are often omitted in Spanish because the verb endings clearly indicate the subject of the verb. They are used only where there is need for clarification, or for emphasis.

b) In writing, **usted** and **ustedes** will often be shortened to **Ud** or **Vd**, **Uds** or **Vds**.

c) **Ustedes** is the usual plural form in southern Spain and Latin America, where **vosotros** is not often used.

d) In parts of Latin America there is a pronoun **vos** which is another form for **tú**.

4.2 Reflexive pronouns (See reflexive verbs, para 9.3)

4.3 Direct object pronouns

These replace the object of the verb and agree in gender and number.

singular		plural	
me	me	**nos**	us
te	you (informal)	**os**	you (informal)
lo/le*	you (formal)/ him	**los/les***	you (formal)/ them (masc. people)
lo	it (masc)	**los**	them (masc. objects)
la	you (formal)/ her	**las**	you (formal)/ them (fem. people & objects)

* In some parts of Spain, the forms **le** and **les** are usually used to refer to males.

¿Quiere comprar las camisas? – Sí, las compro

Do you want to buy the shirts? – Yes, I'll buy them

¿Dónde está Juan? – No lo/le veo

Where is Juan? – I don't see him

Lo/le conozco muy bien   I know him very well

4.4 Indirect object pronouns

a) These stand for a person who is the indirect object of a verb, often the beneficiary of an action.

me	(to) me	nos	(to) us
te	(to) you	os	(to) you
le	(to) you (formal)/ (to) him/her	les	(to) you (formal)/ (to) them

Me ha escrito una carta
He has written a letter to me
María le da el libro
María gives him/her the book
¿Puedo dejarle un recado?
Can I leave a message for him/her?

b) Indirect object pronouns are also used with the verb **gustar** and other verbs mentioned in para 21.
Me gusta el café I like coffee
Le duele la espalda His back aches
Nos cuesta mucho
We find it hard

Note: in order to avoid ambiguity, or when you want to emphasise who you are referring to, you can add **a** plus the name of the person or one of the following pronouns.

a mí	a nosotros	a ti	a vosotros
a usted	a ustedes	a él/ella	a ellos/ellas

A mí me dio un regalo, a ella no le dio nada
He gave me a present, he gave her nothing
A mí me gusta el café I like coffee
A Juan le duele la espalda Juan's back is hurting him

4.5 Position of object pronouns

a) Object pronouns mostly go before the verb. However, they join on to the end of the verb when it is in the positive imperative form (see para 19.4):
¡Bébelo! Drink it! **¡Háblame!** Speak to me!

b) When two object pronouns are required, the indirect precedes the direct: **¿Me das el libro mañana? Sí, te lo doy mañana** Will you give me the book tomorrow? Yes, I'll give it to you tomorrow
When both the direct and indirect object pronouns are in the third person, you use **se** instead of **le** (to him/her/you (formal)): **¿Le das el libro a María? – Sí, se lo doy** Yes, I'll give it to her
¿Me trae esta camisa, por favor? – Se la traigo enseguida
I'll bring it to you at once

c) When object pronouns occur with two verbs, one of which is in an infinitive or a gerund, they can either come before the first verb, or they can be added on to the infinitive/gerund:
Puede llamarnos/Nos puede llamar You can ring us
Voy a buscarlo/Lo voy a buscar I'm going to look for it
Estoy leyéndolo/Lo estoy leyendo I'm reading it

4.6 Demonstrative pronouns

a) Demonstrative pronouns – **éste, ése, aquél**, etc. – stand in place of a noun (this one, that one, etc.). They often have an accent to distinguish them from demonstrative adjectives. (See Table in para 3.4.)

¿Cuál es tu coche? Es aquél, el rojo
Which is your car? It's that one, the red one

b) The neutral form: **esto, eso, aquello** – may be used when the noun is not specified.
¿Qué es esto? What's this?
Eso no me importa That doesn't matter to me

4.7 Possessive pronouns

Like possessive adjectives, possessive pronouns express ownership or possession. They agree with the noun they refer to in both number and gender. As with other pronouns, they stand in for a noun.

singular	plural	
mío (a)	míos (as)	mine
tuyo (a)	tuyos (as)	yours (informal)
suyo (a)	suyos (as)	yours (formal), his, hers, its
nuestro (a)	nuestros (as)	ours
vuestro (a)	vuestros (as)	yours (informal)
suyo (a)	suyos (as)	yours (formal), theirs

Este dinero es tuyo, no mío
This money is yours, not mine
La casa es nuestra ahora
The house is ours now

These words can also function as possessive adjectives when they accompany a noun:
Son amigos míos They are friends of mine
Ayer conocí a una hermana tuya
Yesterday I met one of your sisters

4.8 Indefinite pronouns

algo	something	**nada**	nothing
alguien	someone/anyone	**nadie**	nobody

a) **Alguien** and **nadie** are used to refer to people only.

b) If **nada** or **nadie** come after the verb, **no** must come before it.
¿Quieres tomar algo?
Would you like to have something?
No, gracias, no quiero tomar nada.
No thanks, I don't want anything
¿Hay alguien en la casa?
Is there anyone at home?
No, no hay nadie.
No, there is nobody

5. QUESTION WORDS

Question words always have an accent even when they are quoted indirectly.
No me quiere decir quién es He won't tell me who he is

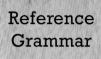

¿Cómo?	How?	¿Quién/es?	Who?
¿Qué?	What?	¿Cuánto?	How much?
¿Cuál/es?	Which?	¿Cuántos/as?	How many?
¿Dónde?	Where?	¿Por qué?	Why?
¿Cuándo?	When?		

6. ADVERBS

Adverbs are words used to give more information about a verb, an adjective or another adverb.

6.1 Formation of adverbs

Adverbs are normally formed by adding **-mente** to the feminine form of the adjective:

Se movió lentamente It moved slowly
Es inmensamente rica She is immensely rich
Lo hiciste extremadamente bien You did it extremely well

6.2 Irregular adverbs

Some adverbs do not end in **-mente**. These include:

bien	well
demasiado	too much
mal	badly
bastante	quite, enough
más	more
poco	a little
menos	less
mucho	a lot, much
muy	very

a) **Muy** can be used with an adjective or another adverb.
   Estamos muy cansados We are very tired
   Pedro está muy bien Pedro is well

b) **Mucho** can be used with a verb, an adjective, or another adverb:
   Este vestido es mucho más caro This dress is much more expensive
   Él canta mucho mejor He sings much better
   Fuma mucho He smokes a lot

c) **Poco, mucho, bastante** and **demasiado**, may also be used as adjectives to describe a noun. When this is the case, they follow the same rules as other adjectives and change their endings according to the gender and number of the noun.

7. PREPOSITIONS

Prepositions are words indicating the position of one object in relation to another, in space or time. Here are some common uses of some of them:

7.1 'a'

a) to a place, in a direction, in a position:
   Voy al cine I'm going to the cinema
   Fui a Barcelona I went to Barcelona
   Se fue a Madrid He left for Madrid
   Llega a Barcelona hoy He arrives in Barcelona today
   Giras a la derecha You turn to the right
   a la derecha/izquierda on the right/left
   al fondo/final de at the bottom/end of

b) at (in expressions of time, age):
   a las ocho at 8 o'clock
   a los 20 años at the age of 20

c) at (used with price):
   Las peras están a un euro ochenta el kilo
   The pears are at one euro eighty per kilo

d) at (used with distances):
   Toledo está a 81km de Madrid
   Toledo is 81km from Madrid

e) With certain verbs, **a** always introduces the direct object; with others only when it is a person:
   Juan invitó a sus amigos Juan invited his friends
   Telefoneé a la agencia I phoned the agency
   Conocí a Roberto hace 10 años
   I met Roberto 10 years ago
   No he visto a nadie I haven't seen anyone

7.2 'de'

a) from (place of origin):
   Ella es de Madrid She is from Madrid
   El tren llegó de Sevilla The train arrived from Seville

b) of, from (what something is made of or comes from)
   Esta fuente es de barro This dish is made of pottery
   Se saca de la caña de azúcar It comes from sugar-cane

c) of (indicating possession):
   Es una amiga de Julia She is a friend of Julia's

7.3 'desde'

a) for (+ **hace** indicating time since):
   Estudio piano desde hace 6 años
   I've been studying the piano for six years

b) from (indicating distance):
   Desde Madrid hasta Londres From Madrid to London

7.4 'en'

a) in, on:
   Ellos están en la sala ... in the sitting room
   El libro está en la mesa ... on the table

b) at:
   Quedamos en la entrada We'll meet at the entrance

c) by:
   en tren/avión/autobús by train/plane/bus

7.5 'para'

a) for (destination):
   Este vino es para mí ... for me
b) to (in order to):
   Como para vivir ... in order to live
c) for (in the direction of):
   El tren sale hoy para Cuzco ... for Cuzco
d) for + days/weeks/years in the future:
   Quiero una habitación para dos noches
   ... for two nights
e) for + date or approximate period in the future:
   Quiero un billete para el día 5/finales de junio
   ... for the 5th/for the end of the month

7.6 'por'

a) through, along:
   Pasas por el túnel ... through the tunnel
   Sigues por esta calle ... along this street
b) in (with parts of the day):
   por la mañana ... in the morning ...
c) per:
   por noche per night;
   por ciento per cent
d) around:
   ¿Hay un parque por aquí? ... around here
e) because of, through:
   Por estar aparcado en doble fila ...
   Because of being parked in double file ...
   Por haber adelantado de esa forma ...
   Through having overtaken in that way ...
f) by, by means of:
   Fueron introducidos por el hombre
   They were introduced by man

8. CONJUNCTIONS

Conjunctions are words that connect two parts of a sentence together.

8.1 'y'

and: **tú y yo** you and I
Before words beginning with **i**, **y** becomes **e**:
Pilar e Isabel ... and Isabel

8.2 'o'

or: **voy a visitar Sevilla o Córdoba** ... Sevilla or Córdoba
Before a word beginning with **o**, **o** becomes **u**:
visitaré un sitio u otro ... or the other

VERBS

Verbs denote physical or mental actions or states. All Spanish verbs belong to one of three verb groups (or conjugations), defined by whether the infinitive ends in **-ar**, **-er** or **-ir**. The **-ar** verbs are the largest group.

9. PRESENT TENSE

9.1 Formation

This tense is formed by removing the -ar/-er/-ir and adding the following endings to the stem of the verb.

	-ar	-er	-ir
	comprar	comer	vivir
	(to buy)	(to eat)	(to live)
yo	compro	como	vivo
tú	compras	comes	vives
él/ella/Vd	compra	come	vive
nosotros/as	compramos	comemos	vivimos
vosotros/as	compráis	coméis	vivís
ellos-as/Vds	compran	comen	viven

9.2 Radical-changing verbs

In some verbs the vowel in the verb stem changes when the verb is conjugated. (See para. 22 for a fuller list.)
a) There is no vowel change in the 1st and 2nd pers. pl.
b) **Jugar** is the only example of **u** changing to **ue**.
c) The verb endings are the normal ones.

e > ie	e > i	o > ue	u > ue
empezar	seguir	dormir	jugar
(to begin)	(to follow)	(to sleep)	(to play)
empiezo	sigo	duermo	juego
empiezas	sigues	duermes	juegas
empieza	sigue	duerme	juega
empezamos	seguimos	dormimos	jugamos
empezáis	seguís	dormís	jugáis
empiezan	siguen	duermen	juegan

9.3 Reflexive verbs

Reflexive verbs always have a reflexive pronoun – **levantarse**, **bañarse**, etc. They have the same endings as the group to which they belong, but the pronoun changes according to the person doing the action.

me	nos
te	os
se (for **usted, él, ella**)	se (for **ustedes, ellos, ellas**)

bañarse (to bathe)	ponerse (to put on)	irse (to go away)
me baño	me pongo	me voy
te bañas	te pones	te vas
se baña	se pone	se va
nos bañamos	nos ponemos	nos vamos
os bañáis	os ponéis	os vais
se bañan	se ponen	se van

9.4 Irregular verbs: ser and estar

In some tenses some verbs do not follow the normal pattern, and are said to be irregular. A list of the more common ones is given in para 24, pp. 183–4. Among verbs which are irregular in the present tense are two which mean 'to be':

ser	estar
soy	estoy
eres	estás
es	está
somos	estamos
sois	estáis
son	están

9.5 Uses of ser and estar

Ser is used for:
a) Nationality: **Gloria Estefán es cubana**
b) Occupations: **Jaime es médico**
c) Description of places and objects: **El salón es espacioso**
d) Description of people: **Juan es alto y simpático**
e) The time: **Son las cuatro y media**
f) Marital status (LA): **Soy soltero; soy casado**
g) Events: **El concierto es en el Teatro Real**
h) To ask and say how much you have to pay for something: **¿Cuánto es? Son doce euros**
i) To say what something is made of: **Este reloj es de oro**

Estar is used:
a) To indicate location/position: **El banco está enfrente de la farmacia**
b) To describe physical state and mood: **María está enferma y deprimida**
c) With past participles: **La habitación está reservada**
d) For marital status (Sp): **Estoy soltero; estoy casado**
e) To ask and say how much something costs when prices or rates may fluctuate, e.g. rate of exchange:
¿A cuánto está el cambio?
Los tomates están a cien pesos el kilo
f) With the past participle of **hacer** (**hecho**) to say what something is made out of or from:
La casa está hecha de barro y paja

9.6 Present continuous

The present continuous is formed by joining the verb **estar** and the present participle of the verb. The present participle is formed by taking the stem of the verb (infinitive minus the ending) and adding:

-ando	for -**ar** verbs
-iendo	for -**er** verbs
-iendo	for -**ir** verbs

Estoy preparando la cena I am getting the dinner ready
El tren está llegando The train is arriving
a) Radical-changing verbs do not as a rule change their stems in this tense, except in the **e>i** group:
está diciendo he is saying; **está sonriendo** he's smiling
b) **dormir** (**durmiendo**) and **morir** (**muriendo**) have irregular participles.

9.7 Uses of the present continuous

a) To describe what is happening as you speak:
Está lloviendo it's raining
b) To emphasise something that is going on over a period of time: **Ana está trabajando en una fábrica** Ana is working in a factory
c) With **llevar**, to say how long you have been doing something: **Llevan un año viviendo aquí** They've been living here for a year

10. PRETERITE TENSE

10.1 Formation

Formed by adding the following endings to the stem:

comprar	comer	vivir
compré	comí	viví
compraste	comiste	viviste
compró	comió	vivió
compramos	comimos	vivimos
comprasteis	comisteis	vivisteis
compraron	comieron	vivieron

10.2 Irregular Verbs

Common irregular verbs in the preterite include **estar**, **hacer** and **ser/ir**, which share the same form.

estar	hacer	ser/ir
estuve	hice	fui
estuviste	hiciste	fuiste
estuvo	hizo	fue
estuvimos	hicimos	fuimos
estuvisteis	hicisteis	fuisteis
estuvieron	hicieron	fueron

10.3 Uses of the preterite

a) To talk about what someone did, or to describe an event (or sequence of events) that occurred at a specific time in the past:
Anoche cené en el restaurante
Last night I had dinner in the restaurant

b) To talk about historical events:
Salvador Allende fue presidente de Chile
Salvador Allende was President of Chile

c) If you want to say how long ago something happened you say:
Me casé hace cinco años
I got married five years ago

10.4 Preterite continuous

The preterite continuous is formed with the preterite of **estar** followed by the present participle of the verb. It is used to describe an action which continued over a period of time in the past.
Estuve trabajando hasta muy tarde
I was working until very late
Estuvimos bailando toda la noche
We were dancing all night

11. IMPERFECT TENSE

11.1 Formation

The imperfect is formed by adding the following endings to the stem:

comprar (to buy)	comer (to eat)	vivir (to live)
compraba	comía	vivía
comprabas	comías	vivías
compraba	comía	vivía
comprábamos	comíamos	vivíamos
comprabais	comíais	vivíais
compraban	comían	vivían

11.2 Irregular imperfect

Among the irregular imperfects are:

ser (to be)	ver (to see)	ir (to go)
era	veía	iba
eras	veías	ibas
era	veía	iba
éramos	veíamos	íbamos
erais	veíais	ibais
eran	veían	iban

11.3 Uses of the imperfect

The imperfect tense is used in the following situations:

a) To describe what was going on over time, without indicating when it started or finished:
Cuando era joven, vivía en Bilbao
When I was young, I lived in Bilbao

b) To speak about habits in the past:
Salía de casa a las nueve cada sábado
I used to leave the house at nine every Saturday

c) To describe someone or something in the past:
Hace veinte años no había muchos coches
Twenty years ago there were not many cars

d) To talk about an action in the past which was in progress when another action happened. The first action is expressed with the imperfect, and the second with the preterite tense.
Estábamos desayunando cuando llegaron
We were having breakfast when they arrived
Yo salía de casa cuando empezó a llover
I was leaving the house when it started to rain

e) To refer to two simultaneous actions in progress, normally linked by the word **mientras**.
Mientras Antonio escribía una carta, María tocaba el piano
While Antonio was writing a letter, María was playing the piano

12. PERFECT TENSE

12.1 Formation

The perfect tense is formed by using part of the auxiliary verb **haber** with the past participle of the verb, which is invariable. The past participle is formed by adding the following endings to the stem of the verb:

-ado	-ar verbs
-ido	-er verbs
-ido	-ir verbs

he trabajado	hemos bebido
has comprado	habéis vivido
ha comido	han escrito

12.2 Irregular past participles

Some participles are irregular. Here are some common ones:

abrir	abierto	morir	muerto
decir	dicho	poner	puesto
escribir	escrito	romper	roto
freir	frito	ver	visto
hacer	hecho		

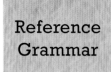

12.3 Uses of the perfect

a) The perfect tense is used to talk about the recent past. In some areas of Latin America and Spain, the preterite is more commonly used for this purpose.
He terminado los deberes
I have finished my homework

b) The perfect is also used for referring to past events that are relevant to the present or whose effects still bear on the present.
La tecnología ha facilitado nuestro trabajo
Technology has made our work easier
Los ordenadores han invadido nuestros hogares
Computers have invaded our homes

13. PLUPERFECT TENSE

13.1 Formation

The pluperfect is formed with the imperfect tense of **haber** followed by a past participle of the verb (-**ado** for -**ar** verbs, and -**ido** for -**er** and -**ir** verbs).

estar	comer	ir
había estado	había comido	había ido
habías estado	habías comido	habías ido
había estado	había comido	había ido
habíamos estado	habíamos comido	habíamos ido
habíais estado	habíais comido	habíais ido
habían estado	habían comido	habían ido

13.2 Uses of the pluperfect

The pluperfect tense is used to refer to events, actions or states that took place at a point in the past, often before another action.
La fiesta había empezado cuando llegamos
The party had started when we arrived
No habíamos estado nunca allí
We had never been there before

14. THE FUTURE

14.1 Future tense

The future tense is formed by adding the following endings to the infinitive.

comprar	comer	vivir
compraré	comeré	viviré
comprarás	comerás	vivirás
comprará	comerá	vivirá
compraremos	comeremos	viviremos
compraréis	comeréis	viviréis
comprarán	comerán	vivirán

14.2 Irregular future tense

Some verbs are irregular in the future, but only in the stem, not in the endings. Here are some common ones:

decir	diré	querer	querré
haber (hay)	habrá	saber	sabré
hacer	haré	salir	saldré
poder	podré	tener	tendré
poner	pondré	venir	vendré

14.3 Uses of the future

a) The future tense is used to refer to future actions and events, especially in the written language. In the spoken language, other forms are more common.
El vuelo saldrá a las cuatro de la tarde
The flight will leave at four in the afternoon
Le llamaré al teléfono móvil/celular (LA)
I'll call him on his mobile phone

b) The future is often used in the spoken and written language to express predictions.
Mucha gente dejará las ciudades
Many people will leave the cities
Nuestros hijos vivirán muchos años
Our children will live for many years

14.4 Other ways of talking about the future

Other common ways of talking about the future include:
a) the verb **ir** + **a** + infinitive.
Vamos a llegar mañana We're going to arrive tomorrow
El sábado va a llover It's going to rain on Saturday
<u>Note</u>: If a reflexive verb follows, the pronoun changes according to the person speaking.
Voy a levantarme a las ocho I'll get up at eight

b) the verb **pensar** + infinitive (= an intention):
Pienso ir a un concierto I'm thinking of going/planning to go to a concert

15. CONDITIONAL TENSE

15.1 Formation

The conditional tense is formed with the whole infinitive, to which the following endings (the same for -**ar**, -**er** and -**ir** verbs) are added.

comprar	ser	vivir
compraría	sería	viviría
comprarías	serías	vivirías
compraría	sería	viviría
compraríamos	seríamos	viviríamos
compraríais	seríais	viviríais
comprarían	serían	vivirían

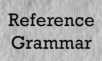

Some verbs have an irregular stem in the conditional tense:

decir/diría	poner/pondría
haber/habría	salir/saldría
hacer/haría	tener/tendría
poder/podría	venir/vendría

15.2 Uses of the conditional

a) To talk about hypothetical situations:
   Compraría una casa grande y moderna
   I would buy a big, modern house
   Me dedicaría a la música
   I would go in for music

b) To make a request more polite:
   ¿Podría darme información?
   Could you give me information?
   ¿Sería tan amable de enviarme una solicitud?
   Would you be kind enough to send me an application form?

c) To express obligation (milder than **tiene que**)
   Tendría que volver mañana
   You would have to come back tomorrow

d) To express conditions, in sentences containing a clause with **si** + imperfect subjunctive (see para 17):
   Si fuéramos en coche llegaríamos antes
   If we went by car we would arrive earlier
   Si yo lo supiera se lo diría
   If I knew it I would tell him/her/you

15.3 Conditional perfect

The conditional perfect tense is formed with the simple conditional of the verb **haber** and the past participle. One of the most common uses of the perfect conditional is in sentences expressing unfulfilled conditions with **si** + pluperfect subjunctive (see para 18).

yo	habría	llamado
tú	habrías	ido
él/ella/usted	habría	venido
nosotros/as	habríamos	escrito
vosotros/as	habríais	vuelto
ellos/ellas/ustedes	habrían	regresado

Si me hubieran invitado yo habría ido
If they had invited me I would have gone
Si hubieras venido habríamos ido al concierto
If you had come we would have gone to the concert

THE SUBJUNCTIVE

To express suggestions, recommendations, doubt, possibility, sadness, and other similar concepts involving mainly unreality and emotions, Spanish uses a range of tenses which are labelled subjunctive. The subjunctive form of the verb is not normally used on its own but is dependent on another verb or phrase followed by **que** and a second verb. This second verb has to be in the subjunctive.

16. PRESENT SUBJUNCTIVE

16.1 Formation
To form the present subjunctive add -**e** to the stem of -**ar** verbs and -**a** to that of -**er** and -**ir** verbs. The 1st and 3rd person singular share the same ending.

reservar	comer	subir
reserve	coma	suba
reserves	comas	subas
reserve	coma	suba
reservemos	comamos	subamos
reservéis	comáis	subáis
reserven	coman	suban

16.2 Irregular present subjunctive
Verbs which have an irregularity in the first person singular of the present tense (e.g. **hago**, **digo**, **vengo**), have the same irregularity in all persons of the present subjunctive.

hacer	decir	venir
haga	diga	venga
hagas	digas	vengas
haga	diga	venga
hagamos	digamos	vengamos
hagáis	digáis	vengáis
hagan	digan	vengan

Some verbs are irregular in a different way:

dar	dé, des, dé, demos, deis, den
estar	esté, estés, esté, estemos, estéis, estén
haber	haya, hayas, haya, hayamos, hayáis, hayan
ir	vaya, vayas, vaya, vayamos, vayáis, vayan
saber	sepa, sepas, sepa, sepamos, sepáis, sepan
ser	sea, seas, sea, seamos, seáis, sean

16.3 Uses of the present subjunctive

The present subjunctive normally occurs in sentences with the main verb in the present, the future or the perfect tense. Its uses are as follows:

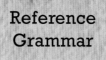
a) To give advice or make suggestions and to recommend something to someone, with verbs such as **aconsejar**, **sugerir**, **recomendar**.

Te aconsejo que no lo hagas
I advise you not to do it

Le he sugerido que reserve una habitación
I suggested he/she books a room

Te recomiendo que te quedes en el Hotel Plaza
I recommend you to stay at the Hotel Plaza

b) To give advice using an impersonal expression such as **es necesario que**, **es imprescindible que**, **es conveniente que**, **es aconsejable que**, **es mejor que**.

Es necesario que vayas al médico
It is necessary for you to see a doctor

Es imprescindible que lo hagas
It is essential for you to do it

c) To express possibility and probability, with expressions such as **es posible que**, **es probable que**, **puede que**.

Es posible/probable que vengan mañana
They may come tomorrow

Puede que esté en casa
He/she may be at home

Words like **quizá(s)**, **tal vez**, **posiblemente**, are followed by a subjunctive verb, when there is some degree of doubt involved. Sentences of this type do not require the use of **que**.

Quizá/tal vez sea una buena idea
Perhaps it is a good idea

Posiblemente vuelvan el lunes
They'll probably come back on Monday

Note: When a greater degree of certainty is implied, the subjunctive is not used:

Quizá(s)/tal vez es una buena idea
Perhaps it is a good idea (= almost certain)

Posiblemente vuelven el lunes (= almost certain)
They'll probably come back on Monday

d) To express doubt, with the expressions such as **no creo que**, **es difícil que**.

No creo que sea cierto
I don't think it's true

Es difícil que llegue a la igualdad
It's unlikely one will achieve equality

Note: Positive sentences using **creer** do not carry a subjunctive verb.

Creo que es cierto I think it is true

e) To express hope that something will or will not happen, following the verb **esperar que**.

Espero que no sea muy caro
I hope it is not too expensive

Espero que la camisa te quede bien
I hope the shirt fits you

Note: If the person doing the hoping is also the subject of the verb that follows, you use the infinitive (not the subjunctive) for the second verb.

Espero ir I hope to go

f) To specify requirements with regard to something you want or need, with verbs such as **querer**, **preferir**, **buscar**, **necesitar**.

Quiero un coche que no consuma mucha gasolina
I want a car which does not use much petrol

Preferimos una casa que tenga garaje
We prefer a house with a garage

Necesita una habitación que esté cerca de la escuela
He/she needs a room near the school

Buscan una empleada que sepa español
They are looking for an employee who knows Spanish

g) To suggest a course of action, offer to do something for someone, and ask someone to do something, with **querer que**.

¿Quieres que veamos ese programa?
Shall we watch that programme?

¿Quieres que te lo diga? Shall I tell you?

Quiero que estés aquí a las seis
I want you to be here at six

h) To express feelings with regard to others, with verbs like **molestar que**, **irritar que**, **no soportar que**, **preocupar que** or with expressions such as **me gusta que** or **me encanta que**:

Me molesta que sea tan desordenado
It bothers me that he should be so untidy

Me preocupa que no se haga nada por el medio ambiente
It worries me that nothing is being done for the environment

Me encanta que me regalen flores
I'm delighted when people buy me flowers

i) To make judgements about something or someone, with expressions such as **me parece**, **es injusto/una vergüenza/lógico que**:

Es una vergüenza que no quiera trabajar
It's a shame he/she doesn't want to work

Me parece injusto que no le den un aumento
I think it's unfair that they don't give him/her an increase

17. IMPERFECT SUBJUNCTIVE

17.1 Formation

There are two alternative sets of endings for the imperfect subjunctive. Both sets can be formed by taking the third person plural of the preterite tense (e.g. **hablaron**), using as a stem what remains after cutting the -**ron** ending, and adding to it -**ra** or -**se**. This rule also applies to irregular verbs.

hablar	ver	ser/ir
hablara/hablase	viera/viese	fuera/fuese
hablaras/hablases	vieras/vieses	fueras/fueses
hablara/hablase	viera/viese	fuera/fuese
habláramos/hablásemos	viéramos/viésemos	fuéramos/fuésemos
hablarais/hablaseis	vierais/vieseis	fuerais/fueseis
hablaran/hablasen	vieran/viesen	fueran/fuesen

17.2 Uses of the imperfect subjunctive

a) The imperfect subjunctive shares many of the uses of
the present subjunctive, but it normally occurs in
sentences in which the main verb is in the preterite,
imperfect, pluperfect or conditional.

Le aconsejé que viniera
I advised him/her to come

Querían una casa que estuviera cerca de la playa
They wanted a house that was near the beach

Les habíamos sugerido que no se lo dijeran a Luis
We had suggested that they shouldn't tell Luis

Preferiría una habitación que tuviera vistas
I would prefer a room that had a view

b) To express conditions which can still be fulfilled or
which are contrary to fact. The condition is expressed
by **si** + imperfect subjunctive, and the consequence or
result is expressed with the conditional tense.

Si tomáramos un taxi llegaríamos a la hora
If we took a taxi we would arrive on time

Si yo fuera rico viajaría mucho   If I were rich I'd travel a lot

18. PLUPERFECT SUBJUNCTIVE

18.1 Formation

The pluperfect subjunctive is formed with the imperfect
subjunctive of the verb **haber** and the past participle:

yo	hubiera/hubiese	estado
tú	hubieras/hubieses	ido
él/ella/usted	hubiera/hubiese	estudiado
nosotros/as	hubiéramos/hubiésemos	venido
vosotros/as	hubierais/hubieseis	vuelto
ellos/ellas/ustedes	hubieran/hubiesen	sabido

18.2 Uses of the pluperfect subjunctive

One of the main uses of the pluperfect subjunctive is in
the expression of unfulfilled conditions. The condition is
expressed by **si** + pluperfect subjunctive and the
consequence is expressed with the perfect conditional.

Si yo hubiera sabido habría venido
If I had known I would have come

Si hubieras estado allí la habrías visto
If you had been there you would have seen her

19. IMPERATIVE FORM

19.1 Formation

The imperative is used to tell someone to do something.
It has both a formal and informal form.

a) The imperative for **tú** is formed by removing the -s
from the second person singular of the present tense.

b) The imperative for **usted** is formed by changing the
ending of the 3rd person singular as follows: from -a
to -e (for -**ar** verbs)from -e to -a (for -**er** and -**ir** verbs)

	tú	usted
comprar	compra	compre
beber	bebe	beba
vivir	vive	viva

19.2 Irregular imperatives

Irregular imperatives include the following:

	decir	tener	ir	venir	hacer	poner	ser
tú	di	ten	ve	ven	haz	pon	sé
usted	diga	tenga	vaya	venga	haga	ponga	sea

19.3 Negative imperatives

To tell someone not to do something you use a negative
imperative, which is formed by putting **no** before the
second or third persons of the present subjunctive.

Regular forms:

	tú	usted	vosotros	ustedes
entrar	no entres	no entre	no entréis	no entren
subir	no subas	no suba	no subáis	no suban

Some irregular forms:

	tú	usted	vosotros	ustedes
hacer	no hagas	no haga	no hagáis	no hagan
poner	no pongas	no ponga	no pongáis	no pongan
salir	no salgas	no salga	no salgáis	no salgan
venir	no vengas	no venga	no vengáis	no vengan
decir	no digas	no diga	no digáis	no digan
ir	no vayas	no vaya	no vayáis	no vayan

19.4 Position of pronouns with imperatives

Reflexive and object pronouns are attached to the end of
positive imperatives but with a negative imperative they
go before the verb.

¡Levántate!	Get up!
¡No te levantes!	Don't get up!
¡Hazlo!	Do it!
¡No lo hagas!	Don't do it!

<u>Note</u>: that the stress changes with the additional syllable added, and that the accent must be written in.

When combining two pronouns, with a positive imperative the word order is as follows:

verb + indirect pronoun + direct pronoun

| ¡Pásamelo! | Give it to me! |
| ¡Llévasela! | Take it to him/her! |

With a negative imperative the word order is as follows:

indirect pronoun + direct pronoun + verb:

| ¡No me lo des! | Don't give it to me! |

20. USING 'SE'

a) **Se** is sometimes used where in English we use the passive or there is no specific subject:

Se habla español en México
Spanish is spoken in Mexico

Se puede fumar en el tren
You may smoke/Smoking is permitted on the train

Se han experimentado muchos cambios
Many changes have taken place

b) To relay instructions to someone, you can also use **se**:

Se pelan las patatas   You peel the potatoes

21. GUSTAR

Gustar and similar verbs have only two forms: in the present tense **gusta** for the singular and **gustan** for the plural.

Me gusta el té	I like tea
Nos gusta esquiar	We like skiing
Le gustan las novelas	She/he likes novels

Other verbs which follow this pattern include:

encantar and **fascinar** (to love something, to love doing something), **apetecer** (to want something, to feel like doing something), **interesar** (to be interested in), **parecer** (to seem), **resultar** (to be, to prove, to turn out to be), **costar** (to be difficult), **doler** (to hurt).

Me parece injusto   I think it's unfair

¿Le cuesta mucho escribir en inglés?
Do you find it hard writing in English?

Le duele mucho el brazo   His arm hurts a lot

See also para 4.4 for indirect object pronouns.

<u>Note</u>: To avoid ambiguity, or to emphasise who you are referring to, you can add **a** plus the name of the person, or one of the pronouns from the list in para 4.4b.

A Carmen le encanta nadar   Camen loves swimming

¿Y a ti te gusta?   And do you like it?

22. SOME COMMON RADICAL-CHANGING VERBS (See para 9.2 for the formation of these verbs)

o > ue	soñar	regar
acordarse de	to dream	to water
to remember	**volver**	**sentarse**
apostar	to return	to sit down
to bet		**sentir**
almorzar		to feel
to have lunch	u > ue	**tener**
cocer	**jugar**	to have
to cook	to play	**venir**
contar		to come
to tell (a story);		**verter**
to count	e > ie	to dump;
costar	**cerrar**	to pour
to cost	to close	
doler	**calentar**	e > i
to hurt	to heat	**conseguir**
dormir	**comenzar**	to get
to sleep	to begin	**convertirse**
encontrar	**despertarse**	to convert
to meet; to find	to wake up	**decir**
llover	**divertirse**	to say
to rain	to enjoy oneself	**despedirse**
mover	**empezar**	to say goodbye
to move, stir	to begin, start	**freír**
morir	**hervir**	to fry
to die	to boil	**pedir**
poder	**pensar**	to ask for
to be able	to think	**reír**
probar	**perder**	to laugh
to try	to lose	**seguir**
recordar	**preferir**	to follow;
to remember	to prefer	to continue
resolver	**querer**	**servir**
to resolve	to wish	to serve
soler	**recomendar**	**vestirse**
to ususally do	to recommend	to dress

23. SPELLING AND PRONUNCIATION

In order to maintain the pronunciation rules of certain words containing the letters **c** and **g**, it is sometimes necessary to change the spelling of these consonants. Here are some examples from the book:

dedicar: **dediqué** (pret.); **dedique** (imper. & pres. subj)

cocer   **cuezo** (pres.); **cueza** (imper. and pres. subj.)

jugar: **jugué** (pret.); **juegue** (imper. & pres. subj.)

coger: **cojo** (pres.); **coja** (imper. & pres.subj.)

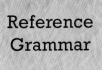
24. SOME COMMON IRREGULAR VERBS

PRES	PRET	IMP	FUT	COND	PERF	PLUPERF	PRES SUB	IMP SUB	IMPER
dar									
doy	di	daba	daré	daría	he dado	había dado	dé	diera/se	
das	diste	dabas	darás	darías	etc.	etc.	des	dieras/ses	da
da	dio	daba	dará	daría			dé	diera/se	dé
damos	dimos	dábamos	daremos	daríamos			demos	diéramos/semos	
dais	disteis	dabais	daréis	daríais			deis	diera/seis	dad
dan	dieron	daban	darán	darían			den	diera/sen	den
decir									
digo	dije	decía	diré	diría	he dicho	había dicho	diga	dijera/se	
dices	dijiste	decías	dirás	dirías	etc.	etc.	digas	dijeras/ses	di
dice	dijo	decía	dirá	diría			diga	dijera/se	diga
decimos	dijimos	decíamos	diremos	diríamos			digamos	dijéramos/semos	
decís	dijisteis	decíais	diréis	diríais			digáis	dijerais/seis	decid
dicen	dijeron	decían	dirán	dirían			digan	dijeran/sen	digan
estar									
estoy	estuve	estaba	estaré	estaría	he estado	había estado	esté	estuviera/se	
estás	estuviste	estabas	estarás	estarías	etc.	etc.	estés	estuvieras/ses	
está	estuvo	estaba	estará	estaría			esté	estuviera/se	
estamos	estuvimos	estábamos	estaremos	estaríamos			estemos	estuviéramos/semos	
estáis	estuvisteis	estábais	estaréis	estaríais			estéis	estuvierais/seis	
están	estuvieron	estaban	estarán	estarían			estén	estuvieran/sen	
haber									
he	hube	había	habré	habría	he habido	había habido	haya	hubiera/se	
has	hubiste	habías	habrás	habrías	etc.	etc.	hayas	hubieras/ses	
ha, hay	hubo	había	habrá	habría			haya	hubiera/se	
hemos	hubimos	habíamos	habremos	habríamos			hayamos	hubiéramos/semos	
habéis	hubisteis	habíais	habréis	habríais			hayáis	hubierais/seis	
han	hubieron	habían	habrán	habrían			hayan	hubieran/sen	
hacer									
hago	hice	hacía	haré	haría	he hecho	había hecho	haga	hiciera/se	
haces	hiciste	hacías	harás	harías	etc.	etc.	hagas	hicieras/ses	haz
hace	hizo	hacía	hará	haría			haga	hiciera/se	haga
hacemos	hicimos	hacíamos	haremos	haríamos			hagamos	hiciéramos/semos	
hacéis	hicisteis	hacíais	haréis	haríais			hagáis	hicierais/seis	haced
hacen	hicieron	hacían	harán	harían			hagan	hicieran/sen	hagan
ir									
voy	fui	iba	iré	iría	he ido	había ido	vaya	fuera/se	
vas	fuiste	ibas	irás	irías	etc.	etc.	vayas	fueras/ses	ve(te)
va	fue	iba	irá	iría			vaya	fuera/se	vaya(se)
vamos	fuimos	íbamos	iremos	iríamos			vayamos	fuéramos/semos	
vais	fuisteis	ibais	iréis	iríais			vayáis	fuerais/seis	id
van	fueron	iban	irán	irían			vayan	fueran/sen	vayan

Reference Grammar

PRES	PRET	IMP	FUT	COND	PERF	PLUPERF	PRES SUB	IMP SUB	IMPER
poder									
puedo	pude	podía	podré	podría	he podido	había podido	pueda	pudiera/se	
puedes	pudiste	podías	podrás	podrías	etc.	etc.	puedas	pudieras/ses	
puede	pudo	podía	podrá	podría			pueda	pudiera/se	
podemos	pudimos	podíamos	podremos	podríamos			podamos	pudiéramos/semos	
podéis	pudisteis	podíais	podréis	podríais			podáis	pudierais/seis	
pueden	pudieron	podían	podrán	podrían			puedan	pudieran/sen	
querer									
quiero	quise	quería	querré	querría	he querido	había querido	quiera	quisiera/se	
quieres	quisiste	querías	querrás	querrías	etc.	etc.	quieras	quisieras/ses	
quiere	quiso	quería	querrá	querría			quiera	quisiera/se	
queremos	quisimos	queríamos	querremos	querríamos			queramos	quisiéramos/semos	
queréis	quisisteis	queríais	querréis	querríais			queráis	quisierais/seis	
quieren	quisieron	querían	querrán	querrían			quieran	quisieran/sen	
saber									
sé	supe	sabía	sabré	sabría	he sabido	había sabido	sepa	supiera/se	
sabes	supiste	sabías	sabrás	sabrías	etc.	etc.	sepas	supieras/ses	
sabe	supo	sabía	sabrá	sabría			sepa	supiera/se	
sabemos	supimos	sabíamos	sabremos	sabríamos			sepamos	supiéramos/semos	
sabéis	supisteis	sabíais	sabréis	sabríais			sepáis	supierais/seis	
saben	supieron	sabían	sabrán	sabrían			sepan	supieran/sen	
ser									
soy	fui	era	seré	sería	he sido	había sido	sea	fuera/se	
eres	fuiste	eras	serás	serías	etc.	etc.	seas	fueras/ses	sé
es	fue	era	será	sería			sea	fuera/se	sea
somos	fuimos	éramos	seramos	seríamos			seamos	fuéramos/semos	
sois	fuisteis	érais	seréis	seríais			seáis	fuerais/seis	sed
son	fueron	eran	serán	serían			sean	fueran/sen	sean
tener									
tengo	tuve	tenía	tendré	tendría	he tenido	había tenido	tenga	tuviera/se	
tienes	tuviste	tenías	tendrás	tendrías	etc.	etc.	tengas	tuvieras/ses	ten
tiene	tuvo	tenía	tendrá	tendría			tenga	tuviera/se	tenga
tenemos	tuvimos	teníamos	tendremos	tendríamos			tengamos	tuviéramos/semos	
tenéis	tuvisteis	teníais	tendréis	tendríais			tengáis	tuvierais/seis	tened
tienen	tuvieron	tenían	tendrán	tendrían			tengan	tuvieran/sen	tengan
venir									
vengo	vine	venía	vendré	vendría	he venido	había venido	venga	viniera/se	
vienes	viniste	venías	vendrás	vendrías	etc.	etc.	vengas	vinieras/ses	ven
viene	vino	venía	vendrá	vendría			venga	viniera/se	venga
venimos	vinimos	veníamos	vendremos	vendríamos			vengamos	viniéramos/semos	
venís	vinisteis	veníais	vendréis	vendríais			vengáis	vinierais/seis	venid
vienen	vinieron	venían	vendrán	vendrían			vengan	vinieran/sen	vengan

Unit 1

Así se habla 1

Ex. 1 a; d; c **Ex. 2 1** Soledad. **2** Raúl. **3** José. **Ex. 4** hace que; llevas.
Ex. 5 José Luis, ¿cuánto tiempo (hace que vives) (llevas viviendo) en París? –
Vivo allí desde hace seis meses/Llevo seis meses viviendo allí. Ana, ¿cuánto
tiempo (hace que trabajas) (llevas trabajando) en esta oficina? – Trabajo aquí
desde hace nueve meses/Llevo nueve meses trabajando aquí. Mari-Angeles,
¿cuánto tiempo (hace que juegas) (llevas jugando) al tenis? – Juego desde
hace cuatro años/Llevo cuatro años jugando. Miguel, ¿cuánto tiempo (hace
que enseñas) (llevas enseñando) matemáticas? – Hace veinte años que
enseño/Llevo veinte años enseñando. Clara, ¿cuánto tiempo (hace que tocas)
(llevas tocando) la guitarra? – Hace tres semanas que la toco/Llevo tres
semanas tocándola. **Ex. 7** Me resulta un poco difícil; no me cuesta nada.
Ex. 8 A Pedro le resulta relativamente fácil la gramática. A Laura le resulta
difícil poder hablar; le resulta más fácil poder entender. A Aurora le resultan
fáciles las matemáticas; la física le está costando mucho. **Ex. 10 a** falso.
b verdadero. **c** verdadero. **d** falso.

Consolidación 1

Ex. A 1 c, g. **2** a, f. **3** e, h. **4** d, j. **5** b, i. **Ex. B** Hace 7 años que vive en
Jaén/Vive en Jaén desde hace 7 años/Lleva 7 años viviendo en Jaén. Hace 6
años que trabaja en un colegio/Trabaja en un colegio desde hace 6
años/Lleva 6 años trabajando en un colegio. Hace 6 años que enseña
español/Enseña español desde hace 6 años/Lleva 6 años enseñando español.
Hace 2 años que estudia pintura/Estudia pintura desde hace 2 años/Lleva 2
años estudiando pintura. Hace un año que hace gimnasia/Hace gimnasia
desde hace un año/Lleva un año haciendo gimnasia. Hace 2 meses que
aprende a conducir/Aprende a conducir desde hace 2 meses/
Lleva 2 meses aprendiendo a conducir. **Ex. C** *e.g.* La geografía le resulta
bastante fácil pero las matemáticas le cuestan mucho.

Así se habla 2

Ex. 1 Isabel Soto; un curso de inglés; nivel intermedio; disponibilidad por
la tarde; días lunes, miércoles y viernes; de cinco a seis y media. **Ex. 2**
1 verdadero. **2** falso. **3** verdadero. **4** falso. **5** falso. **Ex. 3 1j. 2l. 3f. 4a. 5c.
6e. 7d. 8i. 9h. 10g. 11b. 12k.** Teresa: la pintura. Ana María: la escultura.
Alfredo: El esquí acuático y la vela. **Ex. 5** *Clara*: doscientos euros el
trimestre; treinta y cinco euros la matrícula. *Tomás*. Mil quinientos pesos,
incluída la matrícula. **Ex. 6 a** ¿Dónde es la clase? **b** ¿Cuánto duran los cursos?
Ex. 7 Summer course: July and August; minimum stay: 2 weeks; classes of
15–20 hours a week; pupils can enrol any Monday; groups of 10–13 per
class; levels: beginners, elementary, intermediate and advanced;
Accommodation: in university residence. You can also apply for
accommodation in a family. **Ex. 8** ¿Qué día empiezan los cursos? ¿Dónde
son? ¿Cuánto duran? **Ex. 9** Quiere información sobre los cursos, incluyendo
precios, duración, fechas y forma de inscripción.

Consolidación 2

Ex. A Valor del curso: 950€. Matrícula: 45€. Materiales: 28€. Total:
1,023€. Transporte: 40€ mensuales. Habitación con desayuno: 350€ por
mes. Habitación con pensión completa: 620€. **Ex. B** es; está; es; está; es; es;
está; es; es.

Un paso más

Ex. 1 A1 true **2** false **3** true **4** false **a** soy una persona muy apasionada **b** hija
única **c** a mis amigos les divierte **d** mis compañeros/colegas del banco **e** ser
habladora/hablo por los codos **f** egocéntrica **B** She has lost her energy and
concentration, makes mistakes, is bad-tempered with her family, suffers from
headaches. **a** las actividades cotidianas; se quejan; enojada; sufro de fuertes
dolores de cabeza. **b** Desde hace algunos meses. **c** Porque está cometiendo
varios errores en su trabajo. **d** Porque dicen que no les brinda la misma
atención que antes. **Ex. 2** Maybe Gloria followed by Inma and then Esteban.

Unit 2

Así se habla 1

Ex. 1 Mónica **a**, **d**, and **f**; Ricardo **b** and **e**. **Ex. 2** Álvaro: civil servant; Ana:
personnel manager. Álvaro: yo me encargo de ...; Ana: tengo a mi cargo ...,
soy responsable de ... . **Ex. 3 2** Soy camionero. Conduzco camiones. **3** Soy
camarera de hotel. Me encargo de la limpieza en un hotel. **4** Soy azafata.
Atiendo a los pasajeros. **5** Soy guarda jurado. Me encargo de vigilar un
banco. **6** Soy jardinera. Cuido y riego jardines. **7** Soy albañil. Construyo
casas. **8** Soy locutora del telediario. Soy responsable de un informativo. **Ex. 4**

M. Victoria: de diez a seis de la tarde, de domingo a jueves. Arturo: de diez a
seis de la tarde, de martes a sábado. Idoia: de las nueve hasta la una y de las
tres a las siete, (probablemente) de lunes a viernes y los sábados por la
mañana. M. Vic. trabaja siete horas diarias cinco días a la semana. Arturo
trabaja siete horas diarias cinco días a la semana. Idoia trabaja ocho horas
diarias cinco días a la semana y tres horas el sábado. **Ex. 5 2** is correct. **Ex. 6**
A M. Vic. ... porque le interesa conocer a diferentes tipos de gente y también
le gusta estar en contacto con la gente.
A Inma le gusta su trabajo porque se siente muy a su gusto y se trabaja bien.
A Cristóbal no le gusta su trabajo porque se trabaja mucho y se gana poco.
Ex. 8 Delia: **c** and **e**. Mario: **f** and **h**. Isabel: **a** and **d**. Gonzalo: **b** and **g**.
Ex. 9 a Me dedicaría a la música. **b** Tendría más tiempo para practicar y
viajar. **c** Lo haría de una manera independiente ... con sus amigos. **Ex. 11**
a Isabel. **b** Marta, Fuensanta o Julia. **c** Marta. **d** Julia. **Ex. 12** ¿Sería tan
amable de enviarme una solicitud? **Ex. 13** Agustín asks the secretary to tell
the director that he is staying at the Continental Hotel in Mexico City
(¿Sería tan amable de decirle que estoy en México?). Adela wants to make an
appointment with the doctor. (¿Podría darme hora?)

Consolidación 1

Ex. A Tengo a mi cargo; salgo; vuelvo; suelo; conduzco; almuerzo; me
encargo de; hago; atiendo; traduzco; me entiendo. **Ex. B 1f. 2e. 3a. 4b.
5c. 6d. Ex. C1 1** Sería. **2** Vendría. **3** Trabajaría. **4** Tomaría. **Ex. C2**
1 Montaríamos. **2** Podríamos. **3** Haríamos. **4** Daríamos.

Así se habla 2

Ex. 1 *Mari Carmen*: total 364€. *Elena*: dólares a euros: 0.85; 200; 170€.
José: dólares a pesos; 11; 150; 1650 pesos. **Ex. 2** 100 yenes: 0.78€; 1 franco
suizo: 0.64€; 100 rublos; 2,83€. **Ex. 3** Quisiera cambiar dólares a pesos. ¿A
cuánto está el cambio? Quiero cambiar ... dólares. **Ex. 4 1** *Arturo*:
verdadero. **2** falso. **3** falso. **4** verdadero. **5** verdadero. **6** falso. *M. Vic.*: **1** falso.
2 falso. **3** falso. **Ex. 5 1** El vino. **2** El teléfono. **3** El transporte público. **a** La
vida está muy cara. **b** poner una conferencia/hacer una llamada
internacional. **c** cuesta el triple. **Ex. 6 1** El cine. **2** Ir de tapas. **3** Una comida
barata. **Ex. 8** *e.g.* No es tan caluroso en La Paz como en Quito. Una comida
en Quito es más cara que en La Paz. Una habitación doble en Quito es tan
barata como en La Paz. **Ex. 9** *e.g.* ¿Viajar en tren es tan caro como aquí? ¿A
cuánto sale una comida barata en un restaurante? ¿Una noche en un hotel es
tan cara como en Londres?

Consolidación 2

Ex. A a ¿Cuánto es en total? **b** ¿A cuánto está el peso argentino? **c** ¿A cuánto
sale una habitación individual en un buen hotel? **d** ¿Cuánto cuesta un billete
de primera clase? ¿A cuánto sale? **e** ¿A cuánto están las manzanas? **Ex. B 1**
Parece que el Alfa es tan económico como el Fiat. **2** Parece que el Fiat es
más cómodo que el Alfa/Parece que el Alfa no es tan cómodo como el Fiat.
3 Parece que el Alfa es tan seguro como el Fiat. **4** Parece que los frenos del
Alfa son tan buenos como los del Fiat. **5** Parece que el Alfa no es tan barato
como el Fiat/Parece que el Fiat es más barato que el Alfa.

Un paso más

Ex. 1 1 La señora Ana ayudaría a muchas personas, pero no se cambiaría en
nada y seguiría siendo la misma. **2** La señora Fernanda le compraría una casa
a su mamá, terminaría de pagar la casa a sus dos hermanos, compraría una
casa a su hermana. **3** Daría parte de su premio al consultorio donde trabaja,
porque es muy pobre y tiene muchas necesidades. **4 a** tiene muy claro. **b** una
cantidad tan grande de dinero. **c** en caso de resultar ganadora. **d** luego de
pagar todas sus deudas. **Ex. 2** *Jorge*: **a** falso. **b** falso. **c** falso. **d** verdadero.
e verdadero. *María Victoria*: **a** verdadero. **b** verdadero. **c** falso. **d** verdadero.
Ex. 3 1 abogado. **2** sastre. **3** traductor. **4** juez. Las categorías son: la
medicina, el negocio, la construcción, y la educación. **Ex. 4 a** la experiencia.
b el inglés. **c** el italiano. **d** 25 a 30. **e** 16 a 20.

Unit 3

Así se habla 1

Ex. 1 a Nací el 4 de abril de 1957. **b** Empecé el colegio a la edad de seis
años. **c** Me fui a estudiar a Madrid. **d** Hice diseño gráfico. **e** Me licencié a los
veintidós años. **f** Estuve en Madrid hasta finales del año pasado. **Ex. 2**
a ¿Cuándo naciste? **b** ¿A qué edad empezaste el colegio? **c** ¿Hiciste todos tus
estudios en Burgos? **d/e** ¿Qué carrera hiciste? **f** ¿Continuaste viviendo en
Madrid? **Ex. 3 a** ¿Dónde o cuándo naciste/nació? **b** ¿A qué edad
empezaste/empezó el colegio? **c** ¿A qué edad dejaste/dejó el colegio?

d ¿Cuándo entraste/entró a la universidad? **e** ¿En qué año terminaste/terminó tus/sus estudios? **f** ¿A qué edad empezaste/empezó a trabajar? **g** ¿Estás/está casado/a? *(see Transcript, Track 2, for the dates)* Roberto: **a** Nací el 2 de noviembre de 1960. **b** Empecé a los cinco años. **c** Acabé en 1978. **d** Empecé en 1979. **e** Terminé en 1985. **f** Empecé en 1986. **g** No estoy casado. **Ex. 5** 1 Nació en 1956. 2 Fue al colegio en 1962. 3 Dejó el colegio en 1973. 4 Consiguió su primer trabajo en 1974. 5 Conoció a Nicolás en 1975. 6 Se casaron en 1976. **Ex. 6** *Pablo* nació en Santiago de Chile en 1967. Fue a Alemania con su familia en 1978. Allí permaneció durante ocho años. Volvió a Chile en 1985 y estudió pedagogía y se recibió de profesor de inglés. Se casó en Chile. *Valentina* nació en el sur de Chile. A la edad de cinco años fue al colegio alemán. Recibió su educación en el idioma alemán y en castellano. Se fue al liceo de niñas de Valdivia donde completó sus estudios. **Ex. 7** 1 Nació en 1932. 2 Terminó sus estudios en el colegio de los jesuítas. 3 La corrida de toros fue el tema de sus primeras acuarelas. 4 Comenzó a hacer ilustraciones para un suplemento literario. 5 Se fue a un pequeño pueblo costero. 6 Viajó a Madrid y más tarde a Francia. **a** al cumplir los doce. **b** fanático. **c** afición. **d** posteriormente. **e** costero. **f** un gran anhelo.

Consolidación 1
Ex. A A la edad de cinco años inició sus estudios primarios; en 1925 se fue a Madrid; en 1940 ingresó en la universidad; en 1942 publicó su primera novela; en 1944 contrajo matrimonio; en 1946 tuvieron su primer hijo; en 1954 fue invitado a Inglaterra donde dio un ciclo de conferencias; en 1977 fue nombrado senador; en 1989 obtuvo el Premio Nobel; murió el día 17 de enero de 2002, a la edad de 85 años. **Ex. B** 1 ¿Hiciste la maleta? – Sí, acabo de hacerla. 2 ¿Cerraste las ventanas? – Sí, acabo de cerrrarlas. 3 ¿Cortaste el gas? – No, lo cortaré ahora mismo. 4 ¿Cortaste la luz? – No, la cortaré ahora mismo. 5 ¿Entraste la ropa? – Sí, acabo de entrarla. 6 ¿Regaste las plantas? – Sí acabo de regarlas. 7 ¿Sacaste la basura? – No, la sacaré ahora mismo. 8 ¿Diste de comer al gato? – Sí, acabo de darle de comer. 9 ¿Dejaste las llaves con el vecino? – Sí, acabo de dejarlas. **Ex. C** llegué a; bajé; salí por; pidió; preguntó; seguí por; busqué; reconocí a; entré en; hablé con; pedí.

Así se habla 2
Ex. 1 Sí, había leído bastante sobre las islas. Estaba muy contento y emocionado de venir acá; me impresionó muchísimo. Seguí estudiando ... decidí ser guía. **Ex. 2** 1 había vivido; era; tenía; tuve; alquilé; era; estaba; costaba; había vivido. **a** Tenía diez años. **b** No, no había salido nunca del país. **c** Viajó en tren. **d** Era un viaje largo. **e** Fue una experiencia inolvidable. **Ex. 3** **b** Antes de decidir ser guía, yo había estudiado en la universidad. **c** Antes de comprar el coche, yo había tenido una moto. **d** Antes de venir a México, habíamos estado en el Amazonas. **e** Antes de casarnos, yo había terminado mis estudios. **f** Antes de ir a los Estados Unidos, habíamos hecho un curso de inglés. **Ex. 5** **a** falso. **b** verdadero. **c** falso. **d** verdadero. **Ex. 6** **a** Idoia. **b** Tamy. **c** Jorge. **d** Tamy. **e** Idoia. **f** Jorge. **Ex. 8** Manuel: era extrovertido, alegre, cariñoso, tenía mucho sentido del humor, serio en sus estudios, etc. La chica polaca: era extrovertida, tenía una personalidad bohemia y una espíritu aventurero, era el alma de todas las fiestas. Karen: era nerviosa, tenía una personalidad bastante voluble, era inteligente. *Skills*: Manuel: tenía una especial habilidad cuando contaba chistes y hacía gracias. la chica polaca: tenía una voz preciosa, tocaba la guitarra y se acompañaba bien. **Ex. 9** Era muy ocurrente, extrovertido, alegre. Tenía una expresión de picardía, de optimismo, de vitalidad. **a** frágil. **b** triste. **c** callado. **d** introvertido. **e** vitalidad. **f** optimismo.

Consolidación 2
Ex. A tenía; costaba; era; conocía; recordaba; me senté; había; gustaba; pregunté; venía; volví; hice. **Ex. B** 1 Mi padre ya había muerto cuando me casé. 2 Ya habíamos tenido nuestro primer hijo cuando compramos la casa. 3 Nuestro segundo hijo no había nacido cuando nos fuimos al sur. 4 Ya me habían ascendido a gerente cuando Laura empezó a trabajar. 5 Ya nos habíamos mudado de casa cuando ganamos la lotería. 6 Ya habíamos gastado todo el dinero cuando me echaron del trabajo. **Ex. C** tuya; tu; nuestros; su; mío; sus; tuyos; mía; suyos; nuestras. **Ex. D** España fue admitida en la ONU hace ... años. El príncipe Juan Carlos fue nombrado sucesor hace ... años. El general Francisco Franco murió hace ... años. Juan Carlos fue proclamado rey de España hace ... años. Los partidos políticos se legalizaron hace ... años. Fue aprobada la nueva Constitución hace ... años.

Un paso más
Ex. 1 **a** En 1964. **b** La vida era muy dura; era un solo sueldo y su padre tenía

que trabajar intensamente para alimentar a toda la familia. **c** Había hecho sus estudios en alemán y al regresar a España le costó un montón hablar español. **d** No, aún le cuesta hablar español. **Ex. 2** 1 verdadero. 2 verdadero. 3 falso. 4 falso. **a** siempre fue mi sueño volver. **b** no pude integrarme. **c** yo solía venir de vacaciones. **d** es muy duro. **Ex. 3** **a** simpático/a. **b** antipático/a. **c** amable. **d** romántico/a. **e** triste. **f** débil. **g** generoso/a. **h** cortés. **i** tímido/a. **j** fuerte. **k** osado/a. **l** arrogante. **Ex. 4** **a** Piensa que son comunicativos, muy educados y muy agradecidos.

Unit 4

Así se habla 1
Ex. 1 1 *Idoia*: dormir, ver películas de vídeo, ir al cine, esquiar. *Jorge*: la jardinería, leer. *Liana*: jugar al tenis, ir al cine, la literatura. 2 Idoia: me encanta dormir, me gusta mucho ver películas. Lo que más nos gusta de todo es ir a esquiar. **Ex. 2** los documentales; los concursos, series de mil y un capítulos. **a** Lo que le gusta son los documentales. **b** No le gustan los concursos ... y detesta las series. **Ex. 3** *Idoia*: música clásica, pop, canciones de amor. *Liana*: la música brasilera, la salsa, el jazz. 1 A Liana le encanta la música brasilera (brasileña), le fascina la salsa (y le gusta mucho bailarla) y le gusta el jazz. 2 **a** Le gusta escuchar música clásica. **b** Le encanta escuchar canciones de amor. **Ex. 4** 1h. 2c. 3g. 4e. 5f. 6a. 7b. 8d. **a** A Idoia lo que más le gusta es la intriga, y le fascina el terror. **b** A Jaime las películas que más le interesan son las de ciencia ficción, y también las películas históricas. **Ex. 6** **a** literatura feminista. **b** novela latinoamericana. **c** novelas románticas, revistas (de moda). **d** el periódico deportivo. **Ex. 8** Ninguno en especial; absolutamente toda; Mano Negra; no está mal; demasiado multiracial y ruidosa, pero divertidos y se puede bailar con ellos. **Ex. 9** **a** Drácula. **b** Le pareció excelente. **c** Gabriel García Márquez. **d** Ha leído toda su obra. **e** Excelente. **f** Antonio Banderas. **g** Ha visto casi todas sus películas. **Ex. 10** Idoia ha visto un programa sobre gorilas y le pareció instructivo. Juan ha visto un documental sobre un individuo que regala todo su dinero. La idea le parece válida, pero él no daría todo su dinero.

Consolidación 1
Ex. A 1 A Julián le fascina ir al estadio, le encanta ir de copas con amigos, le gusta ir a museos, no le interesa escuchar música rock y detesta hacer bricolaje. 2 A Teresa y Enrique les fascina ir al cine, les encanta hacer camping, les gusta jugar al golf, no les interesa hacer bricolaje, y detestan ir al estadio. 3 A Lola le fascina jugar al golf, le encanta escuchar música rock, le gusta ir de copas con amigos, no le interesa hacer camping, y detesta ir a museos. 4 A Ricardo le fascina ir a museos, le encanta leer novelas, le gusta hacer bricolaje, no le interesa jugar al golf y detesta hacer camping. **Ex. B** 1 ¿Cuál es el equipo que más te gusta? El que más me gusta es Real Madrid. 2 ¿Cuáles son los directores que más os gustan? Los que más nos gustan son Almodóvar y Woody Allen. 3 ¿Cuál es el jugador que más te gusta? El que más me gusta es Ballesteros. 4 ¿Cuál es la escritora que más te gusta? La que más me gusta es Isabel Allende. **Ex. C** 1 ¿Qué es lo que más le gusta a Julián? Lo que más le gusta a Julián es ir al estadio. 2 ¿Qué es lo que más les gusta a Enrique y Teresa? Lo que más les gusta a Teresa y Enrique es ir al cine. 3 ¿Qué es lo que más le gusta a Lola? Lo que más le gusta a Lola es jugar al golf. 4 ¿Qué es lo que más le gusta a Ricardo? Lo que más le gusta a Ricardo es leer. **Ex. D** Suelo hacer mis deberes y después suelo salir con mis amigas. **b** Suelo regar el jardín y después suelo ver el fútbol en la televisión. **c** Solemos ir a visitar a nuestros padres. **d** Suelo limpiar el piso y después suelo echar una siesta. **a** Paca suele limpiar su piso ... **b** Juan y Marta suelen ir a visitar ... **c** Raúl suele regar el jardín ... **d** Laura suele hacer sus deberes ...

Así se habla 2
Ex. 1 Gonzalo va a celebrar el cumpleaños de su hijo. El sábado van a ir a un partido de fútbol y el domingo van a celebrar en casa. Mercedes va a ir a una fiesta de despedida pero antes tiene que ir al aeropuerto. Julio va a celebrar el día de su santo. Con Isabel piensan ir al teatro y después a una discoteca. **Ex. 2** ... piensa salir a bailar. El sábado piensa ir a Segovia, donde va a comer y piensa quedarse allí por la tarde. Piensa ir a algún bar por la noche, a ver a sus amigos. El domingo piensa ir a ver a sus padres, a tomar unas cañas, y quizá coma con ellos. **Ex. 5** Miguel invites Raquel to a Paco de Lucía concert. Raquel can't go as she's already agreed to have supper with Pepe. Gloria suggests going to a Botero exhibition and Carmen agrees. They arrange to meet at the main entrance to the museum at 3.30. **a** ¿Te apetece ir? **b** He quedado con Pepe para cenar. **c** Sería feo. **d** ¿Qué tal si nos vemos mañana? **e** No he tenido tiempo. **f** Podemos encontrarnos en la entrada principal. **Ex. 6** Idoia/Roberto: ir al cine; a las nueve menos cuarto; el café enfrente del cine; a las ocho.

Isabel/Rafael: ir al teatro; a las ocho; en un bar enfrente del teatro; a las seis. ¿Tú la has visto? No, todavía no la he visto. **Ex. 8 a** Pensaban cenar en el jardín. **b** Se puso a llover. **c** Fueron a una discoteca. **d** se puso a llover a cántaros; la madrugada, lo pasamos estupendamente. **Ex. 9 a** verdadero. **b** falso. **c** verdadero. **d** falso. **e** verdadero. **f** falso.

Consolidación 2

Ex. A 1 Habían pensado quedarse 8 días pero ahora piensan quedarse 15 días. **2** Habían pensado salir el 16 de septiembre pero ahora piensan salir el 30 de septiembre. **3** Habían pensado viajar en autobús pero ahora piensan viajar en avión. **4** Habían pensado quedarse en un hotel de 4 estrellas pero ahora piensan quedarse en un hotel de 3 estrellas. **5** Habían pensado tomar pensión completa pero ahora piensan tomar media pensión. **Ex. B 1** ¿Has hecho la tortilla? –No, todavía no la he hecho. ¿Has puesto la carne en el horno? –No, todavía no la he puesto en el horno. ¿Has picado la fruta? –Sí, ya la he picado. ¿Has preparado la sangría? –No, todavía no la he preparado. **2** ¿Habéis envuelto el regalo? –No, todavía no lo hemos envuelto. ¿Habéis escrito la tarjeta? –Sí, ya la hemos escrito. ¿Habéis puesto la mesa? –No, todavía no la hemos puesto. ¿Habéis advertido a los vecinos? –Sí, ya les hemos advertido. **Ex. C 1** estuvieron bailando. **2** estuvo bebiendo. **3** estuvo trabajando. **4** estuvieron hablando.

Un paso más

1 ... y Idoia detesta pasar la aspiradora y no soporta quitar el polvo. A Jorge no le gusta hacer ninguna actividad doméstica. y detesta sobre todo planchar, lavar los platos y limpiar el baño. A Liana le gusta mucho la jardinería y le gusta también extender la ropa en el jardín, pero no le gusta cocinar. **Ex. 2** See Transcript (Track 16). **Ex. 3 1a** más de dos horas de media diaria. **b** creo que es demasiado. **c** depende de la edad de la gente. **d** existe mucha afición a cierto tipo de programas. **e** mucha audiencia que es fiel a programas deportivos. **2** el fútbol; el baloncesto; el ciclismo; el atletismo; la natación.

Unit 5

Así se habla 1

Ex. 1 One week; charter flight; 169€. **Ex. 2** Aerolíneas Argentinas; £640; Departure Wed & Fri 18.55; Return Thurs & Sat. **Ex. 3** Deposit now and completion of the total 8 weeks before departure. **Ex. 4** Quisiera un vuelo para Cartagena/Para finales de enero/¿Cuánto cuesta? or ¿Qué precio tiene?/¿Tiene algo más barato?/¿Qué día es el vuelo?/¿A qué hora sale?/¿Puedo hacer la reserva ahora?/Con tarjeta or con cheque or en metálico. **Ex.5** Juan should not eat too much or walk very fast and he should drink 'mate' tea. Yo le aconsejaría que... **Ex. 6** lleves/hagas/vayas/visites. **Ex. 7** Ciudades: Potosí, Cochabamba, Santa Cruz. Transporte: autobús. Época: entre noviembre y diciembre. Tipo de ropa: ligera en general (una camisa de mangas largas) y algo para el fresco de las noches. **Ex. 9** He has booked a room but no room is available. Esto no puede ser and Esto es el colmo. **Ex. 10 b**. Creo que ha habido un error. **Ex. 11 a** en el centro. **b** a más de 15 minutos del centro. **c** una reclamación formal. **Ex. 12** Possible examples: Le llamo de la habitación 13/Yo reservé una habitación doble pero ésta es individual/¡Pero si yo reservé hace dos semanas!/¡Mi (..) y yo no podemos dormir en una cama tan pequeña!/¡Esto no puede ser! Quiero el libro de reclamaciones.

Consolidación 1

Ex. A 1 Te aconsejo que descanses más y que hagas un curso de meditación. **2** Te recomiendo que comas en la Posada del Ciervo y que visites el Castillo de Garcilópez. **3** Te sugiero que compres uno de segunda mano y que busques un Seat o un Honda. **4** Te aconsejo que abras una cuenta en el banco y que inviertas en la Bolsa. **5** Te recomiendo que montes un negocio y que compres una casa en el campo. **Ex.B** consulte; coloque; invierta; compre; adquiera; alquile. **Ex. C 1** a. **2** de. **3** para. **4** en. **5** en. **6** en. **Ex. D 1** They are all breaking the law. The Mundano should have a 'libro de reclamaciones'; the Chulo, a price list; El Listo should not charge a supplement; La Ostra should not charge for the pool. **2** ... lo hagan con agencias especializadas reconocidas a través de un contrato.

Así se habla 2

Ex. 1 Pues yo, una vez .../¡No me digas!/Mientras estaba durmiendo me la robaron. **Ex. 2** estaba nadando; robaron; hiciste; fui; tuve; pasé. **Ex. 3** Después estaba esperando el autobús y empezó a llover. Luego iba en el autobús y tuvimos un accidente con un coche. Para colmo, el jefe volvió

cuando me estaba fumando un cigarro. Y al final, por la noche la cocina se incendió mientras yo veía la tele. **Ex. 4** Estaba comiendo cuando una avispa se le metió por dentro de los pantalones y le picó. Tuvo que ir corriendo a urgencias. Le dio fiebre y lo pasó horrible. **Ex. 5 1a** Tenía muchísimo trabajo. **b** Era tarde y tenía prisa. **c** El ascensor se paró. **d** Tres horas. **e** Lo pasó fatal y ahora nunca sube en ascensor. **2a** Así que/por eso. **b** Total que, al final. **c** Como. **d** De repente. **Ex. 7 a** verdadero. **b** falso. **c** falso. **d** verdadero. **e** verdadero.

Consolidación 2

Ex. A 1 Como/de repente/Por eso. **2** Así que. **3** Como. **4** Así que. **Ex. B 1** Entró/estaba durmiendo or dormía. **3** Estaban comiendo/empezó **4**. Estaba tomando/llegó **5** Puso/estudiaban. **Ex.C 1** ¡Qué increíble! ¡Qué casualidad! **2** ¡Qué bien! **3** ¡No me digas! **4** ¡Vaya faena! **5** ¡Es el colmo!

Un paso más

1 Te aconsejo que practiques el golf, que pesques pejerreyes; que vayas de excursión, que visites los casinos, que veas la réplica de la carabela Santa Ana, etc. **2A a** delfín. **b** mono. **c** tortuga. **d** loro. **2B 1** Las tortugas gigantes, las iguanas, las fragatas y los piqueros, los pinzones, los cucubes, los lobos marinos. **2** Cabras, vacas, caballos, ratas, gatos y perros. **3** Comen a los animales autóctonos y también la vegetación. **2C 1** verdadero. **2** falso. **3** falso. **4** verdadero. **5** verdadero. **2D 1** Los volcanes de las islas están aún activos. **2** La mayoría son bien educados y quieren disfrutar de las islas. **3** No conocen la importancia real de las islas.

Unit 6

Así se habla 1

Ex. 1 1 impresora. **2** fax. **3** teléfono móvil. **4** DVD. **5** fotocopiadora. **6** ordenador. **Ex. 2 a** verdadero. **b** falso. **c** verdadero. **d** verdadero. **e** falso **f** falso. **Ex. 3 a** Se han instalado nuevas ventanas. **b** Se ha pintado la fachada de otro color. **c** Se ha cambiado la puerta de entrada. **d** Se ha construido un garaje. **Ex. 4 a. c. e. f. Ex.5** Un frigorífico sirve para enfriar y congelar comida; una aspiradora sirve para aspirar el polvo; una batidora sirve para hacer gazpacho; un microondas sirve para cocinar; un ventilador sirve para hacer aire; una lavadora sirve para lavar la ropa; una licuadora sirve para hacer zumos. **Ex. 6** Antes: la cocina; la nevera; la tele. Ahora: la estufa; un horno microondas; una nevera que es mitad congelador; una licuadora; una batidora; una lavadora; el equipo de sonido; la televisión; el vídeo; el computador. **Ex. 7** Useful: lavaplatos, congelador; not sure: microondas, televisión, ordenadores. Con ... el microondas, pues no lo lo tengo tan claro. **Ex. 8 1** verdadero. **2** verdadero. **3** verdadero. **a** se comercializan. **b** se hallan. **c** succionan. **d** basta con telefonear.

Consolidación 1

Ex. A 1 aumentar/subir. **2** disminuir/descender/bajar. **3** recuperarse **4** estabilizarse. **5** caer. **Ex. B 1** ha aumentado. **2** ha descendido. **3** han bajado. **4** se ha estabilizado. **5** ha disminuido. **6** ha subido. **Ex. C 1** se ha extendido. **2** ha mejorado. **3** se ha introducido. **4** se han perfeccionado. **5** se ha ampliado.

Así se habla 2

Ex. 2 d. la calidad de los programas televisivos disminuirá y triunfará la 'televisión de pago'. **f** La gente viajará menos porque ya no hará falta tomar el avión para ir de vacaciones. **Ex. 3 a** ganaré la lotería. **b** haré un crucero alrededor del mundo. **c** encontraré al amor de mi vida. **d** me casaré. **e** tendré cinco hijos. **Ex 4 1** Yo creo que. **2** Yo creo que. **3** creo que no. **4** Yo creo que. **5** Me parece que. **5** Yo creo que. **Ex. 6** Tamy: no creo que (doubt). Idoia: quizás, es posible (possibility); es muy difícil (doubt). Roberto: tal vez (probability). Jorge: puede que (possibility); es muy difícil (doubt). **Ex. 7** esté; esté (viviendo); esté (haciendo). **Ex. 8** Roberto: posiblemente viva en España; no creo que me case; probablemente trabaje con alguna multinacional. Jorge: Apart from being 10 years older, he doesn't think he'll have changed much. **Ex. 9** cambie; cambie; se acabe; haya; sea; sea; nos unamos; trabajemos.

Consolidación 2

Ex. A A Spanish school in England. vivirán; se habrá; estarán; necesitarán; servirá; estudiarán; recibirán. **Ex. B. 1** Es posible que Lola y Juan se casen en primavera. **2** No creo que Beatriz me llame esta tarde. **3** Es posible que mi madre venga a visitarme pronto. **4** Es probable que María vaya la próxima semana a México para asistir a una reunión. **5** Tal vez Antonio y yo nos compremos esa casa tan bonita que vimos. **Ex. C 1** llegue **2** llamará, llame **3** vendrá, venga **4** dimitirá, dimita **5** recogeré, vaya **6** vaya.

Un paso más

Ex. 1 a Son bibliotecarios. **b** Ella vivía en Buffalo, Nueva York y él en Queensland, Australia. **c** Leen poco por 'la imagen aburrida' de los bibliotecarios. **d** Sí. **e** Tres semanas después. **f** Se casaron en diciembre. **Ex. 3 1** Cáncer. **2** Virgo. **3** Libra. **4** Sagitario. **5** Acuario.

Unit 7

Así se habla 1

Ex. 1 María Luisa: checked shirt; medium size; green. Ignacio: trousers; size 46; grey. Espero que le quede bien. Espero que no encojan. **Ex. 2 b** Quiero ése, el de piel marrón. **c** Quiero ésa, la de cuadros verdes y amarillos. **d** Quiero ésos, los de rayas azules. **e** Quiero ésos redondos, los de oro. **f** Quiero ése, el de lunares rojos. **g** Quiero ésa, la de cuello en pico. **h** Quiero ése, el verde de cuello vuelto. **Ex. 4** una cámara compacta, no muy cara, fácil de usar, con autofoco, con zoom, con manual de instrucciones. Quiero una que sea fácil de usar. **Ex. 5** Aurora: **a** and **f**; Roberto: **b** and **d**; Jorge: **c** and **e**. **Ex. 6** advert no 2. **a 1** ¿Tienen ustedes alguno que esté disponible para principios de julio? **2** Prefiero algo que esté más cerca de la playa y que tenga vistas al mar. **b** 980€. **c** Están incluídos el agua, la luz y el gas. **d** 25% del total. **Ex. 7** ... que esté en las afueras de la ciudad, que tenga teléfono, televisión por cable, aparcamiento, vigilancia, que sea cómodo y luminoso, y que no cueste más de 1.000€ por mes. **Ex. 8** e.g. un DVD que incluya vídeo, que sea de buena marca, fácil de programar y multi-zona, que tenga salida de audio por fibra óptica y función karaoke; un teléfono móvil que sea de buena calidad, no demasiado caro y muy pequeño, que tenga pantalla de color y una buena capacidad de memoria, que incluya correo, discado y memo de voz, y que permita conexión a PC y acceso a Internet.

Consolidación 1

Ex. A 1 ¿Me los envuelve, por favor? **2** ¿Se la da a mi marido, por favor? **3** ¿Nos lo explica, por favor? **4** ¿Se lo envía a mi mujer, por favor? **5** ¿Me las cambia, por favor? **Ex. B 1** Espero que te lo den. **2** Espero que lo encontremos. **3** Espero que nos lo hagan. **4** Espero que te guste. **Ex. C** Quiero un que sea grande y cómodo. **2** ... que tenga cuatro puertas. **3** ... que consuma poca gasolina. **4** ... que esté en perfecto estado. **5** ... que no cueste más de 3.000€. **Ex. D** ... que sea dinámico/a, que tenga facilidad para relacionarse, que tenga entre 25 y 45 años, y que posea buena presencia.

Así se habla 2

Ex. 1 Ustedes me dijeron que estaba totalmente equipado, pero sucede que falta de todo. La encargada del inventario me dijo que había revisado todo, que no faltaba de nada y que todo funcionaba perfectamente. **Ex. 2** aseguró; arregló; estaba. **Ex. 3 a** Dijo que había contado ... , revisado ... , y visto ... . También que había limpiado ... y revisado ... **b** Dijo que había limpiado ... , revisado ... . También que había encontrado ... pero había conseguido ... **Ex. 4** Flight Aerolatina 748; an hour; England; they had assured him that they would put him on the next flight but it turned out that that was full. **a** nada menos que. **b** como ya se podrá imaginar. **c** me aseguraron que si el vuelo se retrasaba, me pondrían en el primer vuelo disponible. **Ex. 5 a** Les preguntamos si podían traérnosla hoy. **b** Nos dijeron que nos la traerían antes del mediodía. **Ex. 6** Usted me dijo que: **a** mi apartamento estaría listo dentro de una semana. **b** ... que pondría la moqueta que pedí. **c** ... que instalaría otro enchufe. **d** ... que el problema del baño quedaría solucionado. **e** ... que haría la instalación para la lavadora. **f** ... que vendría alguien a limpiar. **Ex. 7** e.g. Me llamo ... y quiero recoger el coche que había reservado/Pero esto no puede ser. Telefoneé a la agencia hace dos semanas y les dije que quería un coche para el día diez. La persona encargada me aseguró que estaba bien./No puedo esperar hasta el día quince. Quiero hablar con el gerente. **Ex. 9** ¿Qué te ha dicho?/... ha alquilado; tenemos que ir a verla. **Ex. 10 a** Que se ha comprado un coche ... . **b** que no ha podido conseguir ... . **c** Que quiere cambiarse de trabajo. **d** Que la fiesta había estado estupenda. **e** Que habían estado en Buenos Aires y que lo habían pasado estupendamente.

Consolidación 2

Ex. A 1 Dice que me agradece mucho ... no podrá tomar ... acaba de empezar ... **2** Dice que me ha enviado un paquete con mi tía ... Que me llamará por teléfono para que vaya a buscarlo ... **3** Dicen que han tenido un viaje ... Les encantó La Habana ... Que yo tengo que ir allí algún día. **4** Dice

que se alegra mucho de que vaya a Santiago. Quiere que le lleve el libro que le prometí. Irá a buscarme al aeropuerto. **Ex. B 1** Llamaron de la agencia de viajes. Dijeron que el vuelo a Quito estaba confirmado y que podías pasar a buscar el billete. **2** Llamó Gabriela. Dijo que te habías dejado tus gafas en su casa y que se las llevaría el lunes. **3** Llamó Juan Miguel. Dijo que había encontrado el libro que buscabas y que te lo daría antes de tu viaje. **4** Llamó Malba. Dijo que las entradas para el viernes estaban agotadas, pero que trataría de conseguir dos el mismo día por la mañana. **5** Llamó Martín. Dijo que Carmen y él pasarían por aquí el lunes por la noche para despedirse. **Ex. C** Cecilia quería saber qué había hecho Susana. Susana dijo que anoche había ido a cenar a la casa de Pablo, y que lo había pasado muy bien. Cecilia le preguntó si podrían encontrarse. Susana dijo que mañana estaría libre, ya que el viernes iría al campo a pasar el fin de semana.

Un paso más

Ex. 1 Almacenes García: camisas 40% ; pantalones para caballeros 30, 40 y 50%. Motel Miraflores: habitaciones con aire acondicionado, cama de agua, jacuzzi, suites con alberca, antena parabólica, música ambiental. **Ex. 2** *Ferretería*: martillo, clavos, destornillador, tornillos. *Mueblería*: sillón, butaca, tresillo, biblioteca. *Papelería*: agenda, carpeta, libreta, lápiz. *Mercería*: cremallera, botones, hilo, agujas. *Tienda de ropa*: guantes, bufanda, camiseta, pañuelos. **Ex. 3 1a** marco. **b** ciclomotor. **c** nevera. **d** tresillo. **e** piso. **Ex. 4 (1)A 1** verdadero. **2** verdadero. **3** falso. **4** verdadero. **B a** me desplazo a diario. **b** se echa de menos mejor limpieza. **c** no cumplen el horario anunciado. **d** horario laboral. **(2)A 1** falso. **2** verdadero. **3** falso. **B a** comprado. **b** desagradable. **c** el aparato, la máquina. **d** después de. **e** enviaron.

Unit 8

Así se habla 1

Ex. 1 El desayuno, 7.30–8.30/9.00; la comida, 14.00–16.00; la cena, 20.00– 22.00. Breakfast is normally a main meal. **Ex. 2** *Jorge*: **1** el desayuno, 07.30–08.00, ligero. **2** El café de media mañana, 10.00, ligero. **3** El almuerzo, 13.00, ligero pero completo. **4** La merienda, 17.30–18.00, ligera. **5** La cena, 21.00–22.00, fuerte. *Liana*: **1** El desayuno. **2** El almuerzo, 12.00–14.00. **3** La comida, 19.00–21.00. *Roberto*: **1** El desayuno, ligero, por la mañana. **2** Almuerzo, ligero, a media mañana. **3** La comida, fuerte. **4** La merienda, a media tarde, ligera. **5** La cena, fuerte. **Ex. 3** *Fruta*: papaya, coco. *Verduras*: espinacas, cebolla, tomate, repollo, calabacines. *Legumbres*: judías, lentejas, garbanzos. *Cereales*: arroz, maíz. *Carnes*: pollo, cerdo, vaca, ternera. *Pescados*: merluza, lenguado. *Especias y condimentos*: aceite, chile, perejil, ajo, sal, comino, pimienta, cilantro, menta. **Ex. 4** En Argentina: carne, verduras y fideos (= pasta). En México: maíz, tortilla, frijoles, jitomate, chiles, cebolla, ajo y cilantro. En España: legumbres, arroz, patatas, pan, huevos, ajo, pimientos, aceite de oliva. **Ex. 5** Menú 1, Argentina. Menú 2, Colombia. Menú 3, España. Menú 4, México. **Ex. 6 1c. 2a. 3d. 4b. 5**: chacolí. **6**: mate. **7**: pacharán. **8**: mezcal. **9**: aguardiente. **Ex. 7** e.g. El plato/la fuente está hecho/a de cristal, barro, porcelana, metal. El queso se hace con leche. El vino se saca de las uvas. **Ex. 9 1** pelar y cortar los calabacines. **2** cortar las verduras y picar la cebolla. **3** echar/poner el aceite en la sarten y calentarlo. **4** echar las cebollas y freírlas. **5** añadir los pimientos. **6** echar los tomates y el ajo. **7** remover todo bien. **8** añadir los calabacines y el tomillo. **9** tapar y cocinar a fuego lento. **Ex. 10** Pele/corte/pique/ponga/eche/fríala/añada/déjelos/eche/remueva/añada/Tápelo/cocínelo/sírvalo. **Ex. 11** coge/pon/echa/corta/mueve. **Ex. 12** Formal imperative. Boil the milk, vanilla and sugar, stirring until the sugar is melted. Add the bicarbonate of soda and stir until it thickens and browns. Keep on stirring until it is almost cold, then serve.

Consolidación 1

Ex. A (Formal) **1** Ríase más. **2** Tómese las cosas con calma. **3** Haga cosas que le gustan. **4** Dedique más tiempo a sí mismo/a. **5** Evite las discusiones inútiles. **6** Duerma lo necesario. **Ex. B 1** Ponlos encima de la mesa. **2** Límpiala. **3** Llévala al salón. **4** Tíralos a la basura. **5** Sácalas al jardín. **6** Llévalo al parque.

Así se habla 2

Ex. 1 *To enquire about a dish*: ¿Qué es cocido madrileño? *To order*: Yo, de primero; Para mí, de segundo. **a** Jorge pide cocido madrileño. **b** Lleva garbanzos, zanahorias, patatas, carnes de muchos tipos – no es picante. **c** Almudena pide de primero menestra y de segundo besugo. **Ex. 2** Tiene una pinta bárbara, huele bien, está buenísima, muy fresca/un poquito sosa, está riquísimo, fantástico. *To offer something*: ¿Quieres probar esto? *To ask for something*: ¿Me pasas la sal/el pan? **Ex. 3** Another bottle of wine. Pidamos, trae, sirvo. **Ex. 4** ¿Qué tienen de postre? La cuenta, por favor. **Ex. 5** *See transcript (Track 13)*. Almudena paid. **Ex. 6** *e.g.* ¿Qué es sancocho?/Para mí, de primero/y de segundo/Está riquísimo. ¿Qué tal está lo tuyo?/¿Quieres probar esto?/¿Pedimos otro/a...?/¿Nos trae otro/a...?/No, gracias, ya no puedo más, estoy llena/o. ¿Pedimos la cuenta?/La cuenta, por favor/Deja, que esto lo pago yo. **Ex. 7** A box of chocolates (bombones); that they shouldn't have (No teníais que haberos molestado). **Ex. 8** Está estupendo. Nunca había comido uno tan rico. **Ex. 9** Gracias por la cena. Ha sido muy agradable.

Consolidación 2

Ex. A estaba; estaba; estaban; es; están; estaba; es; están. **Ex. B 1** ¿Quieres que haga yo unas cuantas? **2** ¿Quieres que la haga yo/vaya yo? **3** ¿Quieres que la recoja yo? **4** ¿Queréis que me quede yo con ellos? **Ex. C 1** Es de cristal o de plástico y sirve para poner cosas dentro. **2** Es de metal y plástico o de madera, es alargado y sirve para poner o quitar tornillos. **3** Es de piel o plástico, sirve para guardar el dinero. **4** Es de metal y sirve para abrir botellas de vino. **5** Es de plástico y metal y sirve para conectar los aparatos eléctricos.

Un paso más

Ex. 1 Por la mañana, juegos de niños. La charanga es un banda de música que va tocando por las calles del pueblo y la gente va detrás bailando. La verbena es un baile en la plaza del pueblo con una orquesta. A las cinco de la mañana del día siguiente se toma el chocolate con churros y después se celebran las vaquillas en la playa. **Ex. 2 a** falso. **b** falso. **c** verdadero. **Ex. 3 a** verdadero. **b** falso. **c** falso. **d** falso. **e** verdadero. **Ex. 4 a** el 8 de diciembre. **b** Todo el mundo prende velas en las ventanas y las calles. **c** Se reune toda la familia y se come cosas típicas colombianas. **d** Son regalos. **Ex. 5 a** Gente de negocios – ejecutivos, publicitarias, etc. **b** Les gusta la comida española, pero hay que adaptar ciertos platos a su gusto. **c** Gambas al ajillo, tortilla, chorizo al coñac, bombas de patatas. Una buena selección de vinos españoles, y licores típicos – pacharán, licor de avellana, brandys españoles, etc.

Unit 9

Así se habla 1

Ex. 1 1b. 2c. 3a. Ex 2 le recomiendo que haga reposo; le aconsejo que no ande durante tres días; es conveniente que empiece a mover el pie poco a poco; es necesario que vaya al especialista; es muy importante que comprobemos si hay rotura de ligamentos. **Ex. 3** tiene dolor de cabeza, se siente cansada; no le dan ganas de comer. The doctor recommends **2, 3, 4** and **5**. Essential to stay in bed. **Ex. 4 1** deje. **2** no tome. **3** le hagamos. **4** tome. **5** no maneje. **Ex. 5 1a. 2c. 3b. Ex. 7** hay que; hay que. Hay que hacer muchos más ejercicios personales como yoga y meditación. Hay que tratar de dormir por lo menos siete horas. Hay que tener una vida más moderada y practicar un poco el deporte. **Ex. 8** No cene mucho ni muy tarde .../no beba mucho alcohol. **Ex. 9 1** No abras la ventana. **2** No te vayas. **3** No molestes a tu madre. **4** No despiertes a los vecinos. **Ex. 10** *Sí*: **1** Coma más fruta y verdura. **2** Haga más ejercicio físico. *No*: **1** No coma grasas ni dulces. **2** No fume. **3** No tome bebidas alcohólicas.

Consolidación 1

Ex. A 1 Es necesario que practiques algún deporte. **2** Es imprescindible que tomes mucha agua. **3** Es necesario que salgas a dar un paseo. **4** Es mejor que comas fruta. **5** Es imprescindible que no compres tabaco. **6** Es necesario que reduzcas el consumo de excitantes. **Ex. B 1** Sal más; no te quedes en casa. **2** Haz deporte; no comas demasiado. **3** Llama a los amigos; no esperes hasta que ellos te llamen. **4** No pienses demasiado en cosas negativas. **5** Invita a gente a casa; no te quedes sólo. **6** Haz un viaje. **7** Apúntate a alguna clase. **Ex. C 1** No los envíes. **2** No las hagas. **3** No los llames todavía. **4** No los reserves. **5** No la abras.

Así se habla 2

Ex. 1 *They both say*: Me llevo bien con todos. *Roberto*: Hay un par de personas que no me caen muy bien. *Tamy*: La chica de marketing me cae fatal. **Ex. 2 1c. 2d. 3a. 4b. Ex. 3** *Liana*: A veces nos llevamos bien y a veces nos llevamos mal. Estamos muy compenetrados. **Ex. 4 1b. 2d. 3c. 4a. 5e. Ex 5** *Tamy*: el ruido me molesta muchísimo. *Liana*: me irrita la gente que habla sin parar/me pone histérica. *Roberto*: a mí me pone de mal humor tener que esperar/no lo soporto. *Jorge*: me enfada mucho la falta de buena educación. **Ex. 6** *e.g.* Me molesta la música muy alta. Me ponen de mal

humor los atascos. Me enfada/me irrita levantarme temprano. **Ex. 7 1** Me molesta que la gente no termine las cosas a tiempo. **2** Me irrita que la gente haga comentarios sobre otros compañeros. **3** No me gusta que me digan lo que tengo que hacer. **4** Me indigna que no haya ninguna mujer en los puestos de dirección de la empresa. **5** No soporto que me pidan hacer horas extra. **Ex. 8 1c. 2b. 3d. 4a.** *Liana*: Me irrita que empiece a escuchar la radio a las 6.30 de la mañana *and* no soporto que siempre llegue tarde. **Ex. 9 a** ... llegue tarde. **b** ... griten y se peleen. **3** ... tan desordenada. **4** ... queme la comida. **Ex. 11 1** se ha vuelto. **2** se ha hecho. **3** se ha quedado. **4** ha llegado a ser. **a** se ha vuelto. **b** ha llegado a ser. **c** se ha hecho. **d** se ha quedado solo.

Consolidación 2

Ex. A 1 con. **2** con. **3** en. **4** de. **5** con. **6** (none). **7** con. **8** en. **Ex. B 1** Me molesta que los chicos vean mucho la televisicn. **2** Me pone de mal humor que Luis ponga la música alta cuando estoy trabajando. **3** Mi marido no soporta que haya atascos cada mañana en el barrio. **4** A Isabel le encanta que Pedro le regale flores todos los días. **5** A mis padres no les importa que no los llame por teléfono a menudo. **6** Me irrita que Luis y Pedro no frieguen nunca los platos. **Ex. C 1** se ha vuelto. **2** se ha quedado. **3** se ha hecho. **4** se ha vuelto.

Un paso más

Ex. 1 *Concha* **a** 61 años. **b** 25 o 30 años. **c** porque le encanta el deporte y es bueno para la salud. **d** gimnasia de mantenimiento y natación. **e** se encuentra mucho mejor. *Alejandra* **a** 53 años. **b** 20 años. **c** porque sus hijas nadaban en el club. **d** la gimnasia. **e** el deporte afecta a su bienestar personal. **Ex. 3 a** verdadero. **b** falso. **c** falso. **d** verdadero.

Unit 10

Así se habla 1

Ex. 1 a air pollution. **b** desertification. **c** urban waste. **d** industrial pollution. **e** noise pollution. *Relevant*: **a, c, d. Ex.2 1** el ruido. **2** residuos industriales contaminantes. **3** basura. **4** la contaminación atmosférica. **5** desertización. **Ex. 3** Atmospheric pollution; caused by car exhausts and industrial discharges into the air; destruction of the ozone layer leading to more skin cancer, eye conditions and changes in agriculture and ecosistems. Radioactive waste from nuclear power stations; dumped in the sea or buried underground; contamination and possible destruction of life on earth. **Ex. 4** viertan; presten; tengan. Lo que más me preocupa es que la gente joven, sobre todo los niños, no sepan comer bien, que sólo coman dulces y comidas rápidas. **Ex.5 1** sería; tendría; sería; empezarían. **2** usaría; habría. **3** tendríamos; estarían. **4** sería. **5** A mí 1 cerrarían; impusieran. **2** disminuyera. **3** usaran; prohibiera. **4** eliminaran. **Ex. 7 1** apagaras. **2** compartieras. **3** limitara. **4** colaboráramos; agradecerían. **Ex. 8 2** Si usara el transporte público, crearía menos contaminación pero tardaría más tiempo en llegar. **3** Si no mirara tanto la televisión, tendría más tiempo libre pero me perdería los culebrones. **4** Si hiciera más deporte, estaría más sano/a pero tendría más ropa que lavar. **5** Si dejara de fumar, ahorraría dinero pero engordaría. **Ex. 9** *e.g.* Si reparáramos los aparatos estropeados, ahorraríamos energía y dinero. Si usáramos el papel por las dos caras, conservaríamos las selvas tropicales.Si recicláramos más, reduciríamos el problema de la basura, etc.

Consolidación 1

Ex. A hicieron; hicieras. dijeron; dijera. vinieron; viniéramos. pudieron; pudieran. quisieron; quisieras. hubieron; hubiera. fueron; fuera. **Ex. B 1** Si Andrés estudiara más, aprobaría los exámenes. **2** Si Marta tuviera tiempo, haría más ejercicio. **3** Si Carlos hablara inglés, conseguiría ese trabajo que quiere. **4** Si el jefe fumara menos, respiraría mejor. **5** Si Romeo no gastara todo el dinero en ropa, podría pagar el alquiler del piso. **Ex. C** vendería; compraría; ganara/diera.

Así se habla 2

Ex. 1 a verdadero. **b** falso. **c** verdadero **d** falso. **Ex. 2** two in favour; two against; one don't know. **Ex. 3** *Carmen*: respeten. *Gabino*: tenga, pase. **Ex. 4** *e.g.* Me parece muy bien que el ayuntamiento cierre empresas contaminantes. Me parece una tontería que se proponga la jubilación a los 55. Yo creo que es injusto que se prohiban las hamburguesas. **Ex. 6 a** Por la Calle Rueda. **b** Porque hay un centro comercial en esta calle. **c** Porque había coches aparcados en doble fila. **d** Por la Calle Alba. **Ex. 7 a** Si hubiera aparcado correctamente; si hubiera esperado un poco. **b** el autobús no habría tenido que adelantar y el accidente no habría ocurrido; habría visto al ciclista. **Ex. 8** *Jaime Ortega*: hubiera instalado; habría estado; hubiera invertido; no habrían estado. *Elena Torres*: hubiera construído; no se habría producido; hubiera hecho; no habrían tenido.

Consolidación 2

Ex. A *e.g.* 1 A Maite le parece bien que se lleve uniforme. 2 A Lucía le da igual que se pueda fumar en el patio. 3 A Maite le parece un robo que hay que pagar multas si se llega tarde. 4 A todos les parece injusto que se confisquen los móviles. **Ex. B** Si Luisa no hubiera conocido a su socio, no habría montado un negocio. Si Paco no hubiera aprendido idiomas, posiblemente no habría podido conseguir el trabajo que le gustaba. Si Alfonso no se hubiera ido a vivir al campo, su salud no habría mejorado. Amelía tendría que depender de otros si no hubiera creado su propio negocio.

Un paso más

Ex. 2 *See transcript (Track 11).* **Ex. 3 A** 1 *Sr. Rodríguez*: Against: customers will not be able to bring their cars and park near the shops and will opt for other shopping areas, e.g. in suburbs. 2 *Sra. López*: Against: does not respect freedom of the consumer. 3 *Sra. Robles*: For: impossible to walk or drive in the centre of the town. 4 *Sr. Cienfuegos*: For: Traffic in the city endangering people's health. **Ex. B** *First listener*: taxi driver who supports the proposal: will bring more work for taxi drivers. *Second listener*: mother of two small children: difficult for her to do her shopping without the car. **Ex. 4 a** More expensive to own a car than to use taxis; can hire for longer trips. **b** Building and maintaining roads, motorways; use of human resources (e.g. traffic police); waste of lives of people killed in car accidents; mental and physical problems caused by air pollution; pressure on people to buy cars, destruction of the environment. **c** All these social factors imply costs that everyone has to pay.

Self-Tests

Self-Test 1

A desde hace; hace; desde; desde hace; lleva. **B** 1 ¿Cuánto tiempo hace? 2 ¿Cuánto tiempo llevas? 3 ¿Desde cuándo? 4 ¿Cuánto tiempo llevas? **C** 1 Llevo ... estudiando. 2 Llevo ... buscando. 3 Llevo ... asistiendo. 4 Llevamos ... esperando. 5 Llevamos ... jugando. 6 Llevamos ... viviendo. **D** te parece; me resulta; me cuesta; te resulta; me cuestan; me resultan. **E** 1eh. 2 dg. 3 af. 4 cj. 5 bi. **F**(1) es; es; está; es; es; está; es. (2) soy; estoy; estoy; son; es; es; son.

Self-Test 2

A se levanta; se ducha; se pone; nada; desayuna; se va; se encarga; vuelve; almuerza; se echa; se dedica; deja; suele; ve; se reune; duerme. Me levanto; me ducho; me pongo; nado; mi barrio; desayuno; me voy; me encargo; mi motocicleta; vuelvo; almuerzo; me echo; me dedico; dejo; suelo; veo; me reuno; mis amigos; duermo. **B** sería; estaría; haría; tendría; podría; vendrían; habría; saldríamos; pondríamos; nadaríamos. **C** 1 se dedica. 2 dedica. 3 gana. 4 se gana. 5 se piensan. 6 se empieza. 7 se va; se siente. 8 se encarga. 9 tiene. 10 consiste. **D** 1 L. es más joven que S. 2 L. es tan alta como S. 3 es más delgada que L. 4 L. empieza a trabajar más temprano que S. 5 S. sale del trabajo más tarde que L. 6 El sueldo de S. es más bajo que el de L. 7 El inglés de L. no es tan bueno como el inglés de S. 8 S. habla inglés mejor que L.

Self-Test 3

A nació; dejó; comenzó; estrenó; obtuvo; se fue; estuvo; conoció; se casó; pasó; volvió; estrenó; tuvo; convirtió. **B** 1 Acabo de decírselo. 2 Acabo de hacerlo. 3 Acabo de traerlo. 4 Acabo de enviársela. 5 Acabamos de dársela. 6 Acabamos de ponerlo. 7 Acabamos de pedírselos. **C** se conocieron; tenía; se gustaron; era; tenía; Fue; habló; era; resultó; hicieron; contó. **D** 1 había empezado. 2 comenzó. 3 había estado. 4 conoció; había terminado. 5 llegué; salió. 6 habías estado. 7 era; se fueron. 8 había visto; había encantado. **E** 1 mi; su. 2 su; mi; la mía. 3 suyo. 4 la tuya. 5 nuestros. 6 vuestro. 7 suyos. **F** 1 Dejó la casa de sus padres hace 17 años. 2 Obtuvo su licenciatura hace 12 años. 3 Consiguió su primer trabajo hace 11 años. 4 Conoció a Javier hace 9 años. 5 Se casaron hace 8 años. 6 Tuvieron su primer hijo hace 6 años.

Self-Test 4

A 1 A M. le fascina el cine. 2 A P. y E. les encanta esquiar. 3 A nosotros nos gusta jugar al tenis. 4 A M. no le interesan los deportes. 5 Ellos detestan el golf. **B** 1 ti. 2 mí me. 3 le. 4 ella; le; le; le. **C** 1 ¿Cuál es el país que más te gusta? El que ... es ... . 2 ¿Cuáles son los ... te gustan? Los que ... son ... . 3 ¿Cuál es la ... te gusta? La que ... es ... . 4 ¿Cuál es la ... te gusta? La que ... es

... . 5 ¿Cuáles son las ... te gustan? Las que ... son ... 6 ¿Cuál es la ... te gusta? La que ... es ... . **D** 1 el. 2 Lo. 3 la. 4 los. 5 el. 6 lo. 7 las. **E** 1 suelo acostarme. 2 solemos ir. 3 suele ir. 4 suelen jugar. 5 suelen dormirse. 6 soléis hacer. **F** 1 Sí, ya los he comprado. 2 No, todavía no las he hecho. 3 Sí, ya lo he confirmado. 4 Sí, ya me he despedido (de ellos). 5 No, todavía no las he planchado. 6 Sí, ya la he descongelado. **G** 1 estuve trabajando. 2 estuvimos hablando. 3 estuvieron haciendo. 4 nos estuvimos divirtiendo/estuvimos divirtiéndonos. 5 estuve haciendo. 6 estuvo durmiendo.

Self-Test 5

A 1 lleves. 2 envíe. 3 pongas. 4 vayáis. 5 tome. **B** llegamos; visitamos; nos quedamos; estábamos; salimos; fuimos; cerró; fuimos; teníamos; encontraba; era; estaba; pensábamos; esperábamos; llegó; se alojaba; abrió. **C** 1c. 2d. 3a. 4e. 5b. **D** a; de; con; a; a; por; en; de; a; con; a; en.

Self-Test 6

A 1b. 2c. 3a. 4a. 5b. **B** 1 en. 2 de. 3 de. 4 en. 5 (none). 6 de. 7 en. **C** 1 vaya. 2 tengo. 3 llame. 4 tenga. 5 haga. **D** 1 esté. 2 vayamos. 3 tiene. 4 pueda. 5 salgamos. 6 conseguirán; contraten.

Self-Test 7

A 1 ¿Me los revisa, por favor? 2 ¿Me lo llena, p.f.? 3 ¿Me lo lava, p.f.? 4 ¿Se la envía, p.f.? 5 ¿Nos lo confirma, p.f.? 6 ¿Nos los da, p.f.? 7 ¿Me los cambia, p.f.? 8 ¿Se lo da, p.f.? **B** 1 sea; esté. 2 haya. 3 tengan. 4 salga. 5 haga. 6 vendrán. 7 te quedes. 8 ocurra. **C** sea; esté; tenga; pueda; hablen; encuentres. **D** sepa; desee; estudie; viva; esté; interese. **E** Me dijo que confirmaba los detalles de su viaje: que saldría el sábado 26 a las 9.30 de la mañana, que llegaría aquí a las 12.30 y que esperaba estar en mi casa sobre las 2.00. Dijo también que me traería el disco que yo le había pedido. Me preguntó si necesitaba algo más de allí. Me aseguró que traería muy poco equipaje y que tenía suficiente espacio en su maleta ...

Self-Test 8

A 1 estaba. 2 es. 3 está. 4 están. 5 está. 6 están. **B** vaya; siga; tome; gire; pregunte. **C** 1 La he leído. 2 Remuévalo. 3 Se lo voy a comprar. 4 Pásamela. 5 Pélelos. 6 La vimos. 7 Me lo encontré. **D** con; a; en; a; a; con; con; con; en; a; en.

Self-Test 9

A 1 quede. 2 vaya. 3 hacer. 4 confirme. 5 veamos. 6 tomar. 7 llame. **B** 1 No los hagas. 2 No se siente. 3 No vengas. 4 No me lo des. 5 No la abra. 6 No me digas qué te preocupa. 7 No se acueste. **C** 1 pongan. 2 hagan. 3 llegue. 4 dejen. 5 inviten. **D** 1b. 2c. 3a. 4c. 5a.

Self-Test 10

A 1 fueran; me cambiaría. 2 llueve; me quedo. 3 te das; se enfriará. 4 hubiera estado sentada; habría. 5 fuera; compraría. 6 hubieras estudiado; habrías aprobado. 7 hubieras reservado; habría costado. 8 durmieras; estarías. 9 hubiera bebido; tendría. 10 usáramos; habría. **B** 1 destruyan. 2 suban. 3 pongan. 4 preocupes. 5 sean.

Unit 1

Así se habla 1
Track 1 (Activity 1)
<u>Laura</u>
– ¿Cómo te llamas?
– Yo me llamo Laura.
– ¿De dónde eres?
– Yo soy de Madrid, de España.
– Laura, estás aprendiendo inglés, o estás estudiando inglés. ¿Por qué lo estás estudiando?
– Pues, porque creo que es bastante importante conocer el inglés hoy en día, para el trabajo y cuando sales fuera de España.

Track 2 (Activity 2)
(1)
– ¿Cómo te llamas?
– Me llamo José.
– ¿De dónde eres?
– Soy de Puebla, de México.
– José, ¿por qué estudias inglés?
– Bueno, yo estoy terminando mis estudios secundarios en México y el próximo año me gustaría ir a la universidad en los Estados Unidos y para eso necesito hablar y entender muy bien el inglés.
(2)
– ¿Cómo te llamas?
– Me llamo Soledad.
– ¿Eres española?
– Sí, soy española, de Zaragoza.
– Soledad, ¿por qué has decidido estudiar inglés?
– Pues, principalmente porque voy a menudo a Inglaterra de vacaciones. Tengo amigos en Brighton y, pues claro, me gusta hablar con la gente, ir al cine, al teatro, leer. Por eso lo estoy estudiando.
(3)
– Hola, ¿cómo te llamas?
– Mi nombre es Raúl.
– ¿De dónde eres Raúl?
– Soy chileno, del sur de Chile, pero ahora estoy viviendo en Santiago.
– Raúl, tú estás estudiando inglés, ¿verdad?
– Sí, estudio en un instituto de idiomas.
– ¿Y por qué razón estudias inglés?
– Bueno, en primer lugar porque me gusta, pero también por mi profesión. Yo soy ingeniero en informática y la mayor parte de la información y de los libros en el campo de la informática están en inglés. El inglés es fundamental en mi trabajo.

Track 3 (Activity 4)
<u>María</u>
– María, ¿cuánto tiempo hace que estudias inglés?
– Tres años.
<u>Laura</u>
– ¿Llevas muchos años aprendiendo inglés?
– Sí, unos cuantos. Pero realmente no he tenido mucho tiempo para estudiarlo.

Track 5 (Activity 8)
<u>Pedro</u>
– ¿Te resulta fácil o difícil el inglés?
– Para mí lo más difícil es la pronunciación. Tengo dificultades para pronunciar ciertas palabras. La gramática me resulta relativamente fácil. En general, no tengo grandes problemas.
– ¿Qué tal lo hablas?
– Regular, no lo hablo ni bien ni mal. Digamos que me hago entender.

<u>Laura</u>
– ¿Te resulta difícil o más bien fácil?
– Me resulta difícil poder hablar, quizá más fácil poder entenderlo.
– ¿Por qué, por qué crees que es así?
– Pues, quizá, pues no sé, la vergüenza o el ridículo. No sé.
<u>Aurora</u>
– ¿Qué tal te va en el colegio?
– Pues, regular. Las matemáticas me resultan fáciles, en cambio la física me está costando mucho. Además, la profesora no me gusta nada. Me resulta muy antipática.

Track 6 (Activity 10)
– ¿Cómo te llamas?
– María Jesús.
– ¿De dónde eres, María Jesús?
– Soy de Burgos.
– Eh, ¿y vives en Burgos?
– No, estoy viviendo en Madrid desde hace dos años.
– Eh, ¿te gusta Madrid?
– Sí, me gusta mucho.
– ¿Vives sola o con tu familia?
– No, vivo con, con mi familia. Estoy casada y tengo una hija.
– Y, ¿cuántos años tiene?
– Dieciséis.
– Una mujer ya casi.
– Sí.
– Y, ¿cómo se llama tu hija?
– María.
– María, nombre muy español. ¿En qué trabajas, María Jesús?
– Estoy trabajando en la industria farmacéutica, en una compañía multinacional, en el departamento médico, estoy en investigación y desarrollo.
– Obviamente el inglés es muy importante dentro de este campo.
– Sí, podríamos decir que es la lengua oficial en, en este campo, en medicina.
– ¿Te gusta el inglés, te gusta estudiar el inglés?
– Me gusta, pero tengo cierta dificultad. Tengo cierta dificultad con la pronunciación, es un idioma que no es difícil el aprenderlo, el leerlo no me resulta difícil, y el entenderlo, pero cuando yo leo una palabra se pronuncia de una manera distinta, eso me cuesta.

Así se habla 2
Track 8 (Activity 2)
– Buenos días.
– Buenos días. ¿Qué desea?
– ¿Podría darme información sobre los cursos de guitarra clásica?
– Tenemos varios niveles, desde principiante a avanzado. ¿Qué nivel tiene usted?
– Un nivel intermedio.
– ¿Cuánto tiempo lleva estudiando guitarra?
– Dos años solamente.
– ¿Aquí en México?
– No, en los Estados Unidos, en Los Ángeles. He hecho dos años de guitarra en una academia de música.
– Bueno, en este momento tenemos dos cursos regulares de nivel intermedio, uno lunes, miércoles y viernes de cuatro a seis de la tarde y el otro es martes, jueves y sábado desde las diez hasta las doce. También hay un curso intensivo, de quince horas semanales, de nueve de la mañana a una de la tarde, de lunes a viernes.

– Prefiero el curso regular de la mañana. ¿De diez a doce me ha dicho?
– Sí, de diez a doce.
– ¿Y cuánto duran los cursos?
– Diez semanas.

Track 9 (Activity 3)
<u>Teresa</u>
– Buenos días.
– Buenos días. ¿Qué desea?
– ¿Podría darme información sobre los cursos de verano? Estoy trabajando como recepcionista en un hotel desde hace un mes y todavía tengo muy poca experiencia. Me gustaría hacer un curso de inglés o algo relacionado directamente con mi trabajo. ¿Tienen ustedes algo?
– Cursos de idiomas no tenemos. Pero tenemos un curso que le puede interesar. Le daré un folleto informativo.
<u>Ana María</u>
– Buenas tardes, quería información sobre los cursos de verano.
– ¿Qué tipo de curso le interesa a usted?
– Me gustaría inscribirme en algún curso relacionado con artes. Puede ser dibujo, cerámica, o algo similar.
– Dibujo y cerámica me parece que no tenemos. Pero tenemos otros cursos de artes. A ver... un momento, por favor.
<u>Alfredo</u>
– ¿Dígame?
– Buenos días. ¿Podría decirme si van a tener cursos de verano este año?
– Sí, sí, los cursos de verano empiezan el día 1 de julio.
– ¿Está abierta la inscripción?
– No, señor, la inscripción empieza la próxima semana.
– ¿Qué curso le interesa a usted?
– ¿Tienen algún curso de deportes?
– Sí, sí tenemos. Me parece que tenemos dos o tres este verano. ¿Quiere esperar un momento, por favor?

Track 10 (Activity 5)
<u>Tomás</u>
– ¿Cuánto duran los cursos?
– Diez semanas.
– ¿Y cuánto cuestan?
– Mil quinientos pesos en total, incluida la matrícula.
– De acuerdo. Me gustaría empezar la próxima semana si es posible.
– Sí, sí, no hay problema. Puede inscribirse ahora mismo si usted quiere. Le daré una ficha de inscripción.
– Gracias. ¿Las clases son aquí mismo?
– Sí, son aquí mismo, en el segundo piso.

Track 11 (Activity A)
– Buenos días. ¿Podría darme información sobre el curso de secretariado bilingüe? Me gustaría saber cuánto cuesta.
– ¿El curso trimestral?
– Sí, el de tres meses.
– Pues, el valor del curso es de novecientos cincuenta euros. La matrícula se paga aparte y son otros cuarenta y cinco euros. Más veintiocho euros para materiales. Son mil veintitrés euros en total.
– Un momentito, por favor, que lo voy a apuntar. Mil veintitrés euros me ha dicho, ¿verdad? Es dinero.

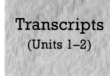

Transcripts
(Units 1–2)

– Sí, pero son tres meses. Ahora, para transporte, si va a venir en autobús o en metro, calcule usted unos cuarenta euros mensuales.
– Y una habitación en casa de familia, ¿cuánto puede costar?
– Pues, la habitación sola con desayuno le puede costar unos trescientos cincuenta euros por mes y con pensión completa unos seiscientos veinte euros.

Un paso más
Track 12 (Activity 2)
Inma
– ¿De dónde vienen los clientes que frecuentan el hotel donde trabajas?
– Generalmente, son la mayoría ingleses. Trabajamos con muchos turistas ingleses, aunque también vienen españoles, pero en mucho menor número. Generalmente son ingleses.
– ¿Hablas inglés?
– Sí, un poquito.
– Pues, bastante bien, ¿no?
– Lo tengo que perfeccionar más todavía, pero, bueno, de momento no está mal. No me quejo.
– ¿Y qué otros idiomas hablas?
– Francés hablo también y catalán, que también es otro idioma, aunque generalmente la gente que habla catalán entiende perfectamente y habla el castellano.
Esteban
– ¿Qué idiomas hablas?
– Bueno, estoy estudiando inglés. Entiendo un poco, pero hablar me cuesta mucho todavía.
– ¿Y hablas otros idiomas?
– No, entiendo italiano y un poco de portugués, pero no los hablo.
– Los clientes del hotel donde trabajas, ¿son mayormente españoles o extranjeros?
– Bueno, durante los meses de verano, especialmente en julio y agosto, la mayoría son extranjeros, aunque suelen venir muchos españoles durante todo el año, especialmente de Madrid.
– Y los extranjeros, ¿de dónde son?
– La mayoría son franceses, pero también vienen muchos italianos.
– ¿E ingleses?
– Sí, ingleses también, aunque no tantos.
Gloria
– Tú estás trabajando como recepcionista, ¿verdad?
– Sí, trabajo como recepcionista la mayor parte del tiempo.
– ¿Te gusta el trabajo de recepción?
– Hombre, me gusta el contacto con gente de diferentes países. Además, es una buena oportunidad de hablar otros idiomas.
– Y dime, ¿qué idiomas hablas, aparte del español?
– Pues mira, hablo inglés, francés y un poquito de alemán.
– ¿Cuál de los tres idiomas te resulta más fácil?
– Hombre, el inglés es el que menos cuesta. El francés tampoco me cuesta mucho, y el alemán, pues, lo hablo, pero no muy bien. En estos momentos, lo estoy aprendiendo. Y también, además, hablo gallego, porque, bueno, mis padres son de Galicia.
– ¿Tienes experiencia con turistas ingleses?
– Pues sí, la mayoría de los turistas que vienen aquí son ingleses.

Unit 2
Así se habla 1
Track 1 (Activity 1)
– Mónica, ¿a qué te dedicas?
– Trabajo y estudio. Durante el día trabajo como secretaria y por la noche estoy estudiando comercio exterior.
– ¿Y en qué consiste tu trabajo?
– Bueno, contesto cartas, envío faxes, contesto el teléfono, concierto citas y entrevistas ... Es una compañía pequeña, así que hago un poco de todo.
– ¿Tú qué haces, Ricardo?
– Pues, yo trabajo en Correos. Clasifico la correspondencia y reparto cartas y pequeños paquetes.

Track 3 (Activity 4)
María Victoria
– ¿Cuál es su horario de trabajo actual?
– Aquí trabajo de diez a seis de la tarde.
– Son muchas horas.
– Bueno, son siete horas sin contar la hora de descanso que tengo.
– ¿Cuántos días a la semana trabaja usted?
– Trabajo cinco días a la semana.
– ¿Qué días?
– De domingo a jueves. Porque empiezo el domingo y termino el jueves, y los días libres míos son viernes y sábado.
– O sea que el domingo trabaja, ¿verdad?
– Sí, trabajo el domingo.
Arturo
– ¿Cuál es tu horario de trabajo?
– Son cinco días a la semana, de martes a sábado, de diez a seis de la tarde.
– ¿Entonces no trabajas los domingos?
– Ni los lunes.
– ¿Cuántas horas diarias trabajas?
– Siete.
Idoia
– ¿Cuál es tu horario de trabajo?
– Por la mañana empiezo a las nueve, hasta la una del mediodía. Luego tengo dos horas para comer, hasta las tres. Y por la tarde entro de nuevo a trabajar a las tres y salgo a las siete.
– O sea, ¿cuántas horas diarias trabajas?
– Pues, en total trabajo ocho horas.
– ¿Y trabajas los sábados?
– Sí, pero sólo de diez de la mañana a doce del mediodía.

Track 4 (Activity 6)
María Victoria
– ¿Considera interesante su trabajo?
– Bueno, sí, bastante, el contacto con el público es muy interesante, conocer diferentes tipos de personas, y más que todo estar en contacto con la gente.
Inma
– ¿Cuánto tiempo hace que trabajas aquí?
– Tres meses.
– Y ¿cómo va? ¿bien?
– Muy bien. Me siento muy a gusto, se trabaja bien, hay un ambiente muy familiar en el hotel.
Cristóbal
– ¿Te gusta lo que haces?
– Pues, la verdad es que no mucho. Se gana poco y se trabaja mucho.

Track 5 (Activity 8)
Delia
– A mí me gustaría ser piloto de avión. Podría viajar constantemente y conocería muchos países. Es un trabajo que me apasiona y creo que lo haría muy bien.
Mario
– Yo estudiaría medicina, como mi padre, pero no lo haría por el estatus o el dinero. No es lo que yo querría. Lo haría más bien porque como médico ayudaría a la gente enferma y tendría la oportunidad de conocer a muchas personas.
Isabel
– Me encantaría ser paisajista porque trabajaría al aire libre, estaría en contacto con la naturaleza y haría unos jardines maravillosos. Me fascinan las plantas y las flores.
Gonzalo
– Yo me dedicaría al tenis, porque me gustaría llegar a ser jugador profesional y participaría en muchas competiciones. Siempre me ha gustado el tenis.

Track 6 (Activity 9)
– Imagínese que tiene la posibilidad de cambiar de trabajo o de actividad, ¿qué trabajo o profesión o actividad elegiría usted?
– Me dedicaría a la música, porque también ahora hago música. Soy parte de una banda de cuatro personas, un grupo, y hacemos música tradicional de Bolivia, y es algo que me gusta y disfruto bastante.
– Le tendría que dedicar más tiempo.
– Más tiempo, claro. Tendría ..., tendría más tiempo para practicar y viajar a diferentes partes de Europa, tal vez Inglaterra... Es algo que me gusta.
– ¿Trabajaría de forma independiente?
– Sí, claro. Lo haría de una manera independiente con ..., por supuesto con mis amigos.

Track 7 (Activity 12)
– Buenos días. Llamo por el anuncio en el periódico de esta mañana, para el puesto de vendedora.
– Un momento, por favor, que le pongo con la persona encargada.
– ¿Sí, dígame?
– Buenos días. Llamo por el anuncio en el periódico. Estoy interesada en el puesto de vendedora. ¿Sería tan amable de enviarme una solicitud y más información?
– Sí, sí, ¿podría decirme su nombre y dirección, por favor?
– Me llamo Carmen Fernández y vivo en la calle Molina 56, tercero, izquierda.
– Calle Molina 56, tercero, izquierda, me ha dicho, ¿verdad?
– Sí, sí, eso es.
– Muy bien, le enviaré una solicitud ahora mismo.
– Muchas gracias. Adiós.
– De nada. Adiós.

Track 8 (Activity 13)
Agustín Anciani
– Editorial América, buenas tardes.
– Buenas tardes. ¿Podría hablar con la gerente, por favor?
– La gerente no está en este momento. Tendría que llamarla después de las cuatro. ¿De parte de quién?
– De Agustín Anciani, de Valparaíso, Chile.

– ¿Quiere dejar algún recado?

– Sí, por favor. ¿Sería tan amable de decirle que estoy en México, en el hotel Continental? Me gustaría hablar con ella antes de volver a Chile. Regreso pasado mañana.

– ¿Podría decirme su apellido otra vez por favor?

– Anciani.

– ¿Cómo se escribe?

– A-n-c-i-a-n-i, Anciani.

– Muy bien señor Anciani, le daré su recado a la gerente.

– Gracias. Adiós.

Adela Román

– ¿Dígame?

– Buenas tardes. Soy una paciente de la doctora García. ¿Podría darme hora para el miércoles, por favor?

– ¿Su nombre?

– Adela Román.

– ¿A qué hora podría venir usted?

– Por la tarde sería mejor.

– Bueno, puedo darle hora para las cuatro y media o para las seis. ¿Qué hora le conviene más?

– A las cuatro y media.

– De acuerdo. La señora Adela Román, ¿no?

– Sí, Adela Román.

Así se habla 2
Track 9 (Activity 1)
Elena

– Buenos días. Quisiera cambiar dólares a euros. ¿Podría decirme a cuánto está el cambio hoy?

– ¿Dólares americanos?

– Sí, de Estados Unidos.

– ¿Qué tiene, billetes o cheques?

– Cheques.

– Está a ochenta y cinco céntimos por dólar.

– Quiero cambiar doscientos dólares.

– Bien, ¿quiere firmar los cheques? ¿Y me permite su pasaporte, por favor?

José

– Buenas tardes.

– Buenas tardes. ¿Qué desea?

– Quería cambiar dólares a pesos. ¿A cuánto está el cambio hoy?

– ¿Qué tiene, billetes o cheques?

– Billetes.

– En este momento estamos dando once pesos por dólar. ¿Cuánto quería cambiar usted?

– Necesito unos mil quinientos pesos.

– Veamos, mil quinientos pesos a once pesos por dólar son ... ciento treinta y seis dólares con treinta y seis centavos.

– Bueno, entonces cambiaré ciento cincuenta dólares.

– Ciento cincuenta dólares a once pesos son mil seiscientos cincuenta pesos.

Track 10 (Activity 2)
(1)

– Perdone, ¿a cuánto está el cambio del yen japonés?

– Está a setenta y ocho céntimos por cada cien yenes.

(2)

– Por favor, ¿podría decirme a cuánto está el franco suizo?

– El franco suizo ... un momento, por favor ... sesenta y cuatro céntimos.

(3)

– Buenos días, quisiera cambiar rublos a euros. ¿A cuánto está el cambio hoy?

– Dos euros ochenta y tres por cada cien rublos.

Track 11 (Activity 4)
Arturo

– Arturo, la vida en Santiago, ¿es tan cara como en Londres?

– No, no es tan cara, es ... prácticamente, en algunas cosas es mucho más barata, como por ejemplo en la comida. El transporte no es tan caro o quizás es mucho más barato que acá en Londres. Pero la ropa, por ejemplo, o también los utensilios para la casa son tan caros como acá en Londres.

– Y por ejemplo, salir y divertirse, eso que dicen que a los latinoamericanos les gusta tanto. ¿Es tan caro como aquí? ¿Menos caro?

– No es tan caro como acá, es más barato que acá salir, por ejemplo una noche a una discoteca o ir a un restaurant a comer, es más barato que aquí en Londres.

– ¿Cuánto sale cenar fuera de casa en un restaurante mediano de Santiago?

– En la moneda de mi país son como cinco mil pesos, cinco mil, seis mil pesos.

María Victoria

– A mí me encantaría ir de vacaciones a Bolivia, a La Paz. Los hoteles, ¿son tan caros en La Paz o en Bolivia, en otras ciudades, como aquí en Inglaterra?

– Si usted va a Bolivia o a La Paz, seguramente que encontrará más barato todo. El alojamiento, por supuesto, es mucho más barato que aquí en Inglaterra, y en general todo seguramente.

– ¿Cuánto sale aproximadamente comer fuera de casa, en un restaurante?

– Bueno, depende del restaurante, porque uno puede comer con tres bolivianos, seis bolivianos, diez bolivianos, y hasta veinte bolivianos, que es muy buena comida.

– ¿Y los transportes?

– El transporte también es bastante barato. En realidad, todo barato para usted.

Track 12 (Activity 5)
– ¿Es caro vivir en Madrid?

– La vida está muy cara en Madrid. Quitando el transporte ... teatro, ropa, vivienda, colegios, eh, la..., la cesta de la compra, todo está muy caro.

– ¿Y el vino?

– El vino sigue siendo más barato aquí que ..., que en Gran Bretaña por ejemplo, pero sí, ha subido bastante de precio en los últimos diez, quince años.

– ¿Y los gastos como el teléfono?

– El teléfono en España, tradicionalmente es uno de los más caros de Europa, las tarifas son de las más altas de Europa. Eh, por ejemplo hacer una ..., poner una conferencia, hacer una llamada internacional, no sé si cuesta el triple desde Madrid que desde Nueva York. Quizá esté exagerando un poco, pero no mucho, ¿eh?

– Muy bien. ¿Y qué es lo más barato?

– ¿Las cosas más económicas?, eh ..., el transporte público.

– ¿El autobús, el metro ...?

– ... el autobús, el metro, yo creo que los taxis siguen siendo relativamente económicos en comparación con Londres, con París, con ... con Nueva York, los trenes de cercanías ...

Track 13 (Activity 6)
– El cine, yo creo que es muy barato, creo que cuesta seis euros ver una película recién estrenada.

– ¿Y los restaurantes?

– Bueno, ir de tapas sigue siendo relativamente económico, y en Madrid yo creo que también sigues encontrando restaurantes baratos, pero también los hay carísimos.

– ¿Y a cuánto sale una comida barata?

– Te puede costar menos de nueve euros, o sea tres platos, pan, vino, eh, o pan y bebida; en un restaurante de lujo, como Zalacaín, por ejemplo, te puede costar ciento veinte euros por cabeza.

– Mucho.

– Sí.

Un paso más
Track 14 (Activity 2)
Jorge

– Imagínate que ganas un gran premio en la lotería, ¿qué harías con ese dinero?

– Bueno, no es fácil de contestar. Creo que mi vida cambiaría radicalmente. Lo primero que haría sería dejar de trabajar. Eso sí lo tengo muy claro. Luego, me tomaría mi tiempo y me dedicaría a viajar por lo menos un año. Durante ese viaje elegiría el país donde establecerme y allí posiblemente construiría una casa. Por supuesto, también ayudaría económicamente a mi familia. Con el resto del dinero, lo pondría en un banco y ... haría una vida muy tranquila.

María Victoria

– Imagínese que juega a la lotería y que gana una gran cantidad de dinero, ¿qué haría con ese dinero?

– ¡Ay! ¡Qué no haría! Haría muchas cosas creo. Viajaría por todo el mundo.

– ¿Ayudaría a la familia?

– Ayudaría a la familia, sí, a amigos.

– ¿Le gustaría seguir trabajando en lo mismo?

– Sí, claro, por qué no, por el momento sí.

– ¿Cambiaría de casa?

– Sí, cambiaría de casa, compraría una casa no más grande, pero sí muy cómoda y con jardín.

– ¿Seguiría viviendo en Londres?

– Sí, seguiría viviendo en Londres, porque es un lugar que me gusta.

Unit 3
Así se habla 1
Track 1 (Activity 2)
– Emilia, ¿dónde naciste?

– Nací en Burgos.

– ¿Y cuándo naciste?

– El 4 de abril de 1957.

– ¿Y a qué edad empezaste el colegio?

– A la edad de seis años.

– ¿Hiciste todos tus estudios en Burgos?

– Bueno, hice el bachillerato en Burgos, lo terminé en el setenta y cinco, y al año siguiente, en el setenta y seis, me fui a estudiar a Madrid.

– ¿Qué carrera hiciste?

– Hice diseño gráfico y me licencié a los veintidós años.

– ¿Y continuaste viviendo en Madrid?

– Pues no, estuve en Madrid hasta finales del año pasado y luego volví a Burgos donde acabo de conseguir un trabajo.

Track 2 (Activity 3)
(1)
– Roberto, ¿cuándo naciste?
– Bueno, nací el 2 de noviembre de 1960.
– ¿Y a qué edad fuiste al colegio?
– Pues, empecé a los cinco años.
– ¿Y en qué año lo dejaste?
– Acabé en 1978.
– ¿Y fuiste a la universidad?
– Sí, fui a la Universidad de Lejona en Bilbao y allí me licencié en periodismo.
– ¿Y en qué año entraste a la universidad?
– Pues, empecé en 1979.
– ¿Y cuándo terminaste tus estudios?
– Terminé en 1985.
– ¿A qué edad empezaste a trabajar?
– Pues, empecé en 1986, en una oficina.
– ¿Y estás casado o soltero?
– Bueno, no estoy casado, pero vivo con mi pareja desde hace dos años.

(2)
– Tamy, ¿cuándo naciste?
– Nací el 18 de febrero de 1962.
– ¿Y a qué edad fuiste al colegio?
– Pues, empecé a los seis años.
– ¿Y en qué año dejaste el colegio?
– Creo que ..., sí, en 1980.
– Y después, ¿qué hiciste, después de 1980?
– Uy, bueno, empecé a trabajar a los dieciocho años como mesera y después me fui a viajar por el mundo y entré a la universidad, pues ya un poco mayor, ¿no? en 1987, y cursé estudios de filología francesa y terminé en 1991, cuando empecé a trabajar como profesora.
– ¿Y estás casada o soltera?
– No, estoy casada.
– ¿Tienes niños?
– No, todavía no.

(3)
– Jorge, ¿cuándo naciste?
– Nací el 4 de julio de 1951.
– ¿A qué edad fuiste al colegio?
– Entré al colegio secundario a los doce años.
– ¿Y en qué año dejaste el colegio?
– Terminé el colegio secundario en 1968.
– ¿Y fuiste a la universidad?
– Sí, sí, a la universidad de Buenos Aires. Allí estudié arquitectura.
– ¿Ah sí? ¿Y en qué año entraste a la universidad?
– En el setenta.
– Ah sí, ¿y en qué año terminaste?
– Terminé la facultad en 1976.
– ¿Y a qué edad empezaste a trabajar?
– Bueno, empecé a trabajar muy temprano, a los quince y ... en una empresa constructora. De ahí la vocación para estudiar arquitectura.
– ¿Y estás casado o soltero?
– Me casé por segunda vez en 1990.
– Ah mira, ¿y tienes niños?
– Sí, tres, la mayor tiene quince años, la del medio doce, y el menor sólo dos años.
– ¿Y cuándo nació el primero?
– Mi hija mayor nació el 19 de octubre de 1980.

Track 3 (Activity 6)
(1)
– Pablo, dime, ¿cuántos años tienes?
– Tengo 27 años, a punto de cumplir 28.
– ¿Y de dónde eres?
– Yo soy de Santiago de Chile.
– ¿Y a qué te dedicas?

– Soy profesor de inglés.
– ¿Puedes decirme algo acerca de tu vida?
– Sí, como no. Mira, yo nací en Santiago de Chile, en el año 1967, un 25 de mayo. Viví alrededor de nueve años en Chile, en este país, y en 1978 me tuve que ir con mi familia a Alemania. Ahí permanecí durante ocho años. Después de ese período, volví a Chile, en el año 1985. Ahí estudié pedagogía en inglés y me recibí de profesor de inglés. Me casé en Chile, con una mujer maravillosa, y en estos momentos estamos trabajando, acabamos de formar nuestra casa y estamos trabajando arduamente para poder crear un hogar.

(2)
– Valentina, háblame un poco sobre tu vida.
– Mira, yo nací en el sur de Chile, en una ciudad llamada Valdivia. Es una ciudad bellísima, es una ciudad fluvial. A la edad de cinco años entré al colegio alemán, donde recibí la educación en el idioma alemán y en castellano. Estuve allí en el colegio hasta mi ... la mitad de mis años secundarios, años preuniversitarios. Entonces fui al colegio ... al liceo, al liceo de niñas de la ciudad, donde completé mis estudios. Y me preparé para la universidad.

Así se habla 2
Track 5 (Activity 2)
– Rodolfo, ¿recuerdas tu primer viaje a otro país?
– Pues sí, lo recuerdo perfectamente. Yo tenía diez años y no había salido nunca fuera del país, ni siquiera había estado en Madrid, y mis padres me llevaron a París. Viajamos en tren. Era un viaje largo en aquel tiempo y yo estaba tan nervioso que no dormí en toda la noche.
– ¿Y qué impresión te causó la visita?
– Fue una experiencia inolvidable. Encontré que París era una ciudad maravillosa y que no se parecía en nada a lo que yo había imaginado.

Track 6 (Activity 5)
– Rafael, ¿cómo os conocisteis Eloísa y tú?
– Pues, Eloísa y yo nos conocimos hace tres años en casa de una hermana suya que había sido compañera mía en la universidad. Una tarde yo estaba en un café y me encontré con Alba. Me invitó a su casa y me presentó a su hermana. A partir de aquel día nos vimos a menudo, hasta que la relación se transformó en algo más serio. Eloísa todavía estaba en la universidad, pero yo ya había terminado mis estudios y tenía un buen trabajo, así que en diciembre de aquel mismo año nos casamos.

Track 7 (Activity 6)
(1)
– Tamy, ¿tu esposo es mexicano también?
– No, es alemán.
– Alemán. ¿Y cómo lo conociste?
– Bueno, lo conocí hace tres años en febrero mientras hacía un curso de profesorado en Londres. Originalmente, yo había pensado hacer el curso en junio, pero a última hora decidí hacerlo en febrero y bueno, teníamos una asignatura en común y, pues, allí empezó todo, ¿no?
– ¿Y cuánto tiempo después se casaron?
– A los tres meses, fue amor a primera vista.
(2)
– Idoia, ¿cómo conociste a tu novio, a Bernardo?
– Hombre, conocí a Bernardo hace dos años y

medio aquí en Londres, en una escuela de inglés. Un día en clase nos apostamos una cerveza sobre una pregunta que nos hizo el profesor y yo perdí. Entonces fuimos a un pub donde yo le tuve que invitar y estuvimos allí hasta que cerraron. Entonces, a partir de aquel día nos fuimos conociendo mejor hasta que nos enamoramos y empezamos a salir.
(3)
– Jorge, ¿estás casado o soltero tú?
– Estoy casado.
– Y cuéntame, ¿cómo conociste a tu mujer?
– En un viaje al Medio Oriente, hace siete años. Bueno, yo había decidido hacer un viaje mucho tiempo antes y la que ahora es mi esposa también había decidido hacer un mismo viaje, el mismo viaje y ... bueno, coincidimos en el mismo tour.
– ¿Se conocieron en el tour?
– Sí, nos conocimos en el tour. Al principio fue un poco extraño, porque ella no hablaba castellano y yo no hablaba inglés, así que todo fue por señas y con buena voluntad.

Track 8 (Activity 8)
Tamy
– Tamy, ¿recuerdas a algunos de tus compañeros de trabajo? ¿A alguien en especial?
– Sí, recuerdo a una chica polaca que conocí hace tres años. Era muy extrovertida y tenía una personalidad muy bohemia. Tenía una voz preciosa, y como había estudiado la guitarra, pues, se acompañaba muy bien. Tenía un espíritu aventurero y, bueno, era el alma de todas las fiestas.
Liana
– ¿Cómo era tu compañera de apartamento?
– Karen se llamaba. Karen era una persona muy nerviosa y tenía una personalidad bastante voluble. Claro que era muy inteligente. Había estudiado física, pero no la practicaba. Y no sabía relacionarse con la gente. Siempre estaba leyendo. Y siempre estaba desarmando los aparatos eléctricos de la casa. Era un desastre.

Un paso más
Track 9 (Activity 2)
– ¿Por qué volviste a Montejaque?
– Porque siempre fue mi sueño volver. Cuando me llevaron a Barcelona no pude integrarme muy bien, me faltaban mis raíces y decidí que después de terminar mis estudios me vendría a vivir aquí.
– ¿Y cómo fue volver después de tantos años?
– Pues duro, porque yo solía venir de vacaciones y eso es mucho más llevadero, pero cuando vienes de un sitio tan grande como Barcelona, con todo lo que quieres al alcance de la mano, a un sitio tan pequeño, es muy duro. Aquí no se tiene tanta libertad individual, porque la gente siempre está preocupada de lo que haces y lo que no haces. Pero es cuestión de acostumbrarte a vivir tu vida.
– ¿Qué te faltaba aquí en Montejaque?
– Pues me faltaba una biblioteca donde poder ir a leer, me faltaba un cine, un sitio donde pasear, un sitio donde poder tomar una copa. Me faltaban muchas cosas.

Track 10 (Activity 4)
– ¿Qué piensas de los ingleses?
– Pues tenía, no peor concepto, pero sí estaba un

poco más desinformada, pero son personas, por lo general, ¿no? – claro, siempre te encuentras a alguien que no es comunicativo –, pero por lo general con nosotros la gente es muy comunicativa, son muy, muy, muy educados y muy agradecidos. Se quejan mucho menos que un español, y lo que le haces te lo agradecen veinte mil veces más que un español, ¿no?

Unit 4

Así se habla 1
Track 1 (Activity 1)
Idoia

– ¿Qué haces normalmente en tu tiempo libre?
– Hombre, pues, me encanta dormir, también me gusta mucho ver películas, a mi novio y a mí nos encanta alquilar películas de vídeo, pero preferimos ir al cine. Y... pero yo diría que lo que más nos gusta de todo es ir a esquiar.

Jorge

– ¿A qué te dedicas normalmente en tu tiempo libre?
– Bueno, me gusta la jardinería, aunque lo que más me gusta es leer. Leo mucho, leo de dos a tres libros simultáneamente.

Liana

– Liana, ¿qué haces normalmente en tu tiempo libre?
– Bueno, no tengo mucho tiempo libre, pero me gusta mucho jugar al tenis y me encanta el cine y también me fascina la literatura.

Track 3 (Activity 3)
Idoia

– ¿Te gusta la música?
– Sí, me gusta mucho la música, todo tipo de música. La verdad es que depende de mi estado de ánimo. Por ejemplo, si estoy triste me gusta escuchar música clásica, y si en esos momentos me siento romántica, pues me encanta escuchar canciones de amor.
– La música pop, la música moderna, ¿te gusta?
– Hombre, sí me gusta, ¿no?, pero no es algo que iría a comprar.

Liana

– ¿Y te gusta la música?
– La música me encanta. Y me encanta la música brasilera, me fascina la salsa, me gusta mucho bailarla también, me gusta el jazz, y en general me encanta la música.

Track 4 (Activity 4)
Idoia y Jaime

– ¿Y qué tipos de películas les gustan?
– Hombre, me gusta toda clase de películas. Me gustan todos los géneros. Pero lo que más me interesa es la intriga, aunque me fascina mucho más el terror.
– Bueno, las que más me interesan y las que más suelo ver son las de ciencia ficción, las películas futuristas. Curiosamente, también me gustan las películas históricas.
– ¿Las películas de vaqueros o de aventuras te gustan?
– La verdad es que no mucho. De pequeño me fascinaban las de vaqueros, pero ahora las encuentro aburridas.

Track 5 (Activity 6)
Liana

– Y en literatura, ¿cuáles son tus preferencias?
– Bueno, me gusta mucho la literatura feminista, la latinoamericana, los cuentos cortos y la ficción.

Jorge

– Y en literatura, ¿cuáles son tus preferencias?
– Generalmente me gusta la novela latinoamericana, aunque hay algunos autores españoles que también leo. Prefiero la literatura mágica.

Rosa

– Rosa, ¿qué sueles leer en tu tiempo libre?
– Pues, a mí me encantan las novelas y las revistas románticas. Las revistas de moda y las historietas también me gustan mucho.

Manuel

– Manuel, ¿qué lees tú normalmente?
– Pues, no mucho. No tengo tiempo para leer. Pero de vez en cuando, hombre, sí, leo el periódico.
– ¿Y qué periódico lees?
– Hombre, Marca, es un periódico deportivo. Ése es el que más me gusta.

Track 7 (Activity 9)
Idoia

– ¿Cuál fue la última película suya que viste?
– *Drácula*.
– Ah sí, sí. Yo no la he visto. ¿Qué te pareció?
– Me pareció excelente. Hombre, no es la mejor película suya que he visto, ¿no?, pero sí una de las más espectaculares. Además, debo decir que el actor que hace de Drácula, hace un papel extraordinario. Es buenísimo.

Jorge

– ¿Tienes algún escritor que te guste más en especial?
– Bueno, me gusta Vargas Llosa, Isabel Allende, pero por sobre todas las cosas me gusta Gabriel García Márquez.
– Has leído, supongo, muchos de sus libros, ¿no?
– Creo que básicamente leí toda su obra.
– ¿Y cuál fue el último que leíste?
– Bueno, nunca hay un último, pero el que más repito es *Cien años de soledad*.
– ¿Qué te pareció el libro? ¿Te gustó?
– Ah, es excelente, es excelente, cada vez que lo leo descubro cosas nuevas.

Belén

– Belén, a ti te gusta el cine, ¿verdad?
– Pues sí, me gusta mucho. Suelo ir casi todas las semanas al cine.
– ¿Y de los actores españoles cuál te gusta más?
– Hombre, me gustan varios, pero creo que el que más me gusta es Antonio Banderas. Me encanta. Es un buen actor y además, es muy guapo. He visto casi todas sus películas.

Track 8 (Activity 10)
Roberto

– ¿Has visto algo recomendable, algo bueno últimamente?
– Pues sí, concretamente anoche vi un programa sobre vuelos espaciales. Me pareció muy interesante lo que dijeron los astronautas y me gustaron mucho las imágenes de los planetas.

Idoia

– ¿Te gusta un poco la televisión?
– Sí, me gusta, pero no sé, por ejemplo, un programa que me encantó fue uno que vi sobre gorilas hace poco, y la verdad estuvo bien y me pareció instructivo.

Juan

– ¿Sueles ver televisión?
– Mira, la verdad es que televisión veo poquísimo. En general, no me gusta mucho. Anoche concretamente estuve mirando televisión un rato y vi un par de cosas que me gustaron.
– ¿Cuáles eran?, si no te importa, claro.
– Bueno, vi una película, no era una película, era un documental sobre un individuo que tiene muchísimo dinero y que decide de la noche a la mañana deshacerse de todo su dinero y regala todo su dinero. Empieza primero regalando el dinero a instituciones de beneficencia y en seguida, los últimos dos mil dólares los distribuye en billetes de cinco dólares a vecinos y a diferentes personas. Y luego, se va a vivir, de su mansión a una casa rodante. Y dice que vive absolutamente feliz.
– ¿Y a ti te gusta esa idea?
– La verdad es que yo no daría todo mi dinero. Y creo que no cambiaría tan radicalmente mi vida, pero me parece válido, él se veía feliz.

Así se habla 2
Track 9 (Activity 1)
Gonzalo

– Oye, qué planes tienes para el fin de semana?
– Pues, el domingo es el cumpleaños de mi hijo. Habíamos pensado ir a la playa, pero él prefiere quedarse para ir al fútbol. El sábado vamos a ir al estadio y el domingo vamos a celebrar su cumpleaños en casa. Tienes que venir.
– Gracias. ¿Cuántos años cumple?
– Cumple doce.

Mercedes

– Mercedes, no te olvides de que el sábado es la fiesta de despedida de Nicolás.
– Sí, ya lo sé.
– Vas a ir, ¿no?
– Sí, por supuesto que iré. Pero llegaré un poco tarde. Tendré que ir al aeropuerto a esperar a Antonio que llega de Nueva York. Pensamos ir juntos.
– Estupendo.

Julio

– Julio, ¿qué piensas hacer el sábado? Es el día de tu santo.
– Bueno, voy a ir con Isabel al teatro y después pensamos ir a bailar a una discoteca.
– ¿Qué van a ver?
– *La casa de Bernarda Alba*. La están reponiendo en el teatro Andes. ¿La has visto?
– Sí, sí, ya la he visto. Es estupenda.

Track 10 (Activity 2)
– ¿Qué piensas hacer este fin de semana, Rafa?
– Bueno, en España los fines de semana comienzan los viernes por la tarde, y yo creo que pienso descansar bastante, el viernes por la tarde. Quiero salir por la noche, este mismo viernes, a bailar posiblemente. Pienso ir el sábado, si no me despierto muy tarde, a Segovia, que es una ciudad que está cerca de Madrid. Voy a comer en Segovia, el sábado a mediodía y pienso quedarme por la tarde allí hasta que empiece a anochecer. Si no estoy muy cansado pienso ir a algún bar por la noche el sábado, a ver a amigos y estar un rato con ellos. ... Y el domingo, pues, si..., otra vez, si no estoy muy cansado, pues me gustaría ..., pienso ir al mediodía a ver a mis padres, a tomarme unas cañas con ellos, y quizá coma con mis padres.

Track 11 (Activity 5)
Gloria y Carmen
– ¿Qué tal si nos vemos mañana?
– Bueno, ¿qué te gustaría hacer?
– Pues, en el Museo de Arte hay una exposición de Botero que dicen que está muy bien. Podríamos ir allí. No la has visto, ¿verdad?
– No, todavía no. No he tenido tiempo.
– ¿Te gustaría verla?
– Sí, sí, me gustaría.
– Pues, mañana pienso ir a casa de mi madre y estaré libre a las tres. Si quieres podemos encontrarnos en la entrada principal del museo. ¿A las tres y media te parece bien?
– Sí, a las tres y media está bien.

Track 12 (Activity 6)
Idoia y Roberto
– Roberto, ¿qué planes tienes para esta noche?
– Ah pues, había pensado quedarme en casa. Mira, tengo mucho trabajo que hacer y me gustaría acabarlo, ¿por qué?
– Hombre, tenía ganas de ir al cine.
– ¿Y qué querías ver?
– Quería ver El cartero. ¿Tú la has visto?
– No, todavía no la he visto.¿Qué tal si vamos mañana? No tengo nada que hacer mañana por la tarde.
– Pues sí, podemos ir mañana.
– ¿Y dónde la echan?
– La echan en el cine Modelo. Hay dos sesiones, una a las siete menos cuarto y otra a las nueve menos cuarto. ¿A ti qué te parece si vamos a la de las nueve menos cuarto?
– Vale. ¿Sacas tú las entradas?
– Sí, sí, las saco yo, no te preocupes. ¿Y dónde quedamos?
– Pues, podemos quedar en el café que está enfrente del cine. ¿A las ocho te parece bien?
– Pues, sí me parece muy bien a las ocho.

Isabel y Rafael
– ¿Tienes algo que hacer mañana por la noche?
– Mañana por la noche es viernes y pienso ir a bailar un poco y a tomar unas copas con los amigos, posiblemente.
– ¿Y por qué no vamos al cine, o al teatro?
– Muy bien, ¿qué te apetece ver?
– Me gustaría ver Waterworld.
– Sí, ¿pero no preferirías ir al teatro?
– Sí, estupendo, me encantaría.
– ¿Qué obras hay hoy en cartel?
– Creo que están reponiendo La Zapatera Prodigiosa, con tablao flamenco y todo. Me gustaría verla.
– Muy bien. Por mí, me apetece.
– ¿Tú sabes a qué hora empieza?
– Supongo que a las ocho, pero puedo mirarlo en la cartelera del periódico.
– Pues muy bien. ¿Cómo hacemos, saco yo las entradas o las sacas tú?
– Yo prefiero que las saques tú, estoy un poco ocupado ahora.
– Bueno, pues entonces las saco al salir del trabajo. ¿Te parece?
– Muy bien.
– De acuerdo. ¿Dónde quedamos? ¿Delante del teatro, por ejemplo?
– Sí, en un bar que hay justo enfrente.
– De acuerdo. Bueno, pues entonces quedamos a las seis de la tarde, ¿te parece?
– Muy bien.
– Vale.

Track 14 (Activity 9)
Roberto
– Roberto, ¿qué hiciste el día de tu cumpleaños?
– Pues, iba a ir con mi mujer a cenar, salimos en el coche, pero antes de llegar al restaurante tuvimos una avería. Estuve casi dos horas tratando de reparar la avería, y para entonces era tan tarde que decidimos regresar a casa a dormir.

Juan
– Juan, ¿cuándo cumples años?
– El veinte de junio, nací en el setenta y seis.
– O sea que hace ... dos días.
– Efectivamente.
– ¿Y cómo lo celebraste?
– Pues, aprovechando que ese día yo había tenido un examen, y que por la tarde ya no iba a estudiar más, invité a mi grupo de amigos, gente del teatro y gente del colegio, a venir a mi casa a la piscina, comimos una paella todos, unos quince, y nos bañamos y estuvimos todo el día aquí hablando, y bueno. Todos estábamos de exámenes por lo cual nos alegró mucho podernos ver porque llevábamos bastante tiempo sin vernos todos.

Un paso más
Track 15 (Activity 1)
Idoia
– Idoia, de los trabajos de la casa, ¿cuál es el que más te gusta o cuál es el que menos te gusta?
– Hombre, pues, me encanta cocinar, sobre todo si tengo invitados. Odio planchar, intento siempre comprar ropa que no necesite ser planchada y la verdad es que prefiero limpiar los baños a limpiar la cocina, aunque tampoco es que me importe mucho limpiar la cocina. Y detesto pasar la aspiradora y tampoco soporto quitar el polvo.

Jorge
– De las actividades de la casa, por ejemplo las actividades diarias del hogar, ¿qué es lo que te gusta o qué es lo que no te gusta?
– En realidad las detesto todas. No me gusta ninguna actividad doméstica. Este ..., sobre todo planchar, lavar los platos, limpiar el baño es horrible.

Liana
– Cuando llegas a casa, me imagino que tienes que hacer cosas, labores del hogar, planchar, lavar la ropa, limpiar la casa. ¿Qué es lo que haces normalmente?
– No me gusta hacer muchas cosas realmente. Primero, me toca cocinar, porque siempre llego muerta de hambre y no me gusta cocinar. Pero una cosa que me gusta mucho es el jardín y me gusta mucho extender la ropa en el jardín y sacarla del jardín cuando está seca. Eso es una cosa que me gusta.

Track 16 (Activity 2)
Idoia
– Y los españoles, ¿cómo pasan en general su tiempo libre?
– Hombre, a los españoles lo que nos gusta es ir de tapeo, que es ir de bar en bar comiendo tapas y tomándote tu vinito. También somos muy aficionados a alternar, como todo el mundo sabe. Nos encanta salir por la noche y tomar copas hasta el amanecer. Luego también nos gusta muchísimo salir a cenar.

Jorge
– ¿Qué hacen preferentemente los argentinos en su tiempo libre? ¿Cómo pasan el tiempo libre?
– Bueno, es muy difícil de decir, pero generalmente a los argentinos nos gusta mucho salir a pasear, comer fuera, tomar mucho café, visitar amigos, ir a algún espectáculo deportivo.
– ¿Y los fines de semana qué hace la gente?
– Bueno, los fines de semana se visita a la familia y por las noches se va a comer afuera, a algún restaurante.

Tamy
– ¿Qué hacen preferentemente los mexicanos en su tiempo libre?
– Bueno, a los mexicanos nos gusta mucho ir a casa de amigos, a cenar y a platicar un poco, ¿no? Somos muy aficionados a la música y nos reunimos a menudo con amigos, y bueno, alguien toca la guitarra y el resto le acompañamos cantando, ¿no?
– ¿Y los fines de semana, qué hace la gente?
– Bueno, en la ciudad la gente, pues, come con la familia y después sale a dar la vuelta y pues, a comer un helado, ¿no?

Track 17 (Activity 3)
– Rafael, ¿qué hacen los españoles en su tiempo libre?
– Supongo que posiblemente lo que más les gusta a los españoles es comer y dormir.
– Y fuera de la comida, fuera de la cocina, y fuera de las horas del sueño, ¿en qué emplean su tiempo libre, su ocio?
– Bueno, posiblemente, yo pienso que cada día son más consumistas y emplean demasiado tiempo libre en consumir y en pasarse el día comprando.
– ¿Se ve mucho la televisión en España?
– Creo que sí, creo que posiblemente se ve más de dos horas de media diaria por persona, y creo que es demasiado, en mi opinión.
– ¿Cuáles son los programas de televisión más populares?
– Bueno, supongo que depende de la edad de la gente que ve la televisión, posiblemente existe mucha afición a cierto tipo de programas como pueden ser telenovelas, series de televisión o incluso concursos. También existe mucha audiencia que es fiel a programas deportivos y también hay bastante gente interesada en programas de noticias. Lamento que posiblemente programas culturales no son demasiado vistos en España.
– ¿La gente practica el deporte en España?
– Sí, tenemos posiblemente una de las mejores aficiones a los deportes en general del sur de Europa, yo diría ...
– ¿Qué tipo de deportes?
– Posiblemente los deportes que más gustan en España son el fútbol, como probablemente es en toda Europa, y el baloncesto; existe también bastante afición por el ciclismo, y bueno, en cierta medida el atletismo y la natación también son bastante aceptados.
– ¿Los españoles leen? ¿Qué suelen leer?
– Los periódicos deportivos, es lo que más lee la gente en España, y después posiblemente, la inmensa mayoría de ellos, nada más.

Unit 5

Así se habla 1

Track 2 (Activity 2)

– Buenas tardes.

– Buenas tardes.

– Mire, quisiera viajar a La Paz, a Bolivia. Voy de vacaciones y me gustaría reservar un vuelo. ¿Qué me puede ofrecer?

– Sí, como no. ¿Cuándo piensa usted viajar a La Paz?

– Bueno, de preferencia hacia finales de agosto o principios de septiembre. Lo que me salga más barato.

– Muy bien, a principios de septiembre es cuando empieza la temporada baja y se encuentran las tarifas más razonables. Como por ejemplo con Aerolíneas Argentinas que van vía Madrid y Buenos Aires y la tarifa le cuesta 640 libras.

– ¿Seiscientas cuarenta libras a principios de septiembre?

– A principios de septiembre.

– ¿Y qué día es el vuelo?

– Los días de operación, cuando hay mejor conexión son los días miércoles y viernes.

– ¿Y a qué hora sale el vuelo?

– El vuelo sale a las 18.55, casi las siete de la noche.

– ¿Y llega a La Paz a qué hora?

– Llega a La Paz a mediodía, hora de La Paz del día siguiente.

– Y el regreso para ... ¿Qué días hay regreso?

– Los días de regreso son los días jueves y sábados.

– Jueves y sábados. ¿Y el horario es ... ? ¿a qué hora aproximadamente?

– El vuelo sale aproximadamente de La Paz a la una y media de la tarde.

– Y ese me ha dicho usted que cuesta seiscientas ...

– Seiscientas cuarenta libras más el impuesto de aeropuerto de 10 libras.

– Eso es lo más económico que hay en este momento, ¿no?

– Esa es la tarifa más económica que hay en el mercado en este momento.

Track 3 (Activity 3)

– ¿Tiene usted plazas para principios de septiembre?

– Sí, hay bastantes plazas.

– O sea, ¿podría hacer la reserva ahora mismo?

– Sí, como no.

– Bien, en ese caso, bueno me gustaría hacer la reserva ahora mismo y ... ¿tendría que dejarle un depósito o una garantía?

– Sí, como no. Yo ahora mismo voy a ver los vuelos.

– Sí.

– Y los vuelos, no creo que haya problemas de reservarlos, una vez que están reservados y confirmados usted me puede dejar un depósito por cada persona para mantener la reserva y luego el resto del dinero hay que pagarlo ocho semanas antes de la salida.

– Perfectamente, bien entonces, bueno, me gustaría hacer la reserva ahora entonces.

– Muy bien.

Track 6 (Activity 7)

– Yo le recomendaría la ciudad de Potosí, que es una ciudad colonial muy bonita, donde está la Casa de la Moneda. También le recomendaría Cochabamba, que es el valle de Bolivia.

También, luego de Cochabamba se puede ir, a 200 kms, está la ciudad de Santa Cruz, que es una ciudad muy bonita, que está en el trópico de Bolivia. Hace mucho calor pero es muy interesante. Pues, alrededor de Santa Cruz, no muy lejos de Santa Cruz, existen reservas ecológicas muy interesantes.

– Y para viajar de un punto a otro dentro de Bolivia, parece que las distancias son muy largas. ¿Qué me aconseja?

– Si usted tiene tiempo de disponer, yo le aconsejaría que haga el viaje en autobús.

– Bueno, es un país inmenso, ¿no?

– Sí, es bastante grande y realmente las carreteras no son tan óptimas y el servicio de transporte es un poco lento.

– Ahora, yo hace mucho tiempo que visité La Paz, hace muchos años. No, no recuerdo mucho. ¿Cuál es la mejor época para visitar La Paz?

– La mejor época para visitar La Paz yo creo que es entre noviembre y diciembre. El clima es muy favorable, es primavera y todavía no es la época de la lluvia. La época de la lluvia empieza a principios de enero y febrero.

– ¿Y qué tipo de ropa debo llevar para ... para La Paz en esa época?

– Para La Paz siempre es bueno llevar un, por lo menos algo que lo pueda mantener un poco caliente en la mañana muy temprano y en la noche. Pero durante el día la temperatura es muy agradable y sólo necesita una camisa de manga larga, puede ser, pero no es muy caluroso.

Track 8 (Activity 10)

– En total son quinientos treinta y cinco euros.

– ¿Tanto? ¿Está usted seguro?

– Sí, incluye la reserva y el alquiler del coche.

– Mire, creo que ha habido un error. El billete son ciento treinta y cinco euros y el alquiler me dijo que eran doscientos setenta y cinco.

– A ver, déjeme ver un minuto... ¡Huy! Sí, perdone, me he equivocado. Le he puesto la tarifa de quince días en lugar de la de una semana. Ahora mismo se lo rectifico.

– Vale, gracias.

Track 9 (Activity 11)

– Hola, buenas tardes. ¿Qué deseaba?

– Sí, gracias. Pues, mire. La semana pasada yo reservé dos tiquetes en el Hotel Carlomagno a través de esta agencia. La señorita que me atendió me aseguró que el hotel se encontraba situado en pleno centro, pero resulta que el hotel estaba a más de 15 minutos del centro y éso me causó muchísimas incomodidades.

– Es extraño, porque normalmente tenemos toda la información actualizada. Bueno, se puede considerar que estaba casi en el centro, y ...

– Sí, casi, pero lo que yo realmente quiero hacer es un reclamo formal y, si no le importa, me gustaría saber qué es lo que tengo que hacer.

– Bueno, hay un libro de reclamaciones en donde puede usted formular su reclamación.

– Eso está muy bien. ¿Me lo podría dar entonces?

Así se habla 2

Track 12 (Activity 4)

– Una vez fuimos de excursión al campo. Estábamos comiendo y de repente una avispa se me metió dentro de los pantalones y me picó. Tuve que ir corriendo a urgencias porque tenía la pierna inflamadísima. Me dio fiebre y todo. Lo pasé horrible.

Track 13 (Activity 7)

– A mí me ocurrió algo divertidísimo. Iba caminando por la calle y un hombre se me acercó y me pidió mi autógrafo. Yo pensé que se trataba de una broma ¿no? Como no entendía ni jota lo que me decía le dije con gestos que no, que yo no era famosa, pero no sirvió de nada, el hombre insistió tanto que, al final pues, le firmé el autógrafo.

– ¿Con qué nombre firmaste?

– Con el mío, ¿con cuál iba a firmar? Pero, espérate, que no termina ahí la historia. De repente, se me empezó a acercar más gente que querían mi autógrafo. Y bueno pues cada vez me veía rodeada de más gente ...

– ¿Y qué pasó al final?

– Pues nada, les firmé los autógrafos. ¿Qué podía yo hacer? Me tenían rodeada.

– ¿Y no sabes con quién te estaban confundiendo?

– Ni idea. Como no entendía ni jota lo que decían.

Un paso más

Track 14 (Activity 2B)

– ¿Y cuáles son los animales más destacados que hay aquí en Galápagos?

– Bueno, primero las famosas tortugas gigantes, las conocidas galápagos. Luego tenemos a las iguanas, tanto marinas como de tierra, y también tenemos las fragatas, los piqueros de patas azules, los pinzones de Darwin, los cucubes, los lobos marinos entre otros.

– Pero esta vida natural está en peligro.

– Está en constante peligro. En el pasado ya tuvo ciertos problemas cuando llegaron los piratas, los balleneros, luego llegaron los primeros habitantes de Galápagos en 1830, y las islas tuvieron otro tipo de peligro, y hoy en día tenemos el peligro de las islas que tienen habitantes ya que estos aumentan en número día a día ...

– ¿Cuál va a ser el futuro de estas islas?

– El futuro de estas islas, más que nada de momento depende del gobierno ecuatoriano y de la presión internacional que tenga, ya que vía presión internacional, con documentales, con entrevistas, con programas de radio, etc., etc., se puede conocer más de lo que son estas islas, y ahí únicamente tendremos una comunidad mundial protegiendo Galápagos.

– ¿Protegiéndolas de quiénes?

– Contra problemas como los animales introducidos, que fueron introducidos hace muchos años y están alimentándose de vegetación en las islas, como por ejemplo, cabras, las vacas, los caballos, y otros que son un problema más grave como las ratas, los gatos, los perros.

– ¿Qué daño causan esos animales?

– Tienen dos tipos de daños, uno el que crean depredación directa, ya que por ejemplo ratas, gatos, perros, chanchos, se comen a las iguanas pequeñas a las lagartijas, a los polluelos de piqueros, gaviotas, etc., y el otro problema es la competencia, ¿ya?, y en esto aplicaría más que nada a las tortugas, ya que las cabras, las vacas, los caballos comen vegetación, comen plantas y esas plantas también comen las tortugas. La diferencia es que los caballos etc., comen mucho más rápido que las tortugas.

Track 15 (Activity 2C)

– ¿Y cuál es la reglamentación para los visitantes aquí en Galápagos?

– La reglamentación es que primero tienen que tener un guía en las visitas que estas personas tengan. Y luego las reglas que son impartidas por los guías a los visitantes incluyen, por ejemplo, no sacar nada de las islas, no botar basura en las islas, es prohibido tocar los animales ya que están en su ambiente natural, es prohibido fumar en las islas, es también prohibido usar fotos con flash en los animales, ya que les molesta, es prohibido hacer fogatas, fuego en las islas, y es prohibido ir a tierra sin un guía.

– O sea, estas son islas "no fumadores".

– Exacto, podemos llamar así. Al momento que tú estás en la isla, son islas para no fumadores.

Track 16 (Activity 2D)

– Pero aquí también hay acción volcánica. ¿Qué nos puede decir sobre esa acción volcánica?

– La actividad volcánica como proceso natural es uno de los más interesantes ya que, al mismo tiempo que crea tierra físicamente, destruye lo que vive, ya sean plantas o animales. Pero la gran diferencia es que éste es un proceso volcánico natural, ha ocurrido millones de veces en el pasado, seguirá ocurriendo por mucho tiempo más en Galápagos, y sólo así se forman nuevas islas y nuevo terreno.

– ¿Tú has visto volcanes en acción?

– He tenido la y no voy a decir la oportunidad, sino el gusto de haber visto un total de cuatro erupciones volcánicas, y la última que fue, terminó hace tres semanas; fue uno de los espectáculos más interesantes y ésto fue en la isla Fernandina, en el oeste.

– ¿Qué tal fue?

– Impresionante porque con visitantes, o con los turistas que íbamos allá, veíamos cómo la lava de color rojo y de color anaranjado llegaba poco a poco hacia el mar, y en el momento en que tocaba el mar bastante frío, se enfriaba completamente, se y quedaba ese momento sólida. Entonces era una experiencia más que nada filosófica, el ver cómo una isla se iba formando poco a poco.

– Háblame un poco de los turistas, todos bien educados, este, y correctos.

– En su gran mayoría. Los problemas que tenemos con turistas aquí en Galápagos son mínimos, ya que la mayoría de visitantes cuando vienen a Galápagos quieren disfrutar de Galápagos, quieren apreciar Galápagos. Por esa razón han venido en primer lugar. Y todos los turistas disfrutan Galápagos sin importar qué tipo de instrucción tengan, pueden ser doctores, pueden ser ingenieros, pueden ser abogados, pueden ser hombres de negocios, y todo el mundo disfruta Galápagos.

– Los ecuatorianos, ¿qué piensan de Galápagos?

– Que hay que protegerlo, ese es el, y conservarlo, ese es el sentimiento general. Lastimosamente no existe un conocimiento completo por los ecuatorianos de la real importancia de lo que son las islas. Proteger Galápagos no quiere decir únicamente proteger las playas blancas y proteger los lobos marinos que habitan en ellas, sino proteger las iguanas, proteger las tortugas, etc. etc. No se puede proteger Galápagos parcialmente, sino totalmente.

Unit 6

Así se habla 1
Track 1 (Activity 2)

– ¿A qué se dedica?

– Soy profesora de español, en una universidad aquí en Londres.

– En su opinión, ¿qué cambios tecnológicos se han introducido en la universidad en los últimos años?

– En términos generales, pues, ha habido muchos cambios. Las fotocopiadoras se han perfeccionado, se han creado programas interactivos para el aprendizaje de lenguas. Pero, sin duda alguna, la gran revolución ha sido el uso del correo electrónico y la internet. Se puede decir que han cambiado totalmente los sistemas de comunicación dentro de la universidad.

– ¿De qué manera?

– Pues, por ejemplo, los estudiantes pueden estar en contacto casi continuo con sus tutores, enviar sus trabajos, acceder a materiales … Nosotros por ejemplo, hemos creado unos materiales específicos para aprender español a través de la internet. Nuestros estudiantes pueden usarlos aquí o en su casa.

– ¿Y ha cambiado la relación con sus colegas?

– Sí claro, el correo electrónico ha hecho nuestras comunicaciones más rápidas y eficaces. Y además, nos ha permitido intercambiar ideas y materiales con profesores de otros países y universidades de todo el mundo.

– Bueno, ¿y no hay nada negativo?

– Bueno, toda tecnología tiene sus aspectos negativos. En nuestro caso concreto, ha afectado a la forma de expresarse en el español escrito. Eso es evidente, por ejemplo, la gente se ha acostumbrado a escribir sin acentos, se ha descuidado la redacción, se escribe más deprisa y tal vez se piensa menos … Y por supuesto, todos tenemos un problema muy serio que es el envío masivo de publicidad no deseada. Todas las mañanas me encuentro con un gran número de mensajes que no me interesan para nada y que no he solicitado.

Track 2 (Activity 4)

– ¿Ha influido esta nueva manera de trabajar en su calidad de vida? ¿Vive usted mejor, más cómodo y más tranquilo …?

– Sí, desde luego muchísimo, ha cambiado muchísimo. Ahorro tiempo y dinero en los desplazamientos y me queda mas tiempo libre para estar con mi familia y dedicarme a hacer las cosas que a mí me gustan. A veces pienso que mi trabajo ahora es un poco solitario pero antes era también, era como una actividad social, no sólo un trabajo. Trabajaba con mis compañeros, luego íbamos a comer juntos. La verdad, a veces los echo de menos.

Track 4 (Activity 6)

– ¿Qué electrodomésticos tenéis Paco y tu en casa?

– Pues, en la cocina tenemos la estufa por supuesto, que es eléctrica, y un horno microondas, una nevera que es mitad congelador, una licuadora para hacer los jugos y una batidora. ¡Ah! y pues la lavadora claro.

– ¿Y en el resto de la casa qué otras cosas tenéis?

– Tenemos el equipo de sonido, la televisión, el video, y el computador de los niños …

– ¿Y hace quince años teníais todas esas cosas?

– No, ¡ni soñando! Cuando nos casamos, entre que no teníamos dinero y que muchas de estas cosas no existían, no teníamos más que lo imprescindible. La cocina, la nevera, la tele, y lo demás lo hemos ido comprando poco a poco.

Así se habla 2
Track 6 (Activity 4)

– Yo creo que en el futuro la gente no se casará.

– Yo creo que la gente trabajará sólo cuatro horas al día.

– En el futuro, creo que no comeremos comida 'natural', sólo pastillas.

– Pues, yo creo que podremos viajar a otros planetas y por tanto me parece que no habrá más guerras ya que no tendremos problemas de espacio.

– Me parece que los libros y la prensa escrita desaparecerán.

– Yo creo que haremos la compra por ordenador.

Track 9 (Activity 8)

Roberto
– ¿Puedes imaginarte como serás dentro de diez años?

– Bueno, posiblemente viva en España. No creo que me case pero sí que viva con una mujer. Probablemente trabaje con alguna multinacional de comunicaciones y físicamente creo que seré calvo y con un montón de arrugas.

Jorge
– ¿Cómo te imaginas a ti mismo dentro de diez años?

– No sé, aparte de ser diez años más viejo, no creo que vaya a cambiar demasiado. En cuánto al lugar de residencia, me gustaría vivir en El Caribe. Eso es todo. No tengo más expectativas para dentro de diez años.

Un paso más
Track 11 (Activity 3)

Aries
Tendrás un encuentro inesperado. El inspector de hacienda llamará a tu puerta. Con respecto a la salud, no comas espaguetis esta semana, te sentarán mal.

Tauro
Irás de vacaciones muy pronto. Tal vez dentro de tres años si ahorras lo suficiente. Intenta ser paciente. Cuida tu aspecto físico: una visita a la peluquería te sentará muy bien.

Géminis
Deberás cuidar tus relaciones laborales para evitar problemas. Intenta no reirte de tu jefe tan a menudo. En los asuntos amorosos, sin cambios.

Cáncer
Te sentirás optimista para empezar nuevas actividades. ¿Qué tal si empiezas limpiando la cocina? Un cambio en tu estilo de vestir te vendrá muy bien para esta fiesta a la que irás pronto. Si eres hombre atención a la mujer vestida de rojo.

Leo
Tendrás que tomar una decisión difícil en tu trabajo. Seguir o no seguir. Mientras lo piensas una visita inesperada vendrá a tu casa y te descubrirá nuevas perspectivas … amorosas.

Virgo

En las relaciones de pareja habrá pequeñas discusiones y problemas. Pero un ramo de flores y una botella de champán lo solucionarán todo. Para las mujeres virgo, tal vez ésta será la semana de romper con viejas tradiciones.

Libra

Te encontrarás con el amor de tu vida mientras haces la compra en el supermercado. Presta atención a la sección de quesos. Será mejor que no tomes ajo esta semana ... ya sabes, por lo que pueda pasar.

Escorpión

Será un período muy favorable para ti sobre todo en el terreno económico. Tu adorable tía te regalará una gran cantidad de dinero, pero bajo ciertas condiciones. Tendrás que ser flexible, y amable con tu tía.

Sagitario

Conocerás a una persona que no te gustará inmediatamente, pero paciencia, te llevarás una buena sorpresa. Mientras tanto tendrás que controlar lo que comes, ya que un kilo de chocolate al día no es razonable.

Capricornio

Una situación poco clara en tus relaciones sentimentales te obligará a decidir entre tus novios o novias. Tu elección será la adecuada. Además el director de tu banco te dará una sorpresa.

Acuario

Tomarás una decisión importante que cambiará tu vida. A partir de ahora estudiarás español seriamente, harás un viaje a latinoamérica y conocerás a alguien muy interesante.

Piscis

Verás la vida de color de rosa y tomarás decisiones un poco locas. ¡Cuidado! Los hombres piscis deberán evitar excesos físicos sobre todo aquellos relacionados con las bebidas alcohólicas.

Unit 7

Así se habla 1
Track 1 (Activity 1)
– Hola, ¿qué desea?
– Por favor, me deja ver esos pantalones que están de oferta.
– ¿Éstos?
– No, no, ésos, los de pana.
– ¿En qué talla?
– Talla cuarenta y seis. ¿En qué colores los tiene?
– En la talla cuarenta y seis sólo los tenemos en gris y en beige.
– ¿Me enseña los grises, por favor?
– Aquí tiene.
– Se ven muy bien. Quisiera probármelos.
– El probador está al fondo.
– ¿Cómo le quedan?
– Me quedan bien, pero espero que no encojan.
– No, esta tela no encoje.
– Pues bien, me los quedo.

Track 2 (Activity 4)
– Sí, dígame.
– Mire, quisiera comprar una cámara de segunda mano. ¿Tiene alguna de oferta?
– Pues, tenemos varias. ¿Qué tipo de cámara busca usted?
– Bueno, quiero una cámara compacta, que no sea muy cara, que sea fácil de usar, que tenga autofoco, y de preferencia que tenga zoom. Ah, y que venga con manual de instrucciones.
– Un momento, por favor, le enseñaré una que

creo que le va a gustar.

Track 3 (Activity 5)
Aurora
– Oiga, por favor.
– Sí, ¿dígame?
– ¿Sabe usted de algún aparcamiento donde podamos dejar el coche? Queremos un lugar que sea seguro y que no esté muy lejos del centro, y a ser posible que esté abierto las veinticuatro horas.
– Sí, mire, hay uno aquí al lado.
Roberto
– Por favor, ¿hay algún camping por aquí?
– Sí, bueno, les puedo recomendar dos o tres. Pero, ¿qué tipo de lugar buscan ustedes?
– De preferencia un lugar tranquilo, que esté lo más lejos posible de la carretera y que tenga piscina. Eh, y donde haya instalaciones para los niños. Tenemos tres niños pequeños.
Jorge
– Hola, buenos días.
– Hola.
– Mira, necesito alquilar una habitación amueblada. ¿Que no sea demasiado cara, y donde pueda cocinar. Y que quede cerca de la escuela, por supuesto. Ah, y prefiero compartir con otros estudiantes.
– Espérame un momento, voy a ver lo que tenemos.

Track 4 (Activity 6)
– Quería alquilar un apartamento para este verano. ¿Tienen ustedes alguno que esté disponible para principios de julio?
– Pues, tenemos dos o tres. Puedo ofrecerle uno con dos camas que está enfrente de la Plaza de San Antonio.
– No, prefiero algo que esté más cerca de la playa, y que tenga vistas al mar a ser posible.
– Pues, hay otro de tres camas que estará disponible en la segunda semana de julio. Está a cinco minutos de la playa, en la calle de la Luz.
– ¿Y cuánto cuesta el alquiler?
– ¿Para un mes?
– No, para tres semanas solamente.
– Pues, las tres semanas le saldrían a novecientos ochenta euros. Están incluidos el agua, la luz y el gas. Y tendría que dejarnos una señal del veinticinco por ciento del total.
– Está completamente equipado, ¿verdad?
– Sí, sí, tiene todo lo que necesita. ¿Quiere que se lo enseñe? Estoy seguro de que le gustará.
– Sí, me gustaría verlo.

Así se habla 2
Track 6 (Activity 2)
– Buenas tardes.
– Buenas tardes.
– Mire, mire, hace dos días retiré el coche de aquí del taller y otra vez tengo el mismo problema con la caja de cambios. ¡No hay derecho hombre! Usted me aseguró que me la había arreglado y que mi coche estaba en perfecto estado, pero sigue igual. Tendré que dejárselo otra vez.

Track 7 (Activity 4)
– Buenos días, señor. ¿Qué desea? ¿En qué puedo ayudarle?
– Buenos días, señorita. Mire, tengo un problema que espero me lo puedan solucionar. Mi vuelo,

el setecientos cuarenta y ocho de Aerolatina, llegó con nada menos que una hora de retraso, y como ya se podrá imaginar, perdí el avión a Inglaterra.
– Sí, claro.
– En Buenos Aires me aseguraron que si el vuelo se retrasaba, me pondrían en el primer vuelo disponible a Londres, pero ahora sucede que el próximo vuelo está completo.

Track 10 (Activity C)
– Hola, chica. ¿Qué hay? ¿Qué has hecho esta semana?
– Hola, chica. A ver. Pues, anoche fui a ver a Pablo. Fui a su casa y cené con su familia y lo pasamos muy bien.
– ¿Nos encontramos?
– Mañana ... estoy libre, no hago nada. El viernes voy a ir al campo a pasar el fin de semana. Entonces, mañana, sí, se puede hacer algo.

Un paso más
Track 11 (Activity 1)
Almacenes García

Almacenes García, calidad y economía. García. Por fin de temporada, todas las camisas sport manga larga y manga corta para caballeros, cuarenta por ciento de descuento. Todos los pantalones para caballero, treinta, cuarenta y cincuenta por ciento de descuento. No incluye promociones. García.

Motel Miraflores

Entre la gloria y el paraíso está Motel Miraflores, con todos los servicios para que usted disfrute cómodamente de su estancia. Habitaciones con aire acondicionado, cama de agua, jacuzzi, suites con alberca, antena parabólica y música ambiental. Motel Miraflores, el lugar al que siempre deseará volver. Carretera Boticaria-Mocambo sin número, Veracruz.

Unit 8

Así se habla 1
Track 2 (Activity 2)
Jorge
– Jorge, ¿cuántas comidas hace un argentino al día?
– Cuantas comidas ... Bueno, está el desayuno – que es entre siete y media y ocho generalmente, el café de media mañana, el almuerzo, la merienda y la cena.
– ¿Y estas comidas son fuertes, son ligeras ...?
– Bueno, el desayuno es generalmente ¿no?, es café con leche, pan, manteca, dulce. El café de media mañana es posiblemente algo dulce con un pedazo de torta, o nada, nada muy complicado – en un bar seguramente. El almuerzo es una comida completa, no es fuerte, es moderada en las cantidades pero completa. Y este, bueno, merienda es sencilla, café con leche de nuevo, un sanwich. Y cena, cena sí que es fuerte.
– ¿Y a qué hora son las comidas principales de desayuno, almuerzo y cena?
– Bueno, como te dije, entre las siete y media y ocho son ... es el desayuno. A las diez el café. Alrededor de la una el almuerzo. Cinco y media a seis la merienda. Y de nueve a diez la cena.
Liana
– ¿Cuántas comidas hacen los colombianos al día?

– Pues hacemos tres, que es el desayuno, el almuerzo y la comida, y generalmente el almuerzo es como lo más principal.

– ¿Y a qué hora por ejemplo se come?

– Más o menos los horarios, digamos que el almuerzo está más o menos entre el mediodía – las doce del día y las dos de la tarde, está más o menos el porcentaje. Y las comidas digamos después de la siete, siete de la noche, de siete a nueve, depende mucho de qué tipo de familia, pero es más o menos así.

Roberto

– ¿Cuántas comidas hace un español al día?

– Bueno, pues en general eso depende un poco de cada persona, pero en general serían como cinco. Uno es el desayuno que es la primera comida ligera por la mañana; luego hay un almuerzo a media mañana que también es algo ligero. Luego la comida es la más fuerte de todo español. Luego estaría a media tarde, está la merienda que es otra comida ligera, y al final la cena que es bastante fuerte.

Track 3 (Activity 4)

Jorge

– Bueno, carne obviamente, verduras, pasta que nosotros llamamos fideos, y ya está. Es una cocina muy simple.

– ¿Ajo, cebolla?

– Cebollas, sal, no mucha pimienta, este, la carne argentina es muy sabrosa y solamente requiere de sal, y basta.

Tamy

– Bueno, el maíz ¿no?, las tortillas, los frijoles, jitomate, chiles, cebolla, ajo y cilantro.

Roberto

– Bueno, pues tenemos las legumbres que son muy populares en España y también el arroz, las patatas, el pan, huevos, por supuesto el ajo, los pimientos y, como no, el aceite de oliva.

Track 4 (Activity 5)

Tamy

– Y ¿cuáles son los platos que se toman habitualmente en estas comidas?

– Bueno, para desayunar puedes comer unos huevos rancheros o a la mexicana con frijoles refritos y tortillitas. Y para la comida pues generalmente sopa aguada, arroz a la mexicana, y algún guisado con carne, luego frijoles de la olla, postre y agua fresca. Y para la cena pues similar como a la hora de la comida, a lo mejor no comes frijoles o algo así ¿no?

– Bien, bien … ¿y qué se suele beber durante las comidas?

– Bueno también depende de la clase ¿no? Normalmente tomas agua fresca o refrescos, pero si te la das de muy, no sé, europeo, toma vino la gente, pero no se acostumbra.

Jorge

– Bueno, la carne es la base de la dieta argentina así que los platos generalmente tienen o carne al horno o bife a la plancha acompañado con ensalada, papas y fruta fresca, eso es lo que generalmente se come.

– ¿Y qué se suele beber?

– En las comidas los adultos toman vino y soda y los niños soda o alguna gaseosa.

Roberto

– Bueno, pues normalmente en cada casa se comen mucho los cocidos de legumbres, aparte también de las sopas. Hay normalmente varios platos, entonces el primero sería este de cocidos, luego un segundo plato normalmente pescado o carne, y casi siempre la fruta como postre.

– ¿Y qué se suele beber durante las comidas?

– Bueno, por lo normal es el vino o la gaseosa también para los niños o las dos cosas juntas, el vino con gaseosa que es muy típico entre diario.

Liana

– Lo que se prepara generalmente, siempre hay papas, arroz, carne o pollo, algún vegetal, siempre hay fruta y pues de dulce o de postre, algún dulce de coco o lo que llamamos nosotros bocadillo que es un dulce de guayaba y de tomar pues jugo.

– O sea que se bebe jugo.

– Sí, en la mesa siempre hay jugo natural y al final cuando la gente se come el postre, leche.

Track 5 (Activity 6)

Liana

– ¿Y cuáles son las bebidas más consumidas en Colombia?

– Pues, como te dije, las bebidas naturales, los jugos, pero tenemos licores. O sea, tenemos el aguardiente que es una bebida bastante popular, que es de caña de azúcar cañizada; el ron, que hay ron blanco y ron negro y, pues, por supuesto, el café, y bueno … .

Jorge

– ¿Hay alguna bebida típica del país?

– Sí, el mate.

– ¿Qué es, de qué se hace?

– Bueno. Es una infusión precisamente de una hierba que se llama hierba mate y este, que se pone en un recipiente que está hecho de una calabaza o de madera o de otro tipo de cosas, y se pone agua caliente que es una bombilla que es una especie de pajita que tiene un filtro en un extremo, y se bebe y se vuelve a llenar de agua y se vuelve a beber y vuelta de agua y vuelta a beber. Y así sucesivamente hasta que …

– Hasta que se acaba.

– Hasta que se acaba.

Tamy

– ¿Hay alguna bebida típica del país?

– Bueno, sí, tenemos tres. Está el tequila, el mezcal y el pulque. Y el tequila, pues es el que se conoce en Europa, y el mezcal es pues una bebida también alcohólica y está hecha de la planta …, y el mezcal viene del maguey que es una planta típica mexicana de esas que ves en las películas de John Wayne, y pues de ahí se saca el mezcal y para que tenga mejor sabor se le pone un gusanito seco y pues ya está.

Roberto

– ¿Y hay alguna bebida típica del país?

– Bueno, en el País Vasco tenemos el chacolí, que es un vino suave y verdoso de poca graduación, y también es conocido pacharán que es esencialmente un licor hecho de anís o aguardiente con endrinas para darle un poco de sabor.

Track 7 (Activity 11)

– Mira, coge una cazuela, de barro tiene que ser, y pon aceite caliente, luego echa ajo y perejil. Luego corta bien los filetes de merluza y los colocas dentro de la cazuela; luego mueve la merluza constantemente hasta que consigas que el aceite se espese.

Track 8 (Activity 12)

– El dulce de leche quizás sea lo más típico de Argentina. Para hacerlo ponga a hervir tres litros de leche, una barra de vainilla, ochocientos gramos de azúcar refinado, revuelva hasta que el azúcar esté disuelto, siga hirviendo a fuego fuerte y agregue media cucharadita de bicarbonato de soda. Continue revolviendo con una cuchara de madera hasta que todo se haya espesado y tomado un color amarronado, retire del fuego y continue removiendo hasta que esté casi frío, envase el dulce y listo.

Así se habla 2

Track 9 (Activity 1)

Camarera, Almudena y Jorge

C. – Buenas tardes.

A. – Buenas tardes.

C. – ¿Les gusta esta mesa?

J. – Sí, sí, está bien.

A. – Está perfecta.

C. – Aquí tienen la carta.

J. – Gracias.

A. – Jorge ¿has probado la comida española antes?

J. – No, no. Esta va a ser mi primera experiencia.

A. – Bueno, pues a ver qué tal.

J. – ¿Qué es cocido madrileño?

A. – Pues, es un plato típico de Madrid y lleva garbanzos, zanahorias, patatas, carnes de muchos tipos.

J. – ¿Es picante?

A. – No, no es nada picante.

C. – ¿Qué van a tomar los señores?

A. – Pues, yo de primero, voy a tomar menestra y de segundo … ¿qué tal está el besugo hoy?

C. – Está buenísimo.

A. – Sí, ¿lleva patatas y todo eso?

C. – Sí, al horno.

A. – Vale, pues para mí, besugo de segundo.

J. – Yo voy a comer cocido madrileño.

C. – Muy bien.

A. – ¿Y nos trae un Rioja tinto?

C. – Sí.

Track 12 (Activity 4)

C. – ¿Van a tomar postre?

A. – ¿Qué tienen de postre?

C. – Pues tenemos flan, natillas y fruta del tiempo.

A. – Pues para mí, un flan. ¿Puede ser con nata?

C. – Sí, claro.

J. – Para mí, nada. Ya no puedo mas. Estoy llenísimo …

C. – ¿Y van a tomar café?

A. – No, yo no.

J. – ¿Pedimos la cuenta?

A. – Sí.

J. – La cuenta, por favor.

Track 13 (Activity 5)

C. – Aquí tienen la cuenta.

A. – No, no, Jorge déjalo que esto lo pago yo.

J. – No, no, de ninguna manera. Lo pago yo.

A. – Que no, por favor. Tu eres un invitado aquí, estás en Madrid de paso. Esto lo pago yo. Déjame que te invite.

J. – No importa. Hoy pago yo, la próxima vez pagas tú.

A.   – Que no, Jorge, ya me invitarás tú otro día. Ésta es mía.

J.   – De ninguna manera, no puedo.

Track 14 (Activity 7)

M.   – Bienvenidos. Tan puntuales como siempre. Pasad, pasad.

A./O. – Hola, ¿qué tal?

M.   – Venga, entrad, no os quedéis ahí ... Si queréis dejad los abrigos ahí, ¿hace frío no?

O.   – Muchísimo, vengo congelada.

M.   – ¡Lola! ¡Lola!

L.   – Ya voy ...

O.   – ¡Pero qué elegante estás!

L.   – Tú si que estás guapa, como siempre.

A.   – Toma, Lola. Hemos traído estos bombones para luego.

L.   – No sé para qué traéis nada. No teníais que haberos molestado.

O.   – Si no es nada, mujer. Nos los comemos de postre.

M.   – Bueno, venga, no os quedéis de pie. Sentaos por ahí ...

Track 16 (Activity 9)

A.   – Bueno, pues muchas gracias por la cena y por la compañía. Ha sido muy agradable.

O.   – Gracias a vosotros por haber venido. Y gracias por los bombones.

L.   – Gracias a vosotros por la invitación. Y a ver si venís a cenar a casa un día.

M.   – Hombre, eso está hecho. Cuando queráis.

A.   – Bueno, hasta pronto. Adiós.

O./M. – Adiós.

Un paso más

Track 17 (Activity 1)

– Idoia, háblanos un poco de las fiestas populares en el norte de España.

– Pues, mira, cada pueblo tiene un Santo y hay unos días dedicados a estos Santos. Entonces estas son las fiestas populares. Las de mi pueblo se llaman San Salvador; las empiezan con una diana por la mañana temprano, que son dos personas que tocan, uno es el chistu que es una flauta ¿no?, y es lo típico del País Vasco y un tamboril. Entonces, luego por la mañana también hay juegos de niños y ya por la tarde se puede decir que hay charanga, que también es una banda de música y toda la gente va por detrás de esta banda bailando en la calle. Luego, por la noche viene la verbena que es lo típico, que se pone también una orquesta, una orquestilla en la plaza del pueblo y todo el mundo está allí, bailando agarrados, y, ya sabes, los bailes típicos. Luego, por la mañana temprano, a las cinco de la mañana o así viene el chocolate con churros y, ya por último, pues las vaquillas, que se hacen en las playas y más de uno acaba en el agua.

Track 18 (Activity 4)

– ¿Podrías hablarnos de una celebración típica colombiana?

– Celebración, sí, claro. Tenemos una el ocho de diciembre, que todos los colombianos la hacemos y la llamamos el día de las velitas y es como para comenzar la Navidad. Y ese día, pues, toda la gente en las ventanas, en las calles, en los antejardines, prende velas y entonces se ve muy bonito. Todo el mundo prende velas y está en la calle. Cocinan unas cosas muy típicas colombianas, que se llaman la natilla, los buñuelos, las hojaldras; se reúne toda la familia, están todos los niños, se toma el aguardiente, siempre hay música, la gente siempre está bailando, o sea que prácticamente es casi un día de fiesta, en el que todo el mundo, en todas las casas, con todas sus familias, está celebrando el comienzo de la Navidad.

– ¿Y se celebra el 8 de diciembre?

– Y se celebra el 8 de diciembre y generalmente ahí es donde se da lo que decimos los colombianos, los aguinaldos, que es que compras tú los regalos para tus familiares y tus amigos y les das un regalo, como comienzo de Navidad ¿no?, y ahí es entonces donde se dan los aguinaldos.

Track 19 (Activity 5)

– ¿Qué tipo de clientes vienen a este restaurante?

– El ... la mayor parte de los clientes son ejecutivos ... publicitarias ... gente que ... de estudios de grabación, y así ... la mayoría de los clientes.

– Gente de negocios.

– ... Sí, gente de negocios, sí.

– ¿Y normalmente vienen a comer o a cenar?

– Hm ... A comer normalmente viene más gente de negocios, y por la noche viene gente en plan más, más relajado. Y entonces vienen más, así parejas, o grupos, en plan ... en plan un poco más ... como ya he dicho ... más relajado.

– ¿Y les gusta a los británicos la comida española?

– Sí, les gusta mucho pero hay ... en ciertas ocasiones y ciertos platos hay que adaptarlos a su gusto. Les gusta muchísimo, les encanta la comida española, pero en ... en ciertos momentos ... hay que adaptarlo a gusto de ellos.

– Y, y, esto es una ... ¿Qué pasa con el ajo?, ¿les importa que haya ajo en la comida?

– ¡No, en absoluto! Cuando empezamos con el restaurante hace diez años, en el restaurante pequeñito de la esquina, yo recuerdo que me decían los clientes: "quiero este plato con muy poco ajo"; y ahora es todo lo contrario: "Quiero esto, gambas al ajillo, con mucho ajo".

– O sea, que se están acostumbrando.

– Sí.

– ¿Y cuál es el plato que más pide la gente?

– Gambas al ajillo, por supuesto. La tortilla española, casi todo, casi todo, casi todo el cliente la pide. Chorizo al coñac también. Hay otro plato que es curioso y en realidad no sé de dónde viene, la, las bombas de patatas. Es una albóndiga con puré de patata y mayonesa, con ajo y un poco de pimentón, y les encanta, eso. Pero, claro, eso yo ... yo creo que está adaptado al gusto de ellos, porque ellos lo quieren, a ellos les gusta.

– Ya, y tenéis una buena selección de vinos.

– Sí, bastante buena. Ah, no sé, estamos considerados como que tenemos una ... la lista de vinos ibérica mejor de Londres. No sé si es verdad o no, pero ...

– No, yo creo que sí. Y, ¿y la gente normalmente conoce los vinos españoles?

– La gente tiende a, a pedir mayormente Rioja, se van más por Rioja porque es el nombre, es lo que conocen. Pero una vez que se les introduce a, a vinos regionales que sean, que tengan, que tengan calidad, ah, ellos empiezan a pedirlo. No es fácil, no es fácil convencerlos, pero una vez que lo hacen se van por otros vinos, sí.

– Y... , ¿y tenéis algún licor tradicional español?

– Sí. Tenemos, tenemos Pacharán que es muy, muy, muy español. Tenemos también Licor 43. Ah, tenemos licor de avellana, que se toman chupitos en España, y a ellos les gusta mucho también. Tenemos, Ponche Caballero, ah, y además de ésta, pues una selección de brandys españoles, que por cierto les gusta bastante.

Unit 9

Así se habla 1

Track 3 (Activity 3)

– Buenas tardes, ¿qué le pasa?

– Pues, mire, es que no me encuentro muy bien. Llevo una semana con muchísimo dolor de cabeza, y siempre me siento muy cansada y no me dan ganas ni de comer. Creo que estoy cada vez peor, doctor.

– ¿Cuándo empezó a sentirse mal?

– Pues, el lunes cuando volví del trabajo, ya me sentía muy regular.

– ¿Tiene fiebre?

– Sí, claro, tengo 38 y medio.

– No se preocupe. No es nada grave. Tiene gripe. Es que hay un virus dando vueltas por ahí. Mire, es imprescindible que se quede todo el día en la cama y también mejor sería que comiera una dieta ligera, caldo de pollo, puré de papas, carne sin grasas. Usted sabe. Tómese un analgésico cada ocho horas. Y le aconsejo que beba mucha agua y jugo de frutas.

– Muchas gracias, doctor.

– No hay por qué.

– Hasta luego.

– Adiós.

Track 4 (Activity 4)

– Buenos días.

– Buenos días.

– ¿Cómo se encuentra hoy?

– Regular. No sé lo que me ha pasado pero mire como estoy, llena de manchas rojas y me pican muchísimo.

– Sí. ¿Desde cuándo las tiene?

– Me han salido por la noche. Hoy me lo he levantado así.

– ¿Qué cenó usted anoche?

– Pues, no sé. Tortilla de papas, una ensalada, frutas. Lo de siempre.

– A ver. Parece una reacción alérgica. ¿Está tomando usted algún medicamento?

– Aha sí, estoy tomando unos antibióticos, que se recetó el médico en Valencia, porqué me sentí mal durante el fin de semana.

– A ver, pues, si es penicilina. Le recomiendo que deje de tomarlos, por si acaso. Es mejor que no tome leche ni queso u otros productos lácteos de momento. Y bueno, es necesario que le hagamos unas pruebas. Además, es conveniente que tome usted un antihistamínico y no se preocupe, si le entra un poco de sueño. Claro que es aconsejable que no maneje mientras está tomando las pastillas.

Track 5 (Activity 7)

– El agotamiento y el estrés están a la orden del día. Todos sabemos que la presión de la vida moderna es terrible. Por ello, el objetivo de nuestro programa de hoy es ayudar a nuestros oyentes a controlar y combatir los efectos del estrés con un régimen de vida sana. Para ello tenemos aquí en el estudio a la doctora Marta Conde, experta en nutrición que nos dará a todos una serie de consejos para mejorar nuestra calidad de vida. Doctora Conde, ¿qué factores considera usted importantes para combatir el estrés y llevar una vida sana?

– Hola, buenos días. El estrés es una de las dolencias de este siglo y realmente depende de la calidad de vida que lleves. [...]

Track 6 (Activity 8)

– Precisamente yo tengo un problema que quería consultarle. Duermo muy mal y hay noches que no pego ojo y me levanto cansadísima. ¿Qué me recomienda? [...]

Track 7 (Activity 10)

– Hola, me escucha, doctora.
– Como no, adelante.
– Me llamo Antonio y tengo 44 años. El médico me ha dicho que estoy muy gordo y que tengo que perder peso. Estoy haciendo una dieta. Un día a la semana solo como fruta. Llevo así varias semanas pero no he perdido ni un kilo.
– Si quiere perder peso, pero estar bien alimentado, tiene que seguir una dieta más variada. Coma más verduras y frutas. No coma grasas ni dulces. No fume. Haga más ejercicio físico. No tome bebidas alcohólicas.
– Muchas gracias, doctora Conde por todas sus recomendaciones.
– De nada, ha sido un placer estar en este programa.

Así se habla 2
Track 9 (Activity 2)

– Pero, ¿qué te pasa, Aurora?
– Pues, lo de siempre. He discutido con Manolo otra vez.
– ¿Y eso por qué?
– Pues, nada, habíamos quedado para ir comer. Yo, como siempre, llegué puntual, y me ha tenido tres cuartos de hora esperando. Cuando apareció yo ya estaba en el postre y, claro, hemos tenido una bronca colosal, porque no es la primera vez que ocurre, es siempre lo mismo.
– Bueno, Aurora, no seas tan dura. Ya sabes lo ocupadísimo que está. Verás como te llama luego para hacer las paces.
– Pues, no tengo claro que yo quiero hacer las paces. Estoy harta. A veces pienso que somos incompatibles y que no vale la pena seguir con esta relación.
– Bueno tampoco seas exagerada. Si ustedes son la pareja mejor compenetrada que conozco. Ya se te pasará.
– Eso es lo bueno que tengo, que cuando me enfado se me pasa enseguida. Y claro, Manolo se aprovecha de eso, de que siempre le perdono.

Track 10 (Activity 3)

– Pues, nosotros, como todas las parejas, a veces nos llevamos bien y a veces nos llevamos mal. No sé, creo que depende mucho de como van las cosas en el trabajo y fuera de la casa. Hay momentos en los que vuelves a la casa y traes todos los problemas contigo y claro, es el otro quien tiene que sufrir las consecuencias. Pero, en general, yo creo que formamos una pareja bastante feliz. Y estamos muy compenetrados, incluso en los momentos difíciles.

Track 13 (Activity 8)

– Pues, sí, me llevo muy bien, porque es encantador, pero hay veces que me pone muy nerviosa. Por ejemplo, es un fanático de la radio. Lo cual está muy bien, pero lo que me irrita es que empiece a escucharla a las 6.30 de la mañana, porque no me deja dormir tranquila. Otra cosa que no soporto es que siempre llegue tarde. Hace esperar a todo el mundo.

Un paso más
Track 16 (Activity 1)
Isabel/Concha

– ¿Cómo te llamas?
– Concha Pinilla López
– ¿Te puedo preguntar tu edad?
– Sí, hombre, voy a cumplir 61 el 9 del mes que viene.
– Vamos a ver, Concha, ¿cuánto tiempo llevas viniendo al club?
– Pues exacto, exacto, pero calculo de 25 a 30 años.
– ¿Y por qué empezaste?
– Yo empecé porque me encanta el deporte, soy muy activa y pienso que es buenísimo para la salud y me encanta hacerlo.
– ¿Qué tipo de deporte practicas?
– Bueno, pues practicamos gimnasia de mantenimiento y luego hacemos natación, también aparte de aquí hacemos otros ejercicios de, pues, bailar sevillanas, bailar baile, aquí no, en otro sitio. O sea, que mucho movimiento.
– En cuanto a la calidad de vida, ¿qué efecto tiene el deporte sobre la tuya?
– Para mí, todo, maravilloso. Me parece, vamos, no sé vivir sin hacer deporte. Por ejemplo, en verano que descansamos pues ya estamos como locas por empezar, porque nos gusta muchísimo y además que es muy bueno para la salud, nos encontramos mucho mejor, mucho mejor, más ágiles y mucho mejor.

Isabel/Alejandra

– ¿Cómo te llamas?
– Me llamo Alejandra Rodríguez y tengo 53 años. Toda la vida he hecho deporte, bueno, toda la vida desde mayor, desde los 24 años o así, de pequeña nunca me ha gustado. Y para mí, la gimnasia es vital, o sea que tengo que moverme, o sea como sea, puede ser andando, puede ser corriendo, puede ser nadando, puede ser haciendo gimnasia.
– ¿Por qué vienes aquí al club?
– Pues yo tengo dos hijas que empezaron nadando en este club y me he encontrado a gusto y llevo viniendo pues no sé, veinte años. Porque para mí aparte de hacer deporte es muy importante estar a gusto y hacer deporte como diversión. Mirar salud, pero mirar también bienestar personal, entonces yo me encuentro muy a gusto con un grupo de gente que dices lo que quieres, te llevas bien, estás haciendo gimnasia y estás relajado, puedes hacer todo.

Track 17 (Activity 3)

– Entonces, ¿quién fundó el herbolario?
– Mi abuelo.
– Tu abuelo. Y desde entonces, ¿ha pasado de mano en mano pero en la familia?
– Sí, sí. Primero estuvo mi abuelo, luego mi abuela y luego yo, mi tío y luego yo, claro, y luego ya veremos quién viene.
– ¿Va a continuar la tradición familiar? ¿Tienes a

alguien pensado como sucesor?
– Bueno, seguramente un sobrino mío.
– ¡Ah muy bien! Has comentado que la tienda antes era diferente cuando se fundó. Me puedes comentar un poco ¿qué cambios ha habido desde entonces hasta ahora? ¿Qué ha cambiado?
– Bueno, sobre todo, primeramente lo único que había eran plantas medicinales, entonces con eso era con lo único que se jugaba. Luego, empezaron a entrar los productos de dietética y los productos de alimentación y eso sí que ha ido variando mucho ahora, porque igual que se puede vender muchas hierbas hay muchos productos que la gente ya te demanda normalmente. Antes era muy difícil, primero porque no existían en el mercado. Entonces, ahora ya más que un herbolario es un centro de dietética.
– ¿Qué tipo de clientes tienes?
– Bueno, la verdad es que la zona en la que estamos que es el Madrid antiguo, pues el barrio es antiguo, entonces la clientela que tengo es una clientela muy fiel pero mayor, aunque si cada vez te entra más gente joven, pero básicamente la clientela que entra es mayor.
– Cuando dices mayor, ¿dices setenta?
– Sí, de cincuenta para arriba.
– Sí, que te iba a decir. También has dicho que entra gente joven. ¿Hay alguna diferencia entre los productos que solicitan la gente más mayor y la gente más joven?
– Sí. La gente mayor sigue acostumbrada, viene por las hierbas para hacer la infusión. La gente joven no, no tiene tiempo para hacer una infusión, entonces es a base de comprimidos o sobre todo de alimentación, dietética.

Unit 10

Así se habla 1
Track 2 (Activity 3)

– En relación a los problemas medioambientales que nuestro planeta padece, podría enumerar un sinfín de ellos, desde la contaminación acústica que se soporta en las grandes ciudades hasta el cada vez más peligroso uso de conservantes y colorantes cancerígenos en los alimentos. Pero los que a mí me parecen más peligrosos en gran escala son básicamente dos.
– En primer lugar, la contaminación atmosférica producida por los humos de coches e industrias ha llevado a la destrucción progresiva de la capa de ozono. Las últimas cifras indican que el agujero de la capa de ozono sobre la Antártida es mayor que nunca y tiene ya el tamaño de Europa, es decir, el doble de lo registrado en 1993 y con un 10% menos de grosor. Las principales consecuencias de la destrucción de esta protección natural contra las radiaciones solares son los cánceres de piel, las afecciones oculares y los cambios en la agricultura y ecosistemas.
– En segundo lugar está en qué hacer con los residuos radiactivos producidos por centrales e industrias nucleares. Con la invención de la energía atómica, los gobiernos empezaron a usarla alegremente, sin anticipar las consecuencias, esto es, sin prevenir y planificar como iban a deshacerse de esa basura nuclear. Y ahora estamos como estamos, vertiendo residuos nucleares en nuestros mares y bajo tierra,

residuos que podrían contaminar el total del planeta y destruir toda la vida en él.

Track 3 (Activity 4)
Parent B
– Me preocupan mucho los alimentos que tomamos. Cada vez tienen más conservantes y más colorantes artificiales. Y lo que más me preocupa es que la gente joven, sobre todo los niños no sepan comer bien, que sólo coman dulces y comidas rápidas, como las hamburguesas y todo eso ...

Así se habla 2
Track 6 (Activity 2)
Número uno
– Me parece muy mal, una verdadera vergüenza.
Número dos
– A mí me parece bien.
Número tres
– Perdona. ¿Qué te parece lo de la circunvalación?
– Pues, si es necesaria una circunvalación, me parece una buena idea.
Número cuatro
– ¿Y a ti?
– A mí me da igual, la verdad.
Número cinco
– ¿Qué piensa usted de eso de que construyan una circunvalación por aquí?
– Fatal. Me parece fatal. Un error.

Track 8 (Activity 6)
Yo iba por la calle Rueda, a velocidad normal, ni muy despacio ni muy deprisa. A la altura del centro comercial vi que empezaba a haber muchos coches aparcados, es normal los viernes por la tarde, la gente va a hacer la compra para la semana, van con el coche y bueno, pues ya se sabe, aparcan en cualquier lado ... Bueno, pues ese día había coches aparcados en doble fila y todo ... Justo enfrente de la esquina con la calle Alba había un Volkswagen azul en doble fila que ocupaba todo el carril y no dejaba pasar, así que tuve que adelantar y ponerme en el carril de la izquierda. ... En ese momento, el ciclista, que venía por la calle Alba, pero al que yo no podía ver, giró a su derecha y ... Yo frené inmediatamente, claro, pero ya era tarde y chocamos.

Un paso más
Track 11 (Activity 2)
– ¿Y cuáles son los problemas del medio ambiente mas claves aquí en el Ecuador?
– Muchos. En las ciudades, ya que digamos en este momento el país, el Ecuador, pasó de ser un país rural, en los últimos años pasó a ser un país urbano (más del 50% de la población ya vive en las ciudades), pero las ciudades no estuvieron preparadas para este crecimiento explosivo, esta migración explosiva del campo a la ciudad. Entonces hay mucha falta de saneamiento ambiental, o sea, agua potable, alcantarillado. Las ciudades no estaban planificadas desde un punto de vista moderno. Por otro lado, en las ciudades que están en los Andes, en las montañas, tienen problemas por ejemplo con el combustible. Nuestro combustible, o sea la gasolina, es de pésima calidad.
– ¿Por qué, ya que el Ecuador produce gasolina?
– Porque nuestras refinerías son muy antiguas, el país no ha tenido suficiente dinero o no ha querido, los distintos gobiernos, invertir en mejorar las refinerías. Tal es así que sólo hasta

hace dos años toda la gasolina tenía plomo.
– ¡Toda!
– Toda la gasolina tenía plomo.
– Y los escapes de los vehículos ¿cómo los califica usted?
– ¡Espantosos! Pero la culpa no es de los escapes sino del producto que se le pone para que funcionen los automóviles.
– ¿Y usted luchó para cambio en este sentido?
– Sí. Eh, mi organización ha luchado, y ya hemos logrado algo, hemos luchado para que se mejore la calidad de los combustibles. Hemos logrado que exista ya gasolina sin plomo, y además hemos logrado, por ejemplo que el municipio de Quito empiece, eh, de una ordenanza, una ley municipal, que exige que los buses sobre todo, buses de transporte urbano que utilizan diesel, estén bien calibrados para disminuir las emanaciones de estos, de este medio de transporte.
– Y la gasolina con plomo, ¿qué efecto tiene en el cuerpo humano?
– Bueno, es altamente peligrosa, sobre todo en los niños hasta los cinco años. El plomo se afecta al sistema nervioso central. Y mientras más plomo tengan los niños, que son los que más rapidamente absorben, luego se atontan, o sea, no desarrollan toda su capacidad intelectual porque partes del cerebro quedan definitivamente afectadas.

Track 12 (Activity 3A)
– Esta tarde tenemos con nosotros al señor Santiago Rodríguez, representante de las asociación de Comerciantes del distrito centro; a la señora Marta López, presidenta de la Asociación de Consumidores; a Lola Robles, ecologista; y por último a don Álvaro Cienfuegos, Concejal del Ayuntamiento. Buenas tardes a todos y gracias por haber venido a nuestro programa.
– Buenas tardes.
– Comenzaremos con el señor Rodríguez, representante de la asociación de comerciantes del distrito centro. ¿Nos puede decir que opinión tiene la asociación de comerciantes de la propuesta municipal de prohibir los vehículos privados en el centro de la ciudad?
– Bueno, la medida es altamente prejudicial para los comerciantes, no sé, las ventas disminuirán si es que la gente no puede venir estacionarse para cargar lo que compra. Obviamente los clientes preferirían comprar en otros grandes centros comerciales específicamente en las afueras de la ciudad. Esto es una discriminación. No sé. Lo que el ayuntamiento debería hacer es conseguir más espacio para aparcarse, en subterráneos, ¿qué sé yo? en el centro de la ciudad.
– Muchas gracias. Y ahora vamos con la señora López, de la Asociación de Consumidores. ¿Qué opina su asociación del asunto?
– Bueno, yo creo que es una verdadera vergüenza. Es un verdadero atentado contra la libertad de elección de los consumidores. Y es una medida discriminatoria con respecto a los comerciantes del centro. Además, es una medida que favorece a los grandes centros de las afueras que, bueno, ya disponen de grandes áreas de aparcamiento. Comprendo que el ayuntamiento quiera solucionar el problema de la contaminación, por ejemplo, pero me parece que deben buscar

soluciones alternativas y menos radicales.
– Muchas gracias, señora López. Me imagino que Lola Robles, ecologista militante, tiene mucho que decir sobre el tema.
– Pues claro, yo estoy totalmente de acuerdo con la medida, realmente en este momento es imposible circular o caminar o hacer nada por las calles, incluso respirar en el centro de la ciudad. Nos estamos ahogando, es una cuestión inhumana, es verdaderamente ridículo ver la mayoría de los carros con un solo ocupante.
– Vale, muchísimas gracias. Y por último tenemos con nosotros a Don Álvaro Cienfuegos, el concejal que ha presentado la polémica propuesta. Don Álvaro, buenas tardes ...
– Buenas tardes. El tráfico en la ciudad ha alcanzado niveles ya peligrosos, los propios vecinos se quejan, se han dado ya varios casos de personas ingresadas en el hospital con problemas respiratorios. Esta medida intenta sólo dar una solución efectiva a este problema. Se ha estudiado otras propuestas por supuesto, pero ésta parece ser más viable. Los comerciantes no deben preocuparse, porque se aumentará y mejorará los transportes públicos y se harán campañas publicitarias para concientizar a los ciudadanos de la necesidad de esta medida.

Track 13 (Activity 3B)
– Vamos a pasar ahora al turno de llamadas de los radiooyentes. Primera llamada, por favor. Sí, diga, diga.
– Hola, buenas tardes.
– Me dice su nombre por favor?
– Sí, sí, Juan Pérez.
– Buenas tardes, Sr Pérez.
– Mire, mire es que yo llamo por lo del debate. Que yo he escuchado el debate y yo estoy a favor de la medida, yo soy taxista, eh, y creo que los taxistas tendrán más trabajo porque los compradores usarán más el taxi. Y que además por cierto será más barato porque el haber menos tráfico costará menos. Yo estoy absolutamente de acuerdo con la medida.
– Muchas gracias, señor. Y a ver me pasa la segunda llamada. Dígame, hola. ¿Me dice su nombre, por favor?
– Sí, sí, me llamo Carmen Guillen, y bueno, también he estado escuchando el debate y lo que decía el concejal y la ecologista está, es muy bonito en teoría y tiene razón porque la ciudad está muy contaminada. Pero en mi caso pues yo tengo dos niños pequeños y no tengo a nadie con quien dejarlos, y yo tengo que ir a hacer las compras y yo tengo que llevar a los niños conmigo, y es muy difícil porque sin el coche, con los niños y con los paquetes, usted dígame como puedo hacer las compras todos los días. Entonces, pues, en teoría es muy bonito, pero claro hay que pensar en las cosas particulares de cada uno porque es muy difícil.
– Vale, muchísimas gracias.

Introductory note: the word order is letter by letter and **ñ** follows **n**. **Nouns** are preceded by the definite article. This is bracketed in the following cases: 1 (el) inglés – where the word may be either a noun or an adjective with the same form and translation. Where these differ, the words are listed separately. 2 (la) España – names of countries with which the definite article is not normally used. Where the article before the name of the country is not bracketed, it indicates that the article is normally used. **Radical-changing verbs** are indicated by the vowel change within brackets. **Abbreviations** used: *m.* masculine, *f.* feminine, *sing.* singular, *pl.* plural, *interrog.* interrogative, *excl.* eclamation. An oblique followed by 'o' or 'a' indicates the alternative ending for gender.

A

    a to; at
    abandonar to abandon, to give up
    abierto/a open
el/la **abogado/a** lawyer, solicitor
el **abrazo** hug, embrace; love, best wishes (correspondence)
el **abril** April
    abrir to open
    absoluto/a absolute, total
    absurdo/a absurd, ridiculous
la **abuela** grandmother
el **abuelo** grandfather
    aburrido/a boring
el **aburrimiento** boredom
    acá here
    acabar to finish;
      acabar de to have just (done)
      acabar de conseguir to have just got
la **academia** academy, school
    acariciar to nurture
el **acceso** access
el **accidente** accident
las **acciones** shares
el **aceite** oil
    acercar to bring closer
    acitronado/a transparent/golden-brown
    acometer to undertake
    aconsejable advisable
    aconsejar to advise
el **acontecimiento** event
    acordar/ponerse de acuerdo to agree
      ¿de acuerdo? do you agree? OK?
    acordarse (ue) to remember
    acostarse (ue) to go to bed
    acostumbrarse to get used to
      se acostumbra it's the custom
    acristalado/a glazed
la **actitud** attitude
    activar to activate
la **actividad** activity
    activo/a active; practising
la **actualidad** present (time)
      las actualidades current affairs
la **acuarela** watercolour
    acudir to go to
    acústico/a acoustic, noise *(adj.)*
    adaptarse to adapt oneself
    adecuado/a fit, suitable
    adecuadamente adequately, suitably
    adelantar to advance; to anticipate; to pass, overtake
    adelante ahead; forward; upward
      18 años en adelante 18 (years of age) upward
    además moreover, besides

la **administración** management
    admitir to admit
    adquirir (ie) to acquire, to obtain
el/la **adulto/a** adult
    advertir (ie) to warn
la **aerolínea** airline
el **aeropuerto** airport
    afectar to affect
la **afición (a)** liking, fondness (for); hobby, pastime
    afirmar to assert, declare, state
las **afueras** outskirts
la **agencia** agency; office, branch
    agencia de viajes travel agency
la **agenda** diary
    agotado/a sold out; exhausted
    agosto August
    agradable agreeable, pleasant
    agradar to appeal to
    agradecer to thank
    agradecido/a grateful
    agregar to add
el **agua** *(f.)* water
el **aguardiente** brandy; (type of) liqueur
la **aguja** needle
el **agujero** hole
las **agujetas** stiff muscles
    ahora now
    ahorrar to save
los **ahorros** savings
el **aire** air
    al aire libre in the open air
    aire acondicionado air conditioning
el **ajo** garlic
    al (a + el) to the *(masc.)*
la **alarma** alarm
el **albañil** builder
la **alberca** swimming pool (Mex.)
    alcanzar to achieve; to reach
    alegre happy
(el) **alemán** German
(la) **Alemania** Germany
    alérgico/a allergic
el **algarrobo** carob tree
    algo something
el **algodón** cotton
    alguien someone
    algún/alguno/a an, any, some
    alimentar to feed
    alimentarse to feed oneself, to eat
el **alimento** food
    allí there
el **alma** *(f.)* soul
    el alma de todas las fiestas life and soul of the party
el **almacén** store, shop
    los grandes almacenes department store
    almorzar (ue) to have lunch
el **alojamiento** accommodation
    alojar to accommodate; to cope with
    alquilar to rent
el **alquiler** hire; letting
    alrededor around
    alterado/a upset, disturbed, angry
    alterar to change; to upset; to excite
    alternar to socialise
    altivo/a haughty, proud
    alto/a high; tall
la **altura** altitude
    sufrir de la altura/mal de altura to suffer from altitude sickness
el **aluminio** aluminium
el/la **alumno/a** college/university student
la **amabilidad** aimiability, kindness

    amable kind
el **amanecer** dawn
el/la **amante** lover
    amargo/a bitter
(el) **amarillo** yellow
    ambiental environmental
el **ambiente** environment, atmosphere
el **ámbito** sphere, field, area
    ambos/as both
el/la **amigo/a** friend
la **amistad** friendship
el **amor** love
    ampliar to improve; to broaden
    amueblado/a furnished
el **analgésico** analgesic, pain-killer
    analizar to examine
    andar to walk; to go around; to be
      ando muy enojada con ellos I'm very angry with them
la **anécdota** anecdote
la **anguila** eel
el **angular: gran angular** wide-angled lens
el **ángulo** angle
    angustiado/a distressed
    angustiarse to become distressed
el **anhelo** wish, desire, longing
la **animación** animation
    animado/a inspired, motivated
el/la **animador(a)** animator
    animar to encourage; to cheer up
el **anís** anisette
el **aniversario** anniversary
    anochecer (zc) to get dark
el **antebrazo** forearm
los **antecedentes** record; background
la **antena parabólica** satellite dish
    antes before
    antibacteriano/a antibacterial
el **antibiótico** antibiotic
    anticuado/a old-fashioned; antiquated
la **antipatía** antipathy
    antirreumático/a anti-rheumatic
    anual annual
el/la **anunciador/ora** advertiser
el **anuncio** advertisement, prospectus
    añadir to add
el **año** year
    apagar to switch off
el **aparato** apparatus, appliance
el **aparcamiento** carpark
    aparcar to park
    apartado/a isolated
    apasionarse to have a passion for (someone/thing)
el **apellido** surname, family name
    apenas as soon as
la **apertura** opening
    apetecer (zc) to feel like (doing s'thing): to fancy
      ¿te apetece? do you fancy?
    apostarse (ue) to bet
    apoyar to support
    aprender to learn
    apretar (ie) to press
    aprobar (ue) to approve
    aprovechar to make use of; to exploit; to profit from
    aprovecharse de to make good use of
la **apuesta** bet
    apuntar to make a note of, to note down
    aquel *(m.)* that; **aquél** that one
    aquella *(f.)* that; **aquélla** that one
    aquí here
      aquí está here it is
      de aquí local

el	**árbol** tree	
el	**archivo** archive	
el	**arete** earring	
	armar to prepare, set up	
	armar la carpa to put up the tent (LA)	
el	**armario** wardrobe	
	arquear to arch	
el/la	**arquitecto/a** architect	
la	**arquitectura** architecture	
	arreglar to repair	
la	**arrogancia** arrogance	
el	**arroz** rice	
el	**arte** art	
el	**artefacto** appliance	
el	**artículo** article	
el/la	**artista** artist	
el	**asado** roast; barbecue	
la	**asamblea** assembly; meeting	
	ascender (ie) to be promoted	
el	**ascensor** lift	
	asegurar to assure; to ensure; to promise	
el/la	**asesor/ora financiero/a** financial consultant	
el	**asfalto** asphalt	
	así so; in this way	
	así se acostumbra this is the way we do things	
	así se habla/así se dice this is how we say it	
	así que so	
el	**asiento** seat	
la	**asignatura** subject	
el	**asma** (f.) asthma	
	asmático/a asthmatic	
la	**asociación** association	
el	**aspecto** aspect; point	
la	**aspiradora** vacuum cleaner	
	pasar la aspiradora to vacuum/hoover	
	aspirar to aspire, hope to become; to suck up, absorb	
el	**asunto** matter, question	
el	**ataque** attack	
el	**atasco** traffic jam/holdup	
la	**atención** attention	
	atender (ie) to attend to	
	atentamente (yours) faithfully, (yours) sincerely	
	atiborrarse to stuff oneself (with food)	
	atmosférico/a atmospheric	
	atrás back	
	atribuirse to claim	
	atropellar to knock down	
la	**aula** classroom	
	aumentar to increase	
	aún still	
	aunque although	
el	**autobús** bus	
	autóctono/a indigenous	
el	**autofoco** automatic focus	
el	**autógrafo** autograph	
	automáticamente automatically	
	automático/a automatic	
la	**autopista** motorway/freeway/highway	
el/la	**autor/ora** author	
la	**autoridad** authority	
	avanzado/a advanced	
la	**aventura** adventure	
el/la	**aventurero/a** adventurer; (adj.) adventurous	
el	**avión** aeroplane	
la	**avispa** wasp	
	ayer yesterday	
la	**ayuda** help	
el/la	**ayudante** assistant	
	ayudar to help, to assist	
el	**ayuntamiento** town council/hall	

el	**azúcar** (f. in LA) sugar
(el)	**azul** blue

B

el	**bachillerato** secondary school
	bailar to dance
el	**baile** dancing
	bajar to go down
	bajarse to get off
	bajito/a very short/small
	bajo/a short; low
el	**ballenero** whaler
el	**baloncesto** basketball
el	**banco** bank
la	**bañera** bathtub
el	**baño** bath; bathtub
	barato/a cheap
el	**barrio** district
el	**barro** mud; pottery
la	**base** base, foundation
	básico/a primary, elementary
	bastante enough
	bastar to be enough
	basta con telefonear a la casa just telephone the house
la	**basura** rubbish
la	**batidora** electric beater
	beber to drink
la	**bebida** drink
	bendecir to bless
	benéfico/a charitable
el	**beneficio** profit
el	**beso** kiss
el	**besugo** sea bream
la	**biblioteca** bookcase
el/la	**bibliotecario/a** librarian
la	**bici** bike (colloquial)
la	**bicicleta** bicycle
	bien well
	bilingüe bilingual
el	**billete** bank-note; ticket
la	**biología** biology
	biológicamente biologically
el	**bloqueo** block
la	**blusa** blouse
la	**boca** mouth
la	**boda** wedding
	bohemio/a bohemian
las	**boleadoras** lasso with balls
el	**boleto** ticket (LA)
la	**bolsa** sack, bag
	Bolsa Stock Exchange
	bolsa de trabajo job vacancies (advertisement)
	bolsa de dormir sleeping-bag
	bombardear to bombard
la	**bombona de gas** cylinder of gas
los	**bombones** chocolates
	bonito/a pretty
	botar to throw, launch; to throw away (LA)
la	**botella** bottle
el	**botón** button
la	**brasa** ember
(el/la)	**brasileño/a, brasilero/a** Brazilian
el	**brazo** arm
el	**bricolaje** DIY
	brindar to provide, to pay (give)
	no les brindo la misma atención I don't pay them the same attention
	británico/a British
la	**broma** joke
la	**bronca** row (angry argument)
la	**bronquitis** bronchitis
	buen, bueno(s), buena(s) good
la	**bufanda** scarf
la	**bujía** spark plug

el	**bulevar** boulevard
el	**buñuelo** doughnut
	buscar to look for, seek
la	**butaca** armchair

C

el	**caballero** gentleman
el	**caballo** horse
	caber to fit
la	**cabra** goat
	cada each
	cada vez más more and more
la	**cadena** chain
	cadena de televisión TV channel
la	**cadera** hip
	caer to fall
	no me cae muy bien I don't like him very much
la	**cafetería** coffee shop
la	**caja de cambios** gearbox
el	**calabacín** courgette, zucchini
la	**calabaza** gourd
el	**calcetín** sock
la	**calefacción** heating
el	**calentamiento** warm-up
	calentar (ie) to heat up, to warm; to turn on the heating
la	**calidad** quality
	caliente hot
	callado/a quiet
la	**calle** street
	calma quiet, peaceful
	con calma quietly, calmly
	calmar to calm
el	**calor** heat, warmth
la	**caloría** calorie
	caluroso/a hot
la	**cama** bed
la	**cámara** camera
la	**cámara digital** digital camera
el/la	**camarero/a** waiter; hotel chambermaid
	cambiar to exchange; to change
	cambiar de pareja to change partners
el	**cambio** change; rate of exchange
	en cambio on the other hand
la	**camilla** stretcher
	caminar to walk
el	**camión** truck, lorry
la	**camisa** shirt
la	**camiseta** vest; T-shirt
el/la	**campesino/a** peasant, country person
el	**campo** country; field
	campo de la informática computer field
la	**cana** grey hair
la	**canción de amor** love song
	cansado/a tired
el/la	**cantante** singer
la	**cántara** churn
el	**cántaro** pitcher, jug
	llover a cántaros to pour with rain
la	**cantidad** quantity
la	**cantimplora** water bottle
la	**cantina** cafeteria
el	**canto** song
la	**caña de azúcar** sugar cane
las	**cañas** drinks
la	**capa de ozono** ozone layer
la	**capacidad** capacity; competence, ability
	capaz capable of; having the ability to
la	**capital** capital (city)
el	**capítulo** chapter
	mil y un capítulos a thousand and one chapters
la	**cara** face; side
	las dos caras both sides (of the paper)
la	**carabela** caravel

la	**característica** characteristic	
la	**cárcel** prison, jail	
el	**cargo** position, post	
	tengo a mi cargo I'm in charge of/ responsible for	
	cariñoso/a affectionate	
la	**carne** meat	
	carne de vaca beef	
el	**carnet de conducir** driving licence	
	caro/a dear; expensive	
la	**carpa** tent (LA)	
la	**carpeta** document file; binder	
el/la	**carpintero/a** carpenter, joiner	
la	**carrera** course; subject	
la	**carretera** main road	
el	**carril** lane (of road, etc.)	
	carril de la izquierda left-hand lane	
la	**carta** letter	
las	**cartas** (playing) cards	
	cartearse to correspond, write to each other	
	cartel: en cartel billed, running (of entertainments)	
la	**cartelera** listings, entertainment section	
el/la	**cartero/a** postman/woman	
la	**casa** house	
	casa rodante caravan	
	casado/a married	
	casar to marry	
	casarse (con) to get married (to)	
el	**casco** helmet	
	casi almost	
la	**casilla** pigeonhole	
	casilla postal post office (P.O.) box	
la	**casita** small house	
el	**caso** case, instance, situation	
el	**castillo** castle	
el	**catarro** cold	
la	**catástrofe** catastrophe, disaster	
el/la	**catedrático/a** university professor	
	causar to cause	
	causa gran impresión to make a lasting impression	
la	**cazuela** saucepan; casserole	
la	**cebolla** onion	
	ceder to give way	
	celebrar to celebrate	
los	**celos** jealousy	
el	**celular** mobile telephone (LA)	
la	**cena** dinner/supper	
	cenar to have dinner/supper	
	se cena fuerte it is usual to have a large dinner	
	centrado/a central	
la	**central nuclear** nuclear power station	
el	**centro** centre	
	cepillar to brush	
la	**cerámica** ceramics, pottery	
	cerca de near	
el	**cerdo** pig, pork	
	cerrar (ie) to close	
	certificar to certify	
la	**cerveza** beer	
el	**césped** grass, lawn	
la	**cesta** basket	
	cesta de la compra average cost of week's shopping	
el	**chacolí** a light, sharp wine	
el	**champán** champagne	
la	**chaqueta** jacket	
la	**charanga** brass band	
	charlar to chat	
el/la	**chico/a** boy/girl	
el	**chile** chilli, hot pepper	
la	**chispa** wit	
el	**chiste** joke	

el	**chistu** flute typical of the Basque region	
	chocar to crash	
el	**chófer** chauffeur	
el	**chorro** jet, spurt, stream	
el	**ciberespacio** cyberspace	
la	**cibernética** cybernetics	
el	**ciclismo** cycling	
el	**ciclo** cycle; round	
el	**ciclomotor** moped	
el	**cielo** sky	
la	**ciencia** science	
	las ciencias económicas economics	
	cierto/a certain	
la	**cifra** figure	
el	**cilantro** coriander	
el	**cine** cinema	
el	**cinturón** belt	
la	**circulación** circulation	
	circular to travel; to run; to operate	
la	**cita** appointment	
la	**ciudad** city	
el/la	**ciudadano/a** citizen; ordinary person	
	civil civil	
	claramente clearly	
	claro/a clear	
la	**clase** class	
	clásico/a classical	
	clasificar to classify; to sort	
la	**clave** code	
el	**clavo** nail	
el/la	**cliente/a** customer	
	cobrar to charge	
el	**coche** car	
el	**cocido** stew	
la	**cocina** cooker; cookery; kitchen	
	cocinar to cook	
	me toca cocinar I have to cook	
el	**coco** coconut	
el	**codo** elbow	
	colaborar to collaborate, to work with	
	colectivo/a collective	
el/la	**colega** colleague	
el	**colegio** college	
	colgar (ue) to hang up	
el	**colmo** limit	
	colocar to place, to put, to deposit	
el	**colon** colon	
el	**color** colour	
el	**colorante** colouring matter	
la	**columna** column	
	combatir to fight	
la	**comedia** comedy	
	comentar to comment	
	comercial commercial	
	comercializar to market	
el/la	**comerciante** shopkeeper	
	cometer to commit	
la	**comida** lunch; meal	
el	**comino** cumin	
	como as, like	
	cómo (interrog.) why? how? what?	
	¿cómo te llamas? what is your name?	
la	**comodidad** comfort	
	cómodo/a comfortable	
el/la	**compañero/a** companion	
	compañero/a de oficina colleague	
la	**comparación** comparison	
	comparar to compare	
	compartir to share	
la	**competición** competition	
	completo/a complete	
el/la	**comprador/a** buyer	
	comprar to buy	
	comprobar (ue) to check	
el	**compromiso** obligation, commitment	
el	**compuesto** compound	

la	**computadora** computer	
	común common	
la	**comunicación** communication	
	con with	
el	**concejal** town councillor	
	concentrar to concentrate	
	concertar (ie) to arrange/make	
la	**conciencia** conscience	
	concienciar/concientizar to make aware, to raise consciousness	
el	**concierto** concert	
	conciliar to reconcile	
	conciliar el sueño to get to sleep	
	concluir to conclude	
	concretar to fulfil	
el	**concurso** competition, contest	
	condenar to condemn	
la	**condición** condition	
	condicionar to determine	
el	**condimento** condiment	
	conducir to lead, to drive	
el/la	**conductor/ora** driver	
	conectar to connect	
la	**conexión** connection	
la	**conferencia** conference; lecture; telephone call	
la	**confidencialidad** confidentiality	
	confiscar to confiscate	
	conformar to shape	
	conformarse to be satisfied	
	confundir to mistake	
el	**congelador** freezer	
	congelar to freeze	
	conmigo with me	
	conocer to know; to get to know; to meet	
	conocerse to get to know one another; to meet one another	
los	**conocimientos** knowledge	
la	**conquista** conquest	
la	**consecuencia** consequence	
el	**consejo** recommendation; advice	
el/la	**conservador/ora** conservative; curator; (adj.) preservative	
el	**conservante** preservative	
	conservar to conserve; to maintain	
	considerablemente considerably	
	considerar to consider	
	considerarse to consider oneself	
	consistir to consist of (something)	
la	**consolidación** consolidation, reinforcement	
	consultar to consult	
el	**consultorio** surgery	
el/la	**consumidor/ora** consumer	
	consumir to consume; to get through	
el	**consumo** consumption; fuel consumption	
el/la	**contable** accountant	
	contactar to contact	
el	**contacto** contact	
	contagioso/a contagious, 'catching'	
la	**contaminación** pollution	
	contaminar to pollute, to contaminate	
	contaminante pollutant	
	contar (ue) to relate, tell; to count	
	contar chistes to tell jokes	
	contento/a happy	
	contestar to answer, to reply	
	contra against	
	contraer to contract (make a contract)	
el	**contrato** contract	
	controlarse to control oneself	
	conveniente advisable	
	convenir to suit, to agree	
la	**conversación** conversation	
	convivir to live with	
la	**copa** glass	

tomar una copa to have a drink
copioso/a plentiful; satisfying
el corazón heart
la corona danesa/noruega/sueca
Danish/Norwegian/Swedish crown
el correo post, mail
correo electrónico email
correo de voz voice mail
el Correos post office
correr to run
la correspondencia correspondence
correspondiente corresponding, appropriate
la corrida de toros bullfight
cortar to chop; to cut
cortar la luz to cut off the electricity
el corte tailoring, style
corte y confección dressmaking
la cortesía courtesy, politeness
corto/a short
la cosa thing
la cosecha harvest
coser to sew
costar (ue) to cost
me cuesta mucho I find it difficult
el coste cost
costero/a coastal
la costumbre custom
cotidiano/a daily
la cotorra parrot
crear to create; to make
creativo/a creative
crecer to grow
el crecimiento growth
la creencia belief
creer to think; to believe
la cremallera zip fastener
el cristal crystal, glass
crónico/a chronic
el crucero cruise
cruzarse to come across (each other), meet
el cuadradito square, cube
el cuadro square; symptoms
de cuadros checked
el/la cual; los cuales which; who; whom
cuál, cuáles (interrog.) which? what?
cualquier any; each
cuando when
cuándo (interrog.) when?
cuanto all that, as much as; a few, some
cuanto antes as soon as possible
unos cuantos años a few years
en cuanto a as for, with respect to
cuánto/a/os/as (interrog.) how much? how many?
la cuarta quarter
(el/la) cubano/a Cuban
los cubiertos cutlery
la cuchara (wooden) spoon
la cucharadita teaspoonful
el cucharón ladle
el cuchillo knife
el cuello neck
cuello en pico V-neck
cuello vuelto turtleneck
la cuenta account, bill
cuenta bancaria bank account
darse cuenta to realise
el cuento story
la cuerda rope
el cuero leather
el cuerpo body
la cuesta slope
cuesta arriba uphill
la cuestión matter

cuidar to look after; to take care of
el culebrón soap opera
la culpa fault
culpar to blame
cultivar to cultivate
la cultura culture
el cumpleaños birthday
cumplir to carry out (orders); to complete, fulfil
al cumplir los doce at twelve years of age
la curación treatment
el curso course
curso de profesorado teacher's course
cuyo/a/os/as whose; of which

D

dañino/a harmful
el daño harm, damage
dar to give
dar de comer to feed
darse cuenta (de que) to realise (that)
dar hora to give an appointment
dar la vuelta to go round
darse prisa to hurry
los datos information
de of, from
de (de + el) of the (masc.)
los deberes homework (Sp)
debidamente correctly, accurately
la debilidad weakness
(el/la) debutante complete beginner
el decálogo ten commandments
decidir to decide
decir (i) to say, to tell
declararse to declare/call oneself
la decocción decoction
dedicar given over to
dedicarse to devote oneself to; to go in for
¿a qué se dedica usted? what do you do (for a living)?
el dedo finger
dedo del pie toe
defectuoso/a defective, faulty
defender to defend
degustar to taste
dejar to leave; to let, allow; to give up, stop
no dejes pasar el futuro don't let the future pass you by
dejar recado to leave a message
dejar a alguien en paz to leave someone in peace
dejar de asistir a to stop going to
el delfín dolphin
delgado/a thin, slim
lo/los demás the rest, the others, everyone else
demasiado/a too much
la democracia democracy
demostrar (ue) to demonstrate, to show
el denominador denominator
dentro inside, within
la denuncia report; formal complaint
el departamento department
depender (de) to depend (on)
el deporte sport
deportivo/a sports (adj.)
derivar to derive, proceed from
derrochar to squander, to waste
desarrollar to develop
el desarrollo development
el desastre disaster
el desayuno breakfast
descalzo/a barefoot
descansar to rest, to lie down
el descanso rest

descongelar to defrost
descontento/a unhappy
describir to describe
descubrir to discover
el descuento discount
desde from; since
desear to desire, wish
desencadenar to trigger/set off
la desertización desertification, process of land turning into desert
la desesperación desperation
desgraciadamente unfortunately
deshacerse de to get rid of
la designación designation, appointment
desinformar to misinform
desistir to give up; to change one's mind
desordenado/a untidy
el despacho office
despacio slowly
desparramar to spill
despedir (i) to say goodbye; to see someone off
se despide atentamente yours sincerely
despertar (ie) to wake (someone)
despertarse (ie) to wake up
el desplazamiento journey
desplazarse to move around, to travel around
después after, afterwards; then
destacar to emphasise, stress
el destino destiny, fate
el destornillador screwdriver
detestar to detest, dislike intensely
la deuda debt
devastador/ora devastating
el día (m.) day
hoy en día nowadays
el diablo devil
la diana musical instrument
diario/a daily
media diaria on average daily
dibujar to draw, sketch
el dibujo drawing
dibujo animado cartoon
diciembre December
el diente tooth
la dieta diet
dietético/a dietary
difícil difficult
digestivo/a digestive
dimitir to resign
dinámico/a dynamic
el dinero money
el dios god
Dios God
la diosa goddess
la dirección address
el/la director/ora director
el discado dialling
la discoteca discothèque, disco
la discriminación discrimination
discutir to argue; to quarrel
diseñar to design
disfrutar to enjoy oneself
el disfrute enjoyment
disminuir to decrease; to diminish
disponer to provide; to have at one's disposal
la disponibilidad availability
disponible available
la disposición disposal
dispuesto/a a willing to
el disquete floppy disk
la distancia distance
el distrito district
diurético/a diuretic

divertido/a amusing, fun
divertirse to enjoy oneself, have a good time
la **divisa** currency
divorciar to divorce
doble double
la **docena** dozen
el/la **doctor/ora** doctor
el **documental** documentary
el **dólar australiano/canadiense** Australian/Canadian dollar
doler (ue) to hurt
el **dolor** pain; ache
doméstico/a domesticated
el **domicilio** home address
el **domingo** Sunday
el **dominio** command, control, mastery
donar to donate
donde where
dónde (interrog) where?
dormir (ue) to sleep
el **dormitorio** bedroom
la **dosificación** dosage
la **dotación** funding
las **dotes** (f.pl) skills, talents
el **dragón** dragon
la **ducha** shower
ducharse to (have a) shower
(el) **dulce** sweet (adj.); sweet dish
la **duración** duration
durante during/for
durar to last
duro/a hard

E

echar to sack, fire; to throw; to spend; to put on (a film); to stir in
  echar de menos to miss
  me echaron del trabajo I got the sack, I was fired
  echo una siesta I have a siesta/rest
el/la **ecologista** environmentalist, conservationist
ecologista ecological
la **economía** economic
económico/a economical
la **edad** age
el **edificio** building
la **educación** upbringing
la **eficacia** efficacy
eficiente efficient
el **ejemplo** example
el **ejercicio** exercise
el the (m.); it; the one
él he; him; it (m.)
elaborar to draw up, produce, elaborate
el/la **electricista** electrician
el **electrodoméstico** electrical appliance
el **elefante** elephant
elegir (i) to choose
elemental elementary
el **elemento** element
elevado/a high
eliminar to eliminate, get rid of
ella she; her; it (f.)
ello it; **ellos** they (m.); them
el/la **embajador/a** ambassador
el **embargo** embargo
  sin embargo however, nevertheless
embestir (i) to assail; to charge
el/la **emigrante** emigrant
emocionado/a excited
emocionar to move, to affect
empeorar to worsen, become worse
la **emperatriz** empress
empezar (ie) to begin, to start

el/la **empleado/a** employee
la **empresa** enterprise, company
  empresa constructora construction company
empujado/a driven
en in, into; on; upon; at
enamorarse to fall in love
encantar to charm, to delight
  me encanta I love/enjoy
el/la **encargado/a** manager, person in charge
encargarse to see to, to look after, be responsible for
encender (ie) to light (fire)
el **enchufe** plug
el **enclave** enclave
encoger to shrink
encontrar (ue) to find; to meet
encontrarse to feel; to be; to be situated
  ¿qué tal se encuentra? how do you feel?
  encontrarse situado to be located
el **encuentro** meeting
el/la **endocrinólogo/a** endocrinologist
la **endrina** sloe
endulzar to sweeten
la **energía** energy
enfadado/a angry
enfadar to make angry
el **enfado** anger
el **énfasis** emphasis
el/la **enfermero/a** nurse
enfermo/a sick, ill
enfrente (de) in front (of)
enfriar to cool, to chill
engañarse to be deceived
engordar to gain/put on weight
enorme huge, enormous
el **enredo** tangle, muddle; affair
la **enseñanza** teaching
enseñar to teach; to show
entablar to strike up, to start (a conversation)
entender (ie) to understand
  no entender ni jota not to understand a word
entenderse (ie) to get on well
la **entonación** intonation
entonces then
la **entrada** entrance; entrance ticket
entrar to enter
  entrar la ropa to bring in the washing
entre between, among
la **entrega** delivery; vacant possession, occupancy
el/la **entrenador/ora** coach, trainer
el **entretenimiento** entertainment
la **entrevista** interview
envasar to put into a container
el **envase** packaging
enviar to send
envolver (ue) to wrap up
la **época** period
equipado/a equipped
el **equipo** team; equipment
  equipo de sonido hi-fi equipment
la **equitación** riding
equivocado/a mistaken
la **era** era
la **ermita** chapel
el **error** error, mistake
esa (f.) that; **ésa** that one
esas those; **ésas** those ones
la **escala** stopover
la **escalera** stairs, staircase
el **escándalo** scandal
la **escarola** type of lettuce
el **esclavo** slave

escribir to write
el/la **escritor/ora** writer
escuchar to listen (to)
la **escuela** school
la **escultura** sculpture
el **esguince** sprain
eso (neuter) that one
  por eso therefore, because of that
esos (m.) those; **ésos** those ones
espacial space (adj.)
el **espacio** space
la **espalda** back
(la) **España** Spain
el **español** Spanish (language)
(el/la) **español/ola** Spanish (nationality)
la **especia** spice
el/la **especialista** specialist
especializado/a specialising in (something)
especialmente especially
específico/a specific
el **espectáculo** spectacle, show
esperar to hope; to wait for
espesar to thicken
la **espinaca** spinach
el **espíritu** spirit
el **espliego** lavender
el **esquí acuático** water skiing
esquiar to ski, go skiing
la **esquina** corner
la **estabilidad** roadholding
estable stable
establecer to establish, to set up
el **estadio** stadium
el **estado** state, condition
los **Estados Unidos** United States of America
la **estancia** ranch; stay, visit
  estancia mínima minimum stay
estar to be
esta (f.) this; **ésta** this one
estas (f.) these; **éstas** these ones
el **estatus** status
este (m.) this; **éste** this one
el **estéreo** stereo
el **estereotipo** stereotype
el **estilo** style
el **estómago** stomach
la **estrella** star
el **estrés** stress
estresado/a stressed, under stress
estropeado/a broken; damaged; falling apart
estropear to spoil
el/la **estudiante** student
estudiar to study
la **estufa** cooker (LA)
estupendo/a marvellous, wonderful
la **etiqueta** etiquette, protocol
el **eucalipto** eucalyptus
evitar to avoid
la **evolución** evolution
exaltar to extol
el **examen** examination, test
excesivo/a excessive
el **excitante** stimulant
la **excursión** excursion, day trip, outing
exigir to demand
el **éxito** success
el/la **exorcista** exorcist
la **expansión** expansion, growth
la **experiencia** experience
el **experto** expert
exponer (ue) to expose, risk; to show, exhibit; to expound
la **exposición** exhibition
la **expresión** expression
extender (ie) to extend; to hang up

Spanish–English Glossary

la **extensión** expanse
el/la **extranjero/a** foreign(er)
extrovertido/a extrovert, outgoing

F
la **fábrica** factory, plant
la **fachada** facade
fácil easy
la **facilidad** facility
facilitar to facilitate; to make easier
el **facón** sheath knife
la **factura** invoice, bill
la **facultad** university faculty
la **faena** dirty trick; pain
¡**vaya faena!** what tough luck!
la **falda** skirt
fallar to fail
fallecer to die
la **falta** lack, need, shortage
falta de lack of
faltar to miss, to lack
la **familia** family
familiar family (adj.)
famoso/a famous
el/la **fanático/a** fanatic; fan, supporter
la **fantasía** fantasy
farmacéutico/a pharmaceutical
la **farmacia** pharmacy, chemist
el **faro** lighthouse
fascinado/a fascinated, captivated
fascinar to love (doing something)
me fascina el cine cinema fascinates me
fascista fascist (adj.)
fatal dreadful
el **favor** favour
febril feverish
la **fecha** date
la **felicidad** happiness
feliz happy
el/la **feminista** feminist
feo/a ugly
la **ferretería** hardware store, ironmonger's
la **ficción** fiction
la **ficha** index/record card
ficha de inscripción registration card
la **fiebre** fever
fiel loyal
la **fiesta** celebration, party
la **figura** figure
fijar to fix
la **fila** line, queue
el **filete** fillet
la **filología** philology
el **filtro** filter
el **final** end
al final finally
las **finanzas** finances
firmar to sign
la **física** physics
físicamente physically
físico/a physical
el/la **fisioterapeuta** physiotherapist
flaco/a thin
la **flor** flower
el/la **fontanero/a** plumber
la **forma** form; shape; fit
en forma in good shape
formar to form
formular to make, to lodge (complaint)
el **foro** forum; meeting
la **foto** photograph
la **fotocopiadora** photocopier
la **fotografía** photography
fracasar to fail, be unsuccessful
la **fragata** frigate bird
frágil delicate

francés/esa French
(la) **Francia** France
la **frase** sentence
frecuentemente frequently
fregar (ie) to wash up (Sp)
el **freno** brake
la **fresa** strawberry
el **frigorífico** fridge; freezer
los **frijoles** beans
frío/a cold
la **frontera** frontier
la **fruta** fruit
el **fuego** fire; heat
la **fuente** serving dish; source
fuera (see **ser**)
fuera outside
comer fuera eating out
fuera de casa away from home
fuerte strong; heavy; substantial; severe
la **fuerza** strength
fumar to smoke
el **funcionamiento** working
funcionar to function, to work
el/la **funcionario/a** civil servant
fundamentalmente basically
fundar to found
el **futuro** future
el/la **futurólogo/a** futurologist

G
las **gafas** glasses, spectacles
la **gallina** hen, chicken
la **gana** desire, wish, inclination
tengo muchas ganas de verte I'm really looking forward to seeing you
la **ganadería** stock-breeding
el **ganadero** stockbreeder
el/la **ganador/dora** winner
ganar to earn; to win
en caso de ganar la lotería if you happen to win the lottery
el **garaje** garage
garantizar to guarantee
los **garbanzos** chickpeas
la **garganta** throat
la **gaseosa** fizzy lemonade, etc.
la **gasolina** petrol
gastado/a used; wasted
el **gasto** waste
la **gastronomía** gastronomy
el **gato** cat
el **gaucho** South American cowboy
el **gazpacho** cold soup made from tomatoes, peppers etc.
la **generosidad** generosity
la **gente** people
la **geografía** geography
el **gerente** manager
gigantesco/a gigantic, huge
la **gimnasia** gymnastics
girar to turn
el/la **gitano/a** gypsy
la **gloria** glory
el **gobierno** government
el **golpe** (heart)beat
golpear to hit, to strike
gordo/a fat
gozar to enjoy
gracias a thanks to
el **grado** degree
la **graduación** graduation
de baja graduación low proof (alcohol content)
gráfico/a graphic
la **gramática** grammar
gran, grande big

granate deep red
la **grasa vegetal** vegetable fat
la **gravedad** gravity, seriousness
gravemente seriously
(el/la) **griego/a** Greek
el **grifo** (water) tap
la **gripe** flu (influenza)
gris grey
el **grosor** thickness
el **grupo** group
los **guantes** gloves
el **guardia** policeman
la **guardia** care, protection; guard
la **guerra** war
el/la **guía** guide (person)
la **guía** guide (book)
el **gusanito** (diminutive of **gusano**) little worm
gustar to like

H
haber to have
la **habilidad** ability
la **habitación** room
el/la **habitante** inhabitant
el **hábito** habit
el **habla** (f.) speech, language
hablador/ora talkative, chatty
hablar to speak
hacer to do, to make, to build
¿cuánto tiempo hace que esperas? how long have you been waiting?
está perdido desde hace 15 días it's been lost for a fortnight
hace un año que vivo aquí I've been living here for a year
me casé hace un año I got married a year ago
hacer gracias to be funny, amuse people
hacer la fila to queue
hacer la maleta pack the suitcase
hacerse entender to make oneself understood
hacerse to become
se hizo católico he became a Catholic
hallarse to find oneself; to be
el **hambre** hunger
tener hambre to feel hungry
harto/a fed up
hasta up to, until
el **hecho** fact
la **heladera** fridge (Arg.)
hercúleo Herculean
herido/a injured; polluted
la **hermana** sister
el **hermano** brother
la **hermosura** beauty
hervir (i) to boil
heterogéneo/a heterogeneous
el **hidrato de carbono** carbohydrate
la **hierba** grass; herb
hierbas medicinales herbal medicines
el **hígado** liver
la **hija** daughter, child
el **hijo** son, child
el **hilo** thread
hincharse to swell
hipotecar to mortgage
histérico/a hysterical
la **historia** history; story
histórico/a historical
la **historieta** comic strip, cartoon story
el **hogar** home
la **hoja** leaf
la **hojaldra** puff pastry (LA)
el **hombre** man

el **hombro** shoulder
honesto/a honourable, decent
la **hora** hour
el **horario** timetable
el **hornero** ovenbird
el **horno** oven
hospedar to provide with accommodation
hospedarse to stay, lodge
el **hospital** hospital
la **hostelería** hotel and catering
hoy today, now, nowadays
  hoy en día nowadays
huele it smells (see **oler**)
el **hueso** bone
el **huevo** egg
humilde humble, meek; poor
el **humo** smoke
  humos de coche car-exhaust fumes
el **humor** humour, mood
hundir to sink

I
el **idioma** (m.) language
la **iglesia** church
igual equal
  me da igual I don't mind, it doesn't matter
la **igualdad** equality
la **iguana** iguana
la **ilusión** hope, enthusiasm
la **ilustración** illustration
la **imagen** image
imaginar to imagine
imaginarse to imagine, to suppose
impartir to impart; to give (information/lessons)
impecable impeccable, faultless
el **imperio** empire
la **implantación** introduction
implicar to involve
imponer to impose
importar to matter
imprescindible essential
la **impresora** printer
el **impuesto** tax
impuntual unpunctual
inadecuado/a inadequate, unsuitable
incapaz incapable
incluir to include
incómodo/a uncomfortable
el **inconveniente** disadvantage
la **incorporación** incorporation, inclusion; joining
incorporarse to join
increíble incredible
la **incrustación** inlay, inlaid work
la **indemnización** indemnity; compensation
indignarse to become indignant
la **industria** industry
ineficaz inefficient
la **infancia** childhood
inflamado/a inflamed
la **influencia** influence
la **informática** computer science
el **informativo** news, news programme
la **infusión** herbal tea
la **ingeniería** engineering
ingerir (ie) to consume
(el/la) **inglés/esa** Englishman/woman; English
ingresar to join
iniciar to begin, to commence
injusto/a unfair
inmediato/a immediate
inmenso/a immense
(el) **inocente** innocent
inolvidable unforgettable

inscribir to enrol, to sign on, to register
el **insomnio** insomnia
inspirar to inspire
la **instalación** facility; setting up
instalar to install, to set up
el **instituto** institute
integrar to make up; to integrate
(el/la) **intelectual** intellectual
intensamente intensely (hard)
intensivo/a intensive
intentar to try; to try again
intercambiar interchange/exchange
el/la **interesado/a** interested (party, person)
interesante interesting
interesarse to take an interest/to be interested
intermedio/a intermediate
el/la **internet** internet
el/la **intérprete** interpreter
interrumpir to interrupt
intimidado/a intimidated
intimarse to become friendly
intolerante intolerant
la **intoxicación** poisoning
la **intriga** plot
  historia de intriga thriller, suspense novel
introducir to introduce
introvertido/a introverted, withdrawn
inútil useless
el **inventario** inventory
invertir (i) to invest
invertirse (i) to be reversed
la **investigación** research
la **invitación** invitation
invitar to invite
ir to go
(la) **Irlanda** Ireland
irritar to irritate
la **isla** island
el **itinerario** itinerary; route

J
el **jagüel** pool (LA)
el **jardín** garden
la **jardinería** gardening
el/la **jefe/a** chief, superior, boss
el **jesuíta** (m.) Jesuit
el **jinete** horseman
el **jitomate** tomato (Mex.)
Jorge George
la **jornada laboral** working day
el/la **joven** young person
las **judías** (green) beans (Sp)
el **jueves** Thursday
el/la **juez/a** judge
el/la **jugador/ora** player, sportsman/woman
jugar (ue) to play (a game)
el **jugo** juice (LA)
el **juguete** toy
julio July
junto(s)/a(s) together
la **justicia** justice
justo/a just; fair, right
la **juventud** youth, young people
el **juzgado** court

L
lacado/a lacquered
lácteo/a dairy (adj.)
el **lado** side
  por otro lado on the other hand
el **ladrón** thief
la **lagartija** wall lizard
la **laguna** lake, pool
lamentar to regret

el **lápiz** pencil
latir to beat (of heart)
lavable washable
la **lavadora** washing machine
el **lavaplatos** dishwasher
lavar to wash
  le him; to him; you; to you (formal)
la **leche** milk
el/la **lector/ora** reader
leer to read
legalizar to legalise
la **legumbre** vegetable
lejos (de) far (from)
la **lengua** language, tongue
el **lenguado** sole (fish)
lentamente slowly
las **lentejas** lentils
lento/a slow
  les them; to them; you; to you (formal)
la **lesión** injury
la **letra** letter (alphabet)
levantarse to get up
la **ley** law
la **libertad** liberty
la **libra** pound
  libra esterlina pound sterling
libre free
la **libreta** notebook
el **libro** book
el/la **licenciado/a** graduate
licenciarse to graduate
el **licor** liqueur
la **licuadora** liquidiser
liderar to lead
ligero/a light (weight/meal)
el **límite** limit
limpiar to wash, to clean
la **limpieza** cleanliness, cleaning (n.)
limpio/a clean
la **lista** list
listo/a bright, clever, smart; ready
  estar listo/a to be ready
literario/a literary
la **literatura** literature
la **llamada** call (telephone)
llamar to call
  llamado/a so-called
la **llanura herbosa** prairie, grassland
la **llave** key
llegar (ue) to arrive
  llegó a ser directora she became a director
llevadero/a bearable
llevar to carry; to wear
  ¿cuánto tiempo llevas ...? how long have you been (doing something)?
  llevo 2 semanas viviendo aquí I've been living here 2 weeks
llevarse to take away
  me llevo bien con todos I get on well with everybody
llorar to cry
la **lluvia** rain
lluvioso/a rainy, wet
lo him; it (neuter); the; what
  lo difícil what is difficult
el **lobo marino** seal
la **locura** madness
el/la **locutor/ora** announcer
lógico/a understandable
lograr to manage
el/la **loro/a** parrot
la **lotería** lottery
la **Loto** lottery
la **lucha** struggle
luego afterwards, later

el	**lugar** place	
	luminoso/a light, bright	
el	**lunar** spot	
	de lunares spotted	
el	**lunes** Monday	
la	**luz** light	

M

la	**madera** wood
la	**madre** mother
	madrileño/a of/from Madrid
la	**madrugada** dawn
	maduro/a ripe
el/la	**maestro/a** teacher
	mágico/a magic
el	**magisterio** teaching
	estudiante de magisterio student teacher
el	**magistrado** magistrate
el	**maguey** type of plant, agave
el	**maître** maitre d'hotel (in restaurant/hotel)
el	**maíz** maize, corn, sweetcorn
	majo/a nice (Sp.)
	mal bad; badly
el	**malestar** discomfort, upset
la	**maleta** suitcase
	malísimo/a (superlative of **malo**) very bad
(el)	**malo** bad
	maltratado/a maltreated
	mamífero/a mammalian
la	**mancha** spot
	mandar to send
el	**mando a distancia** (TV) control
	manejar to drive (LA)
la	**manera** way
	de ninguna manera certainly not
la	**manga** sleeve
	de manga larga long-sleeved
la	**manifestación** demonstration
la	**mano** (f.) hand
	al alcance de la mano within easy reach
la	**manta** blanket
	mantener to keep up (correspondence)
el	**mantenimiento** maintenance
la	**mantequilla** butter
la	**manzana** apple
la	**manzanilla** manzanilla (type of dry sherry); also camomile tea
(la)	**mañana** tomorrow; morning
	por las mañanas in the mornings
la	**máquina** machine
el	**mar** sea
la	**maraña** puzzle, tangle
	maravilloso/a wonderful
la	**marca** brand, make; trade mark
	ropa de marca designer clothes
la	**marcha** walk; functioning
el	**marco** frame (for picture, etc.)
	mareado/a sick (nausea); dizzy
el	**marido** husband
el	**marisco** shellfish, seafood
	marrón brown
el	**martes** Tuesday
el	**martillo** hammer
	más more
	el más the most
	más bien rather
	masivamente on a large scale
el	**mate de coca** maté (coca infusion/tea)
las	**matemáticas** mathematics
	materialista materialistic
el	**matrimonio** marriage
	máximo/a maximum
el/la	**mayor** main, principal
la	**mayoría** majority
	me me; to me; myself

la	**mecanografía** typing
el	**medallón** medallion
el	**medicamento** medication
la	**medicina** medicine
	medicinal medicinal
el/la	**médico** doctor
	médico/a medical
el	**medio ambiente** environment
el	**Medio Oriente** Middle East
	medio/a half; intermediate
el	**mediodía** midday
	medir (i) to measure
	mido 1.71 metres I am 1.71 metres tall
la	**meditación** meditation
	mejor best
	mejorar to improve
	melancólico/a melancholy
la	**menestra** mixed vegetables
	menos less; fewer
el	**mensaje** message
	mensual monthly
la	**menta** mint
la	**mentalidad** mentality
	menudo/a small, slightly built
	a menudo often
el	**mercado** market
la	**mercería** haberdashery
la	**merluza** hake
el	**mes** month
la	**mesa** table
la	**mesera** waitress (LA)
	metálico: en metálico in cash
	metido/a mixed up
el	**método** method, means
(el/la)	**mexicano/a, mejicano/a** Mexican
	mi, mis my
el	**microondas** microwave oven
el	**microprocesador** microprocessor
la	**miel** honey
	mientras while
el	**miércoles** Wednesday
el	**milenio** millennium
la	**milicia** militia
el	**militante** activist (political)
	militar military
el	**mimbre** wicker, wickerwork
	mío/a/os/as my; mine
	es mío/a this is mine; it's on me/my treat
	uno mío/una mía one of mine
	mirar to look at, to watch
	mismo/a same
	ahora mismo straight away
	uno/a mismo/a oneself
la	**mitad** half
la	**moda** fashion
el/la	**modelo** model
el	**modo** manner
	molestar to bother
el	**momento** moment
la	**moneda** currency
el	**mono** monkey
el	**montaje** setting up
	montar to set up
la	**montaña** mountain
el	**montón** a lot, a great deal
	me costó un montón it cost me a lot
la	**moqueta** fitted carpet
	moreno/a dark; dark-haired
	morir (ue) to die
	mostrar (ue) to show
el	**motivo** cause, reason
la	**moto** motorcycle, motorbike
la	**movilización** protest
el	**movimiento** movement
el/la	**muchacho/a** boy; girl
	muchísimo very much

	mucho/a/os/as much, many, a lot of
	muchos lo hacen many people do it
	mudarse (de casa) to move (house)
la	**mueblería** furniture store/shop
los	**muebles** furniture
	mugriento/a filthy
la	**mujer** woman; wife
la	**multa** fine (penalty)
la	**multinacional** multinational company
	múltiple many, numerous
	mundial world (adj.)
el	**mundo** world
	todo el mundo everyone/body
el	**municipio** municipality
la	**muñeca** wrist
el	**museo** museum
la	**música** music
la	**música ambiental** background music
	muy very

N

	nacer to be born
el	**nacimiento** birth
las	**Naciones Unidas** United Nations
	nada nothing
	no me cuesta nada I don't find it at all difficult
	nadar to swim
	nadie no one, nobody: (with negative form of verb: anybody)
la	**nariz** nose
la	**naturaleza** nature, natural surroundings
	náutico/a nautical
la	**necesidad** need
	necesitar to need, to want
	negarse to refuse
la	**negociación** negotiation
	negociar to negotiate
el	**negocio** business
	negro/a black
	nervioso/a nervous
	nevar (ie) to snow
la	**nevera** fridge
	ni ... ni neither ... nor
	ni siquiera not even
el	**nido** nest
	ningún, ninguno/a/os/as no; not ... any; none
la	**niñez** childhood
el/la	**niño/a** boy, girl
el	**nivel** level
	nocivo/a harmful
la	**noche** night
el/la	**nómada** nomad
	nombrar to name
el	**nombre** name, first name
el	**norte** north
	nos us; to us; ourselves; each other
	notar to notice
la	**novela** novel
el	**noviazgo** courtship
el/la	**novio/a** boy/girlfriend, fiancé(e)
la	**nube** cloud
	nuevo/a new
	numérico/a numeric
el	**número** number
	nunca never
la	**nutrición** nutrition
el/la	**nutriólogo/a** nutritionist

O

	o or
	o sea in other words, that is to say
el	**objetivo** lens
la	**obligación** obligation, duty

	obligatorio/a obligatory, compulsory	
la	**obra** play (theatre)	
la	**obsesión** obsession	
	obstante: no obstante nevertheless	
	obtener to obtain	
	ocasionar to cause	
el	**ocio** spare time, leisure	
	ocupadísimo/a very busy	
	ocupado/a busy	
	ocurrente witty	
	odiar to hate	
la	**odisea** odyssey	
el/la	**odontólogo/a** dental sugeon	
la	**oferta** offer	
	de oferta on special offer	
	ofrecer to offer	
el	**oído** ear	
	oiga (excl.) listen! hey! wait a minute!	
	oír to hear	
	ojalá (excl.) if only it would!	
	ojo (excl.) be careful!	
el	**olivar** olive grove	
	oler (ue) to smell	
	olvidar, olvidarse to forget	
el	**ombú** ombu (bird)	
la	**opción** option, choice	
la	**oportunidad** opportunity	
	optar to opt for, choose	
el	**optimismo** optimism	
el	**optimista** optimistic	
el	**orden** order (of things)	
	la orden command, instruction, order	
el	**ordenador** computer	
el	**organismo** organism (whole system)	
la	**osadía** daring, boldness	
la	**ostra** oyster	
el	**ostracismo** ostracism	
el	**otoño** autumn	
	otro/a other	

P

el	**pacharán** type of sloe gin
la	**paciencia** patience
el	**padre** father
los	**padres** parents
	pagar to pay
la	**página** page
el	**país** country
el/la	**paisajista** landscape gardener
la	**paja** straw
el	**pájaro** bird
la	**palabra** word
el	**palillo** rake
la	**pampa** pampas
el	**pan** bread
la	**pana** corduroy
el	**panecillo** bread roll
la	**pantalla** screen
los	**pantalones** trousers
el	**pañuelo** handkerchief; scarf
las	**papas** potatoes (LA)
la	**papaya** papaya, pawpaw
el	**papel higiénico** toilet paper
la	**papelería** stationery store, stationer's
la	**papeleta (de voto)** (voting) paper
el	**paquete** parcel, package
el	**par** pair, couple
	para for, in order to
	parar to stop
	parecer to seem, to appear
	me parece que I think (that)
el/la	**pareja** partner
el/la	**pariente/a** relative, relation
el	**paro** stoppage
	en paro unemployed
el	**párroco** parish priest

la	**parte** part, section
	participar to participate, to take part
el	**particular** private individual
el	**partido** game, match; political party
	partir to cut; to start, set off
	a partir de 18 años from 18 upwards
	pasado/a over-ripe
el/la	**pasajero/a** passenger
el	**pasaporte** passport
	pasar to pass, spend
	pasar de to do without
el	**pasatiempo** pastime, hobby
el	**paseo** walk (n.)
la	**pasión** passion
el	**paso** step
	paso de peatones pedestrian crossing
el	**pastel** cake
la	**pastilla** tablet, pastille
el	**pastoreo** shepherding; grazing
la	**patata** potato (Sp)
la	**paz** peace (pl. **paces**)
el	**peatón** pedestrian
el	**pecho** chest
	pedalear to pedal
el	**pedido** order
	pedir (i) to ask for; to order
el	**pejerrey** type of fish
	pelar to peel
	pelearse to squabble, to fall out
la	**película** film
el	**peligro** danger; risk
la	**pelota** ball
	pensar (ie) to think
la	**pensión** boarding house; board and lodging
	pensión completa full board
	media pensión half board
	peor worse; poorer
	pequeño/a small
	perder (ie) to lose, miss
el	**perejil** parsley
	perezoso/a lazy, idle
	perfeccionar to perfect, improve
	perfecto/a perfect
el	**periódico** newspaper
el	**periodismo** journalism
el/la	**periodista** journalist, reporter
	permitir to allow
	pero but
el	**perro** dog
la	**persona** person
la	**personalidad** personality
	pertenecer to belong
el	**pesar** sorrow
	a pesar de despite, in spite of
	pesar to weigh
el	**pescado** fish
	pescar to fish
	pesimista pessimistic
el	**peso** weight
el	**pez** fish
	picar to chop finely; to itch; to bite
la	**picardía** craftiness, mischief
el	**picor** skin irritation; rash
el	**pie** foot
la	**piedra** stone
la	**piel** leather, skin
la	**pierna** leg
el/la	**piloto** pilot
la	**pimienta** pepper
el	**pimpón** table-tennis, ping-pong
la	**pinta** appearance, look
	tiene una pinta bárbara it looks great/delicious
	pintar to paint
la	**pintura** painting

el	**pinzón** finch
el	**piquero** mynah bird
la	**piscina** swimming pool
el	**piso** flat, apartment; floor, storey
la	**pista de tenis** tennis court
el	**plan** plan
	planchar to iron
el	**planeta** planet
la	**planta** floor; plant
la	**plata** silver
	plata repujada embossed silver
	platicar to chat, to talk
el	**plato** plate
la	**playa** beach
la	**plaza** seat; square; bullring
	pleno/a full
	en pleno invierno in the middle of winter
el	**plomo** lead
la	**población** population
	pobre poor
	poco/a a little (quantity)
	pocos/as few
el	**poder** power
	poder (ue) to be able
la	**poesía** poetry
el/la	**poeta** poet
el/la	**policía** policeman/woman
la	**policía** police, police force
la	**política** policy
	político/a political
el	**pollo** chicken
el	**polvo** dust
	quitar el polvo to do the dusting
	poner to put; to play (music); to stir in
	poner de mal humor to put in a bad mood
	poner la mesa to lay the table
	poner en peligro to jeopardise
	por for, through, along, in, on, by, from, because of, by means of
	por qué (interrog.) why?
	por supuesto of course
	por eso that's why
la	**porcelana** porcelain
el	**porcentaje** percentage
	porque because
la	**posada** country inn/hotel
la	**posibilidad** possibility
el	**poste** post
	posteriormente subsequently
el	**postre** dessert, pudding
la	**postura** posture, position
la	**potencia** strength
la	**práctica** practice
	prácticamente practically
	practicar to practise, to go in for, to play/do (sport)
el	**precio** price
	bien de precio very reasonably priced
	precioso/a beautiful
	precisar to need
la	**predicción** prediction, forecast
la	**preferencia** preference
el/la	**preferido/a** favourite
	preferir (ie) to prefer
	preguntar to ask
el	**premio** prize
la	**prenda** garment
	prendas de cuero leather clothes
la	**prensa escrita** press (newspapers etc.)
	preocupar to worry
	preparar to prepare
la	**presencia** appearance
el	**préstamo** loan
	prestar to lend

	prestar atención to pay attention			penniless		
las	**pretensiones de renta** desired salary			**quejarse** to complain	la	**reparación** repair
	prevenir (ie) to prevent			**quemar** to burn		**reparar** to repair
	previo/a previous			**querer (ie)** to want, to wish for; to like		**repartir** to distribute
	previsto/a scheduled			**querido/a** dear (starting a letter)		**repente: de repente** suddenly
la	**primavera** spring		el	**queso** cheese	la	**repercusión** repercussion; effect
	primer, primero/a first			**quien** who/whom	la	**repetir (i)** to repeat
	de primero to start with			**quién, quiénes** (interrog.) who?	la	**réplica** replica
	primeros auxilios first aid		la	**química** chemistry	el	**repollo** cabbage
el/la	**primo/a** cousin			**quitar** to remove		**reponer** to put on again
el	**principal** principal, chief			**quizá(s)** perhaps		**reposado/a** unhurried
el	**príncipe** prince				el	**reposo** rest
el/la	**principiante** beginner			**R**	el	**reproductor de DVD's** DVD player
el	**principio** beginning		la	**ración** portion, helping		**repujado/a** embossed
	a principios de at the beginning of			**racional** rational	el	**requisito** requirement
la	**prisa** rush, hurry			**radicalizarse** to intensify, worsen		**rescatar** to rescue
	privado/a private			**radicar** to be based on		**reservar** to reserve
	probar (ue) to try, try on		la	**radiografía** X-ray		**reservarse** to keep/save for oneself
el	**problema** problem		el/la	**radioyente** listener (radio)	la	**residencia** residence
la	**procedencia** origin		la	**raíz** root (pl. **raíces**)	los	**residuos** waste
	proceder to come from, to proceed		el	**rallador** grater		**resolver (ue)** to settle, resolve
	procesar to process		el	**ramo** bouquet, bunch	el	**respaldo** backing, support
el	**proceso** process		el	**rancho** hut	la	**respiración** respiration, breathing
	proclamar to proclaim			**rápido/a** quick		**responsable** responsible
la	**producción** production		la	**raqueta** racquet	la	**responsabilidad** responsibility
	producir to produce		la	**rata** rat	la	**respuesta** reply, response
el	**producto** product		la	**raya** stripe	la	**restauración** restoration
	productos impresos printed matter			**a rayas** striped	el	**restaurante** restaurant
la	**profesión** profession		la	**razón** reason	el	**resto** rest, remainder
la	**programación** programme			**razonable** reasonable	el	**resultado** result
	programar to program (programme)		la	**reacción** reaction		**resultar** to turn out, to prove to be
	prohibido/a forbidden			**real** royal		**retorcido/a** twisted
	prohibir to prohibit, to forbid		la	**realidad** reality		**retornable** returnable
	prometer to promise			**rebasar** to push; to stretch		**retrasarse** to be delayed
la	**promoción** promotion; special offer			**rebobinar** to rewind	el	**retraso** delay
	pronosticar to forecast		el	**recado** message	la	**reunión** reunion, meeting
	pronto at once, immediately; quickly		la	**receta** recipe		**reunir** to gather; to raise (funds)
la	**pronunciación** pronunciation			**recibir** to receive		**reunirse** to get together
	propio/a own			**reciclar** to recycle		**reutilizar** to re-use
	proponer to propose			**recién** newly, recently		**revisar** to check
la	**propuesta** proposition		la	**reclamación** complaint	la	**revista** magazine (illustrated)
la	**protección** protection			**recoger** to pick up; to collect	el	**rey** king
	protegido/a protected		la	**recogida** collection		**rico/a** rich (wealth/taste); tasty
la	**proteína** protein			**recomendar** to recommend, to suggest	el	**ridículo** ridicule
	protestar to protest			**reconciliarse** to be reconciled, to make up	el	**riego** watering
el	**prototipo** prototype			**reconocer** to recognise	el	**río** river
la	**provincia** province			**recordar (ue)** to remember, to recall		**riquísimo/a** (superlative of **rico**)
	próximo/a next			**recriminar** to reproach		delicious, tasty
el	**proyecto** project			**recto/a** straight	la	**risa** laugh
	psíquico/a psychic		el	**recurso** resource		**robar** to rob, to steal
la	**publicidad** advertising; publicity		la	**red** net, network	la	**rodilla** knee
el	**público** public			**reducir** to reduce		**rojo/a** red
el	**pueblecito** small town			**reflejarse** to be reflected	el	**romance** romance
el	**pueblo** town		la	**reflexión** thought; idea	la	**romería** pilgrimage
la	**puerta** door		el	**refrigerador** refrigerator	el	**romero** rosemary
	puerta de entrada front door			**regalar** to give (present); to give away		**romper** to break, fall apart
	pues then		el	**regalo** gift, present	el	**ron** rum
el	**puesto** place		el	**regar (ie)** to water	la	**ropa** clothes, clothing
el	**pulmón** lung		el	**régimen** regime		**ropa de marca** designer clothes
el	**punto** point			**regresar** to return		**roto/a** broken
	punto de encuentro meeting place		el	**regreso** return	la	**rotura** tearing (of ligaments)
la	**puntualidad** punctuality			**regular** regular, usual; OK	la	**rueda** wheel
	púrpura purple			**reír (i)** to laugh	el	**ruido** noise
			la	**relación** relation, relationship, contact		**ruidoso/a** noisy
	Q			**relacionarse** to mix, to relate to other	la	**rutina** routine
	que who, whom; that; than			people		
	qué (interrog. & excl) what? which? what!			**relajar** to relax		**S**
	¿qué falda quiere? which skirt do you			**relativamente** relatively, comparatively	el	**sábado** Saturday
	want?			**relegar** to push into the background,	la	**sábana** sheet
	¡qué barbaridad! how dreadful!			to relegate		**saber** to know
	¡qué pena/lástima! what a pity!		el	**remedio** remedy, cure		**sabroso/a** tasty
	quedar to fit			**remedios verdes** natural remedies		**sacar** to put out/take out; to make from
	quedarse to become; to buy, to take;			**remitir** to send		**sacar la basura** to put/take out the
	to remain			**remoto/a** remote		rubbish
	me lo quedo I'll have it (buy it)			**remover (ue)** to stir		**el vinagre se saca del vino** vinegar is
	se quedó sin dinero he became			**Renfe (RENFE, Red Nacional de los**		
				Ferrocarriles Españoles) Spanish		
				National Railways		

made from wine
sagrado/a sacred, holy
la **sal** salt
la **sala** room, sitting room; classroom
la **salida** departure; output (Electr.)
saliente outgoing
salir to go out, to leave; to cost; to work out
¿a cuánto sale? how much does it work out at?
sale a 100 euros it comes to 100 euros
el **salón** lounge; reception room
salón de convenciones conference room
la **salsa** sauce; salsa music
saltar to jump
saltar a la cuerda to skip
la **salud** health
saludable healthy
el **sancocho** soup or stew made with fish or chicken, plantain and cassava
el **saneamiento** cleaning up
la **sangre** blood
sanitario/a of public health (adj.)
sano/a healthy
la **sartén** frying-pan
el/la **sastre** tailor
satisfecho/a satisfied, pleased, contented
se himself, herself, itself, yourself; each other, one another; one, you (impersonal)
la **secadora** drier
la **sección** section/department
sección de personal personnel department
seco/a dry
el **secretariado** secretarial work
el/la **secretario/a** secretary
el **sector** area; field (of knowledge, work)
secundario/a secondary
sedante sedative
seguir (i) to follow; to go on
según according to
segundo: de segundo as a main course
segundo/a second
la **seguridad** safety
seguro/a sure; safe
la **selección** selection
la **selva** (rain)forest
el **semáforo** traffic lights; signals
la **semana** week
semanal weekly
el **semanario** weekly newspaper/magazine
la **semilla** seed
el/la **senador/ora** senator
sencillo/a simple
la **sensación** feeling; impression
el **sensor** sensor
el **sentido** sense
el **sentimiento** feeling
de buenos sentimientos very caring (person)
sentir to feel
lo siento mucho I'm very sorry
sentirse (ie) to feel
la **seña** sign; feature
las señas sign language; address
la **señal** deposit; sign
señal de tráfico traffic sign
señalar to point out
el **septiembre** September
ser to be
el **ser humano** human being
seriamente seriously
la **serie** television soap-opera
serio/a serious
el **servicio** service

servir (i) to serve; to serve as, be useful for
la **sesión** session
los **sesos** brains
el **sexo** sex
si if
sí yes
siempre always, forever
el **siglo** century
siguiente following
el **silencio** silence
el **sillón** armchair
el **símbolo** symbol
la **simpatía** friendliness, warmth of personality
simpático/a very nice, delightful
simplemente simply
sin without
sino but (correcting a wrong impression)
no sólo … sino también not only but also
siquiera: ni siquiera not even
el **sistema** system
el **sitio** place
el **a otro sitio** somewhere else
sobre about; above; on
la **sobreocupación** over-occupation
la **sociedad** society
el/la **socio/a** partner
la **soda** soda water
el **sol** sun
solamente solely, only
la **soledad** solitude
soler (ue) to be in the habit of
solicitar to apply for, to seek
la **solicitud** application (form)
solidario/a solidarity; support
sólido/a sound, steady, well-established
solitario/a lonely
solo/a single, alone
sólo only; solely
el/la **soltero/a** single man/woman
solucionar to solve
la **sombra** shade
sonar (ue) to ring, to sound
sonreír to smile
la **sopa** soup
soportar to withstand; to put up with (stand)
no la soporto I can't stand her
sordo/a deaf
la **sorpresa** surprise
soso/a bland, unsalted
su, sus his; her; their; your (formal)
suave smooth; gentle/low (heat for cooking)
subdesarrollado/a underdeveloped
subir to go up; to rise in price
subterráneo/a underground
suceder to happen
sucesivamente successfully
(el/la) **sudamericano/a** South American
el **sudor** sweat
el **sueldo** salary, wage
sueldo a negociar negotiable salary
el **solo sueldo** single wage
el **suelo** ground
el **sueño** dream; sleep; image
el sueño hecho realidad a dream come true
si le entra sueño if you feel sleepy
conciliar el sueño to get to sleep
la **suerte** luck
¡fue una suerte! that was lucky!
suficiente sufficient, enough
sufrir to suffer
sugerir (ie) to suggest

sujeto/a subject to
la **sultana** sultana
el **suministro** supply
la **superficie** surface area
el **supermercado** supermarket
el **suplemento** supplement
suponer to suppose
el **suspenso** thriller
el **sustento** means of support
suyo/a/os/as his, hers, theirs, yours

T
el **tabaco** tobacco
el **tablao flamenco** place where flamenco is performed
tal such; so; in such a way
¿qué tal las ventas? what are the sales like?
¿qué tal? how are you?/how well?
¿qué tal (el curso)? how is/what do you think of (something)?
tal vez maybe, perhaps
talar to fell trees
la **talla** size
la **talla mediana** medium size
el **taller** workshop; garage
talleres creativos creative workshops
también also
tan as; so
no es tan caro it's not as/so expensive
tan … como as … as
tanto so much
tanto/a as much; **tantos/as** as many
tapar to put the lid on
las **tapas** snacks eaten at a bar
tapeo: ir de tapeo to go out for **tapas**
la **taquigrafía** shorthand
tardar to take (time); to elapse
tarde late
tan tarde como siempre late as usual
la **tarde** afternoon, evening
por la tarde in the afternoon
las **tareas** homework (LA)
la **tarjeta** card
tarjeta de crédito credit card
la **tarta** cake
clase de tartas cake-making class
la **taza** cup
el **teatro** theatre
la **tecla** control, function, key
la **técnica** technique
el **tejado** roof
la **tele** television
telefónico/a telephone (adj.)
el **teléfono** telephone
el **teléfono móvil** mobile telephone
la **telenovela** soap opera
la **televisión de pago** subscriber television
televisivo/a television (adj.)
el **tema** (m.) theme, subject
la **temática** subject-matter
la **temperatura** temperature
la **temporada** season
temporada baja low season
temprano early
la **tendencia** tendency
tener to have; to hold; to possess; to be (with age)
tengo 27 años I am 27 years old
tener a cargo to hold a job, position
tener a mano to have something ready/handy
tener ganas de to want to
tener que to have to (do something)
tengo que viajar I have to travel

el	**tenis** tennis	
la	**teoría** theory	
el/la	**tercero/a** third	
el	**terciopelo** velvet	
	terminar to end, to finish	
la	**ternera** veal; calf	
el	**ternero** bull-calf	
la	**terraza** balcony	
el	**terreno** plot of land	
el	**territorio** territory	
el	**testigo** witness	
	testigo directo first-hand account	
el	**texto** text	
	tibio/a lukewarm	
el	**tiburón** shark	
el	**tiempo** time; weather	
la	**tienda** shop; tent	
la	**tierra** land	
la	**timidez** shyness	
	tímido/a shy	
el/la	**tío/a** uncle/aunt, man/woman (*informal*)	
el	**tipo** type	
	tirar to throw away	
	tiritón/ona shaky, trembling	
el	**tobillo** ankle	
	tocar to play: to touch	
	tocar la guitarra to play the guitar	
	tocarle a uno to fall to someone's lot	
	le ha tocado la lotería he has won the lottery	
	me toca a mí cocinar it's my turn to cook	
	todavía still; yet	
	todo all, everything	
	todo/a/os/as all, every	
	tolerante tolerant	
el	**tomate** tomato	
el	**tomillo** thyme	
	tonificar to tone up	
la	**tontería** nonsense, stupidity; stupid remark	
el	**tope** ceiling, limit	
	a tope full blast	
el	**tornillo** screw	
el	**toro** bull	
	torrencialmente very hard, in torrents (of rain)	
la	**tortuga** tortoise; turtle	
	toser to cough	
el	**total** in the end; total	
	trabajar to work	
el	**trabajo** work	
	tradicional traditional	
	traducir to translate	
el/la	**traductor/ora** translator	
	traer to bring	
el	**traje de baño** swimming costume	
el	**trampolín** trampoline; diving-board	
la	**tranquilidad** tranquillity, peaceful atmosphere	
	tranquilo/a peaceful; relaxed	
el/la	**transeúnte** passer-by	
	transformar to transform	
	transportar to carry around	
	tras after	
	trasegar to booze	
	trasladarse to move	
el	**trastorno** disorder	
	tratar to try	
el	**traumatismo** injury	
el/la	**traumatólogo/a** orthopedic surgeon	
	través: a través de across, over	
el	**tresillo** three-piece suite	
	trilingüe trilingual	
	trimestral quarterly	

el	**trimestre** term	
	triste sad	
la	**tristeza** sadness	
	triunfar to triumph over	
el	**triunfo** victory	
el	**tronco** trunk	
las	**tropas** troops	
	tropezar to stumble	
la	**truca** touching-up (pictures)	
el	**trueque** barter	
	tú you (*familiar*)	
	tu, tus your (*informal*)	
el	**turismo** tourism	
	tuyo/a/os/as your; yours (*informal*)	

U
	últimamente recently	
	último/a last, recent	
	a última hora at the last minute	
	un, uno(s), una(s) a, an, some	
	únicamente only	
	único/a only; sole, single	
	hijo único only child	
	unirse to join together, unite	
la	**universidad** university	
	usar to use	
	usted, ustedes you (*formal*)	
el/la	**usuario/a** user	
	útil useful	
los	**útiles** tools, (pieces of) equipment	
	utilizar to use, to utilise	
la	**uva** grape	

V
la	**vaca** cow	
	la carne de vaca beef	
las	**vacaciones** holiday(s)	
	vacío/a empty	
la	**vainilla** vanilla	
	barra de vainilla vanilla pod	
la	**vajilla** crockery	
	valer to be worth; to cost	
la	**valeriana** valerian	
el	**valor** value, cost	
la	**valoración** valuation, assessment	
	valorar to value	
	se valorará idiomas languages an advantage	
el	**vaquero** cowboy	
	los vaqueros jeans	
las	**vaquillas** *amateur bullfight with young bulls*	
	variado/a varied	
	variar to vary	
	varios/as various	
	vaya (see **ir**)	
el/la	**vecino/a** neighbour	
el	**vehículo** vehicle	
la	**vela** sailing	
la	**velocidad** speed	
la	**venda** bandage	
el/la	**vendedor/ora** sales assistant	
	vender to sell	
	se vende for sale	
	venir to come	
la	**venta** sale	
la	**ventaja** advantage	
la	**ventana** window	
el	**ventilador** electric fan	
el	**verano** summer	
la	**verbena** popular festival; open-air dance	
la	**verdad** truth	
	¿verdad? isn't it? etc.	
	verdadero/a true, real, genuine	
	verde green	
las	**verduras** green vegetables	

el	**veredicto** verdict	
la	**vergüenza** shame, disgrace	
	verter to dump; to pour	
el	**vertido** dumping	
	vestir (i) to dress	
la	**vez** (*pl. veces*) time, occasion	
	cada vez más more and more	
	tal vez maybe, perhaps	
	a veces at times	
la	**vía de circunvalación** by-pass	
	viajar to travel	
el	**viaje** trip, journey	
el	**vicio** vice; bad habit	
la	**vida** life; living (*n.*)	
el	**vidrio** glass	
	viejo/a old	
el	**viernes** Friday	
la	**vigilancia** security	
	vigilar to guard; to keep watch on	
	vinito (*diminutive of* **vino**)	
el	**vino** wine	
la	**violencia** violence	
el	**virgo** virginity; Virgo (sign of zodiac)	
la	**vitalidad** vitality	
	vitamínico/a vitamin (*adj.*)	
la	**vivienda** housing, accommodation	
	vivir to live	
la	**vocación** calling	
	voluble fickle, unstable	
el	**volumen** volume	
la	**voluntad** will	
	volver (ue) to return, to come back	
	volverse (ue) to become; to change	
	se ha vuelto muy tacaño he became very miserly	
	vomitar to vomit	
la	**vorágine** whirlpool	
	votar to vote	
la	**voz** voice	
el	**vuelo** flight	
	vuelo regular scheduled flight	
la	**vuelta** walk	
	dar la vuelta to go round; **dar una vuelta** to go for a walk; **a la vuelta** on the way back/return; **a la vuelta de la esquina** round the corner	

Y
	y and	
	ya already	
el	**yen japonés** Japanese yen	
	yo I	
	'yupi' yuppie	

Z
el	**zinc** zinc, tin	
la	**zona** area	
el	**zumo** juice	

Keep on Talking Spanish!

If you would like to continue to improve your Spanish, BBC Languages has a selection of additional reference books and resources to complement and help you make the most out of the *Sueños World Spanish* language course.

"[BBC Spanish Grammar] Explanations are clear and concise and the examples used contain current language......really user friendly" Language Learning Journal

Spanish Grammar and Dictionary

Concise and compact, both are excellent references that are easy to use at home or in the classroom.

Provides clear and accessible examples illustrating the language as it is actually used

Contains over 78,000 up-to-date translations together with cultural notes

Don't Stop Now!

You can add another language to your repertoire with the extensive range of BBC Languages course books and resources. *French Experience* and *Italianissimo* can take you from beginner's level, using a combination of print, audio, TV and online.

For more information and our complete catalogue, log on to www.bbclanguages.com or phone us today on 020 8433 3135

288 pp course book; 4 audio CDs or 4 x 75 minute audio cassettes; 20 part TV series; free online activities.

288 pp course book; 4 audio CDs or 4 x 75 minute audio cassettes; 20 part TV series; free online activities.